Werner Krum

USA

Der Westen

Reisen in
den
Nationalparks

Prestel-Verlag
München

Für Steffi und Wilfried,
den Gefährten mancher Reise

Passavia Druckerei GmbH Passau
ISBN 3-7913-0833-5

Inhalt

Einführung

Erwartungen

Die Nationalparks im Westen und Südwesten sind Höhepunkte des Reisens in den Vereinigten Staaten. Die noch immer fast unberührten Urlandschaften dieses Halbkontinents, seine schneeblinkenden Gebirge und waldumsäumten Seen, die unendlichen Wälder, die wir von den Bergkämmen in sanften Wellen über Hunderte von Meilen mit dem Auge verfolgen können, die Flüsse, in romantischer Ursprünglichkeit an indianische Tage erinnernd oder in gewaltigen Canyons die Geologie der Erdkruste aufblätternd, der Wechsel von boreal-kanadischen Landschaften zu den trocken-karstigen unverwechselbaren Halbwüsten Arizonas und den Kakteenwüsten Neumexikos und schließlich die großartigen Küstenparks der Sequoien und Douglasien, steil in die Brandung des Pazifik hinabstürzend, dies alles sind unerhörte Eindrücke, die der Leser als Erlebniswunsch vielleicht schon seit Jugendtagen vor sich hergetragen hat, so wie es dem Verfasser auch erging.

Manche Reisen hatten diesen Wunsch weiter genährt, aber auch konkretisiert, Teileindrücke waren gewonnen worden, denen aber stets der große innere und gedankliche Zusammenschluß fehlte, den nur eine ausgedehnte und zusammenhängende Reise liefern konnte. Ob der Leser meine dabei gewonnene Sehweise teilt, ob seine Interessen den meinen gleichen, ist eine Frage und meine Hoffnung. Darum ist die Reise, deren Eindrücke dieses Buch füllen, eine Reise ins Unbekannte menschlicher Empfindungen. Es sind ja nicht so sehr die objektiv wahrnehmbaren Dinge, das Sichtbare und mit den Händen Greifbare, von dem Bildbände und Fernsehfilme schwärmen, nein, es sind eher jene Eindrücke, die dem wohlfeilen Zelluloidstreifen noch nicht zugänglich sind und hoffentlich nie sein werden: der Duft der Wälder, die sonnenerhitzten Canyons, in denen wir wieder merken, daß Wasser einen wunderbaren Geruch hat, das herbe Salbeiaroma des Sagebrush, die mit vielem anderen erst das wahre Bild erschaffen, für jeden ein subjektiv anderes, wenn auch mit gemeinsamen Grundfarben.

Ein solch subjektives Erleben zu schildern, die Landschaften der Nationalparks gleichsam zum Leben zu erwecken, sie einzuordnen in einen größeren landschaftlichen Zusammenhang, in dem sie ja nicht künstlich isoliert, wie etwa ein Zoo, existieren, sie in Verbindung zu bringen mit der gesellschaftlichen Entwicklung Amerikas, ohne die sie nicht denkbar sind und auf die sie vielfältig zurückwirken, das ist mein Anliegen.

Ein solches Landschaftsbuch, das ja kein Reiseführer im objektiven Sinne eines Baedekers sein will, keine Ansammlung von praktischen Hinweisen und Empfehlungen, ist am ehesten in der Form eines persönlichen Berichtes zu schreiben. Dies bedeutet Verzicht auf Vollständigkeit, die für einen so riesigen Raum auch kaum möglich ist, aber auch Subjektivität der Auswahl. In unserer Zeit ist das Problem auch weniger der Mangel an Fakten, als deren erdrückende Fülle. Auswahl und Deutung, Perspektiven und Zusammenhänge gilt es darum zu erkennen. Wir sollten bei allen bunten Prospekten, die wir in die Hand nehmen, auch bedenken, daß sie von Interessengruppen stammen, die ihr ›Produkt‹ vermarkten wollen. Dabei bedient sich die Werbung gelegentlich amerikanischer Vorstellungen, die ursprünglich für ein amerikanisches Publikum gedacht waren. Manche Teile der Rocky Mountains ähneln sehr stark europäischen Alpenlandschaften, sie besitzen nur nicht ihren kulturellen Hintergrund. Der europäische Reisende mag sich dann fragen, ob er solches nicht bequemer, schöner und preiswerter zu Hause hätte erleben können. Für den amerikanischen Reisenden sieht das Bild ganz anders aus, für ihn sind die Rockies ›zuhause‹, und ihr Reichtum an Wild, an Fischen und Campingplätzen stellt eine große Verlockung für ihn dar, weil er die notwendige Ausrüstung bereits besitzt und nicht erst über den Atlantik schleppen muß. Es hat deshalb wohl wenig Sinn, die eigentlichen Nationalparks in den Rocky Mountains, die Gebirgsparks, *erschöpfend* betrachten zu wollen. Viel sinnvoller erscheint es, das Erlebnis dieser Parks einzubinden in völlig andere landschaftliche Eindrücke, die häufig viel charakteristischer sind und in Europa fehlen.

Dieses Problem ist nicht gerade neu. Als sich Goethe 1786 zu seiner ersten italienischen Reise aufmachte, der Leser vergebe mir diesen Vergleich, hatte er in seinem Gepäck einige dicke, schwergewichtige Reiseführer jener Zeit bei sich. Vor allem Volckmanns drei Bände von 1770 ›Historisch-kritische Nachrichten von Italien‹ haben ihn anfänglich geleitet. Später lagen ihm mehr die knapperen, persönlich gehaltenen Berichte anderer Reisender auf ihrer Grand Tour durch Italien. Sein eigener Bericht, das berühmte ›Tagebuch der italiänischen Reise‹, folgte diesem mehr kasuellen Stil; Frische der Beobachtung und manches kecke Urteil waren ihm eigen, er wollte sich nicht in der Vielfalt erschöpfen, noch geheiligte Itinerare abhaken. Schon auf den ersten Seiten weiß er wenig von besuchten Städten und Stätten zu berichten, eine Menge von geologischen und anderen naturkundlichen Dingen beschäftigen ihn weitaus mehr. Letztlich ging es ihm um den Eindruck, nicht den photographischen, wie wir heute sagen würden, sondern den inneren Eindruck, wie sein berühmter Ausspruch: »Italien mit der Seele suchen ...« deutlich macht.

Können wir solchem Anspruch auch in Amerika standhalten? Ohne jenen weit in geschichtliche Zeiten zurückstaffelnden Hintergrund, ohne jene Fülle kunstgeschichtlicher Stilrichtungen – von denen Goethe allerdings nur jene zur Kenntnis nahm, die ihm lagen? Ich denke, ja. Ich bin sicher, daß Goethe an unserer Reise großes Vergnügen gehabt hätte, vielleicht als einziger aus jener Zeit, interessiert an allem, was das Bild der Welt ausmacht: Beobachtung des Menschen und seiner Lebensformen, Geologie und Gesteinskunde, Vulkanismus, Städtebauliches, wache Kritik am politischen Geschehen, Geographie und Pflanzenkunde, Architektur, Klimatisches, den Einfluß des Lichtes auf die Landschaft, seine vielen Zeichenversuche und, last not least, der ständige Versuch, dies alles zu einem Gesamtbild zu runden, Vordergründiges mit Hintergründigem zu verweben und eine körperlich-geistige Textur zu finden.

In diesem Zusammenhang wird oft die Frage gestellt, ob man es denn wagen könne, ein Land oder eine bestimmte Reiseroute aus dem sporadischen Blickwinkel weniger Reisen zu schildern. Wäre es nicht besser, dies jenen zu überlassen, die lange genug in diesem Land lebten? Die Frage erscheint mehr als berechtigt, aber fragen wir einfach: Welche Beschreibungen Amerikas sind aus der Feder jener geflossen, die viele Jahre, aus welchen Gründen auch immer, dort verbracht haben? Die Antwort ist ziemlich einsilbig: Schweigen. Weder Thomas Mann noch Lion Feuchtwanger, die uns in Santa Monica noch beschäftigen werden, haben Wesentliches über ihre amerikanischen Jahre ausgesagt. Die Tagebücher Manns sind seltsam unergiebig, andere haben zu diesem Thema völlig geschwiegen. Nur Carl Zuckmayer hat über seine neuenglischen und kalifornischen Erfahrungen angemessen berichtet; wir werden in Hollywood noch davon hören. Von den vielen Diplomaten, Geschäftsleuten und Schriftstellern, die Amerika vor und nach dem Kriege besucht haben, fehlt, von wenigen Ausnahmen wie Wolfgang Koeppen und Manfred Hausmann abgesehen, eine tragfähige Aussage. Manche wie Stefan Zweig, Max Frisch, Hans Habe und Rudolf Hagelstange haben sich mit anekdotenhaften Skizzen begnügt, und Joachim Fernau hat eine wenig feine und sehr persönliche Abrechnung geliefert. Sie kontrastiert unvorteilhaft mit der hundert Jahre alten und immer noch lesenswerten, vornehm-gelassenen Darstellung von Alexis de Tocqueville. Warum dieses Schweigen, Zögern, ja Unvermögen, das ja nur ein Unvermögen des Erlebens und nicht des Schreibens sein kann? Vielleicht hat Günther Kunert dieses Unvermögen am deutlichsten beschrieben:

»Gerade die Kürze des Aufenthalts beläßt dem Gegenstand seine Frische, seine den Betrachter überraschende Neuheit ... Die psychische Ausnahmesituation eines Kurzaufenthalts erzeugt ge-

steigerte Aufnahmebereitschaft, erhöhte Sensibilität der Umwelt gegenüber, größere Wachheit des Instinktes, der, was in der fremden Luft liegt, erwittert und erkennend errät ...«
Und Max Frisch bemerkt dazu: *»über Amerika zu sprechen, wagen wir nur in den ersten Wochen«.*

Vom Charakter des Landes und der Menschen

Ist der Osten der Vereinigten Staaten von Nordamerika noch immer stark geprägt vom europäischen Erbe, dem Wirken der frühen Einwanderer, so ist der Westen unverkennbar, und nicht nur im geographischen Sinne, europafern, steht manchen Einflüssen aus der Tiefe des pazifischen Raumes offen, hat ein eigenes Lebensgefühl entwickelt, in dem sich zunächst eine entschiedene Abwendung vom europäischen Gedankengut vollzogen hat und letztlich wieder eine Hinwendung zu diesem, allerdings in transponierten Formen und Inhalten, die manchen Besucher irritieren mögen.

Und doch: gerade dieses Ausbrechen aus dem Rahmen der noch immer recht puritanisch bestimmten Welt der Oststaaten hat dem fernen Westen der USA nach Überwindung der Goldgräbermentalität eine Blüte gebracht, von der viele Amerikaner, aber auch manche europäischen Besucher sagen: Hier möchten wir verweilen, vielleicht für den Rest unseres Lebens bleiben, teilhaben an dem ungewöhnlich angenehmen Klima des Landes, und dies nicht nur im meteorologischen Sinne. Es ist, als ob die klimatischen Annehmlichkeiten die Menschen eingeladen hätten, auch ihr gegenseitiges Verhalten zu überdenken, neue Formen zu finden, und mancher mag behaupten: Wann immer das Schicksal ihn mit Krankheit oder sonstiger Hilflosigkeit schlüge, so möge ihm dies, wenn schon, dann in Kalifornien widerfahren.

In dieser Feststellung mag sich eine Abwendung vom strengen Prinzip des Sozialdarwinismus abzeichnen, den rigorosen Maßstäben des Leistungsdenkens, die schon mit der ›Mayflower‹ und den in religiösen Dingen nicht minder rigorosen Pilgrim Fathers an der Ostküste gelandet waren. Daß dem so ist, wird uns zumal in San Franciscos Subkulturen sehr rasch bewußt. Aber damit ist das ›Andere‹ der Westküste mitnichten erfaßt. Es ist eine seltsame Raffiniertheit, ja Outriertheit der Lebensformen und der menschlichen Gesellschaft, die wir hier kennenlernen. Wenn es richtig ist, daß die Vereinigten Staaten von Nordamerika ein im besonderen Maße legitimes Kind der europäischen Aufklärung sind, diese Aufklärung aber auch im Umbruch alter Wertvorstellungen nur scheinbar einen neuen Höhenflug europäischen Geistes ausgelöst hat, in Wahrheit, wie wir heute sehen, eher eine Epoche des kulturellen Verfalls einleitete, so ist Kalifornien ein besonders treffendes Beispiel für die den Verfall oft begleitende Verfeinerung.

Es ist auch wohl kein Zufall, daß es so viele deutsche Emigranten der Jahre nach 1933 hierher getrieben hat, und dies nicht nur, weil sie hofften, im Umkreis der Filmmetropole Hollywood als künstlerisch tätige Menschen einen Unterhalt zu finden. Vielleicht sahen sie das verführerische Geschwisterpaar *Verfall* und *Raffinement*, das ihnen zumal aus den ›Golden Twenties‹ Berlins nicht fremd sein konnte. Daß die meisten dann dennoch nicht den Garten Eden fanden, liegt vor allem an der Sprachbarriere. Thomas Mann hat dieses Hindernis sehr beklagt, wahrscheinlich der Grund, warum ihm in den USA nur Achtungserfolge zuteil wurden. Carl Zuckmayer hat ein Leben in Kaliforniens Scheinwelt, wie er sagt, völlig abgelehnt, und Bert Brecht, wie zu erwarten, lag auf Kollisionskurs. Darin wird spürbar, daß die Sprache nur den äußerlich hör- und lesbaren Teil eines umfassenderen Komplexes darstellt, eines Lebensgefühls in toto, das den zwar europaflüchtigen, aber dennoch zutiefst mit diesem Europa verwurzelten Emigranten nicht voll zugänglich war.

Derart ausführlich über Kalifornien zu sprechen, wäre ungerecht gegenüber anderen Landschaften. Trotz der föderalistischen Natur des amerikanischen Staatenbundes – United States – bedeuten die Grenzen der vielen Bundesstaaten, die wir überschreiten werden, wenig. Oft das Ergebnis zufälliger politischer Konstellationen, sind sie in ihrer kartographisch-geometrischen Rechtwinkligkeit wenig geeignet, ein Landschaftsbuch zu gliedern.

Wer in den Westen und Südwesten der USA aufbricht, der wird im Regelfall vier große Eindrücke suchen und erwarten:

□ Die sonnenüberflutete KÜSTENLANDSCHAFT Kaliforniens mit den aus der blauen Weite des Pazifik heranrollenden Brechern an Big Sur, die Steilküsten Montereys mit ihren einsamen Zypressen, Santa Barbara mit der Kette der spanischen Missionsstationen, die Welt von Beverly Hills, den besonderen städtischen Charme San Franciscos, aber auch San Diegos, und die beeindruckenden Nationalparks der Riesenzedern in den Küstensierren nördlich des Golden Gate.

Diesem Bild dürfen wir gleich die nicht minder großartigen, aber noch ursprünglicheren Küsten Oregons und Washingtons mit ihren wilden, sturmzerzausten Stränden, nebelverhangenen, romantischen Küstenwäldern und ihrer reichen maritimen Fauna hinzufügen.

□ Die Nationalparks beider Staaten leiten über zum zweiten bestimmenden Bild des Westens: den GEBIRGSLANDSCHAFTEN der Sierra Nevada, des Kaskadengebirges und der Rocky Mountains, die sich über eine so gewaltige Entfernung vom Crater Lake und den Cascades im Norden bis zum Grand Canyon und dem Mesa-Verde-Park im Süden hinziehen, daß wir gezwungen sein werden, eine Auswahl zu treffen. Dabei behilflich zu sein, ist eine der bescheidenen Hoffnungen des Verfassers aus der Erfahrung heraus, daß Begrenztheit von Zeit und Mitteln diese Auswahl erfordern, andererseits die extreme Verschiedenartigkeit der großen Nationalparks des Felsengebirges auch eine solche Auswahl nach individueller Neigung erlaubt. Der ungeheure Kontrast schneebedeckter Gipfel, rauschender Bergwälder, einsamer blauschimmernder Kraterseen zu den halbwüstenartigen Tälern östlich der Wasserscheide, die Pazifik und Atlantik trennt, und vollends den mexikanischen und südkalifornischen Kaktuswüsten, ist unvergeßlich.

□ Der dritte bedeutende Eindruck des Westens, deutlicher des Südwestens, ist das noch immer überraschend gewichtige SPANISCHE ERBE der Jahre zwischen 1540 und 1848, das sich in einem breiten Gürtel von Alta California über La Nueva Mejico bis nach Tejas erstreckt. Die Spanier haben diesen heutigen amerikanischen Bundesstaaten nicht nur ihre Namen, sondern eine Vielfalt kultureller Hinterlassenschaft vermacht, lange ein wenig mißachtet, doch heute wieder stärker gesucht und gepflegt, eine jener bunten Facetten, die zunehmend die Uniformität amerikanischen Lebens aufzulockern beginnen. Spanisches Leben war untrennbar verbunden mit einer lebhaften Neigung zum Missionieren. Wie auch immer wir die engagierten Anstrengungen der Missionsstationen, zumal der Franziskaner und Augustiner, heute sehen, neben der Verbreitung des Christentums eine Brücke zwischen der indianischen und der spanischen Kultur jener Zeit zu schlagen, wir sollten sie nicht in einen Topf werfen mit den rüden Bekehrungsversuchen zur Zeit eines Cortèz und Pizarro. Von San Francisco im Westen über San Antonio in Texas und schließlich bis San Agustin in Florida haben ebenso standhafte wie milddenkende Franziskaner Bedeutendes hinterlassen. Man kann mit einigem Recht sagen, das Spanische in diesen Weltgegenden trete uns vor allem in franziskanischem Gewand gegenüber, und es ist vielleicht kein Zufall, daß indianische Pueblokultur oft im Umkreis solcher Missionsstationen eine Chance zum Überleben hatte, daß sie nicht völlig ausgelöscht wurde vom Getrampel staubumhüllter Kolonnen mit Planwagen aus dem Osten. *Los Caminos Reales,* die königlichen Straßen, von Mexiko nach Santa Fé und von Baja California nach San Francisco sind bedeutende kulturelle und politische Wege.

□ Sie leiten bereits über zum vierten großen Eindruck, der uns im Bereich der geschilderten Landschaften dieses Buches erwartet: der INDIANISCHEN KULTUR, die sich aber nur im Bereich der Rockies stille Reduits hat erhalten können. Die indianische Hinterlassenschaft teilte lange die Vernachlässigung des spanischen Erbes und wurde in den USA eher widerwillig zur Kenntnis genommen. Dieses Bild hat sich gewandelt. Doch weniger unter dem Einfluß jener alternativen Szene, die auch in Europa mehr von sich reden macht denn bewirkt, als durch den Aufbruch eines von vielen Amerikanern seit der Mitte dieses Jahrhunderts empfundenen, elementaren Bedürfnisses nach ›Geschichte‹, nach den Quellen der eigenen Existenz, den ethnischen Wurzeln. Im Gegensatz zum Osten, wo die indianische Kultur mit dem Ende des 18. Jahrhunderts zum Erliegen kam, kennt der pazifische Küstensaum Nordamerikas, zumal im kanadischen Bereich von British Columbia und im US-Staat Washington, noch heute indianische Kultur, inzwischen weniger von landgierigen Siedlern bedroht als vom unlösbaren Widerspruch zwischen indianischen und diese erodierenden europäisch-amerikanischen Lebenszielen und Wertvorstellungen.

Das gilt auch für die Indianerreservationen, denen wir im Bereich der Rockies begegnen werden, und die an einigen Stellen auch für den flüchtigen Besucher beeindruckende architektonische Stätten bewahrt haben. Leider sind die großen Denkmale indianischer Kultur, die Felsstädte in der Mesa Verde und im Pueblo Bonito, heute verlassen und nur noch museal erlebbar, uns an antike Stätten erinnernd. Leider sind uns aber auch die lebendigen Stätten nicht so zugänglich, wie es mancher wünschen mag. Daran ist zweifelsfrei der Tourismus selbst schuld. Zwei Interessen kollidieren hier: der natürliche Wunsch, indianisches Leben kennenzulernen, aber auch der ebenso natürliche Wunsch jener, wenn überhaupt, dann höchstens in isolierender Abgeschiedenheit ihre Eigenart zu bewahren. Nur im Umkreis von Santa Fé, etwa in den Taos Pueblos, ist an den stilleren Tagen des Jahres, etwa im Spätherbst, indianisches Dorfleben noch sichtbar, wobei uns allemal unser schlechtes Gewissen wenigstens dazu bringen sollte, Zurückhaltung zu üben.

Reiserouten

Bevor wir nach San Francisco aufbrechen, möchte ich im Rahmen dieser Einführung in Umrissen Empfehlungen geben, wie eine Reise durch diesen weiten Raum der Rocky Mountains und der westlichen und südwestlichen Landschaften der USA am besten zu gestalten wäre. Es ist eine

Reise, die vielfältige Transportmittel in Anspruch nimmt: Flugzeug und Auto, aber auch Motorboot, Hubschrauber, Pferd und Schusters Rappen, und es ist weit weniger der Geldbeutel, der diese Mittel bestimmt, als die Unbefangenheit, mit der wir uns ihrer bedienen. Weite, Freiheit, Preiswürdigkeit, amerikanische Unkompliziertheit und Hilfsbereitschaft fordern uns förmlich dazu heraus.

Die geographische Struktur des weiten Landes, das sich vom Staate Washington im Norden bis hinunter nach Neumexiko über 1800 Kilometer erstreckt, erfordert selbst bei einer lükkenhaften Bereisung der Nationalparks mindestens sechs Wochen Zeit. Da der Leser dies aus vielen Gründen kaum realisieren kann, bleiben zwei Auswege: Beschränkung oder Aufteilung auf zwei Ferienreisen. Mancher wird auch versucht sein, geschäftliche oder private Besuche im Westen der USA wenigstens mit einigen Touren zu verbinden.

Um einen ersten Überblick zu erhalten, auch das Unmögliche oder völlig Unzweckmäßige sofort auszuscheiden, sei ein Blick auf Geographie und Topographie dieses großen Raumes geworfen.

Ist das *östliche Drittel* der Vereinigten Staaten vom Bergland der Appalachen geprägt, von der Kette der Großen Seen und dem flachen Küstenland am Atlantik, so erscheint das *mittlere Drittel* Amerikas in den Great Plains relativ ungegliedert, durchzogen von den gewaltigen Flußsystemen des Mississippi und Missouri.

Völlig anders geartet und unendlich viel abwechslungsreicher nach Landschaftsformen, Klima und Höhenlagen ist das *westliche Drittel* der USA. Steil steigt aus den Ebenen der Plains die Gebirgsmauer der Rocky Mountains, des Felsengebirges, empor. Diese noch sehr junge alpidische Auffaltung zieht sich vom hohen Norden her wie ein gewaltiges Rückgrat durch den gesamten amerikanischen Kontinent. Von den vereisten alaskischen Brooks Mountains an der Beaufort-See über die eigentlichen Rocky Mountains Kanadas, von denen noch heute die ›Encyclopedia Britannica‹ sagen muß: »the northwesterly 500 mi. of range are imperfectly known ...«, zieht sich das gewaltige Gebirge über die Northern Rockies, zu denen das Gebiet des Yellowstone-Parks noch gehört, südwärts zu den Central Rockies. Diese bilden mit den Grand-Teton-Bergen und den Gros-Ventre-Ketten entlang dem Schlangenfluß die originäre alte Indianerlandschaft. Die höchsten Erhebungen liegen bei 13800 Fuß oder 4200 Metern.

Zwischen den Zentralen Rocky Mountains und der bereits sehr südlichen Sierra Madre Oriental, die große Teile Mexikos durchläuft, jedoch ebenfalls zu dem zu bereisenden Gebiet Neumexikos gehört, liegt der verzweigteste Teil der Rocky Mountains. Die Hauptkette spaltet sich hier in die westliche Kette des Wasatchgebirges, große Teile von Utah beherrschend, das uns die wundervollen Canyons von Bryce und Zion schenkt. Die Hauptkette der Rockies zieht östlicher gegen Denver hin und birgt den Rocky-Mountain-National-Park. Dazwischen liegt das gewaltige, halbwüstenartige Coloradoplateau mit seinen tief eingeschnittenen Canyons, dem Grand Canyon, Marble Canyon und Glen Canyon. Jeder dieser Canyons offenbart eine unverwechselbare Landschaft. Sind wir sonst gewohnt, Gebirge aus einer Ebene aufragen zu sehen, so sind die Gebirgslandschaften der Canyons gewissermaßen negative Gebirge, die sich aus einer Ebene in die Tiefe stürzen. Eine zweite Besonderheit im Bereich des Coloradoplateaus sind die Mesas, plattenförmige Hochflächen, die der Erosion widerstanden haben und entwicklungsgeschichtlich die Heimat der hochentwickelten Indianerkultur der Anasazi waren.

Südlich der Sierra Madre erreicht die Kordilleren-Kette Zentralamerika, senkt sich in der Höhe ab, ist nur noch der sichtbare Rest eines teilweise im Meer verschwundenen riesigen Gebirgssattels, und gewinnt erst auf dem südamerikanischen Festlandsockel gewissermaßen wieder festen Boden unter den Füßen und an Höhe, um als Anden-Kette bis hinab nach Feuerland zu verlaufen.

Doppelt so tief gestaffelt wie die Alpen, spaltet sich die eigentliche Rocky-Mountain-Kette, wie gesagt, in zahlreiche parallele, manchmal auch höchst unregelmäßige Teilgebirge auf. Es wäre nun ein großer Irrtum, anzunehmen, die eigentlichen Rockies würden die Masse des gesamten Gebirges zwischen den Plains und dem Pazifischen Ozean ausmachen. Westlich des Felsengebirges erstrecken sich nämlich gewaltige Beckenlandschaften wie das Oregonbecken oder das Große Nevadabecken, die ihrerseits nach Süden hin in die Kaktuswüsten an der Coloradomündung, in die Bahia de California, übergehen.

Erst weit im Westen, bereits in Sichtweite des Pazifik, erhebt sich als zweite Gebirgsmauer das Kaskadengebirge im Norden und, südlicher daran in Kalifornien anschließend, die Sierra Nevada, bevor sich die amerikanische Festlandplatte im Westen in die Tiefe des Pazifik absenkt. Doch selbst der Sierra Nevada ist küstenseitig noch die seenahe Kette der Coastal Ranges, der Küstengebirge, vorgelagert, die Santa-Lucia-Berge, die zwischen San Francisco und San Diego die berühmte ›Street Number One‹ begleiten und streckenweise, etwa an Big Sur, für dramatische Effekte sorgen.

Für einen Routenvorschlag sollten wir darum berücksichtigen, daß die genannten weiten Beckenlandschaften zwischen dem Felsengebirge und den Küstensierren viel Zeit in Anspruch nehmen und mehr oder weniger uninteressant sind. Zu allem Überfluß sind diese Becken zwischen den Küstensierren und den Rocky Mountains auch noch extrem heiß, trocken und wüstenartig. Wenn es auch zu den großen Eindrücken Amerikas gehört, einer schier endlosen, schnurgerade die Geländewellen auf- und absteigenden Straße zu folgen, um am Horizont die ersehnte Gebirgskette mit ihren Kühle versprechenden Schneefeldern zu erblicken, so sollten wir unsere Geduld nur beschränkt damit strapazieren.

Zur Ausarbeitung einer Route, die individuellen Bedürfnissen und Wünschen Rechnung tragen kann, sei der Leser auf die Karte am Ende des Buches verwiesen. Die im folgenden beschriebenen Hauptrouten sind dort rot eingetragen, die Ergänzungsrouten rot gestrichelt und geeignete Abkürzungen rot gepunktet.

Die vernünftigste Lösung für eine in sich geschlossene Reiseroute ist darum, mit *San Francisco* zu beginnen, in einer großen ovalen Schleife dem Küstengebirge zunächst nordwärts zu folgen, die Weintäler Kaliforniens zu erkunden und den *Russian River,* die Erinnerung an den Versuch des Zaren, Kalifornien zu gewinnen. Die besonders schönen Redwood-Wälder des **Humboldt State Park** südlich *Eureka* und die noch beeindruckenderen des **Redwood Nationalparks** zwischen *Trinidad* und *Crescent City* sind eindrucksvoll geprägt durch gewaltige Baumriesen, die an steilen felsigen Küsten bis hinab zur tosenden, gewaltigen Brandung des Pazifik mit den Elementen ringen.

Nach dem Besuch des landeinwärts gelegenen blauäugigen **Crater Lake** und vielleicht einer Wanderung auf dem *National Scenic Trail,* der der Kammlinie des *Kaskadengebirges* folgt, können wir wieder zur Küste zurückfahren, um die nicht minder großartigen sturmzerzausten Küstenlandschaften Oregons kennenzulernen, vielleicht auch bis *Seattle* am ägäisch anmutenden *Puget Sound* vorzudringen, den **Olympic National Park** und seine zauberhaften alpinen Berglandschaften wie auch die küstennahen, fast tropischen Regenwälder zu besuchen, um sodann durch das hier schmale Oregonbecken dem **Yellowstone Park** zuzustreben. Außerdem empfiehlt sich ein Abstecher in die Vulkanlandschaften des **Mount St. Helens.**

Wer die Parks in Oregon und Washington auslassen will (oder muß), kann vom *Crater Lake* über die Halbwüsten von Oregon *Twin Falls* im Tal des dem *Columbia* zueilenden *Snake* ansteuern, wo sich die Wege wieder treffen, und von dort auf schöner Gebirgsstrecke den Ort *Jackson* erreichen, der uns den **Grand Teton Park** eröffnet. Die schweigsamen Wälder, die Bisons und Elche des **Yellowstone-Parks,** seine Geysire und Quellterrassen lassen sich am besten von einer Lodge im Park selbst erkunden, etwa der ›Old Faithful Lodge‹ mit ihrem alten Charme.

Damit wendet sich im Bereich der eigentlichen *Rocky Mountains* unser Weg südwärts, folgt dem *Snake River,* den Hauptketten des Gebirges und quert die *Wasatch-Kette.* Wir verlassen Wyoming und kommen über einige Pässe nach Utah, wo uns der türkisgrüne *Bärensee* begrüßt und schließlich die schimmernde Fläche des *Großen Salzsees*. Das blitzsaubere Mormonenreich um *Salt Lake City* mit seinen reichen Obstgärten durchfahrend, stets die Wasatch-Kette im Osten, wird das Klima trocken-arid. Die Sagebrush-Halbwüsten drängen sich ins Bild, und am Nordrand des Colorado-Plateaus erblicken wir den unbeschreiblich schönen **Bryce Canyon** mit seinen orange und rot glühenden Felsbastionen, die zum genußvollen Wandern einladen. Der **Zion-Nationalpark** mit seinen herberen Sandsteinwänden dehnt sich nebenan aus, und schließlich führt der Weg durch einsame, wildreiche Wälder, im Herbst wunderschön gefärbt durch die Golden Aspen, zum Nordrand des **Grand Canyon.**

Ob der Nordrand oder der Südrand des Canyon der schönere sei, ist umstritten. Beide sind sehr verschieden, der Nordrand höher gelegen und waldreich, bietet bezaubernde Blicke von der *Vista Encantadora* aus, der Südrand ist bereits Teil des Chaparals von Arizona. Dieser, kaum zwanzig Kilometer entfernt und durch eine 250 km lange Straße verbunden, ist weit besser auf einem späteren Abschnitt unserer Reise zu besichtigen.

Unterkünfte sind in dieser Gegend dünn gesät, überlegte Planung und sinnvolle Einteilung der Tagesstrecken deshalb besonders wichtig. Unweit, im südöstlichen Utah, liegt Canyonlands, der riesige Park des **Glen Canyon,** den noch jungen *Colorado* führend und über den *Marble Canyon* in den *Grand Canyon* übergehend. Schöne Stauseen und reiche Wassersportmöglichkeiten eröffnen sich, kühne Brücken führen über die atemberaubenden Schluchten des Colorado.

In den Canyons stoßen wir erstmals auf jene typischen Erosionstäler des durch Anhebungen entstandenen Colorado-Plateaus, die gleichzeitig die nördlichste Grenze spanischer Kolonisation markieren. Nun wird die Auswahl erst recht qualvoll. Wir könnten kurzerhand nach Westen abbiegen und quer durch Arizona nach Kalifornien zurückkehren. Es empfiehlt sich aber, nachdem wir bereits so weit in den Süden vorgedrungen sind, die alten Indianerreservationen der Navajo und Hopi am Vierländereck von Utah, Arizona, Colorado und Neumexiko und damit eine der seltsamsten

Landschaften der Erde zu besuchen, dünn besiedelt, wüstenhaft, einsam, faszinierend. **Monument Valley** wartet auf uns, gespenstisch und erhaben, unwirklich in seinen Formen und Farben, Drehort manches großen alten Westerns, wo aus schier unendlicher Ferne die Staubwolke eines einsamen Reiters diagonal durchs Bild auf uns zugeritten kommt. Hier können wir auch unsere Fahrkünste im Fels beweisen, und vielleicht sollten wir für diese Reise einen nicht zu weich gefederten Wagen mit einiger Bodenfreiheit wählen.

Südlicher locken in Arizona der **Canyon de Chelly National Park** mit seinen kühnen Felsformationen und den zahlreichen Erinnerungen an die Kämpfe der Navajo mit den Spaniern und jungen Amerikanern. Westlicher liegt eine der charakteristischsten Indianerlandschaften des Westens: die drei **Mesas der Hopi,** in denen sich vielleicht Reste der alten Anasazi erhalten haben. Auf diesen Adlerhorsten, hochgereckt auf steilen Felsspornen, ergreift eine andere Zeit von uns Besitz, wenn im Westen der berühmte orangefarbene Sonnenuntergang Arizonas die Mesas und ihre Bauten zu prähistorischen Schatten verkürzt und wir unseren Wagen auf neolithischen Straßen wieder zu Tal bringen müssen.

Unweit von *Cortez,* bereits in Colorado, öffnet sich in verwunschenen Canyons einer Mesa der **Mesa Verde National Park** mit seinen abenteuerlichen Höhlenburgen und Städten, lange verlassen und vergessen, bevor Kolumbus nach Amerika fand. Es sind in Stein verzauberte Reste der indianischen Frühzeit, die zeitlich unserem Mittelalter entspricht, kleine Felsstädte, die wir nur durch aufregende Klettereien auf hohen Leitern erreichen können, zweifellos einer der Höhepunkte der Reise. Die ungeheuere Einsamkeit dieser Landschaft, ihre steinerne Herbheit, die Erinnerung an die Überlebenskämpfe der Indianer gegen eine unbarmherzige Natur, werden uns noch lange bewegen.

Weiter gen Osten gelangen wir nach *Durango* mit der reizvollen alten Silverton-Bahn – im Nordosten hinter den schneebedeckten Gipfeln des Hauptkammes der Rocky Mountains liegt bereits Denver – und im Süden finden wir den verschwiegenen Weg zum **Chaco Canyon** mit dem frühge-

NORD-SÜD-PROFIL

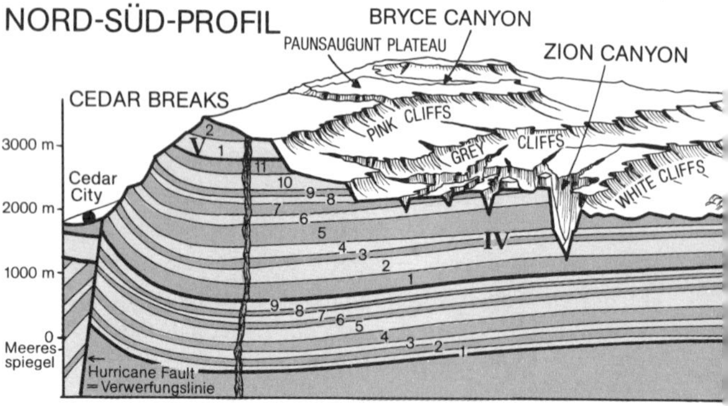

SCHICHTENAUFBAU

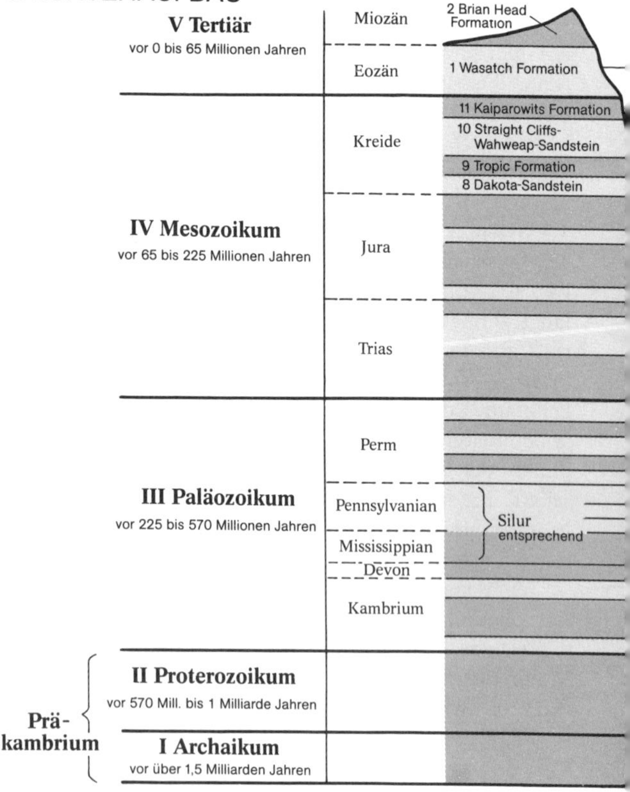

COLORADO PLATEAU

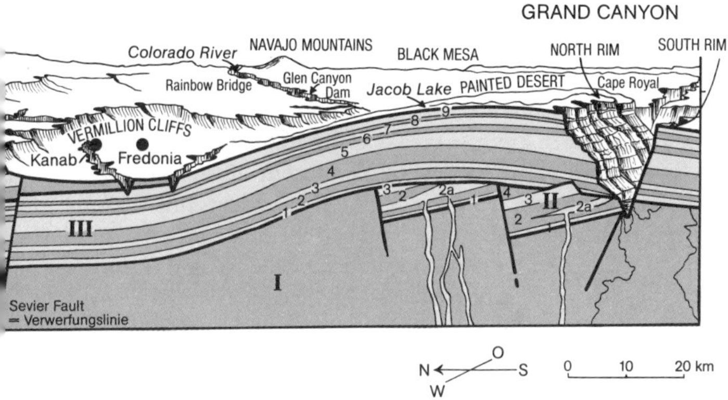

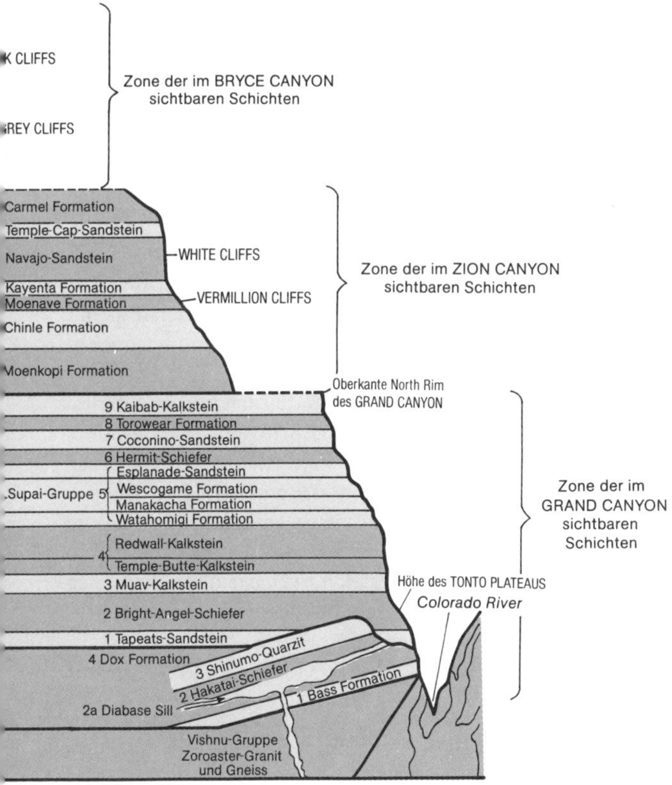

schichtlichen *Pueblo Bonito,* einer erstaunlich großen Indianerstadt, halbkreisförmig und die Bauten bis zu vier Stockwerken hoch, rätselhaft ausgestorben. Was Einsamkeit bedeutet, und wie wohltuend sie im Kontrast zu unserer reizüberfütterten Welt steht, kann man hier erfahren.

Wir befinden uns hier in jeder Hinsicht auf heißem Boden. Uranvorräte haben eine neue Pionierzeit entstehen lassen, deren Spuren überall zu sehen sind. Drei bedeutsame Schwellen sind in diesen Einsamkeiten überschritten worden: Coronado stieß gegen 1541 nach Entdeckung des Grand Canyons an die Grenzen der physischen Möglichkeiten seines kleinen Expeditionscorps. Er stieß aber auch an jene Grenze, an der sich die spanischen Träume von der sagenhaften Stadt Cibola, deren Wälle von Gold und Türkis glänzen sollten, an der Wirklichkeit zu messen hatten. Dieses Cibola ist das heute verlassene Pueblo Hawiku der Zuni-Indianer, doch ist der weite Weg nicht lohnend, denn *Pueblo Bonito* hat uns ein besser erhaltenes Bild vermittelt.

Mit dem besonderen Erlebnis der fast antik wirkenden Ruinen der Chaco- und Anasazi-Kulturen im Pueblo Bonito, auf den Mesas und in den Canyons überschreiten wir auch die zweite Schwelle, die wir bereits aus Wyoming kennen. Es ist die ›Continental Divide‹, die Wasserscheide des nordamerikanischen Kontinents zwischen Atlantik und Pazifik. Wir werden froh sein, nach all den trockenen Chaparals mit ihren stachligen Yuccabüschen an ihrem Ostrand wieder auf kräftigere Vegetation zu stoßen.

Indem wir nun nach Osten und damit nach New Mexiko vorstoßen, queren wir die dritte Schwelle, die atomare Schwelle, die sich hier in reichen Lagerstätten an Uranerzen und letztlich in den Forschungsanlagen von *Los Alamos* kundtut. Die vierhundert Kilometer zwischen dem *Grand Canyon, Santa Fé* und *Albuquerque* werden uns so oder so in Erinnerung bleiben, ganz gleich, welcher überschrittenen Schwelle wir das größte Gewicht beimessen – der geschichtlichen, der klimatischen oder der atomaren.

Trotz aller Verfälschung durch Moderne und Tourismus hinterläßt die alte spanische Missionslandschaft um Santa Fé samt der hier recht gut erhaltenen indianischen Pueblokultur einen weiteren nachhaltigen Eindruck. Unser Hauptziel werden *Taos* und sein Pueblo sein, unwahrscheinliche, kubische, lehmbraune Indianerwohnburgen vor den Sangre-de-Cristo-Bergen. Auch sonst ein Ort des Nachdenkens mit einer berühmten Malerschule und schönen weißen Missionskirchen ringsumher. Daß neben diesen alten Adobebauten, den verhutzelten alten Indianerfrauen, stoischen Maultierreitern mit Poncho und Sombrero, kaum vierzig Meilen entfernt, *Los Alamos* uns die atomaren Werkstätten unseres Jahrhunderts vor Augen führt, ist ein unglaublicher Kontrast, den es zu verarbeiten gilt.

In *Albuquerque* wendet sich unsere große ovale Schleife wieder nach Westen und strebt nach *Flagstaff* in Arizona. Von hier aus bietet sich nun an, den South Rim des **Grand Canyon** bequem zu besuchen, vorbei an den schön bewaldeten und im Herbst schon schneebedeckten San Francisco Peaks. Kurz vor Flagstaff liegt der berühmte **Meteor Crater,** der einzige leicht erreichbare Meteoritenkrater der Welt von gigantischem Ausmaß. In dieser Ecke der Welt wird unser Sinn für die Größenordnungen von Naturkräften stark in Anspruch genommen, vielleicht mit dem Gewinn der Einsicht in unsere eigene ›Kleinheit‹.

Flagstaff könnte der Punkt sein, von dem aus wir wieder den Rückweg nach Kalifornien antreten. Er ist relativ einförmig. Wer Zeit hat, dem sei geraten, sich zunächst südlich zu wenden und über *Sedona* dem *Oak Creek Canyon* zu folgen, einem ausnehmend schönen, reich bewaldeten Tal mit bizarren Felsformationen und *Montezuma Castle* zu besuchen. *Phoenix* und seine Steinwüsten zwischen den Mazatzal-Bergen und der Sierra Estrella durcheilen wir auf dem Highway und kommen über *Casa Grande* endgültig westwärts. Die Halbwüsten mit ihren graugrünen Sagebrushes und Rabbitbrushes sind nun endgültig der Wüste gewichen. Das **Saguaro National Monument** nimmt uns auf, Orgelpfeifenkakteen, würdevolle Kandelaberkakteen oder Saguaros, Opuntien und Yuccas säumen die Straßen, und dann stößt man plötzlich auf eine sehr amerikanische Überraschung. Diese Wüste entlang dem *Gilafluß* ist ungeheuer fruchtbar, sobald man die nötigen Bewässerungsmaßnahmen technisch zuwege bringt. Endlos ziehen sich entlang den Gebirgen Baumwollfelder, Reis- und Maisfelder und Landschaften aus Sonnenblumen, die das Auge mit ihrem satten Gelb blenden. Zum Schluß jedoch siegt die Wüste wieder, die Yuma-Wüste unweit von *Fort Yuma,* wo Mexiko, Neumexiko, Kalifornien und, ganz nahe, der Golf von Kalifornien mit der Mündung des abgemagerten Colorado sich ein verlassenes Stelldichein geben. Doch immer noch trennt uns eine Tagesfahrt von *San Diego*. Sie führt durch ein seltsam zerrissenes, fast apokalyptisches Gebirge seewärts. Eben waren wir noch in der Glut der Wüste, dann überfällt uns der Schneesturm zwischen den zyklopischen Felsmauern. Endlich erscheinen die Vorstädte San Diegos. Zypressen schießen auf, eine mediterrane Urbanität breitet sich springflutartig aus.

Nach den ungeheueren Steinmassen steriler Gebirge von grausam anmutender Schönheit, nach den Kaktuswüsten Neumexikos und Arizonas werden wir den Anblick des Meeres mit seinem sanften Rauschen und seiner Frische mit neuem Entzücken begrüßen. Es wird uns bewußt werden, wie herb und männlich verschlossen der Südwesten der USA im Grunde ist und welchen Lebensspender das Wasser darstellt. Das Meer, aus dem alles Leben vor Millionen von Jahren an Land stieg, wird auch in uns Gefühle der Wiedergeburt auslösen.

Die Rückreise entlang der kalifornischen Küste ist vor allem zwischen *San Diego* und *Los Angeles* von großer landschaftlicher Schönheit. Es ist die *südkalifornische Riviera* auf ihrem Steilufer, deren Palmen- und Blumenreichtum den Sinnen wohltut. Nördlich von Los Angeles auf dem Wege nach *San Francisco* wechselt der Charakter der Küste. Ob wir uns dabei mehr für den alten spanischen Missionsweg zwischen *Santa Monica, Santa Barbara* und *San Luis Obispo* interessieren, ob uns der **Channel Islands National Park** mit seinen Seelöwen anzieht, ob wir noch einen Abstecher ins **Yosemite Valley** oder zu den Baumriesen des **Sequoia National Park** auf der Höhe der *Sierra Nevada* machen, oder ob wir mehr den nördlichen Küstenabschnitt zwischen *Big Sur* und der hübschen Halbinsel *Monterey* mit ihren landschaftlichen Reizen anziehend finden – stets wird diese Fahrt einen harmonischen Ausklang unserer Reise bringen. Am Cliff House von *San Francisco* haben wir auf den Meter genau unser großes Oval durch die Nationalparks des Westens und Südwestens beendet. Es braucht Monate, um diese Eindrücke zu verarbeiten und in sich wirken zu lassen – vergessen kann man sie nie.

Alternativen

Aus der Fülle der beschriebenen Möglichkeiten ergibt sich für denjenigen, der lediglich an den amerikanischen Küstenlandschaften am Pazifik interessiert ist, die sehr einfache Variante, mit *Los Angeles* oder *San Diego* beginnend, dieser Küste bis hinauf nach *Seattle* zu folgen, oder umgekehrt. Freilich ist eine solche Reise unvermeidlich von einer gewissen Monotonie, weshalb sich zumindest empfiehlt, von *Los Angeles* aus über *Las Vegas* den **Grand Canyon** zu besuchen und von *San Francisco* aus den **Yosemite-Nationalpark.** Empfehlen kann ich dieses Vorgehen allerdings nur dann, wenn das Interesse an maritimen Landschaften überwiegt.

Manche Reiseveranstalter gehen offenbar davon aus, daß man San Francisco bereits kennt, fliegen von *New York* nach *Billings, Boise* oder *Bozeman*, führen durch die **Yellowstone-** und **Teton-Nationalparks**, springen mit dem Flugzeug dann nach *Las Vegas* oder *Salt Lake City* und erreichen von dort die südlichen Parks, meist aber nur den **Grand Canyon.** Auf diesem Wege kann man in zwei, drei Wochen das Wichtigste erleben, voller Hektik freilich und jenen Amerikanern gleichend, die Europa in vierzehn Tagen ›machen‹. Einen grundsätzlichen Nachteil dieser Disposition sehe ich zudem darin, daß unsere Sinne am Anfang jeder Fernreise einen großen und einstimmenden Eindruck erwarten. Dieser fehlt allerdings völlig, wenn wir, vom Kennedy-Flughafen *New Yorks* eilig nach La Guardia Airfield verfrachtet, schließlich in einem langweiligen und tristen *Billings* oder *Bozeman* landen, und abends im Restaurant Amerikanern begegnen, die unsere Erwartung mit gelangweiltem Blick über den Rand ihres Eiswasserglases hinweg quittieren.

So ist der Beginn in einer schönen Stadt, anmutig gelegen und voller Reize, noch immer die beste Art, ein fremdes Land kennenzulernen, es ist, als ob der Charme einer schönen Frau uns am Abend eines erschöpfenden Flugtages mit ihrem Lächeln empfängt und aufmuntert. Aus diesem Grund sollte am Reisebeginn *San Francisco* stehen, und der heilige Franziskus, der es sonst nicht mit den schönen Frauen hatte, wird uns verständnisvoll zuwinken. *Los Angeles* dagegen hat einen häßlichen Flughafen, trostlos zwischen einer hektischen Uferstraße und riesigen Blöcken mit Kleingewerbegebiet gelegen. Hier empfängt uns Amerika mit der Atmosphäre von Tennessee Williams ›A Streetcar Named Desire‹.

Es bietet sich an, die weiter oben geschilderte Gesamtwegstrecke durch die Nationalparks des Westens und Südwestens dadurch abzukürzen, daß man vom *Grand Canyon* unter Auslassung Neu Mexikos und Südkaliforniens direkt nach *Los Angeles* zurückkehrt. Eine ganz wesentlich verkürzte Rundreise könnte auch von *San Francisco* aus in einer kleineren Schleife über den **Yosemite Park** nach dem **Bryce Canyon** führen, dann über den **Grand Canyon** und das südliche Kalifornien zurück nach Francisco kehren. Der Leser wird nach der Lektüre und anhand der beigefügten Karten leicht eine Auswahl nach eigenem Geschmack und Zeitplan treffen können.

Auch die Frage des Rückflughafens sollte im Hinblick auf geschäftliche oder private Notwendigkeiten bedacht werden. So könnte am Ende unserer Hauptreise durch die Nationalparks der Rocky Mountains die Alternative stehen, von *Albuquerque* den *Rio Grande* flußabwärts zu fahren. Sie erlaubte einen Grenzübertritt ins mexikanische *Juarez* und eine reizvolle Fahrt durch die Plateaulandschaften des Staates Texas, den **Big Bend National Park** mit der Szenerie am *Rio Grande del Norte*, bis wir in *San Antonio* erneut auf alte und besonders schöne spanische Kulturlandschaft sto-

WASHINGTON ALLSTON (1779-1843)
Western Landscape with Lake
Ölgemälde, 1838
Boston, Museum of Fine Arts

Der junge Maler aus South Carolina wurde in den Bann der romantischen Bewegung aus Europa gezogen. Er gilt als der Vater von Amerikas visionärer Maltradition. Studium und Reisen nach London, Paris und Italien, wo er die Maler der venezianischen Renaissance kennenlernte, inspirierten ihn zu großen Landschaftsbildern, in denen sich genaue Naturstudien mit seiner eigenen Vision von den übernatürlichen Mächten, die die Natur beherrschen, mischen. Der Hirte im Bild wird noch ganz in der Auffassung des 18. Jahrhunderts gesehen.

und bieten über DER in Europa preiswerte Leihwagen an. Einer der Vorteile ist der Wegfall der deutschen oder amerikanischen Mehrwertsteuer. Aus den Preislisten geht hervor, daß der Wochenmietpreis nur das Vierfache der Tagesmiete beträgt – also sollte man versuchen, volle Wochen zu mieten. Ein in Deutschland gemieteter Wagen, der 82,– DM pro Tag kostete, sollte mich in USA bei einer unplanmäßigen Verlängerung 64 $ pro Tag kosten. In den Mietkosten sind Haftpflicht und Vollkasko bis 1500 $ Selbstbehalt eingeschlossen. Es empfiehlt sich aber, einen Collision Damage Waiver für etwa 7 $ pro Tag mitzukaufen, um den Selbstbehalt auszuschließen. Die Anmietung eines Campmobils von teilweise beachtlichem Komfort ist ebenfalls in Deutschland möglich. Man muß mit 250 bis 350 DM je nach Größe rechnen. Setzt man hierfür 100 bis 130 $ pro Tag, so ist leicht erkennbar, daß man zu diesem Preis bequem in guten Hotels und Motels zu zweit oder dritt unterkommen kann. Der Vorteil des beliebten Campmobils ist also kein wirtschaftlicher, sondern liegt in seiner großen Mobilität, die allerdings durch die Empfehlung eingeschränkt ist, nur auf ausgeschilderten Plätzen zu übernachten.

Doch kehren wir einen Augenblick zur Möglichkeit von Teilstreckenflügen innerhalb Amerikas zurück. Manche amerikanischen Linien verkaufen ihren von Europa kommenden Kunden Package-Tickets, die relativ preiswert eine Art Couponticket bieten, doch wähle man dann eine im Westen der USA leistungsfähige Fluglinie, etwa Western Airlines (Frankfurt am Main, Große Bockenheimer Straße 37, Ruf 069/29 10 11), Pacific South West oder Northwest Orient (Ruf 069/23 43 44). Diese Pakete sind nicht notwendigerweise an den Atlantikflug gebunden. 1985/86 bot eine Fluggesellschaft vier beliebige Flugstrecken im Westen der USA innerhalb von 90 Tagen zu 299 $ an. Überlegen sollte man dabei nur, daß bereits bei zwei Personen über 1000 DM ausgegeben werden und jedes Umsteigen aus technischen Gründen ein neues Ticket verlangt. Auch ist die Routenführung natürlich für den Geschäftsverkehr gedacht und nicht für touristische ›Schleifen‹. Eine andere Gesellschaft bot für

379 $ in 60 Tagen beliebig viele Flüge in USA an. Aber bitte: Vor Ort ist dennoch ein Leihwagen unvermeidlich.

Manchmal kann es sinnvoll sein, das Atlantikticket mit einem solchen Couponticket innerhalb der USA zu verbinden. So bot TWA 1986 ein ›Rover Ticket‹ für acht Anschlußflüge innerhalb der USA zu 690,– DM an, allerdings nur in der flauen Saison von November bis März. Dies lohnt sich, wenn man den Transatlantikflug nur bis New York bucht und die Querung des Kontinents nach San Francisco und zurück in die acht Anschlußflüge miteinbezieht. Das haben natürlich die europäischen Fluglinien auch gemerkt und so bietet Lufthansa in der schwachen Saison bis Juni den Flug nach San Francisco und zurück nur 400,– DM höher an, als den billigsten Tarif nach New York. Das sind 200 $ hin und zurück, entsprechend zwei Couponflügen à 100 $ …

Das Märchen, daß man in den USA mal rasch für ein paar Dollar irgendwohin fliegen könne, sollten wir vergessen. Nichts ist preiswerter als ein Auto für mehrere Personen. Nicht empfehlen möchte ich auch Kurzflugtouren, etwa zum Grand Canyon von San Francisco oder Los Angeles aus. Sie sind mit 600,– DM für wenige Stunden zu teuer und verhindern ausgerechnet die Erlebnishöhepunkte der Sonnenauf- und -untergänge. Sie sollten auch nicht verwechselt werden mit den Flügen durch den Grand Canyon von nahen Flugplätzen oder Hubschrauberlandeplätzen aus.

Herbstliche Tage in San Francisco, oder: Die Stadt als ›Naturpark‹

Herbstmorgen in *San Francisco*. Dichter Nebel verhüllt die Bucht, die Brücken, klebt in den Straßen. Langsam rollt unser Wagen den Hügel des Presidioparks hinab. Bizarre Silhouetten der Montereyzypressen begleiten uns. Irgendwo links über der Straße blitzt eine Kette von Autoscheinwerfern auf, kommt aus dem Nebel und verschwindet in ihm. Auch schräg unter uns zucken Fahrlichter. In wie vielen Etagen lebt diese Stadt?

Als wir auf die Rampe zur *Golden Gate Bridge* einbiegen, hat der stetige Wind von See, mit dem Frühlicht aufgekommen, den Dunst angehoben. Ein Katarakt von Fahrzeugen schiebt sich vierspurig von beiden Seiten auf die Brücke zu, Lichtbändern gleich, die eine imaginäre Brücke zum anderen Ufer schlagen wollen. Schon auf der Brücke, der realen, sehen wir die gewaltigen Stahlseile, wie sie rostrot und in elegantem Schwung aufwärts steigen, in den Wolken entschwinden, als ob sie ihren Halt im Himmel hätten.

San Francisco begrüßte uns mit seinem berühmten Nebel, der die Einfahrt in seine Bucht über Jahrhunderte verbarg. Wir waren freilich schon am Vortage angekommen. Unser glitzernder Vogel war über die maritimen Navigationsschwierigkeiten vergangener Jahrhunderte erhaben. Weit nach Norden ausladend, war er auf einem jener Großkreise und auf kürzestem Weg aus Europa eingeflogen.

Über den Rocky Mountains klarte es auf. Die endlosen Wolkentupfer, die den Osten des Halbkontinents bedeckt hatten, verschwanden, einzelne bizarr geformte blaue Seen tauchten auf, und die nun doch wieder zu Ehren kommende Karte nannte ihre Namen: den vierfingrigen Shasta Lake und den langgezogenen Lewiston Lake. Zuvor war bereits schneebedeckt der Diamond Peak im Kaskadengebirge erschienen. Das paßte uns gar nicht, wir hatten auf einen schönen Herbst in den Bergen gesetzt und sollten nur zu bald merken, daß der Herbst hierzulande Ende September zu Ende geht, daß dann die Lodges und Berghotels schließen und der frühe Oktober keineswegs, wie in unseren Alpen, die Zeit der Feinschmecker ist.

Von Seattle aus ging unser Kurs südwärts der pazifischen Küste entlang, die Flughöhe sank, und im Hinabgleiten des nun fast geräuschlosen Flugzeuges säumte sich die felsige Küste Kaliforniens mit weißen Brandungslinien, nahm die Farbintensität zu; ein schönes, fast karibisches Smaragdgrün begrüßt uns bei Cape Mendocino. Einsamkeit an den Stränden, nicht Weg noch Steg, keine menschlichen Siedlungen. Wir fliegen über Point Reyes National Seashore, ein Reservat, bis der Kapitän in einer plötzlichen Linkskurve die Szenerie der franziskanischen Bucht in unser Blickfeld bringt. Gewaltig dehnt sich die Bucht von San Pablo, und erst hinter der schier unendlich weit die Bay überspannenden Oakland Bridge erkennen wir die eigentliche Bucht von San Francisco. Ein freundliches Kippen der Tragflächen nach Backbord gibt für einen Augenblick den Blick auf die rot heraufschimmernde Golden Gate Bridge und die Wolkenkratzer in Downtown frei, vom nördlicheren Mount Tamalpais blinkt ein Leuchtfeuer herauf. Das Cockpit wird wissen, daß man hier nicht landen kann, und sanft schweben wir schon sehr tief über der Bay of San Francisco auf den Flughafen zu, der wie das Deck eines Flugzeugträgers weit ins Wasser hineinragt.

Alle Fernreisen führen unentrinnbar an bestimmte Punkte erster Begegnung, und mit diesen ersten Eindrücken ist es wie mit der Liebe, sie überfällt uns ganz plötzlich oder überhaupt nicht. Im Falle des westlichen Amerikas wird diese erste Begegnung fast unvermeidlich am Flughafen von San Francisco stattfinden, vielleicht auch in Los Angeles, doch gebührt San Francisco für solch ein erstes Rendezvous der Vorzug.

So angenehm die geschwundenen Entfernungen und der dafür notwendige Zeitaufwand auch sind, so hektisch und in gewisser Weise unvorbereitet kommen wir an. Das förmlich Hineinplatzende unseres Besuchs, das erste Herumstehen in Schlangen vor nicht immer allzu freundlichen Paß- und Zollbeamten trägt nicht gerade zur Einstimmung bei, die Glieder sind steif vom Herumsitzen in engen Flugkabinen, und auch der dritte Whisky an Bord hat unsere Aufnahmefähigkeit und Geduld nur sehr bedingt gesteigert. Liebe zu San Francisco wird sich in dieser Stunde noch nicht einstellen, doch bin ich sicher: Amors Pfeil ist schon eingelegt.

Nach elf Stunden objektiver Flugzeit, aber nach jeweiliger Ortszeit nur knapp zwei Stunden nach dem Start, dem bewegungshungrigen Flugtouristen auch noch eine lange geschichtliche Einführung zuzumuten, widerstrebt dem Verfasser. Die Geschichte des Westens und Südwestens der USA ist auch eigentlich keine geschlossene, in sich ruhende Geschichte, sondern stellt einen Flickenteppich europäischer Unternehmungen dar, spanischer, englischer ja selbst russischer Entreprisen, die in den ursprünglichen Webrahmen der indianischen Geschichte bunte Fäden gewoben haben, meistens rote und blutgetränkte, was aber nicht heißen soll, daß in diesem Teil der Welt vor Ankunft der Europäer nur eitel Frieden und Sonnenschein geherrscht habe. Wir werden sowohl der spannungsreichen und alles andere als unkomplizierten indianischen Geschichte als auch den europäischen Bemühungen an vielen Stellen unseres Weges begegnen, und es erschien mir sinnvoll, sie dort zu erzählen, wo Umstände und Zeugen dieser Geschichte sichtbar sind: die spanische Geschichte an den frühen Stätten der Conquistadores, zumal um Santa Fé in New Mexiko, den Missionen in Kalifornien und San Antonio in Texas; die englische, die mehr wie ein Hauch von See über der gesamten Westküste schwebte und sich in maritimen Unternehmungen kundtat; die amerikanische, die sich in endlosen Waggons über die Pässe der Kordilleren nach Westen bewegte und teilweise ihre alten Forts und ersten Kolonisationen hinterlassen hat; die russische, in Kalifornien immer noch und erstaunlich sichtbar – und schließlich die indianische, der wir in den Reservationen und Felsenstädten der Rockies begegnen werden.

Wir haben inzwischen den ›geheiligten‹ gelben Strich vor einem gestrengen Immigration Officer überwunden, eine Markierung, die uns gleich vor Augen führt, wie formalistisch und genau das Gesetz in diesem Land ist, auch sein muß, um der ansonsten reichlich gewährten und geübten Freiheit gewisse Spielregeln aufzuprägen.

Amerika ohne Leihwagen individuell zu bereisen ist schlichtweg unmöglich – andererseits ist diese Form ein Vergnügen und relativ preiswert. Ich hoffe, daß der Leser seinen Leihwagen über einen Shuttlebus rasch findet und ihn, etwa bei *Avis* oder *Hertz*, weit billiger bereits in Europa angemietet hat. Das Mieten bei lokalen und oft scheinbar preiswerten Anbietern empfehle ich nicht. Zu groß sind die Entfernungen, und nur die Großen der Branche sind bei Pannen überall vertreten und telefonisch amerikaweit rasch zu erreichen. Sind wir an unser Gefährt gelangt und hat sich angesichts der Hitze die Klimaanlage eingependelt, so lassen Sie uns vom südlich der Stadt am Binnenrand der San Francisco Bay gelegenen International Airport entspannt nach San Francisco hineinrollen. Streifen wir jede Eile ab, ordnen wir uns willig in den für europäisches Empfinden etwas pomadigen Verkehrsfluß ein; wir werden dennoch bald gewahr werden, daß man auf diese Weise besser vorwärtskommt als mit der hektischen, hupenden und alle möglichen ›Rechte‹ verteidigenden deutschen Fahrweise. Jeder hat in diesem Land Amerika sehr alte Rechte, vertraut ihnen und liebt keine neurotischen Linksblinker und Lichthuper.

San Francisco wird uns vielleicht drei oder vier Tage in Anspruch nehmen, und der Leser sei vorab gewarnt vor der ständigen Bettenknappheit in dieser Stadt. Es ist im Bereich unserer Reise ansonsten kein Problem, Hotels der großen Ketten wie ›Hilton‹, ›Holiday Inn‹, ›Ramada‹ oder ›Best Western‹ zu finden. Ebenfalls besteht kein Mangel an preiswerten und meist sehr sauberen und komfortablen Motels am Straßenrand. Für San Francisco aber sollte man bereits zu Hause gebucht haben, weshalb einige Empfehlungen willkommen sein mögen, zumal im Bereich vernünftiger Preise. Die glitzernden Hotelpaläste findet man auch selbst. Alle Telefonnummern dieses Buches beginnen übrigens mit dem US Area Code, gefolgt vom Local Code und der eigentlichen Rufnummer. Von Deutschland aus ist 001 vorzuwählen.

In der Nähe des Flughafens findet sich das ›Best Western El Rancho Motor Inn‹, 1100 El Camino Real, F 588 2912 250. Die Fahrt nach Downtown dauert allerdings mit dem Wagen etwa eine Stunde. Gleiches gilt für das ›Holiday Inn‹ am Airport, F 415 589 7200. Beide sind nur ein Notbehelf.

In 639 Market Street, recht zentral, findet sich das ›Sheraton Palace Hotel‹, F 415 392 8600. An der Kreuzung Market Street und 3rd Street liegt das neue und hübsche ›Meridien‹ der gleichnamigen französischen Hotelkette, F 415 947 6400. Auch das ›Holiday Inn Golden Gateway‹, 1500 Van Ness Ave, F 415 441 4000, liegt zentral auf Nob Hill und nahe dem Cable Car. Die gleiche Kette unterhält an Fisherman's Wharf, 1300 Columbus Ave, F 415 771 9000, ein etwas teureres Inn. Dort finden sich auch andere Großmotels, die im Sommer aber hoffnungslos überfüllt sind.

Wie immer ist es mit Billigpreisen in Großstädten sehr problematisch, oft bezahlt man etwas niedrigere Preise mit endlosen Anmarschwegen. Ich empfehle, lieber auf den ländlichen Strecken unserer Reise ein preiswertes Motel zu suchen, was auch 1985 noch für dreißig Dollar möglich war, in San Francisco aber 100 bis 150 Dollar in Kauf zu nehmen. Alle Zimmer sind mit zwei, oft bis zu vier Personen belegbar, so daß auch Familien mit Kindern immer noch recht preiswert unterkommen. Zwei Inns (hier Pensionen) in Victorian Mansions in guter Lage und mit spätkolonialer Einrichtung verdienen Erwähnung für den, der große Hotels gern meidet und drei Tage bleiben will: ›Hermitage House‹, 2224 Sacramento St. (F 415 921 5515) und ›Washington Square Inn‹, 1660 Stockton St. (F 415 981 4220).

Von der Lage wenig zu empfehlen ist das ›San Francisco Hilton‹ in der O'Farrell Street mit seinem Turm – daran ändert auch nichts, daß Barbra Streisand ihren umwerfenden Film ›Is was, Doc?‹ hier gedreht hat.

VON FISHERMAN'S WHARF ZUM PRESIDIO

Menschen und Schiffe an Fisherman's Wharf

Es ist eine wunderliche Stadt, die wir durchstreifen. Längs der Südküste des Golden Gate zieht sich ein Hügel, langsam in Telegraph Hill im Osten anhebend und endend im Presidio Hügel, der die Meerenge beherrscht. Die Stadt mit ihren viktorianischen Häuserzeilen und schönen Villengegenden liegt wie ein Teppich darüber gebreitet, ein Teppich freilich, der gegen Süden schon etwas abgetreten wirkt, im Norden dagegen, gegen die Bucht gewandt, die schönen Muster angenehmen Wohnens zeigt. Vom Hügelkamm, der etwa mit der Lombard Street zusammenfällt, hat man wunderschöne Ausblicke hinunter zur Marina und über das Golden Gate – besser mit Goldenes Horn zu übersetzen –, dann auf die jenseitigen Berge um den Mount Tamalpais und die Muir Woods. Hier wird uns auffallen, daß San Francisco trotz seiner Größe immer eng verbunden blieb mit seiner natürlichen Umgebung, dem Meer und den Bergen, nicht jenen häßlichen Gürtel von Vorstädten und Industriegegenden angesetzt hat, der manche Großstadt abschnürt. San Francisco ist freilich keine Stadt der Industrie, und die enorme Bevölkerungszunahme der letzten Jahrzehnte fand jenseits der Bay in Oakland statt und gegen Süden in jenem Urban Strip, der sich vom Flughafen über San Matéo und Palo Alto bis nach San José etwa fünfzig Kilometer entlangzieht.

Wir wollen unseren Morgenspaziergang an *Fisherman's Wharf* beginnen. Schon an der *Bay Bridge* verbreitet sich jener maritime Charakter zahlloser Warenhäuser und Zollschuppen, die sich als Embarcadero bis zur Wharf hinziehen. Diese ansonsten recht technischen Anlagen sind hier in hübschem neuklassizistischem Federal Style errichtet und in warmem Ockerton gehalten. Gelegentlich überragen den First Schornstein und Masten eines Frachters oder die hohen Aufbauten eines Passagierschiffes, meist eines Kreuzfahrers nach Seattle oder dem fernen Hawaii.

Am *Pier 39* öffnet sich die Wasserfront, gibt Raum für moderne, in rotem Brick gehaltene Seebahnhöfe, in denen der touristische Schiffsverkehr in der Bay abgewickelt wird. Einst befand sich an dieser Stelle ein trister Bahnhof, dessen Schienen noch immer zu sehen sind. Die für Alcatraz bestimmten Häftlinge kamen in schwerbewachten Waggons an, wurden auf eine Fähre geladen, um hinter den Mauern der düster in der Bucht liegenden Isla de los Alcatrazes, der Pelikaninsel, zu verschwinden.

Heute herrscht fröhliche Ausgelassenheit am Ort. San Francisco ist eine junge Stadt, die jungen Damen benötigen auch keine Handschellen, um die jungen Männer zu fesseln, sie haben bessere Mittel, und schon am frühen Morgen sind die Parkplätze rar, tuten die ersten Dampfer, um die Passagiere nach Sausalito und Tiburon oder zu einer Rundfahrt an Bord zu locken.

An *Pier 43* reckt die ›Balclutha‹ ihre Rahen in den blauen Himmel, eine 1866 in Schottland gebaute Bark, die eine lange Geschichte als Kap-Hoorn-Segler hinter sich hat, dann unter hawaiischer Flagge im Holzhandel mit Australien und schließlich als ›Star of Alaska‹ im Lachshandel an der Westküste segelte. 1954 außer Dienst gestellt, hatte sie 88 Jahre auf dem Buckel und erfreut sich nun des Ruhestandes neben der ›Eureka‹, einem 78 Jahre alten Paddlewheeler nach Art der Mississippidampfer, und den gleichermaßen malerischen Schonern, die den steigenden Holzbedarf der kalifornischen Städte deckten. Hafenschlepper recken ihre dünnen, roten Schornsteine, auch sie Zeugnis längst vergangener Zeit.

Nach Westen zu erstreckt sich der Flanierboulevard der *Jefferson Street* bis zur *Cannery* und zum *Ghirardelli Square*. Es wimmelt von Fischlokalen, manche auf Stegen ins Wasser vorgebaut wie ›Sindbad's‹, Andenkenläden mit dem üblichen Kitsch und viel buntem Plastiktand, aber das muß man auch ertragen können. Viel interessanter ist die eigentliche Marina der Fischer, eben *Fisherman's Wharf*, die man durchstreifen kann. Enge Durchgänge sind vollgestapelt mit Eiskisten, Muschelkörben, geflickten Netzen, es riecht nach Meer und Fisch, und die Männer, die hier zugange sind, sind jene

Typen, die man in jedem Hafen findet, wenig zimperlich und hübschen Frauen nachpfeifend. Die Trawler und Shrimpboote, die hier liegen, eine bunte, malerische Masse von weißen Rümpfen, bunten Aufbauten, verwirrender Takelage und rostigen Ankerspills, sind nur saisonal beschäftigt. Durch das Gewirr der Masten erblickt man im duftigen Morgenlicht die elegant auf- und abschwingenden Konturen der Golden Gate Bridge. Aus den Kühlhäusern ziehen kalte Nebelschwaden in die klare Morgenluft, und der eine oder andere Fischhändler verkauft an seine Laufkundschaft aus der Stadt die bunte Ernte der Nacht: Seabass (Meeresbarsch), Rock Cod (Küstenkabeljau), Red Pacific Snapper (Rotschnapper), Yellow Tails (Gelbschwanz), Tuna (Thunfisch), Makrelen, Langusten und Muscheln über Muscheln in allen Größen und Arten als Abalone, Scallops oder Clams, an denen diese Küste so reich ist.

Immer noch liegt ein unbestimmter Hauch von Italien in der Luft. Die Speisekarten künden von Cioppino, was sich in der englischen Übersetzung ›Fishstew‹ eher wie ein Gericht aus einem Pub im Londoner Eastend anhört, in Wahrheit aber eine köstliche Bouillabaisse ist, zu der Sourdough Bread, das Sauerteigbrot gehört.

In dieser Gegend schrieb einst Carl Zuckmayer in seinen Erinnerungen ›Als wärs ein Stück von mir‹:

»Wir verleben die Weihnachtstage [1939] in San Francisco, in dem es damals noch die pittoreske alte ›China-Town‹, das ›International Settlement‹ mit den originellen Kneipen aus der Goldgräber- und Pionierzeit, den bunten italienischen Fischerhafen gab. Es war die verlassenste, verlorenste Weihnachtszeit unseres Lebens. Meine Frau hatte ein billiges Quartier gemietet, eine Krippe aufgebaut, ein paar Tannenzweige mit Lichtern besteckt. Am Heiligen Abend saßen wir in einem italienischen Kellerlokal und versuchten, nicht von zu Hause zu sprechen ...«

Das wird mancher Leser, der damals oder wenige Jahre später auch unbehaust war, nachempfinden können, das Starren in eine trübe Kerzenflamme und den wehmütigen Schmerz im Herzen.

In der alten Cannery

Die alte *Cannery*, die Fischkonservenfabrik, ist heute eine in den *Ghirardelli Square* übergehende Einkaufs- und Bummelstraße durch Höfe und auf verschiedenen Etagen geworden. Zumal am Abend oder Morgen, wenn das Quirlen tausender Touristen fehlt, ist es angenehm, hier zu streifen, in eine Galerie zu schauen, seemännische Antiquitäten zu bestaunen oder gleich ins gegenüberliegende *Maritime Museum* zu gehen, das mit seinen Galionsfiguren und Kapitänsbildern an das Altonaer Museum in Hamburg erinnert. An Altona erinnern auch das Modell der ›Preußen‹, eines Fünfmasters der Jahrhundertwende und Reproduktionen alter deutscher Schiffspostkarten der HAPAG und des Norddeutschen Lloyds, die man bei uns vergeblich suchen würde. Wir frühstücken erst einmal im Ghirardelli Square, umgeben von einem amerikanischen Damenclub puritanischen Zuschnitts. Für sie normal, so früh auf den Beinen zu sein, für uns jedoch Bestätigung der Tatsache, daß San Francisco entgegen mancher Meinung nicht unbedingt eine Stadt der Nachtschwärmer ist.

Der Kaffee ist ebenfalls von puritanischem Zuschnitt, stundenlang schmorgelt er auf der Wärmplatte, bis er seinen ohnehin nicht starken Geist aufgibt. Das hatte Mark Twain vor hundert Jahren noch ganz anders gesehen, ihm wollte umgekehrt der deutsche Kaffee nicht munden und so schrieb er auf seiner Europareise:

»Man nehme ein Faß Wasser und bringe es zum Kochen. Darauf reibe man eine Zichorienbeere an einer Kaffeebohne und gebe erstere in das Wasser. Man setze das Kochen und Verdampfen fort, bis die Intensität des Duftes und Aromas von Kaffee und Zichorie auf einen angemessenen Grad gesunken ist, nehme dann den Sud vom Feuer und lasse ihn abkühlen. Nun schirrt man die Überreste einer ehemaligen Kuh vom Pflug los, schiebt sie in eine hydraulische Presse, und wenn man einen Teelöffel voll von diesem blaßblauen Saft gewonnen hat, der einem deutschen Aberglauben zufolge als Milch gilt, mildere man die ihm innewohnende schädliche Kraft mit einem Eimer lauwarmen

Wassers und läute zum Frühstück. Man mische das Getränk in einer kalten Tasse, genieße mit Maßen davon und binde zum Schutz gegen zu starke Erregung ein nasses Tuch um den Kopf.«

Nun ja, lieber Mark Twain, irgend jemand hat da die Rollen vertauscht, aber es bleibt offenbar ein großer Reiz jeder Reise, mit solchen Vorurteilen nach Hause zu kommen.

Von Cable Cars und viktorianischen Häusern

In der *Hyde Street*, die an der *Cannery* am Hafen endet, verläuft einer der mit viel Liebe und nach erbitterten Kämpfen wieder instandgesetzten Cable Cars. Die offenen, viktorianischen Straßenbahnwagen laufen den Hügel aufwärts bis *Lombard Street* und auf der Südseite wieder hinab bis *Jackson Street* und *Chinatown*. Meist überfüllt und mit Menschentrauben auf den Trittbrettern, fährt der Conducteur – nicht zu verwechseln mit einem ›ordinären‹ Trambahnführer – sein quietschendes Gefährt hügelauf und -ab. Er hakt sich mit einem seltsamen Gestänge an einem unterirdisch verlaufenden Drahtseil ein, das in einem Straßenschlitz und von einem Motor irgendwo angetrieben, endlos auf und ab läuft. Will er bremsen, so klinkt er den Wagen aus und bedient die überdimensionale Handbremse an seiner Seite. Die modernen Sicherheitsapostel der OSHA, unserem TÜV entsprechend, verbrachten schlaflose Nächte, bevor sie dieses Ding wieder zuließen. Es ist ein abenteuerliches Gefühl, wenn sich der Cable Car oben in Lombard Street zur Talfahrt entschließt. Irgendwann naht die nächste Querstraße, wo trotz Vorfahrt gebremst werden muß; nach einem Ruck in der Magengrube saust der Wagen erneut steil hinab.

Wir durchstreifen nun die alten viktorianischen Rows, die Häuserzeilen mit ihren hübschen, altmodisch verspielten und in zarten Farben von Türkis über Elfenbein bis Pink gehaltenen Fassaden. Das ausgehende 19. Jahrhundert hat sich hier wie selten intakt erhalten, gepflegt und geliebt.

Etwa viertausend dieser Häuser schmücken heute noch die Stadt und man erkennt rasch ihre verschiedenen Stile:

den ›Italianate‹ genannten, klassisch ausgewogenen, den ›Eastlake‹-Stil, reicher im Schmuck und mit großen vorspringenden Bay Windows, und den ›Queen Anne Style‹, eine romantische Rückerinnerung an das 19. Jahrhundert mit Türmchen, Erkern und Balkonen, kurz all jenen restaurativen Verspieltheiten, die San Francisco noch heute aus der Monotonie amerikanischer Städte herausheben.

Wo die Straßen ansteigen, stehen die Häuser treppenförmig versetzt. Es macht ungeheueren Spaß, mit dem Auto die *Divisadero* und ihre Parallelstraßen auf und ab zu fahren, stets mit atemberaubender Sicht von der Höhe auf die sich steil hinabschwingenden Straßen und die elegante Linie der ihr folgenden Dachfirste. Bis zu dreißig Prozent Steigung schnauft man hier herauf, die Häuser schauen ganz schief durchs Seitenfenster herein und bergabwärts ist das Gefühl beklemmend, die Bremse könnte versagen, und in Schußfahrt würde die nächste Querstraße zur Startrampe eines kleinen Fluges werden.

Oben auf *Lombard Street* treffen wir wieder unseren Cable Car, alles winkt sich von den Trittbrettern aus zu, und nirgends habe ich so sehr die fröhliche Ungezwungenheit dieser Stadt empfunden, ihre südliche Heiterkeit und den jungenhaften Übermut, wie auf diesen verrückten Straßen mit den bunt-schnörkeligen Cars und vergnügten Autofahrern. Hier oben ist auch der Einstieg in die *Crooked Road*, von Zufahrt kann man da kaum reden. Sie ist in keinem Stadtplan verzeichnet, welch ein Glück, sonst müßte man hier sein Auto in die Tasche stecken. Aber wer sucht, der findet und kann dann seine Künste im Slalom die Steile hinab erproben, dort, wo sonst Karl Malden die bösen Verbrecher in den ›Straßen von San Francisco‹ jagt. Umrankt von Blumenrabatten, die man mit den Händen greifen kann, vor sich einen unbeschreiblich schönen Blick auf Stadt und Bay.

Indem wir nochmals die *Divisadero* aufwärts fahren, »for the last time«, wie meine Tochter lächelnd sagt, biegen wir nach rechts in die *Pacific Street* und gelangen an das von steinernen Löwen bewachte, offiziell wirkende Tor des *Presidio*. Bange machen gilt nicht, und so fahren wir hindurch in jenen alten, die Einfahrt zur Bucht von San Francisco beherrschenden Hügelpark, einst Sitz des spanischen Presidios, heute der amerikanischen Navy and Army, die hier viele Stäbe und ausgedehnte Wohnanlagen unterhält. Der Park mit seinen windzerzausten Monterey-Zypressen eröffnet viele schöne Blicke auf die Golden Gate Bridge, die sich jetzt, zur Mittagszeit, rostrot über das ultramarinblaue Tor zum Pazifik spannt, überwölbt vom weiten, pazifischen coelinblauen Himmel und flankiert von den dunkelschwarzgrünen Redwoods am nördlichen Ufer jenseits der küstennahen rötlich und kahl schimmernden Klippen.

Chamissos Konferenz im Presidiopark

Auf der Anhöhe des Parks dürfen wir uns jene hübsche Szene vorstellen, die Adelbert von Chamisso in seiner ›Reise um die Welt‹ beschreibt:

»Wir segeln am 2. Oktober 1816 nachmittags vier Uhr in den Hafen von San Francisco hinein. Große Bewegung zeigt sich auf dem Fort am südlichen Eingange des Kanals; sie ziehen ihre Flagge auf, wir zeigen die unsere, die hier nicht bekannt zu sein scheint, und salutieren die spanische mit sieben Schüssen ... wir lassen die Anker vor dem Presidio fallen, und kein Boot stößt vom Ufer, zu uns zu kommen, weil Spanien auf diesem herrlichen Wasserbecken kein einziges Boot besitzt.«

Es war die russische Brigg ›Rurik‹, die von 1815 bis 1818 eine Weltumsegelung unternahm und sicher nicht ohne Hintergedanken die Flagge des Zaren auch im Westen Amerikas zeigte, lag doch ganze dreißig Meilen nördlich, am heutigen Russian River, eine Pelzhandelsniederlassung, die wir noch besuchen wollen, mit dem wehrhaften Fort Ross in Bodega Bay. Es entwickelte sich nun zwischen dem russischen Kapitän und dem spanischen Kommandanten, der die Auflösung von Fort Ross forderte, ein völkerrechtlicher Disput. Dem Mexikaner war der Gouverneur von Monterey, Don Paolo Vicente de Sola eilends zu Hilfe gekommen, um zu retten, was noch zu retten war. Der Kapitän der ›Rurik‹ war Otto von Kotzebue, der Sohn des wenige Jahre später in Mannheim ermordeten Dichters und Kritikers der Burschenschaften, August von Kotzebue – und sein Dolmetscher war Adelbert von Chamisso, eigentlich Louis Charles Adelaide de Chamisso, der mit seinen Eltern vor der Französischen Revolution nach Preußen geflohen war. Seine Werke wie ›Peter Schlemihl‹, der seinen Schatten verkaufte, und das Gedicht vom ›Riesenspielzeug‹ sind unverwechselbar brandenburgisch in ihren Charakteren, und doch erkennt man im Gleichnis des verlorenen Schattens die Tragik dessen, der sein Vaterland verlor. Welch eine Zeit, in der viele der Besten nur in der Fremde Erfolg hatten, aber dadurch auch lernten, in zivilen Formen miteinander umzugehen, zunächst den anderen Menschen an seinem Gesicht zu erkennen und dann erst auf eine bunte Uniform zu schauen.

»Am 26. fand in den Vormittagsstunden die diplomatische Konferenz auf dem Presidio statt. Don Paolo Vicente de Sola, Gouverneur von Neu-Kalifornien, setzte das unbestreitbare Recht Spaniens an dem von der russischen Niederlassung unter Herrn Kuskoff eingenommenen Gebiete in volles Licht, und forderte Herrn Kuskoff auf, das widervölkerrechtlich besetzte Gebiet zu räumen. Herr Kuskoff, Agent der russisch-amerikanischen Handels-Compagnie und Vorsteher der Ansiedlung zu Port Bodega, ohne sich auf die Rechtsfrage, die ihn nichts angehe, einzulassen, bezeugte die größte Bereitwilligkeit, vom Port Bodega abzuziehen, sobald er nur von seinem Vorgesetzten, Herrn Baranoff, ermächtigt würde. Darauf forderte der Gouverneur den Herrn von Kotzebue auf, namens des Kaisers einzugreifen und die Räumung zu erwirken. Der Lieutenant der kaiserlich russischen Marine, Otto von Kotzebue, erklärte sich für unbefugt, in einer Sache zu handeln, wo ihm übrigens das Recht so klar erschiene, daß es bloß ausgesprochen zu werden brauche, um anerkannt zu werden. – Und so waren wir denn so weit, als wir zuvor gewesen waren.«

Diese erste Konferenz von San Francisco – so recht eigentlich von einem Mexikaner für Spanien und einem Deutschen für Rußland geführt – hat, wie wir sehen, späteren Konferenzen der UNO, 1951 in San Francisco unweit des Presidios gegründet, bereits sprachlich, inhaltlich und den Stil prägend die Wege geebnet. De Sola bekam einen russischen Orden, Chamisso ein Otterfell, das er dem Berliner Zoologischen Museum vermachte und das, wenn nicht an anderem, so an den Motten zugrundegegangen ist. Die Spanier waren aber in einer wichtigen Sache erfolgreich gewesen. Unter dem Einfluß eines kräftigen Rotweins hatte ein Maat vergessen, Kotzebues Chronometer aufzuziehen, und damit seine weiteren Küstenvermessungen verdorben.

Chamisso verabschiedet sich von San Francisco mit den Worten:

»Wir schauten hier täglich dem Spiele der Nebel zu, die vom waltenden Seewind ostwärts über das sonnenerhellte Land gewehet, zerflossen und sich auflösten. Besonders schön war das Schauspiel, welches sie uns bei der Abfahrt bereiteten, indem sie verschiedene Gipfel und Gegenden der Küste bald verhüllten und bald entschleierten.«

Völlig verquere Straßen durchziehen den *Presidiopark*, man muß ihnen folgen, ohne viel nach dem woher und wohin zu fragen. Irgendwo kam uns ein städtischer Bus entgegen, sein Fahrziel hieß, laut Schild, ›Geneva–Munich‹ – hoffentlich war er seefest. Irgendwann landeten wir auf dem *Lincoln Boulevard*, und das war ja ein Mann, der wußte, wo es längs ging. Der *Camino del Mar*, Teil des *Scenic Drive*, der über 49 Meilen die Schönheiten San Franciscos vor Augen führt und mit einer blauweißen Seemöwe gekennzeichnet ist, führt uns schließlich zu *Point Lobos*, dem westlichen Ende des die Stadt querenden *Geary Boulevards*.

Die Seelöwen und ihr Harem an Cliff House

Hier sollten wir auf einem der einsamen Parkplätze aussteigen, nicht zum *Cliff House* vorfahren, und auf stillen Pfaden dem lehmigen Kliff abwärts folgen. Im unmittelbaren Dunstkreis der riesigen Stadt werden wir überrascht sein, wie sehr San Francisco selbst einer der schönsten und interessantesten

Naturparks auf unsere Reise sein wird. Die Golden Gate Bridge verdeckend, ziehen sich Monterey-Zypressen und -Kiefern den Steilhang entlang, dichtes Unterholz hemmt unseren Schritt, der aromatische Duft der Macchia umgibt uns, rotfarbene, dickfleischige Sukkulenten bedecken die Hänge, und wenn wir unten angelangt sind, erfüllt das heisere Bellen der Seelöwen die Bucht. Ein schmaler Steindamm führt zu einer Felsgruppe im Meer, mit Vorsicht zu begehen, wenn Wind und Seegang es erlauben.

Auf den nah gelegenen *Seal Rocks*, umtost von der Brandung, sitzen hunderte von schwarzen, würdigen Kormoranen, einige Tölpel nisten in den Nischen, aber in den tieferen ›Lagen‹ dösen breit und massig die schwarzen und braunen Seelöwen, gewaltig an Körperfülle. Gelegentlich richtet sich ein alter Bulle auf, um achtunggebietend und heiser zu bellen; das ficht seinen Harem aber nicht an. Gelassen liegen die Damen auf den Felsplatten, gelegentlich rutscht eine ins Wasser, denn es ist Zeit zu einem kleinen Lunch, und das Problem ist, wie man aus den mächtig und langgezogen heranlaufenden Brandungswellen wieder hinaufkommt. Da hilft nur Geduld, bis die jeweils fünfte oder siebte Welle hoch genug anbrandet, um dann mit einem geschickten Kraftakt auf den Felsen zu gelangen und der Siesta zu pflegen. Sind alle Damen wieder da, beruhigt sich auch der Herr des Harems wieder.

Unweit von Point Lobos breitet sich der *Golden Gate Park* aus, ein sich über Meilen hinziehender, sehr schöner Park im englischen Stil. Er ist nicht Teil der Urlandschaft, sondern mühsam in einer Karstzone angepflanzt worden, die Windmühle an der Seeseite diente als Antrieb für die Grundwasserpumpen. Sein Arboretum sei demjenigen empfohlen, der sich für die Pflanzenwelt längs der pazifischen Küsten interessiert, insbesondere aber für die Baumlandschaften dieser ungewöhnlichen Zone. Mitten in diesem Grün liegt das sehr sehenswerte *Asian Art Museum*, 1959 von Avery Brundage an beziehungsreicher Stelle, sozusagen mit Blick auf den Pazifischen Ozean gegründet. Chinesische Bronzen, Schmuck aus Jade, indische Steinskulpturen, Holz- und

Lackarbeiten aus Japan werden uns erfreuen. Der Park, wie der nördlichere Presidio Park, wird durch die Bundesstraße 1, die berühmte *Number One*, durchschnitten, die uns vielleicht nach einer langen Rundreise wieder nach San Francisco zurückführt.

Im Zentrum der großen Halbinsel von San Francisco liegen die *Twin Peaks*, eine schon im Anflug deutlich sichtbare Landmarke. Durch ein breites Tal vom Hügelkamm getrennt, der sich längs des Golden Gate zwischen Telegraph Hill mit dem Coit Tower und dem Presidio Hill hinzieht und den wir bereits kennengelernt haben, hat sich hier ein schönes Wohngebiet erschlossen, dessen Osthang sich in die ältesten Teile von San Francisco absenkt. Diese Teile sind freilich durch den Wandel der Zeiten kaum mehr als solche erkennbar. Den Rest hat das Erdbeben von 1906 besorgt.

Als am 18. April 1906, morgens um 5.12 Uhr, ein erster schwerer Erdstoß die City traf, warf er die Menschen buchstäblich aus den Betten. Viele der modernen großen Banken und Hotels um die Market Street stürzten ein, die Trümmer blockierten die Straßen, und nach einigen weiteren Erdstößen brach im Süden das Feuer aus und wälzte sich wie ein Feuersturm nach Norden gegen das Embarcadero zu. Viele der etwa siebenhundert Verunglückten sind ein Opfer der Flammen geworden, denn die großen Bürogebäude waren um diese Zeit glücklicherweise noch leer.

Jack Londons Bericht ist ein berühmtes Dokument jener Katastrophe geworden, dem Bericht des jüngeren Plinius über den Vesuvausbruch im August des Jahres 79 verwandt. Vielleicht schließt Jack London unbewußt daran an, wenn er am 5. Mai 1906 in ›Colliers‹ schreibt:

»Not in history has a modern imperial city been so completely destroyed. San Francisco is gone ...«
»Nie in der Geschichte ist eine moderne, mächtige Stadt so vollständig zerstört worden. San Francisco ist untergegangen ... Seine Gewerbegebiete sind ausgelöscht. Der Geschäftsbezirk ist ausgelöscht. Seine Wohngebiete sind ausgelöscht. Die Fabriken

und Warenhäuser, die großen Läden, Verlage und Hotels sind weggewischt ...

Am Donnerstag, morgens um Viertel vor Fünf, kam das Erdbeben. Eine Minute später brachen Feuer aus. In vielen Quartieren südlich der Market Street und in den Slums zuerst. Es gab keinen Widerstand, keine Organisation, keine Kommunikation ... Am Donnerstag Nachmittag war das Herz der Stadt halb zerstört. Zu dieser Zeit beobachtete ich die Feuersbrunst draußen von der Bucht her. Es war völlig windstill, kein Lüftchen rührte sich [auf der Bucht] aber von allen Seiten strömte der Wind in die Stadt. Aus Ost, West, Nord und Süd zogen starke Winde ins Zentrum der zum Untergang verurteilten Stadt. Die erhitzte Luft ergab einen gewaltigen Sog. So baute sich das Feuer selbst einen riesigen Kamin durch die Atmosphäre. Tag und Nacht hielt die Windstille auf dem Wasser an, aber nahe den Flammen herrschte ein regelrechter Feuerorkan, so mächtig war der Sog. Donnerstag Nacht war das Zentrum völlig zerstört. Dynamit wurde in großen Mengen eingesetzt und manche der stolzesten Gebäude der Stadt fielen den Menschen selbst zum Opfer, um dem Feuersturm Einhalt zu gebieten.«

Was folgte, war der Exodus der Überlebenden mit hoch beladenen Kinderwagen, Handwagen, hier und da ein Pferdewagen dazwischen. Das Notwendigste und manchmal das Überflüssigste wurde so gerettet – die alten Photographien ähneln in schrecklicher Weise den Bildern aus den bomben- und feuersturmverwüsteten deutschen Städten von 1945 ... Köln, Hamburg, Dresden.

Nach dem Zusammenbruch des Transportwesens, der Wasserversorgung und der ärztlichen Versorgung mußte die Armee auf Bitte von Bürgermeister Schmitz die nötigsten Maßnahmen ergreifen, den Plünderern Einhalt zu gebieten und viele einsturzgefährdete Bauten zu sprengen. Eine riesige Trümmerschneise zog sich vom Nob Hill bis zur Mission Dolores. Später hat man aus dem Beben gelernt und Bauvorschriften erlassen, die selbst Hochhäuser erdbebenfest machen sollen. Ob diese Hoffnung allerdings zutrifft, bleibt abzuwarten. Die bisherigen Erfahrungen zeigen weltweit, daß verschraubte Stahlskelettbauten den Scherkräften eines Bebens besser gewachsen sind und dabei oft nur die Außenfassaden abplatzen und herunterfallen. Daraus resultieren auch die Empfehlungen, die in jedem Telefonbuch San Franciscos nachlesbar sind: nämlich im Falle eines Bebens im Gebäude zu bleiben, unter einen Tisch zu kriechen, um nicht von herabfallenden Trümmern erschlagen zu werden. Der natürliche Fluchtreflex des Menschen geht allerdings in die entgegengesetzte Richtung – weg von aller Bausubstanz. Ich hoffe allerdings, daß der verehrte Leser mit diesen Fragen nicht konfrontiert wird und wir unseren Weg zum Kern der alten Stadt nun ungefährdet fortsetzen können.

Mit der Orientierungshilfe der eigenwillig die rechteckige Ordnung diagonal durchbrechenden *Market Street*, die vom Financial District zu den Twin Peaks zieht, finden wir nördlich an *Alamo Square* und *Steiner Street* eine besonders schöne Ansammlung viktorianischer Häuser, und südlich der *Market Street* in die *Dolores Street* abbiegend gelangen wir zur Keimzelle des alten spanischen San Francisco, der *Missionskirche Dolores.*

Die franziskanische Mission Dolores, oder: de urbe condita

Am 27. Juni 1776 waren Padre Junípero Serra und der Milizleutnant José Joaquin Moraga hier nach langer Reise über Land angekommen. Sie nannten den Ort, der ihnen zur Siedlung geeignet erschien, nach einem nahen Bach ›Arroyo de Nuestra Señora de los Dolores‹. Die heutige Stadt des heiligen Franziskus, offiziell am 9. Oktober 1776 mit der Mission ›de San Francisco de Asís‹ gegründet, ist wenige Tage vor, oder wenn man will, nach der Unabhängigkeitserklärung der Vereinigten Staaten am 4. Juli 1776 entstanden.

An die palmenbestandene Doloresstraße schmiegt sich heute die alte Missionskirche von 1791, ältestes Bauwerk der Stadt, mit ihren vier Fuß dicken Adobemauern, in den Schatten der weit größeren, 1918 fertiggestellten und 1952 von Papst Pius XII. zur Basilika erhobenen Kirche. Ist die Basilika, an deren rechter Altarseite man etwas überrascht die päpstlichen Insignien und das Wappen Pius XII. wahrnimmt, im späten spanisch-plateresken Stil erbaut, so ist die alte erdschwer sich duckende Missionskirche nur zweigeschossig. Vier massive Säulen tragen eine Balustrade, auf der sechs kleinere Säulen das flache Satteldach stützen. In den Mauerlücken hängen die alten Glocken, die nur noch an hohen Feiertagen geläutet werden. Eine schwere Holztür, eisern beschlagen, führt durch ein rundbogiges Tor in das Halbdunkel des Inneren, in dessen Hintergrund ein Retabel im mexikanischen Stil rotgolden leuchtet.

Die Gründung von San Francisco stand unter keinem guten Stern. Etwa zwei Jahrhunderte lang waren die spanischen Galeonen an der Mündung der Bucht vorbeigefahren. Häufige Nebelbänke, die noch heute der Schiffahrt gefährlich sind, verbargen die Einfahrt zu einem der größten und sichersten Häfen an der pazifischen Küste. Bereits das die Expedition Serras begleitende Schiff ›San Carlos‹, das zur gleichen Zeit Monterey verließ, hatte seine Not, die Einfahrt zu finden und irgendwo dort zu landen, wo sich heute, unweit des Flughafens, das Central Basin befindet.

Bereits 1833 hatte der mexikanische Kongreß, nach der revolutionären Trennung von Spanien, die Säkularisation der 21 Missionsgründungen entlang der kalifornischen Küste verfügt. 1857 gab der Präsident der Vereinigten Staaten die Kirche der katholischen Gemeinde zurück.

Auch der Treck jener 240 Spanier, die mit tausend Stück Vieh die Qualen des Landwegs von San Diego nach Monterey herauf auf sich nahmen, war nicht vom Glück begünstigt. 244 kamen in der Mission Carmelo an, die wir noch sehen werden, vier Kinder waren unterwegs geboren worden, wir können den Heroismus jener kleinen bescheidenen Campesinos, vor allem aber ihrer Frauen, heute kaum mehr ermessen. Aufbegehrende Indianer sorgten für weitere Schwierigkeiten, und schließlich führte Anza eine kleinere Gruppe nach der Dolores Mission in San Francisco. Dieser Name blieb der Mission, den heiligen Franziskus hat die Stadt vereinnahmt.

Vom beschwerlichen Leben jener Tage berichtet uns der kleine Friedhof hinter der alten Kirche. Fast immer sind es Grabsteine, die von jungen Iren, Franzosen oder Italienern erzählen, die gegen 1830 einwanderten, und mit knapp dreißig Jahren der Unbill und den Risiken eines rauhen Lebens erlagen. In der Mitte des 19. Jahrhunderts trieb die schreckliche Kartoffelfäule in Irland einen neuen Menschenschub über den Ozean. Wer unterwegs nicht an Auszehrung starb, wer nicht am Kap Hoorn zerschellte, der fand seine Ruhe oft genug hier unter den weitausladenden Kiefern …

Das Verhältnis zwischen dem Presidio und den Patres der Mission Dolores muß schon wenige Jahre nach Serras Tod schlecht geworden sein. Eifersucht und die zunehmende Hoffnungslosigkeit der spanischen Sache in diesem entlegenen Winkel der Welt mögen dazu beigetragen haben. So berichtet Chamisso:

»Wir speisten auf dem Land unter dem Zelte, und unsere Freunde vom Presidio pflegten nicht auf sich warten zu lassen … Das Elend, worin sie seit sechs bis sieben Jahren von Mexiko, dem Mutterlande, vergessen und verlassen schmachteten, erlaubte ihnen nicht, Wirt zu sein, und das Bedürfnis, redend ihr Herz auszuschütten, trieb sie, sich uns zu nähern, mit denen es sich leicht und gemütlich leben ließ. Sie sprachen nur mit Erbitterung von den Missionaren, die bei mangelnder Zufuhr doch im Überflusse der Erzeugnisse der Erde lebten, und ihnen … nichts mehr verabfolgen ließen – seit Jahren hatten sie ohne Brot von Mais gelebt.«

Wir erfahren ferner von Chamisso, als er am Franziskustag, dem 4. Oktober, nach der Mission Dolores ritt: »Die Indianer sterben in den Missionen aus in furchtbar zunehmendem Verhältnis. Ihr Stamm erlischt. San Francisco zählt bei tausend Indianer, die Zahl der Toten überstieg im vorigen Jahr 300 …«. Über die Gründe äußert der Naturwissenschaftler nur vage Vermutungen: »Die frommen Franziskaner, welche die Missionen in Neukalifornien halten, sind in keiner der Künste und Handwerke unterrichtet, die sie hier ausüben, lehren sollen; in keiner der Sprachen, an die sie gesandt sind … Keiner scheint sich um deren Geschichte, Bräuche, Glauben, Sprachen bekümmert zu haben … Der Indianer selbst bezieht unmittelbar keine Frucht von seiner Arbeit, keinen Lohn …«. Man sieht, Chamisso ist am Freiherrn vom Stein und seiner Bauernbefreiung geschult.

Das ungünstige Urteil über die Mißwirtschaft der Spanier gipfelt in der fast seherischen Vorstellung: »Ein wenig Freiheit würde aber bald Kalifornien zu dem Kornboden und Markt der nordischen Küsten dieser Meere … machen. Korn, Rinder, Salz, Wein geben ihm in mancher Hinsicht den Vorteil über die Sandwichinseln [das heutige Hawaii, zu dem Chamisso anschließend aufbrach]. Aber Kalifornien liegt ohne Industrie, Handel und Schiffahrt öde und unbevölkert.« Das hat sich seit Chamissos Tagen gründlich geändert.

FINANCIAL DISTRICT UND SEGELTÖRN DURCH DIE BAY

Morgendliche Impressionen beim Frühstück

Eine etwas widersprüchliche Mischung. Aber in San Francisco sieht man das ganz unkompliziert. Wir hatten uns für eine frühe Stunde in der Hotelhalle verabredet, meine älteste Tochter, ihr Mann und zwei ihrer Freunde aus Frisco, die uns zu einem Segeltörn in der Bucht eingeladen hatten.

Da es so schrecklich früh war, hatte der Coffeeshop im Hotel ›Meridien‹ noch nicht geöffnet. Ohne ein ordentliches Frühstück ist ein Tag auf See nichts wert, und so fuhren wir kurz entschlossen in die *Polk Street,* deren Restaurants rund um die Uhr geöffnet sind, und die, zwar nicht sehr gut beleumundet, inzwischen aber Teil jener Szene von San Francisco geworden ist, die als Subkultur nach dem Ende der Hippie-Ära übrig blieb und sich immer mehr in homosexuelle Richtung entwickelte.

In Polk Street herrschte eitel Frieden, die Szene strömte keinerlei Aggressivität aus. Wir frühstückten ausgiebig und preiswert, unsere Segeljacken und Pullover ließen uns nicht weiter auffallen. Zurück in der Hotelhalle wirkten wir weit schlechter ›getarnt‹. Rudel von jungen Herren in dunkelblauen Anzügen hatten sich versammelt, desgleichen flanierten elegante junge Damen – ›business ladies‹, alert, kühl, chic, geschäftig mit ebensoviel Intellektualität wie weiblichem Charme. Ein aufregender Balance-Akt.

Der Ansturm selbstbewußter Damen auf das amerikanische Geschäftsleben ist in wenigen Jahren ungeheuer angewachsen. Manche Ladies haben das enggeschnittene ›Kleine Schwarze‹ inzwischen gegen den frecheren ›Easy look‹ getauscht, empfinden offenbar in dem engen Tailleurschnitt auch eine innere Beengung. Der Erfolg gibt ihnen recht. Heute sind fünfzig Millionen Frauen in Amerika berufstätig, das sind genau 50,2 Prozent aller Berufstätigen. Sie drängen aus dem Ghetto der alten, klassischen, schlechtbezahlten und dienenden Frauenberufe heraus. Aber wie sie es tun, das ist eben wieder echt amerikanisch. Die Philosophien von Women's Lib, das Suffragettentum, es ist in den oberen Rängen weiblichen Wettbewerbs völlig verschwunden. Während bei uns typische Frauenliteratur in den Buchhandlungen vorzugsweise Bekenntnisliteratur ist, vollgestopft mit alternativen, ökologischen und feministischen Ratschlägen, ist in Amerika das alte ›Help yourself and God helps you‹ in den Vordergrund getreten. ›Wie‹ mache ich es als Frau, den Doppelstreß von Beruf und Familie zu bewältigen, ›wie‹ nehme ich meinem armen und schlecht bezahlten Mann den Schock, eine gutverdienende und selbstbewußte Ehefrau zu haben, ›wie‹ setze ich mich durch, ohne andere zu verletzen – das sind die Themen. Die amerikanische Öffentlichkeit hat die Frauen mit dem stillschweigenden Pragmatismus, der dieses Land auszeichnet, akzeptiert. Themen wie Geld, Macht und Frau sind kein Tabu.

Touristen werden in dieser Atmosphäre kühl übersehen. Stefanie hatte einen kleinen Rucksack mit dem Nötigsten gepackt, und so warteten wir inmitten der Herren mit den scharfgebügelten Hosen und der Damen mit grellrotem Seidenschlips zum eleganten Modekostüm vor der Hotelauffahrt. Der Portier gab unser Ticket dem Valet, der den Wagen

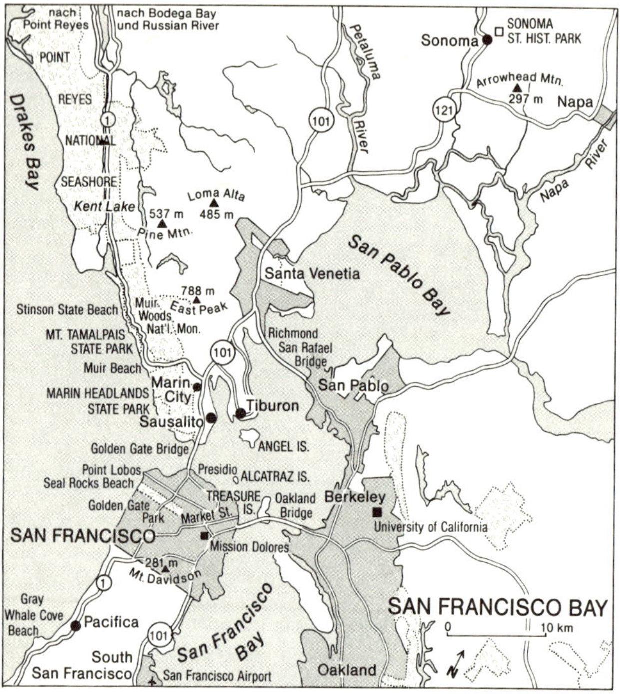

aus der Garage holen sollte, aber der Ärmste war in der morgendlichen Rush Hour völlig überlastet. Der schwarze Groom stand gelassen in all dem Wirbel, angetan mit Cut und glänzendem Zylinder: ›a symphony in black‹. Nur die weißen Augen rollten und lachten in seinem ebenholzfarbenen Gesicht. Einer der eiligen Herren hatte ihm wohl einen allzu kleinen Tip diskret in die Hand gedrückt, aber nicht diskret genug, um zu verhindern, daß der Portier ihm begütigend die Hand auf den Ärmel legte, die Münze zurückgab: »Keep it brother, you need it more than I.« Das wurde mit Humor quittiert, unvorstellbar in einer europäischen Nobelherberge.

Unter der Golden-Gate-Brücke

Dann umgab uns die Stille der morgendlichen Bucht von San Francisco. Ein stetiger Wind, mit dem angenehm zu segeln war, blies durch das Golden Gate, aber ohne erfahrenen Skipper, der die Tücken dieser Gewässer kennt, sollte man dies nie tun. Die Strömung ist je nach Ebbe und Flut sehr stark, und unter der Golden Gate Bridge kann sie mit den Windrichtungen völlig konträr verlaufen und ein Boot in Not bringen. Hat man das Ufer verlassen, gewinnt die Bucht ungeheuer an Weite, alles fällt zurück, Delphine umspielen das Boot und an Klippen einige braune Seelöwen, der Wind hat Großsegel und Fock voll erfaßt, die Gischt aus den kurzen Wogenkämmen spritzt übers Deck. Wir nehmen Kurs nach Norden, Richtung Angel Island, um in ruhigere Gewässer zu gelangen.

Die Stadt auf ihrem Hügel wirkt im zartesten Blau des morgens wie eine Serigraphie. Leise singt der Wind in den Wanten, es ist wärmer geworden, aber das Wasser ist sehr kühl durch die pazifische Kuro-Schio-Drift, die aus nördlichen Breiten kommend, die ganze kalifornische Küste abkühlt. Die gekräuselte Fläche der Bay schimmert jadegrün, die Sonne wird erst gegen Mittag ein tiefes Blau hervorlocken.

Segler in Sausalito und Spinnacker vor Alcatraz

Wir umkreisen *Alcatraz*, das die Schönheit der Bucht verletzt, eine düstere Festung und Erinnerung an die wilden dreißiger Jahre des Gangstertums. Auf die Amerikaner scheint das ehemalige Zuchthaus eine ungemeine Faszination auszuüben. Es ist Teil vom Mythos des Verbrechens, des Geistes von Al Capone; jene seltsame Mischung aus Angst und Bewunderung für Desperados und ihre kalte Macht, umweht diese Klippen. Es scheint, daß die Freiheit Amerikas, selbst in ihrer pervertierten Unrechtsform, eben doch noch als ein Stück Freiheit verstanden wird. Schon sind die ersten Schiffe der Red and White Fleet unterwegs, die Rundfahrten in der Bucht veranstaltet und regelmäßig über *Sausalito* nach *Tiburon* fährt. Eine solche Fahrt sei dem Leser in Ermangelung segelnder Freunde sehr empfohlen, zeigt sie doch dieselben Bilder bei weitaus weniger feuchtem Umgang mit den Elementen. Sie verläßt den Seebahnhof am Pier 41, am Wochenende Pier 43, um 11.20 Uhr und ist dreißig Minuten später in Tiburon, gerade rechtzeitig, um nach einem Spaziergang den Lunch zu nehmen und gegen 4.50 Uhr zurückzufahren.

Wir haben inzwischen in *Sausalito* festgemacht. Hinter dem Yachthafen dümpeln Hunderte von Wohnbooten in phantastischen Formen und Farben. Es gibt nichts, was es nicht gibt: spanische Alkoven, Tudorbögen und maurische Minarette; vergoldete indische Tempelkuppeln schaukeln im Wasser, und gelegentlich und an den weniger guten Plätzen herrscht schlichtweg verarmte Gleichgültigkeit.

Hübsch sitzt man im ›Spinnaker‹, vorgebaut am gleichnamigen Seeboulevard. Wer hier Station machen möchte, und sei es für eine Nacht auf der Fahrt gen Norden, dem sei die ›Casa Madrona‹ empfohlen, ein viktorianisches Hotel jener Belle Epoque um 1880, in der Amerika einen neuen Flirt mit europäischem Lebensstil begann.

Am späten Nachmittag hat sich das Licht völlig gewandelt. Die Sonne steht gleißend über dem windgerippten Wasser der Bucht, die San Francisco Skyline hüllt sich allmählich in ein dunkles Schattengrau. Wir hatten vor ›Sam's Anchor Cafe‹ in Tiburon angelegt.

Dann nahm uns die Abendbrise in ihren gewaltigen Arm, der mit Macht seewärts schob. Ein großer Liner auf Kreuzfahrt, die ›Sagafjord‹, lief unter der Golden Gate Brücke hindurch, nahm Kurs auf das Ferry Building am Embarcadero, der Wind trug Musikfetzen herüber.

Plötzlich waren Hunderte von Seglern unterwegs, nutzten die prachtvolle Brise, die die Spinnaker zu phantastisch bunten Halbkugeln aufblähte. Die Boote liefen hohe Fahrt, dreizehn bis fünfzehn Knoten, und wir auf unserem gemütlichen Törn hielten uns auf Distanz. Auch die Tümmler waren munter geworden, der Wind reizte sie, die sprühende Gischt oder das herrliche Ultramarinblau der Tiefe.

Chinatown

Am Abend locken *Chinatown* und *Japan Center.* Das grünbedachte Tempeltor mit dem symbolischen Drachen erwartet uns an der Ecke von *Grant Avenue* und *Bush Street.* Die chinesische Bevölkerung, heute etwa hunderttausend Menschen, begann während des Goldrausches einzuwandern, sie nannten die Stadt Gum Sum Dai Fow, das soll heißen ›Große Stadt des goldenen Hügels‹. Bleibt anzunehmen, daß es nicht die Chinesen waren, die jenen Goldhügel fanden. Sie waren fleißig und willig und der Underdog für jene von Hochmut und dem Traum vom schnellen Dollar besessenen Einwanderer aus einer anderen Weltgegend. Vorurteile zwangen sie, sich in einer Art Ghetto niederzulassen, und so haben viele amerikanische Städte ihre Chinatowns erhalten. Einst gefürchtet als Stätten des Lasters und Verbrechens, sind sie heute eher malerische Bestandteile der Städte geworden. Wer raucht auch noch Opium in einer Spelunke, wo morgens die Stadtreinigung mit dem Besen die Spritzen und Ampullen der Fixer zusammenkehrt. Auch das Verbrechen hat längst erkannt, wo das große Geld zu machen ist – im internationalen Drogengeschäft und nicht in kleinen Hinterzimmern. Der ›Imperial Palace‹, 919 Grant Avenue, bietet einen phantastischen Rahmen, die kantonesische Küche kennenzulernen. Die hohen Preise des ›Kaiserlichen Palastes‹ lassen aber auch den kleineren und wohlfeilen chinesischen Restaurants wie den Touristen eine Chance.

In mancher Hinsicht reizvoller, weil in Europa kaum anzutreffen, ist das *Japan Center Nihonmachi.* Nach der bedrükkenden Situation der Japaner im letzten Krieg, der 1951 mit dem Frieden von San Francisco beendet wurde, trotz amerikanischer Staatsbürgerschaft infolge des Schocks von Pearl Harbour interniert und diskriminiert, hat sich in Nihonmachi eine kräftige und selbstbewußte Entwicklung vollzogen. Amerikanische Bauweise hat sich unverwechselbar japanischen Baugewohnheiten und Stilelementen unterzuordnen. Die Mischung aus beidem ist reizvoll und gelungen. Um einen großen japanischen Garten erstrecken sich zwischen *Laguna, Fillmore, Geary* und *Post Street* die Tempel japanischen Geschäftsgeistes, im Souterrain vergegenwärtigen hübsche Modegeschäfte mit Kimonos und kunstvollen Ikebana-Pflanzenarrangements die angenehmen Seiten japanischen Lebens. Das ›Miyako Hotel‹ ist ganz nach der Art des Landes des Lächelns eingerichtet und ›Kabuki Hot Springs‹ offeriert japanische Badezeremonien. An der *Peace Plaza* – nomen est omen – steht die große *Pagode* von Yoshiro Taniguchi, die wir durch hölzerne Tempeltore erblicken.

Japanisches Eßvergnügen

Im Gegensatz zu den unzähligen, bunten chinesischen Restaurants aller Preisklassen sind die japanischen Restaurants seltener, sie sind bescheiden in der Aufmachung und kultivieren einen ganz eigenen Stil. Man hatte uns das ›Sannpo‹ gegenüber dem Miyakohotel empfohlen, aber es war überfüllt, und so fanden wir das ›Akasaka‹, 1723 Buchanan Mall. Auch dieses Restaurant war gut besucht, fast ausschließlich von Japanern, die eng zusammengerückt den Gaumenfreuden ihrer Heimat huldigten und sich in den Pausen lebhaft unterhielten. Ein japanisches Essen ist ganz und gar der amerikanischen Vorstellung von Essen als nötiger Nahrungsaufnahme entgegengesetzt. Eine Bedienung in Kimono und großer Rückenschleife offerierte zunächst und mit vielen Verbeugungen die Karte, auf der sich Sashimi, Teriyaki, Tempura und Sushi häuften, die mit zartem Reis zu grünem Tee, Sake oder gutem japanischem Bier serviert werden. Sashimi sind kleine rohe und sehr edle Fischstückchen, vor allem von Thunfisch. Teriyaki ist oft Schweinefleisch auf Stäbchen gegrillt. Köstlich ist Tempura, meist Scampi, die in einem dünnen Teig frittiert, auf der Zunge zergehen. Sushi ist eine Fisch-Reis-Kombination. Allem gemeinsam ist das künstlerische Arrangement, mit dem die Speisen in zarten Farben und schönen Mustern und in kleinen Häppchen gereicht werden. Japanisch zu essen, braucht Zeit, vielleicht ist auch dies ein Grund für die Bekömmlichkeit. Und endlich kann man sich dabei gut unterhalten, ohne daß sofort die Bedienung daneben steht und auf die verneinte Frage, ob man noch etwas möchte, kategorisch ihren Check auf den Tisch legt und ein ›Have a nice day‹ aufsagt, was für den Nichtgeübten heißt: Nun aber raus, der nächste Gast wartet schon. Nein, unsere Kimonoschöne verbeugte sich so tief, daß wir uns unwillkürlich auch in dieser Kunst zu üben versuchten.

Die Tage in San Francisco sind vorbei, sie waren bezaubernd in dieser bildschönen Stadt zwischen Bergen und Meer. Einer Stadt mit belebendem Wind von See, Sonne, aber nicht Hitze, viel europäischer Atmosphäre und doch unverwechselbar amerikanischer Offenheit und jungenhafter Unbekümmertheit, einer Stadt, in der sich junge Menschen wohlfühlen und ältere wieder jung.

EINE KLEINE WEINREISE UND DURCH DEN MUIR-REGENWALD-PARK

Über das Goldene Tor in die Weinberge von Sonoma und Napa

Viele Jahre Reisen in den Vereinigten Staaten und Kanada hatten uns belehrt, daß europäischer Hochmut gegenüber den Weinen Nordamerikas ganz unangemessen ist. Fast überall bekommt man einen guten, trockenen Tischwein als offenen Hauswein serviert. Meist nennt er sich einfach ›Californian‹, ›Chablis‹ oder ›Red‹ und ist, leider muß ich es sagen, oft den süßlichen und ›konfektionierten‹ Weinen in manchen Gegenden Deutschlands überlegen.

Weinberge wird man in diesem Riesenland natürlich selten sehen. Einige im Staate New York, unweit des mittleren Hudsontales, hatte ich besucht und andere im kanadischen Felsengebirge, in den klimatischen Enklaven des Okanagan Tals mit ihren bemerkenswerten Produkten. Das Hauptanbaugebiet Amerikas ist natürlich Kalifornien mit sonnigem Klima und günstigem Boden. Von wenigen Abschnitten an der Küste abgesehen, liebt der Weinstock doch einen gewissen Windschutz, auch nicht zu pralle Sonne, und so finden sich die Hauptlagen zwischen den Küstenketten und der Sierra Nevada in meist breiten und flachen Tälern, in denen die Wingerte dem Auge nicht jenes gefällige Bild einer die Hänge sich auf- und abschwingenden Reblandschaft bieten. Das gilt vor allem für die Großlage des San-Joaquin-Tales. Hübscher liegen die Wingerte im Napa- und Sonoma-Tal, etwa fünfzig Meilen nordöstlich von San Francisco entfernt. Die Bucht von San Pablo erwärmt nachts die Reben, der Seewind kühlt sie bei zu großer sommerlicher Tageshitze. Der Napafluß bestimmt dieses Tal, das am gleichnamigen Hauptort noch recht breit ist, gegen Norden und Calistoga zu aber schmal und entschieden reizvoller wird. Entscheidend ist die Abschirmung durch die Bergketten im Westen und Osten und der eigentümliche Verlauf der Flüsse Kaliforniens, die, der Sierra Nevada entspringend, im Sacramento- und Joaquin-Tal zusammenfließen und nur in der Bay von San Francisco gemeinsam die *Coastal Range* durchbrechen.

Wir hatten uns an einem frühen Morgen aufgemacht, um von *San Francisco* aus über *Sausalito* und *Tiburon* Bacchus einen Besuch abzustatten und gleichzeitig die schöne Schären- und Berglandschaft nördlich des Golden Gate zu besuchen. Die Golden-Gate-Brücke hing mit ihren oberen Teilen noch in den niedrigen Nebelwolken, aber es versprach einen schönen sonnigen Herbsttag zu geben. An *Cavallo Point,* umgeben von Küstenbatterien, gewinnt man einen hübschen Rückblick auf das jenseitige San Francisco – aber binnen zweier Minuten kam der Nebel zurück, hob den Nordturm der Brücke von seinen Fundamenten, ließ ihn wie in einem zarten Traum frei im leuchtenden Dunst schweben. So ähnlich mag auch die Vision ihrer Erbauer, des pontomanen Joseph B. Strauss und des schönheitstrunkenen Clifford E. Paine, ausgesehen haben, als sie 1933 begannen, die zweieinhalb Kilometer breite Meerenge mit einer runden Million Tonnen Stahl zu überbrücken. Die Berge am Nordufer des Golden Gate, entlang der Conzelman Road und über Bonita Cove, können zum Wandern verlocken mit wunderschönen Blicken auf den Presidiopark und die Stadt.

In *Sausalito*, kurz hinter dem großen Tunnel, wandten wir uns von der 101 eine schmale Straße hinab zur vor Yachten schier unübersehbaren Marina. Von der bescheidenen Jolle bis zum schnittigen Kabinenkreuzer, in allen Farben und Formen bot sich hier eine Welt verschwenderischen Luxus. Kaum jemand nutzt sein Boot, es genügt, eines zu haben, bis die richtige Stimmung aufkommt. Dann sieht man einige Wagen am Pier halten, junge Leute springen heraus, lässiger Bootsdress, einige Picknickkörbe, und schon tuckert der kleine Diesel, um aus dem engen Hafenbecken herauszukommen. Wir wollten dies an einem der nächsten Tage selbst einmal probieren.

Am Abend vorher waren wir schon einmal in Sausalito gewesen, hatten in ›Flynn's Landing‹ gut gegessen und den Blick auf das abendlich im Lichtermeer funkelnde San Francisco genossen. In der feuchten Luft glitzerten die Lichtpunkte wie Sternschnuppen, der Coit Tower auf dem Telegraph Hill und dahinter die Twin Peaks sandten ihre warnenden Strahlen durch die Nacht. Schiffe in der Bucht zogen mit ihren Positionslichtern ruhig ihre Bahn und gelegentlich schwebte ein blinkendes Flugzeug zur Landung tief hinab.

Dänische Stimmungen in Tiburon

Jetzt, am Tage, erschien die charakteristische Silhouette der Stadt im hellgrauen Morgendunst irgendwie unentschlossen, ob sie den Tag annehmen sollte. Im Weiterfahren zweigten wir nach rechts auf die 131 nach *Tiburon* ab, einem kleinen verträumten ›Buen retiro‹ an der Spitze der gleichnamigen Halbinsel. Der Name läßt auf dänische Gründer schließen, die sich fern der naßkalten Gestade Westjütlands eine neue und sonnigere Heimat erschließen wollten. Villen und Landhäuser tauchen aus dem Grün der die Bucht umgebenden Hügel auf. Erinnerungen an kleine Städtchen an der ligurischen Küste werden wach. In Amerika fließen viele Bilder aus europäischen Reisen zusammen, es ist dies schön und manchmal störend zugleich. Das eigentlich Amerikanische ist darum nicht so sehr Teil der Landschaft oder der sichtbaren Baustile, sondern besteht in der unverwechselbaren Art, sich darin zu bewegen und damit umzugehen.

Die winzige verträumte Straße durch Tiburon ist gesäumt von kleinen Häuschen, mit weißem Clupboard beplankt und verborgen hinter Teppichen von Klematis und Goldregen. Winzige Geschäfte bieten den Bedarf einer Sommerfrische an, und an der Marina schwimmen gefleckte Seehunde, Harbor Seals, zwischen den Booten und plündern die Muschelbänke. Die *Main Street* rafft sich an der Wasserfront zur respektablen Zweistöckigkeit auf. Wir finden in ›Sam's Anchor Café‹, von der Straße aus kaum sichtbar, einen höchst angenehmen Platz zum Essen, hinausgebaut auf eine hölzerne Plattform über dem Wasser, wo man bei einem Longdrink die wunderschöne, in der Sonne funkelnde Skyline San Franciscos durch einen Schleier von Masten, Wanten und Segeln hindurch bewundern kann. Eine delikate Art, feinzerhacktes Muschelfleisch mit Linguine, feinen Bandnudeln, zuzubereiten und exzellent zu würzen, erfreute uns zusammen mit einem samtdunklen ›Zinfandel‹, weich, mit vollem Bukett, aber trocken und ausdrucksstark.

Kalifornischer Weinbau unter dem Silverado Trail

Solchermaßen angespornt, machten wir uns auf den Weg ins Weinland, umrundeten auf dem *Paradise Drive* die Tiburon-Halbinsel, gewannen wieder die 101, um bald auf die 37 und dann die 121 zu kommen, die nach *Sonoma* und *Napa* führt. Wer in seiner Jugend Pfalz und Weinstraße sonntäglich erlebt hat, das nahe Elsaß liebt, aber auch die Weinberge am Neckar, nicht zu reden von den Versuchungen des Rheingaus, der tut sich zunächst im *Napa Valley* etwas schwer. Weinbau ist für uns eine kulturträchtige, uraltüberlieferte und geheiligte Tradition, so daß uns der kommerzielle Geist, mit dem die Dinge hier betrieben werden, zunächst nicht gefallen kann. Vielleicht hatte uns auch der ›Zinfandel‹ zu sehr angewärmt, und wir vergaßen und verdrängten, daß Weinbau inzwischen auch bei uns vielen rationalisierenden Zwängen unterliegt, der alte schöne Kaiserstuhl zum Beispiel bis auf die Berge selbst bejammernswert flurbereinigt wurde, um maschinelle Bearbeitung zu erleichtern. Wir hören die Winzer klagen, vor allem im arbeitsintensiven Rheingau, daß manuelle Pflege sich kaum mehr auszahle gegenüber den bequemeren Tallagen der Pfalz, und wenn man den Main auf der Autobahn quert, sieht man manchen steilen alten Rebhang aufgelassen. Wer will es da den Amerikanern verübeln, daß sie von Anfang an Maschinen und moderne Küfertechniken einsetzten.

In manchen und entscheidenden Dingen ist der Weinbau aber auch in Kalifornien das geblieben, was ihn immer ausgezeichnet hat und was wir an ihm so lieben: Er ist eine höchst individuelle Kunst, und wer diese Kunst nicht aus Liebe und Neigung betreibt, hat keinen Erfolg. So haben die Kalifornier sehr rasch herausgefunden, daß keineswegs ein sonniges Generalklima in ihrem Land herrscht. Oft ist das Kleinklima – gebildet aus Süd- oder Westlage, Windschutz, Regenhäufigkeit, Bodenart und Klimaverlauf in den kritischen Jahreszeiten – viel entscheidender. Auch mit den Traubenarten hat man seine Erfahrungen gemacht. Dabei haben sich Europa und Amerika gegenseitig viel gegeben. Noch gegen Ende des vergangenen Jahrhunderts war die amerikanische Reblaus nach Europa eingeschleppt worden und hatte unsere Reben, dagegen nicht resistent, fast vernichtet. Man sagte sich damals: Laßt uns amerikanische Grundreben nehmen, die sind resistent, und ihnen unsere geliebten Riesling-, Silvaner- und sonstigen Rebreiser aufpfropfen. Das Experiment gelang. Der umgekehrte Weg, nun auch die europäischen Rebsorten nach Kalifornien zu verpflanzen, gelang nicht so gut.

Nun ging man an die Entwicklung eigener Rebsorten. Teilweise paßte man die europäischen Sorten wie Riesling, Sauvignon, Muskat, Cabernet und Chardonnay an die örtlichen Verhältnisse an, teils geriet man auf Neuland und kreierte den Zinfandel, den ich nicht in eine Reihe stellen würde mit unseren Neuzüchtungen wie Scheurebe, Huxelrebe und Kerner, bei denen es mehr um Öchslegrade und Mengenertrag geht als um Qualität. Doch wollten wir nicht nur etwas über die Weine erfahren, das hätten wir mit dem Gaumen auch in San Francisco ausprobieren können, sondern über das Ambiente, jene unverwechselbare Atmosphäre, die sonst Weinbaugegenden eigen ist. Der rechte Startpunkt schien uns die alte Missionsstation von *San Francisco de Solano* zu sein, 1823 in der letzten Phase franziskanischen Wirkens im kalifornischen *Sonoma* gegründet. Wo ein Kloster ist, so meinten wir aus deutschen Gewohnheiten zu wissen, da ist der Wein gut (oder zumindest ein Bräu nah).

Doch, wie das so ist, wenn man alten Gewohnheiten zu sehr vertraut, die Reste dessen, was der Bruder Altimira uns hinterlassen hat, bekunden christlichen Eifer, von winzerischem jedoch fand sich keine Spur. Daraufhin verließen wir uns auf die bunten Werbeprospekte, von denen man leider auch oft genug verlassen ist, und fahndeten nach großen Namen: Sebastiani, Buena Vista in Sonoma, Mondavi, Inglenook, Beringer und Schramsberg im Napa-Tal. Es wimmelt von deutschen, französischen und italienischen Familiennamen, von spanischen gar nicht zu reden. Manche Güter und Kellereien gehören noch den alten Gründern, manche sind längst in die Hände großer Unternehmen der Genußmittelbranche übergegangen, wie im Rheingau auch. Genießen wir darum dennoch den Ausblick auf die Talhänge des Napa. Die Weine haben sich durch Besitzerwechsel nicht geändert – und darauf kommt es schließlich an.

Manche kalifornischen Winzer haben dennoch geschickt versucht, etwas von jener fränkischen, pfälzischen, lombardischen, andalusischen oder burgundischen Atmosphäre hierher zu verpflanzen. Sie wissen, daß zum Wein eine anregende Umgebung gehört, auch wenn es nur ein paar Zypressen sind, einige Ölbäume, altes Gemäuer, auch wenn alt in diesem Land anders buchstabiert wird. So fanden wir in der ›Buena-Vista-Kellerei‹ in *Sonoma,* 1857 von dem ungarischen Grafen Agoston Haraszthy gegründet, nach Durchwandern einer schönen Eukalyptusallee, inmitten angenehm gewellter Reblandschaft das alte Tuffsteinhaus des Grafen, das sich als wohltemperierter Keller noch tief in das weiche Gestein fortsetzt. Schöne alte Fässer aus kalifornischer Eiche, einige hübsch beschnitzt, der von Kindheit an unvergeßliche Geruch dieser spinnwebverhangenen Keller nach Wein, Most, Hefe und altem Holz, ließen unsere Herzen höher schlagen. Die Weinkarte verriet uns, daß es neben einem hochrangigen Johannisberger Riesling, Gewürztraminer, Blanc de Pinot Noir, Zinfandel, Pinot noir, Beaujolais, Cabernet Sauvignon auch einen exzellenten Chablis gab.

Schon früh hat der Wein des Napa-Tales manchen literarischen Gedanken beflügelt. Jakob Schramm aus Geisenheim gründete 1867 die noch heute namhafte, wenn auch in anderen Besitz übergegangene ›Schramsberg Vineyard and Winery‹ nahe *Calistoga* am Ende des Napa-Tales. Der Schotte Robert Louis Stevenson, bckannt als Verfasser der ›Schatzinsel‹, hatte sich zur gleichen Zeit dort niedergelassen und rühmte Schrams Weine überschwenglich. Das wird ihm manche Flasche gratis eingebracht haben, denn Stevenson, krank, aber jung verheiratet, lebte auf schmalem Fuß. In seiner Novelle ›The Silverado Squatters‹ lebt Schrams Weinkeller fort, »jene Goldgruben, wo der Boden sich unter der Sonne und den Sternen veredelt hat und der Wein auf Flaschen gezogene Poesie ist«. Es ist immer noch ein Vergnügen, auf dem *Silverado Trail* oberhalb der Weinberge am östlichen Talhang einherzugehen. Auch Jack London hatte sich bei Glen Ellen, an der Straße 12 nördlich von Sonoma, niedergelassen und ein Haus erbaut, das so recht zu seinen wilden und phantastischen Geschichten paßt. Vielleicht ist der ›Seewolf‹ hier entstanden, jedenfalls nannte er das rustikale Gebäude aus Holz und Felssteinen, kurz danach bereits abgebrannt, Wolf House.

Jack London und das Erdbeben von 1906

Hier war es, wo Jack London 1906 das große Erdbeben von San Francisco erlebt hat, die Erschütterungen, die riesige Brandsäule der brennenden Stadt. Er war damals auf die nahen Sonomaberge geritten, um einen Überblick zu bekommen, und dann nach Oakland, um mit einem Schiff überzusetzen, zu helfen, aber auch wohl aus Reporterneugierde.

Seinen Bericht darüber haben wir in San Francisco (Seite 51 f.) bereits in Auszügen kennengelernt. Jack London ist bei uns vor allem als Erzähler abenteuerlicher Geschichten bekannt geworden. Der ›Seewolf‹ etwa geistert in meiner Erinnerung: in den quälenden Windflauten des Stillen Ozeans, unter den schlaff hängenden Segeln eines Walfängers brodeln Spannungen zwischen dem Kapitän und der Mannschaft, soziale Spannungen, geboren aus Langeweile und der Perfidie eines menschenschindenden Captains.

Jack London war aber in jener harten Wirklichkeit der Jahrhundertwende ein sozial engagierter Schriftsteller, aus bescheidensten Verhältnissen stammend, dem die Szenerie zwischen Kapitänskajüte, Kombüse und Matrosenlogis nur als bühnenwirksames Ambiente für die Darstellung seiner Charaktere diente, wie englische Autoren gerne dieses Setting im Sinne Lessings zur dramaturgischen Einheit von Raum und Zeit eines Stückes benützten.

Jack Londons ›South of the Slot‹ beschäftigt sich dagegen mit dem San Francisco von 1900, einer von rauhen Sitten und ungeschminkten Interessen regierten Stadt. Übermut neuen Reichtums und ins Land drängende arme Teufel beherrschen die Szene. Über den ›Slot‹ sind auch wir bei unserem Besuch schon gestolpert, doch hören wir:

»Old San Francisco, which is the San Francisco of only the other day, the day before the Earthquake, was divided midway by the Slot. The Slot was an iron crack that ran along the center of Market Street, and from the Slot arose the burr of the ceaseless endless cable that was hitched at will to the cars it dragged up and down.«

»Das alte San Francisco, und das ist nur das San Francisco kurz vor dem Erdbeben, wurde durch den Slot, die Kerbe mittenzwei getrennt. Die Kerbe war eine eiserne Spalte, längs der Marktstraße folgend, und aus dieser Ritze erscholl das Rasseln des unermüdlichen, endlosen Kabels, das nach Bedarf aufgepickt, die Tramwagen auf- und abwärts bewegte.«

›The Slot‹ war aber auch eine metaphorische Umschreibung, die die Gesellschaft von San Francisco trennte. Südlich des

Slots waren die Fabriken, chinesische Wäschereien und Arbeiter-Slums; nördlich lagen die feinen Hotels, Geschäfte, Theater und die besseren Wohngegenden. Grosso modo ist das noch immer so. Aber jene Zeit um die Jahrhundertwende war hart im Geben und Nehmen und keineswegs umglänzt vom sanften Licht christlicher Nächstenliebe. Was Jack Londons Geschichte »Südlich der Kerbe« dennoch in hohem Maße lesenswert macht, ist die völlige Abwesenheit moralisierender Belehrung. Der Streit und die Streiks, die er beschreibt, sind zwar Klassenkämpfe, die unzimperlich, wenn nötig auch mit Gewalt, ausgetragen werden, aber im Grunde genauso hemdsärmelig wie Kämpfe zwischen rivalisierenden und konkurrierenden Unternehmen. Literaten wie Jack London haben dabei allenfalls die Aufgabe, zu berichten, nicht ohne hintergründigen Humor und mit Sinn für Situationskomik. So zieht ein symbolträchtiger pferdegezogener Konvoi von Metzgern durch die Geary Street, um die hungernden Gäste der Nobelhotels, wie St. Francis und Palace, während eines Streiks vor einem ruhmlosen Ende zu bewahren. Polizei hinten und vorne, beritten und voller Elan, der Mob noch in respektvollem Abstand.

»The police was struggling to clear a passage. The driver of the coal waggon, a big man in short sleeves, lighted a pipe and sat smoking. He glanced down complacently at the captain of police who was raving and cursing at him ... The crowds on the sidewalks and the teamsters on the locked wagons roared encouragement and their own delight. The motorman smashed helmets with its controllers bar ... the captain led gallantly to the attack, but was bowled over by a chunk of coal that burst on his head in black baptism ... The windows of the office buildings became vociferous with applause. A fresh shower of chairs und filing cabinets descended ... while many policemen on the backs of the horses surged across the sidewalk ... and broke into Market Street.«

»Die Polizei kämpfte, um eine Passage freizuhalten. Der Fahrer des Kohlenwagens, ein großer Mann mit kurzärmeligem Hemd, zündete seine Pfeife an und saß, gelassen rauchend. Er schaute behaglich auf den Polizeihauptmann, der schäumte und ihn verfluchte ... Die Menge auf den Gehsteigen und die Kerle auf den blockierten Wagen brüllten ermutigend und zu ihrer eigenen Freude. Die Chauffeure zerschlugen die Polizeihelme mit den Schlagstöcken der Ordnungshüter ... der Hauptmann führte flott zum Angriff, wurde aber durch einen Brocken Kohle, der auf seinem Haupte barst, aus dem Sattel geworfen, einer wahrhaft schwarzen Taufe ... Die Fenster der Bürogebäude schallten vom lärmenden Applaus. Ein frischer Schauer von Stühlen und Registraturen flog herab ... während Polizisten auf hochgehenden Pferden über den Gehsteig schossen ... und in die Marktstraße durchbrachen.«

Warum diese lange Erzählung? Sie zeigt ganz einfach, wie drastisch, gelegentlich situationskomisch und ohne Weltanschauliches Amerika diese Dinge sieht – selbst wenn man, wie Jack London, auf der Seite der Aufrührer steht.

So sind wir mitten im Weinland Sonomas und Napas tief in die sozialen Konflikte San Franciscos geraten und wenden uns nun wieder nach Westen gegen die See. Die Rückfahrt nach San Francisco verbindet sich zwanglos mit einem Besuch der Berglandschaft der *Muir Woods* und ihren großen alten Redwoodbeständen. Wer die Wälder Oregons oder den südlicheren Sequoia Nationalpark nicht erleben kann, der empfängt hier im Umkreis der nahen Stadt wenigstens einen Eindruck jener gewaltigen Baumriesen, die einst große Teile der Westküste bedeckten.

Eukalyptuswälder am Mount Tamalpais

Die nach dem Naturfreund John Muir benannten Wälder liegen an der feuchten Südwestseite des *Mount Tamalpais.* Die **Bundesstraße 1** zweigt von der 101 ab und führt seeseitig durch die *Cape Reyes National Seashore* nordwärts. Auf dem Kamm des zu querenden Mittelgebirges zweigt ein *Panoramic Highway* zum Mount Tamalpais ab und von diesem wiederum die *Muir Woods Road.* An dieser liegt, leicht zu finden, das Visitor Center des **Muir Woods National Monument.** Bei der Fahrt die Berge hinauf, wird uns auffallen, welch fremdartiger Baumbestand die Straßen säumt. Ein eigenartiger myrthenartig-aromatischer Duft liegt über dem Talschluß. Wir sind auf Eukalyptusbäume *(Eucalyptus globolus)* gestoßen, die die alten Kalifornier ob ihres außerordentlich raschen Wachstums in Mengen angepflanzt haben, um die Lücken zu bedecken, die der Raubbau an den Redwoods geschlagen hatte. Der aus Australien stammende Eukalyptusbaum soll vor fieberhaften Krankheiten schützen. Tatsächlich wird ja auch heute noch Eukalyptusöl gerne für medizinische Einreibungen und Heilbäder genutzt.

Nebelstimmungen unter den Riesensequoien der MUIR WOODS

Gegen Nachmittag hatte es leicht zu nieseln angefangen, der Wind von See staute seine Nässe am Mount Tamalpais, leichter Nebel durchwob die dunklen Talschluchten, durch die sich seeseitig der Redwood und der Fern Creek ausdehnen. Zahlreiche Trails führen durch die Täler und an den Hängen entlang, verborgen in den hohen Farnen und überwölbt von den gewaltigen Redwoods der Gattung *Sequoia sempervirens;* die sich deutlich unterscheidet von der *Sequoia gigantea* der Wälder auf den Höhen der Sierra Nevada. In der Bohemian Grove steht der größte unter ihnen mit 76 Metern Höhe und vier Metern Stammdurchmesser. Unter dem kathedralhohen Dach dieser Bäume herrscht Halbschatten, und nur wenige Büsche halten diesen Schatten aus. Aus dem fußhohen Nadelpolster wachsen der Swordfern und der Maidenfern, gelegentlich am Bachrand eine nun im Herbst goldgelb in einem verirrten Lichtstrahl aufleuchtende Roterle (Redelder). Am Hang des Hillside Trail liegen die vermoderten Riesen aus vergangenen Jahrhunderten. Die fußstarke rotbraune Borke oder Rinde schützt die Redwoods gegen Insekten, Waldbrände und Trockenheit. Würfe nicht der Wintersturm, der vom nahen Pazifik hereinfegt, gelegentlich einen der flachwurzelnden Riesen um oder der Blitzschlag, so würden sie nahezu ewig leben, denn ihr harzhaltiges und tanninreiches Holz ist schier unverderblich.

Gespenstisch sind die Formen der oft als Doppel- oder Dreifachstamm wachsenden Sequoien. Tunnels und Höhlen entstehen durch Fehlwuchs, Farne nisten in den Hohlräumen und auf Astgabeln, Moose und Flechten überwuchern alles und glänzen in leuchtenden Grüntönen, sobald sie ein Sonnenstrahl trifft. In den Baumkronen nistet der Rabe noch, einst den Indianern heilig, die diese Vorstellung mit den Germanen teilten, die ja auch glaubten, der Göttervater Wotan ließe sich von einem Raben ins Ohr flüstern, was auf der Welt geschehe. Gegen Abend gab es kaum noch Touristen, Stille lag zwischen den Säulenhallen der Redwoods, eine fast unheimliche Stille, unterbrochen vom Klopfen der Woodpecker, der Spechte, und dem sanften Rauschen des Baches.

AUSFLUG ÜBER DIE BAYBRIDGE

Brücken nach Oakland

San Francisco, das bedeutet für viele seiner Bewohner eigentlich Oakland, jenseits der Bucht. Hat sich das eigentliche San Francisco zum Zentrum der Bankenwelt des Westens entwickelt, seinen Charme vielen Besuchern offenbart, so ist das arbeitende San Francisco über die Bucht nach Oakland gezogen, in weniger teure Wohngebiete, in Gegenden mit bezahlbaren Grundstückspreisen.

Lange Zeit bedeutete diese nüchterne Aufteilung schlichtweg Häßlichkeit für das mehr kontinentale Oakland, das die reiche und hübsch vom Meer umgürtete Schwester im Westen mit Neid und manchmal etwas Aggressivität betrachtete. Dieses Bild hat sich inzwischen vorteilhaft gewandelt. Zwischen Lake Merritt und der Bay Bridge ist ein neues prosperierendes Downtown entstanden, angenehme Wohngebiete schlossen sich an, und selbst am Ufer der Bucht, wohin sich der Hafenumschlag aus dem teueren Embarcadero zurückgezogen hatte, wurde viel getan, um slumähnliche Quartiere zu sanieren.

Von der zweistöckigen Bay Bridge aus, deren gewaltige Gitterstrukturen bereits am Embarcadero Straßen und niedrige Häuser überragen, im Rahmen des Rooseveltschen ›New Deal‹ 1934 bis 1936, fast gleichzeitig mit der 1933 bis 1937 errichteten Golden-Gate-Brücke erbaut, öffnen sich schöne Ausblicke in die Weite dieser größten natürlichen Bucht an der Westküste Amerikas. Sie weist allerdings nur eine geringe Wassertiefe von wenigen Metern auf und muß im Bereich der Schiffahrtsrouten, vor allem in der Südhälfte, stets freigebaggert werden. Die Bucht ist, was die Franciscans eine ›Fog machine‹ nennen, eine Nebelmaschine, deren Antriebskraft die über dem sommerlich heißen Festland aufsteigende Warmluft ist, von der Kuro-Schio-Drift des Pazifik abgekühlte Meeresluft in die Bucht hineinziehend. Im Winter arbeitet diese Maschine ebenfalls, nur sind es jetzt die weiten, immer noch relativ warmen Wasserflächen, die Warmluft aufsteigen lassen. Diese Nebelmaschine ist vorzüglich konstruiert: innerhalb von zehn Minuten kann sie die Golden Gate wie die Bay Bridge einfach verschwinden lassen, geraten Schiffe, die sich im Bereich eines großen Hafens sicher wähnten, Lotsen verschmähten und ihr Radar abschalteten, in Not, zumal, wenn die Venturis genannten Winde kräftig durch das Golden Gate landeinwärts blasen, gleichzeitig der Ebbstrom eingesetzt hat und gewaltige Wassermassen aus der Bucht heraussaugt.

Um nach Oakland zu kommen, bietet sich auch eine Fahrt mit der U-Bahn an, BART [Bay Area Rapid Transit] genannt, die hochmodern, leise und luxuriös ausgestattet von *Powell Street* am *Union Square* nach *Oakland City Center* fährt. Am Westende des *Oakland Broadway* liegt Jack London Village mit einer großen Marina, Hafenatmosphäre und einer stattlichen Zahl von preiswerten Restaurants.

Auf dem Campus von Berkeley

Nördlich von Oakland dehnt sich der Vorort *Berkeley* aus, berühmt durch seine ›University of California‹, 1868 gegründet und nach dem irischen Philosophen George Berkeley benannt, die elf Nobelpreisträger, zumeist Chemiker und Physiker, hervorgebracht hat. Gemeinsam mit Harvard, Yale und Princeton an der Ostküste haben sich die Vereinigten Staaten intellektuelle Hochburgen errichtet, die ihresgleichen in der Welt suchen. Ihre Unabhängigkeit letztlich auf private Stiftungen gründend, sind diese Universitäten das genaue Gegenstück zu den staatlich finanzierten Hochschulen Europas. Freilich: Wird diesen der Vorwurf gemacht, in Abhängigkeit von ihrem Geldgeber politischen Zwängen ausgeliefert zu sein, so wird den weitgehend privat finanzierten großen Hochschulen Amerikas unterstellt, sie seien ein Spielball in den Händen der Wirtschafts- und Finanzwelt. In Wirklichkeit scheinen mir die amerikanischen Hochschulen unter der Führung ihrer einflußreichen und der Forschung nahestehenden Präsidenten, abgesichert durch enorme Vermögen und Zinserträge ohne ständige Einflußnahme der einstigen Spender – wiewohl natürlich als Stiftung für bestimmte Zwecke festgelegt – die europäischen Hochschulen längst ausmanövriert zu haben. Dem wird gern entgegen gehalten, daß die amerikanischen Hochschulen mit ihrem recht schulmäßigen Lernsystem den europäischen, insbesondere den deutschen Universitäten mit ihrer scheinbar totalen Freiheit des Lernens und Forschens unterlegen seien. Dies ist sicher ein großer Irrtum, und es spricht für die praktische Vernunft der Amerikaner, daß sie an den Anfang eines Studiums ganz einfach das rezeptive Lernen setzen, Fleiß und Zähigkeit heranbilden wollen. Zwar hatte auch Berkeley in den sechziger Jahren seine Studentenunruhen, die den Gouverneur zum Einsatz der Nationalgarde zwangen, aber relativ rasch ist diese Phase überwunden worden durch die Einsicht, daß Universitäten nicht der geeignete Ort sind, politische Konflikte unter Abhängigen auszutragen.

Nach der Lernphase beginnt auch in Amerika die Ungebundenheit des Forschens, die Freisetzung kreativer Qualitäten. Berkeley ist ein Zeugnis dafür. So mag sich uns angesichts der ausgedehnten Anlagen der Universität Berkeley, eigentlich der University of California, mit ihren dreißigtausend Studenten die Frage aufdrängen, in welche Richtung sich das amerikanische Geistesleben nach der Abtrennung von Europa gewendet hat.

Von der europäischen Aufklärung zu Thomas Paine. Lebt er noch auf dem Campus?

Die Väter der amerikanischen Revolution waren ja noch durchaus erzogen im Geist der englischen Aufklärung. Sie und ihre Revolution waren par excellence Kinder jener Aufklärung, in der – wie man glaubte – erstmals seit den großen Tagen Griechenlands kritische Vernunft und Verstand das Leben auf der Erde prägen sollten. Daß solches Wollen den Konflikt mit der katholischen Kirche hervorrufen mußte, darf nicht verwundern.

Einer der großen Beweger jenes Zeitalters, das seinen Ursprung der seltsamen Doppelwurzel von Reformation und Humanismus verdankt, war Thomas Paine (1737-1809), dem der eine oder andere Leser bereits an der Ostküste der USA begegnet sein mag. Sein Lebensweg, in dem der aus dem Geist der Aufklärung geborene freie Wille in kurioser und widersprüchlicher Weise den alten Mächten in die Quere kommt, ist für das Verständnis Amerikas von großer Bedeutung.

Geboren als Sohn eines bescheidenen Quäkers im englischen Norfolk, hat sich Thomas Paine schon früh mit der repressiven Obrigkeit angelegt – er wurde auf Wunsch des Vaters Steuereinnehmer und fand sich bald, nicht etwa in Prozessen mit Steuerschuldnern, sondern in einem Prozeß mit der Krone, vor einem Londoner Gericht. Weniger aufgrund aufklärerischer Neigungen als zufallsbedingt lernte er dort Benjamin Franklin kennen, der ihn ebenso schicksalhaft, 1772, im Vorfeld der Querelen der amerikanischen Kolonisten mit der englischen Regierung, nach Philadelphia empfahl. Die vor Energie und Erwartung sprudelnde Gesellschaft dieser Stadt war der rechte Nährboden für Paine, und 1776 erschien sein vielleicht bedeutendstes Werk ›Common Sense‹ oder ›Der gesunde Menschenverstand‹. Es wurde in einer für jene Zeit erstaunlich hohen Auflage von hunderttausend Exemplaren vertrieben. In Washingtons Armee dienend und dann in Paris als Emissär des Kongresses wirkend, erwarb er sich solche Verdienste, daß der Staat New York ihm eine Farm in New Rochelle in Connecticut schenkte: sie war wohl einem unverbesserlichen Royalisten abgenommen worden.

Der unruhige Geist jener Zeit ließ ihn aber nicht rasten, und schon 1791 erscheint er erneut in Paris, nachdem er noch in England ›The Rights of Man‹ publiziert hatte. Das war der Regierung Georgs III. denn doch zuviel, und Paine half nur noch die Flucht zu den Girondisten in Paris. Dort machte man ihn voller Bewunderung zum französischen Citoyen, doch bald waren sich auch die Citoyens nicht mehr so recht einig. Einige nannten sich nun Jakobiner und wollten die Sache der Gerechtigkeit, Freiheit und Gleichheit de profundis ausloten. Thomas Paine wäre dabei beinahe auf der Guillotine gelandet, und wenn nicht in einer Tragikomödie – würdig eines Aischylos – der amerikanische Gesandte den englischen Staatsbürger Paine – die französischen Bürgerrechte hatte man ihm bereits wieder aberkannt und von den amerikanischen war keine Rede – in einem listenreichen Verwirrspiel als feindlichen Ausländer in einem obskuren Gefängnis ›untergebracht‹ hätte, dann hätte Paine eben keine Gelegenheit gehabt, in jenem Gefängnis sein drittes großes Werk zu schreiben, das in Anbetracht der um ihn herum tobenden menschlichen Vernunft den beziehungsreichen Titel trug: ›The Age of Reason‹, das ›Zeitalter der Vernunft‹.

Als Paine endlich, 1802, wieder in die Vereinigten Staaten zurückkehrte, distanzierten sich Thomas Jefferson und John Quincy Adams ziemlich kühl von seinem ›Zeitalter der Vernunft‹. Sie hatten erkannt, daß Paine nach Überwindung der fürstlichen Willkür nun auch noch, blasphemisch gesagt, die göttliche Willkür, weil der Vernunft im Wege stehend, zur Abdankung zwingen wollte. The ›Age of Reason‹ vermochte offensichtlich im Verständnis der jungen amerikanischen Öffentlichkeit kein gottesfernes Zeitalter der Vernunft einzuläuten. Es war auch nicht gerade ›Vernunft‹, die einen seiner Freunde nach Paines Tod veranlaßte, mit seinem Sarg gen England zu segeln, um ihm dort ein Monument zu errichten. Weder diesseits noch jenseits des Atlantik wollte man etwas von ihm wissen – der Sarg verschwand spurlos und schicksalhaft im weiten Atlantik der Unvernunft.

Dennoch, das Werk Thomas Paines besitzt seinen unauslöschlichen Platz in der Geschichte der amerikanischen Nation. Einer seiner Kernsätze: »Gesellschaft ist in jedem Zustand ein Gut; Regierung ist, selbst in ihrem besten Zustand, nur ein notwendiges, in ihrem schlimmsten Zustand aber ein unerträgliches Übel!« ist eine der grundlegenden Formulierungen westlichen Demokratieverständnisses geworden. Die völlig ungezwungene Art, in der angelsächsische Völker auch verdienstvolle Regierungen und Staatsmänner in die Wüste schicken, sobald ihr Dienst nicht mehr erwünscht war oder der Verdacht einer zu großen oder zu unbedenklich ausgeübten Machtfülle auftauchte, hat einen Churchill und einen Nixon, zwei Männer sehr unterschiedlichen Verdienstes, gleichermaßen getroffen.

Die Welt Kaliforniens, die Welt Berkeleys, hat diese Thesen, Ideen und Neigungen übernommen – aber sie hat sie teilweise transformiert. ›The Age of Reason‹ hat in Kaliforniens Computerindustrie, hat gerade im Bereich der Forschung ihre bislang höchste Verfeinerung gefunden und zugleich verfehlt. Das Zeitalter der Vernunft, der Rationalität, ist hier an seine Grenzen gestoßen, klammert es doch menschliche Bedürfnisse und Emotion bei allem Perfektionismus aus.

Hatte Thomas Paine etwa doch recht, als er 1794 schrieb: »We loose sight of morality, of humanity, and of the theology that is true.« – »Wir verlieren die Moral, Menschlichkeit und eine echte Theologie.«

Das Zeitalter der Aufklärung, dem wir immer noch glauben anzugehören, umschrieb Immanuel Kant so:

»Aufklärung ist der Ausgang des Menschen aus seiner selbstverschuldeten Unmündigkeit. Unmündigkeit ist das Unvermögen, sich seines Verstandes ohne Leitung eines anderen zu bedienen ... Faulheit und Feigheit sind die Ursachen, warum ein so großer Teil der Menschen, nachdem sie die Natur längst von fremder Leitung freigesprochen, dennoch gerne zeitlebens unmündig

bleiben; und warum es anderen so leicht wird, sich zu deren Vormündern aufzuwerfen. Es ist so bequem, unmündig zu sein. Habe ich ein Buch, das für mich Verstand hat, einen Seelsorger, der für mich Gewissen hat, einen Arzt, der für mich die Diät beurteilt usw., so brauche ich mich ja nicht selbst zu bemühen. Ich habe nicht nötig zu denken; andere werden das verdrießliche Geschäft schon für mich übernehmen.«

Wenige Jahre vor Ausbruch der Französischen Revolution von 1789 geschrieben, wird hier das Zeitalter der Vernunft eingeläutet. Aber all diese Vernunft konnte nicht verhindern, daß nach dem Sturm auf die Bastille sehr bald jene das Wort ergriffen, die Kant ahnungsvoll mit der Bemerkung entlarvt hatte: »Dafür sorgen schon jene Vormünder, die die Oberaufsicht über sie (von neuem) gütigst übernommen haben.«

Wieder einige Dezennien später bemerkt, ohne diese Entlarvung auch nur im geringsten wahrzunehmen, Friedrich Engels:

»Die großen Männer, die in Frankreich die Köpfe für die kommende Revolution klärten (... und einige davon abhackten) traten selbst äußerst revolutionär auf. Sie erkannten keine äußere Autorität an, welcher Art sie auch sei. Religion, Naturanschauung, Gesellschaft, Staatsordnung, alles wurde der schonungslosen Kritik unterworfen; alles sollte sein Dasein vor dem Richterstuhl der Vernunft rechtfertigen – von Kant die ›Kritik der reinen Vernunft‹ genannt – oder aufs Dasein verzichten (Ort der Handlung die Guillotine auf der Place de la Concorde). Der denkende Verstand wurde als alleiniger Maßstab an alles angelegt ...

Jetzt erst brach das Tageslicht, das Reich der Vernunft an; von nun an sollte der Aberglaube, das Unrecht, das Privilegium und die Unterdrückung verdrängt werden durch die ewige Wahrheit, die ewige Gerechtigkeit, die in der Natur begründete Gleichheit und die unveräußerlichen Menschenrechte.«

Das Europa jener Zeit, und diese fiel zusammen mit dem amerikanischen Unabhängigkeitskrieg, hatte mit der Aufklärung zwar jene Fackel über den Atlantik gereicht, die, sofern sie nicht gerade repariert wird, noch immer in der Hand der Freiheitsstatue über dem Hafen von New York leuchtet, aber sehr bald sollten sich die Wege trennen. Die Alte Welt befand, daß das ungebärdige Kind jenseits des großen Teiches die eigentlichen Ziele der Aufklärung verraten habe und sich in gefährlich unreifen Pubertätsspielen erging.

Die Verjüngung, die im Europa der Aufklärung stattfand, hatte Amerika an die Peripherie des Interesses gerückt. Das Amerika nach George Washington hatte sich von Europa als Stätte ewiger Querelen und Interventionsversuche abgewandt – um nur allzu rasch selbst in ähnliche Zwänge zu geraten. In diesem Zusammenhang ist es interessant, zu sehen, wie die Spanier, in ihren Versuchen, Amerika in ein europäisches Weltbild zu integrieren, scheiterten. Der Begriff der Alten Welt meinte ja ursprünglich nur die Welt, deren eigentlicher Wissensfundus die antike Überlieferung war. Bereits Kolumbus, ja selbst Cortez waren eifrig bemüht, amerikanische Erfahrungen europäischen Majestäten wie schlichten Lesern als eine natürliche Fortführung antiker Erzählungen zu deuten. Die angelsächsischen Völker haben sich, trotz einer in der Zeit Elisabeths der Großen starken Neigung zum Humanismus, nur sehr kurz mit diesem Problem gequält. Sehr bald wurde für England und in der Folge für die USA das Problem sehr viel handlicher: es ging nicht mehr um die Frage nach der Legitimation gegenüber den Eingeborenen, sondern darum, wie man den tyrannischen und bösartigen Spaniern das unrechte Gut aus den Händen winden könnte. Und für diese Frage waren die Hofjuristen bestens präpariert.

Man hat mit Recht gesagt, daß alle negativen Klischees über Amerika dem späten 19. Jahrhundert entstammen. Hegel und Keats, Schopenhauer und Chateaubriand haben diese Klischees oft ohne eigene Reiseerfahrung gefördert. Amerika galt als unreif, als zur Führung der Welt nicht begabt, nicht kultiviert. Einzig, wie mir scheint, Alexander von Humboldt schrieb seherisch, Amerika sei ein alles mit sich fortreißender cartesianischer Wirbel, dem die Zukunft gehöre. Das Kartesianische, der Vernunft des Franzosen Descartes folgende, hat aber Alexis de Tocqueville nicht gehindert, 1835 festzustellen: »Es ist seltsam zu sehen, wie fieberhaft die Amerikaner nach Wohlstand streben und wie sie immer von der Furcht geplagt erscheinen, sie hätten nicht den kürzesten Weg dahin gewählt.«

Dieses Amerika ist seit den sechziger Jahren im Umbruch. Umbruch bedeutet, daß dieses Amerika wieder stärker zu seinen ursprünglichen Tugenden und Wurzeln zurückstrebt, ein Wunsch, der offenbar von der intellektuellen Schicht wie den breiten Massen gleichermaßen getragen wird. Doch ringt dieses Amerika auch mit den Wünschen und Forderungen, die in der Ära Carter zumal als soziale und breite Wunschliste in die Öffentlichkeit getragen wurden. Der Widerspruch zwischen dem amerikanischen Credo vom ›Hilf dir selbst, so hilft dir Gott‹ und dem gelegentlich strapazierten ›Recht des Tüchtigeren‹, limitiert allenfalls durch das Gesetz, und den Forderungen nach sozialer Gerechtigkeit, was immer dies auch sein mag, ist unlösbar. In Zeiten wirtschaftlichen Wohlstandes fällt, wie auch bei uns, für jeden etwas ab und so verwischen sich die harten Konturen widersprüchlicher Auffassungen. In Zeiten der Krise kommt dies alles mit Heftigkeit nach oben. Jacob Burckhardt hat bereits 1871 in fast seherischer Weise diesen Konflikt jeden modernen Staates beschrieben:

»Das Wichtigste aber ist, daß sich die Grenzen zwischen den Aufgaben von Staat und Gesellschaft gänzlich zu verrücken drohen. Hierzu gab die Französische Revolution mit ihren Menschenrechten den stärksten Anstoß, während der Staat hätte froh sein müssen, wenn er in seiner Verfassung mit einer vernünftigen Definition der Bürgerrechte durchkam.

Jedenfalls hätte man sich dabei, wie Carlyle mit Recht bemerkt, auch etwas auf Menschenpflichten und Menschenkräfte, auch auf die mögliche Produktion des Landes besinnen sollen. Die neuere Redaktion der Menschenrechte verlangt das Recht auf Arbeit und Subsistenz. Man will eben die größten Hauptsachen nicht mehr der Gesellschaft überlassen, weil man das

Unmögliche will und meint, nur Staatszwang könne dieses garantieren ... man oktroyiert dem Staat in sein täglich wachsendes Pflichtenheft schlechtweg alles ... überall steigen die Bedürfnisse, die dazu passenden Theorien ... zugleich aber auch die Schulden. Das Ende vom Lied ist: irgendwo wird die menschliche Ungleichheit wieder zu Ehren kommen. Was aber Staat und Staatsbegriff inzwischen durchmachen werden, wissen die Götter.«

Die Suche nach jenen, hinter der Rationalität stehenden Dingen hat Kalifornien voll erfaßt und mit ihm Amerika. Mögen wir auch verständnislos und häufig abgestoßen sein von all dem Schamanentum, den Gurus und neuen Heilsaposteln – sie sind Symbol der kalifornischen Szene, Ausdruck, wie auch immer, einer unbefriedigenden Welt der Bits und Bytes. Dem mag sich hinzugesellen, daß die Vereinigten Staaten in zunehmendem Maße heraustreten aus der Beschäftigung mit sich selbst. Damit wird ihnen nicht erspart bleiben, was alle Hegemonialmächte der Geschichte erfahren haben: Macht und Verantwortung sind unausweichlich verwoben mit schicksalhafter Schuld im Handeln, wie gut es auch immer gemeint war. Der Aufstand der Studenten Berkeleys in den Wirren des Vietnamkrieges und Thomas Paine, sie liegen hier auf gleichem Kurs – aber Amerika wird weder dem einen noch dem andern ausschließlich folgen können und wollen. Amerika hat stets das Extrem, sei es des Glaubens, sei es der Rationalität gemieden und die Mitte gesucht, an der beide partizipieren. Sehr im Gegensatz zu Rußland, das sich, aus einer ganz anderen Mentalität heraus, früher den mystischen Dimensionen des Glaubens hingab und heute ebenso gläubig den Mythos der Rationalität anbetet.

Die Unruhen von Berkeley im Herbst 1964 sind in Europa nur als Studentenunruhen einer Generation verstanden worden, die sich einer alternativen Sinnfindung zuwenden wollte. Es wurde weniger bemerkt, daß zwei Revolten parallel liefen. Die eine war die Revolte der kalifornischen Steuerzahler, ›a growing public rebellion against increased taxes‹. An diesem Punkt sind amerikanische Regierungen stets verwundbar, man denke nur an den Anfang von allem: den Stamp Tax Act und die Teaparty in Boston, die zunächst nur ein Steuerstreik waren. Ob nun, wie die einen behaupten, die steigenden Steuern eine Folge des Vietnamkrieges waren, oder ganz allgemein und wahrscheinlich eine Folge des ›social money spending‹ unter Präsident Carter, das sei dahingestellt. Viele Steuerzahler jedenfalls hatten keine Lust, Universitäten zu finanzieren, deren Studenten sie verhöhnten und niederschrien. Der Gouverneur Brown spürte den Meinungsumschwung und setzte die Nationalgarde ein, Schüsse fielen, es gab Tote auf dem Campus – zu spät. Bei der nächsten Wahl zog Ronald Reagan den Demokraten die Wähler weg mit dem Wort von der ›Creative Society‹, mit der sein Feldzug gegen die ›Spending Society‹ Carters begann. Kalifornien hatte bereits 1932 eine ähnliche Erfahrung gemacht, als der Kandidat der Demokraten, der bekannte Schriftsteller Upton Sinclair, mit dem Spruch ›end poverty in California‹ Vorstellungen entwickelte, wie ›to produce for use and not for profit‹. Selbst seine demokratischen Anhänger wandten sich verschreckt dem republikanischen Kandidaten zu.

Amerika hat immer sehr kritisch und letztlich radikal vermerkt, wenn irgend jemand die Gesetze des freien Wettbewerbs außer Kraft setzen wollte und weltanschauliche Neigungen entwickelte.

Das Zentrum des studentischen Lebens in Berkeley ist *Telegraph Avenue*, die amerikanisch-kalifornische Version des Boulevard St. Germain. Bei ›Larry Blake's‹ können wir die Szene gut beobachten, vor allem unten im Ratskeller, wo sich der Geist von Auerbachs Keller amerikanisch kostümiert. Wo die *Telegraph Avenue* in den *Bancroft Way* mündet, befindet sich der Campus von Berkeley. Hier können wir uns zu einem Rundgang über den engeren Campus in der Students Union anmelden oder bei ›Spats‹ im viktorianisch verschnörkelten Ambiente inmitten eines jugendlichen Geräuschpegels einen Snack zu uns nehmen. Wie auch immer, die Bay Bridge hat uns weit in die Vergangenheit Amerikas zurückgetragen.

Elektronikmythen in Silicon Valley

Am Südende der Bay liegt in *Santa Clara County,* eingeklemmt zwischen den Highways 82 und 101, *Silicon Valley,* Symbol für den alten amerikanischen Traum vom raschen Aufstieg. In diesem flachen Tal wurden einst nahrhafte und saftige Pflaumen geerntet und luftgetrocknet, die berühmten ›sun dried prunes of California‹. In den siebziger Jahren hat man sich Nahrhafterem zugewandt. Silicon Valley ist in aller Welt ein Symbol geworden für den unaufhaltsamen und faszinierenden Fortschritt menschlichen Erfindergeistes. Daß sich solcher Fortschritt in einem gewinnorientierten Land unmittelbar auszahlt, versteht sich von selbst. Weniger leicht verstehen ausländische Beobachter die Erkenntnis, daß Mißerfolg umgekehrt tötet.

Silicon Valley, das wir auf dem *Semiconductor Drive* durchfahren können, das aber selbst kaum sehenswert ist, verdankt seinen Namen in zweifacher Weise dem chemischen Element Silicium. Es sind einerseits die siliciumhaltigen Silikonplatten, auf die Mikrochips ›gedruckt‹ werden, andrerseits ist es die Existenz des reinsten verfügbaren elementaren Silicium, das für die Halbleitertechnik entscheidende Bedeutung hat. Silicon Valley mit seinen Computerchips ist ein geeigneter Ort, ein wenig über die Zwänge, die oft beklagten, unseres Zeitalters nachzudenken und darüber, ob sie denn wirklich nur die Zwänge unseres Zeitalters sind. Was oft nicht verstanden wird, ist einfach die Tatsache, daß auch der raffinierteste Computer nur nachvollzieht, womit ihn menschliche Programmierer gefüttert haben. Jeder Computer ist im Grunde ein Analogrechner, er ist so klug wie die analogen Schritte seiner Auslegung.

Die Arbeitsweise eines solchen Rechners, einem sogenannten Entscheidungsbaum folgend, ist optimal am Verhalten eines zehnjährigen Jungen darstellbar, der sich zum Ziel gesetzt hat, einen Baum bis zur höchstmöglichen Position zu erklimmen – sicher standen hier einst solche Pflaumenbäume zur Verfügung. Wie macht er das nun? Der Leser darf sich gern an seine ältesten Erfahrungen erinnern, irgendwie sind sie alle gleich. Sobald der Hauptstamm des Baumes sich in Äste verzweigt, gilt es den stärksten auszumachen, und bei der nächsten Verzweigung dieses Astes eben wieder den stärksten zu finden. Vergleichbares macht auch der Computer. Er kann in jeder Entscheidungssituation nur in den Zahlen 0 und 1 denken. Solch eine Auswahlmöglichkeit nennt man einen binären Zahlenschritt oder binary digit, kurz Bit genannt. Digit kommt vom Lateinischen digitus = Finger, und wie modern hört sich die lateinische Redensart ›Tui digiti‹ – ›Deine Rechenkünste‹ an. Heute haben wir diese Rechenkünste in der Maschine, und ein Bit will sagen: Ja oder nein, links oder rechts, oben oder unten. Alle unsere menschlichen Entscheidungen sind im Grunde solcher Art – auch wenn wir empört protestieren, nein, wir würden doch unendlich viel sensitivere und feiner abwägende Entscheidungen treffen. Mitnichten. In der Phase des Abwägens freilich mögen wir vielerlei bunte Luftballons steigen lassen, aber dann kommt unweigerlich die Stunde der Wahrheit: tun oder lassen, ja oder nein, links oder rechts. Setzt man acht Bits zusammen, so werden sie zum Byte. Eine solche binäre Achterkombination mit ihren 2^8 oder 256 Kombinationen kann jede Zahl und jeden Buchstaben durch Abfragen etwa des Alphabetes darstellen, und die Weisheit und Kapazität, die in einem Computerspeicher gestapelt ist, gibt man meist in K oder Kilobytes an.

Seine Beschränktheit macht auch den Computer, bei rechtem Licht besehen, so menschlich; er ist so gescheit, fehlerhaft, dumm oder gar lasterhaft wie seine menschlichen Väter. Der einzige Punkt, in dem er menschlichen Wesen überlegen ist, ist die Schnelligkeit, mit der die elektronischen Schaltungen Entscheidungsbäume abfragen, auch unendlich komplexe Bäume mit einem fabelhaften Gewirr von Ästen und Zweigen so lange abfragen, bis der rechte Apfel oder die rechte Pflaume der Erkenntnis vom Baume fällt.

Nun wird mancher einwenden, nein, lieber Autor, mein Computer mit den kleinen grauen Hirnzellen kann viel mehr. Er kann zum Beispiel seine eigenen Fehler korrigieren. Als ob kluge Menschen das nicht schon immer gekonnt hätten.

Er könne auch, im Gegensatz zu unserem zehnjährigen Baumkletterer, in Teilrechnungen die Tragfähigkeit einzelner Äste abwägen. Natürlich kann der Computer auch dies. Er kann an jeder Verzweigungsstelle nicht nur die Dicke des in Aussicht genommenen Astes in die Berechnung des besten Weges einbeziehen, er kann auch den ob seiner Dicke gewählten Ast in seinem kleinen Vorausprogramm abtasten, um beispielsweise festzustellen, daß der dickste Ast nach zwei Metern abgebrochen und damit wertlos ist.

Aber auch dieser schlaue Computer wird hilflos, wenn plötzlich und unerwartet neue Kriterien auftauchen. Vielleicht ist neben dem Jungen unseres Beispiels noch ein schlaues Mädchen auf den Baum gestiegen. Es denkt ›typisch‹ weiblich und entdeckt beim Klettern ganz andere Entscheidungskriterien. Vielleicht hat es bemerkt, daß die Morschheit eines Astes an seiner Rinde ablesbar ist. Vielleicht fällt der männlich-mathematisch-objektiv abschätzende Junge rasch mit solch einem dicken oder morschen Ast herunter. So ist auch ein Computer nur so gut, wie seine Programmierer alle nur denkbaren 0- und 1-Entscheidungen in das Programm aufgenommen haben. Ist unser aller Leben in dieser Hinsicht anders? Sind risikoreiche politische, kaufmännische oder technische Entscheidungen damit klarer berechenbar geworden? Prinzipiell mit Sicherheit nicht. Wir mögen das Unwägbare in noch so viele klug differenzierte Detailschritte eines Entscheidungsbaumes auflösen – letztlich lag auch bei der computergesteuerten ersten Mondlandung zwischen Mißerfolg und Tod auf der einen und grandiosem Erfolg auf der anderen Seite nur jener ominöse rote Schalter ›Manual operation‹ oder ›Handbetrieb‹, der dem Astronauten Armstrong ermöglichte, in einem kritischen und nicht vorausprogrammierten Augenblick nach reinem Gespür eine weiche Mondlandung vorzunehmen. Welcher meiner verehrten Leserinnen und Leser war nicht in mancher Situation auch schon auf jenen sechsten Sinn angewiesen, den kein noch so schlau programmierter Rechner besitzt.

Das darf uns natürlich nicht ablenken von der Feststellung, daß jede Entscheidung, so komplex sie auch sein mag, in mehr oder weniger zahlreiche Einzelschritte des Typus o oder 1 aufgelöst werden kann. Sofern die Zeit ausreicht, natürlich, und dieses Problem löst eben der Computer viel rascher als das menschliche Gehirn.

Das ethische Unbehagen gegenüber dem Computer ist denn auch weniger auf seine ›Unmenschlichkeit‹ gegründet, die er eben nicht besitzt. Was der Computer nicht kann, ist das Hineinflechten von Liebe und Haß, von menschlichen Wertmaßstäben, von emotionalen und moralischen Bewertungen. Aber diese Lücke ist schließbar, technisch gesehen. Nicht jede 0 oder 1 der Computersprache muß freien Lauf bekommen. Auch moralische Computersperren sind denkbar, verraten aber auch ihre Problematik: wer Kenntnis hat über die moralischen Sperren, die sein wirtschaftlicher oder politischer Gegner eingebaut hat, beherrscht rechnerisch diesen Gegner. Doch ist auch dieses Problem nicht dem Analogrechner eigen, sondern dem Menschen. Ein Hitler kannte die moralischen Sperren im Rechner seiner Gegner und konnte sie damit über Jahre hinweg ausmanövrieren. Was uns zur Feststellung zurückführt, daß auch die ganz großen Entscheidungen der Weltpolitik letzten Endes 0- und 1-Entscheidungen sind. 1932 hat Carl Schmitt in einem Vortrag ahnungsvoll bemerkt: »Die spezifisch politische Unterscheidung, auf welche sich die politischen Handlungen und Motive zurückführen lassen, ist die Unterscheidung von Freund und Feind.« In der Computersprache von Silicon Valley heißt dies: »Set 0 or 1 and send.«

Zu den Felsküsten und Redwoods Nordkaliforniens

Von russischen Pelzjägern

Im Norden der Bucht von San Francisco erstreckt sich ein Küstengebirge, die Coast Ranges, die am nördlichen Ende des Sacramento-Tales mit der Sierra Nevada verschmelzen. Am Westhang entwässert vom Eel River nach Norden und vom Russian River nach Süden, bildet die Furche beider Flüsse auch die große Nord-Süd-Verbindung durch die Coast Ranges, der der Highway 101 folgt. Nur an der Küste verläuft eine zweite Straße, der Highway 1, zwischen den Muir Woods und Fort Bragg, der sich dann mit der 101 vereint.

Der **Highway 1** ist zweifellos die schönere der beiden Straßen, leider sehr kurvenreich und ermüdend, und so sollten wir die Küstenfahrt auf den besonders schönen Abschnitt bis zum *Russian River* beschränken und ansonsten dem **Schnellweg** 101 folgen, der von *Santa Rosa* durch Weinbaulandschaften und Obstplantagen nach *Ukiah*, dann durch den **Humboldt Redwood State Park** nach *Eureka* führt.

Breit dehnen sich längs des Russischen Flusses die leicht gewellten Rebhänge großflächig vor dem zunehmend bewaldeten Mittelgebirge aus. Es ist eine angenehme, aber nicht grandiose Landschaft, und hin und wieder locken uns Reklameschilder zum Besuch eines Weingutes. Von *Santa Rosa* bis *Cloverdale* und *Ukiah* liegen etwa dreißig renommierte Weingüter, auch hier häufig mit deutschen und gegen Norden mit italienisch-schweizerischen Namen. Zunächst wird uns aber die Frage beschäftigen, warum dieser kalifornische Fluß Russian River heißt.

Die Suche nach der sagenhaften Ost-West-Passage

Um die Mitte des 18. Jahrhunderts war das Interesse des Zaren an Alaska wach geworden. Die Jagd auf Pelztiere war das Ziel verschiedener Ansiedlungsversuche vor allem durch

Aleksander Baranoff. Ihre Spuren haben sich noch heute als russische Siedlungen zwischen der Insel Kodiak und dem Alexanderarchipel, benannt nach Zar Alexander I., erhalten. Von hier aus glitt der begehrliche Blick Moskaus die Westküste hinab, schließlich bis weit nach Süden, nach Monterey, wovon wir noch hören werden. Die russische Begehrlichkeit war nicht die einzige. Noch waren die jungen Vereinigten Staaten völlig damit beschäftigt, ihr Gebiet an der Ostküste Nordamerikas zu sichern und langsam den großen Weg über das Appalachische Gebirge nach dem Westen und den Great Plains anzutreten. Von gelegentlichen amerikanischen Walfangschiffen abgesehen, traten sie an der Westküste nicht in Erscheinung. Dafür war hier das englische Interesse um so größer. Zum einen lag es nahe, die Küste der heutigen US-Staaten Washington, Oregon und Kalifornien in Besitz zu nehmen, zumal schon Sir Francis Drake auf seiner berühmten Weltumseglung 1579 in Drake's Bay seine Schiffe neu kalfatert hatte. Alte Karten nannten darum diesen Teil der nur in Umrissen bekannten Landschaft ›Neu-Albion‹.

Das eigentliche Interesse der englischen Admiralität galt jedoch der berühmten Ost-West-Passage, einem schiffbaren Weg vom Atlantik zum Pazifik und damit einer kurzen Seeverbindung zu den Reichtümern des Fernen Ostens und Indiens. In jener Zeit, in der Forschung noch darauf beschränkt war, das mit dem Auge Erkennbare zu finden, keine Luftaufklärung, noch gar Satellitenphotos zur Verfügung standen, war der Nordwesten Nordamerikas eine unbekannte, oft eisige Landmasse, deren Entfernungen die Mittel der Zeit völlig überforderten. Nur so sind die tastenden Versuche zu verstehen, auch auf dem Landwege den Kontinent zu queren, ein Versuch, der schließlich Alexander MacKenzie 1793 nach unendlichen Strapazen gelang, nachdem er zunächst in der arktischen Beaufort-See ›versehentlich‹ ein anderes Meer erblickt hatte – ›la mer vue par Mackenzie en 1789‹, wie es eine alte französische Karte nennt.

Als er dann in der Bucht von Bella, heute Britisch Kolumbien, bedroht von Indianern, den ›richtigen‹ Pazifik entdeckt hatte, war gerade George Vancouver mit seiner ›Discovery‹

vorbeigesegelt und alles schien umsonst. Wir sehen aber, wie intensiv, wenn auch schlecht koordiniert, die Suche der britischen Krone nach einer Passage in jenen Jahren war.

Schließlich saßen weit im Süden, in Mexiko und California, die Spanier. Ihr Stern auf den Weltmeeren war schon ziemlich gesunken, Spanien auch in Europa in eine politische Randlage gedrängt worden. Die Weltgeschichte wurde nun von den Regierungen in London und Paris bestimmt, aber immer noch fanden spanische Versuche statt, schüchterne Fühler entlang der pazifischen Küste Amerikas auszustrekken. 1775 besuchte Juan Francisco Quadra den russischen Gouverneur im alaskischen Sitka, um herauszufinden, welche Pläne die russische Regierung verfolge. Und schließlich ist auch die Gründung der 21 franziskanischen Missionsstationen entlang der kalifornischen Küste und bis hinauf nach San Francisco (1776) und Sonoma (1823) nicht nur missionarischem Eifer zuzuschreiben, sondern der Sorge des spanischen Herrschers Karls III. vor den umherschweifenden Schiffen der Russen, wovon wir schon in San Francisco durch Chamissos Bericht hörten.

Ob die träge Regierung des Zaren im fernen Moskau überhaupt ernsthafte Pläne hatte, Land in Besitz zu nehmen, steht dahin. Vordergründig galt das Interesse der russischen Seeleute und Kaufleute dem Fang von Seeottern, für deren Felle die frierenden Damen des ausgehenden Rokoko – oder besser: ihre Kavaliere – sagenhafte Preise bezahlten. Um ein Haar hätte man diese possierlichen Tiere dabei ausgerottet. Immerhin gründeten die Russen 1812 Fort Ross nördlich der Mündung des Russian River und dies trotz der strengen Order Madrids, alle Fremden fernzuhalten. Vor Ort war dies mit den schwachen Kräften weniger Milizsoldaten in den Missionen nicht durchzuführen, und schließlich hatten die Siedler, Missionare und Pelzjäger ganz andere Sorgen, als langatmige Weisungen aus Moskau und Madrid zu lesen. Man half sich gegenseitig, wenn ein Schiff der Russen eine Reparatur in Monterey oder San Diego suchte, und wenn die Missionare in Sonoma in Not waren, schickten die Russen aus Fort Ross Hilfe.

Das Ende der russischen Zeit kam denn auch aus rein wirtschaftlichen Motiven. Die starke Jagd auf die Ottern hatte diese derart dezimiert, daß der Aufwand sich nicht mehr lohnte. 1841 wurde Fort Ross aufgegeben, und am 18. Oktober 1867 sank der Stander des Zaren in Sitka auf Baranov Island, um dem ›Star Spangled Banner‹ Platz zu machen.

7200000 Dollar war dem amerikanischen Kongreß diese eisige Einöde wert, laut beschimpft von der Presse, die das Ganze ›Sitka Folly‹ nannte – die ›Torheit von Sitka‹. Der mit zahllosen Namen und Akkreditivvermerken versehene Scheck vom 1. August 1868 über Alaska hat sich erhalten, was gäben die Russen, um den ›Treasury Warrant N° 9759‹ zurückzukaufen und wieder in der Bucht von San Francisco Seeottern oder vielleicht auch mehr jagen zu können.

In Drake's Bay

Um diese Stätten zu Beginn unserer Reise zu den Nationalparks an den Küsten Kaliforniens und Oregons kennenzulernen, folgen wir nach Überquerung der *Golden-Gate-Brücke* zunächst der 101, um dann die Abzweigung der **Highway 1** zu finden, die uns, bereits bekannt, auf die Höhe der *Muir Woods* führt. Der 1 bis zur Küste folgend, gelangen wir zur Mündung des *Russian River*. Südlich davon liegt die *Bodega Bay*, einst von den Spaniern entdeckt, dann 1811 von Ivan Aleksander Kuskoff besiedelt. 1812 wurde dann das stabile Holzfort Ross nördlich des Flusses erbaut, ein sehr ausgedehntes Fort mit etwa 60 Gebäuden, vor Angriffen schützenden Palisaden aus Redwoodholz und Lagerhäusern für den im Sommer angebauten Weizen und Tausende von Seeotterfellen. Einer der örtlichen Handelspartner der Russen war der Schweizer Johann August Sutter aus dem Sacramento-Tal, dessen Name sich bald mit den dortigen Goldfunden verbinden sollte. Der Abzug der Russen 1841 fiel zeitlich fast zusammen mit dem Ausbruch des Goldfiebers und der Invasion einer Vielzahl von europäischen Einwanderern, die teilweise direkt und per Schiff aus der Alten Welt kamen, teilweise über die Rocky Mountains aus den weiter östlich gelegenen Staaten der USA. Obwohl Kalifornien damals noch ein Niemandsland war, hatte doch der amerikanisch-britische Vertrag von 1825 den Grenzverlauf zwischen Kanada und dem Teil, der sich damals Oregon nannte, geregelt. Sehr viel weniger klar war die Situation im Süden, wo sich die Mexikaner nach ihrer Trennung von Spanien als die Besitzer betrachteten. 1842 hißte US-Commodore Jones auf ein Gerücht hin die amerikanische Flagge in Monterey, um sie am nächsten Tag mit vielen Entschuldigungen wieder einzuziehen. Die Situation war eben unklar und forderte lokale Initiativen geradezu heraus, schließlich darf man auch eine Fahne einmal lüften. Endlich trat Mexiko 1848 im Vertrag von Guadalupe Hidalgo ›Alta California‹ an die USA ab, während ›Baja California‹ bis zum heutigen Tag bei Mexiko verblieb.

Nun sind wir unvermeidbar in die kalifornische Geschichte hineingetreten. Den Leser wird vielleicht mehr interessieren, was aus jener Frühphase sehenswert ist. Die Reste von Fort Ross haben sich lange erhalten, und 1906 entschloß man sich, das Haus des Kommandanten und die russisch-orthodoxe Kapelle zu restaurieren. Heute ist diese Region um die Mündung des Russian Rivers mit seinen begleitenden angenehmen Mittelgebirgen ein beliebtes Ausflugsziel der San Franciscans.

Vor lauter historischem Eifer sind wir zu allem Überfluß am **Point Reyes National Seashore Park** vorbeigefahren, der sich über dreißig Kilometer hinweg als eine fast dreieckige Halbinsel längs der Küste zwischen Muir Woods und Russian River erstreckt.

Diese Küste hat eine Geschichte, die noch 250 Jahre älter ist als die des Russischen Flusses und von Fort Ross. Bereits vom Flugzeug aus fällt der Point Reyes Park durch seine karge, felsige und dann wieder aus Dünen bestehende Natur auf. An seiner Südseite liegt Drake's Bay, in der der berühmt-berüchtigte Freibeuter Ihrer Majestät, Königin Elisabeth I., seine ›Golden Hind‹ wieder instandsetzte. Eine lange Kaper-

und Plünderfahrt war vorausgegangen. Drake hatte die westindischen Besitzungen ›besucht‹, war dann um das Kap Hoorn gesegelt und hatte die spanischen Hafenstädte an den Küsten Perus und Kolumbiens beglückt, wobei ihm spanische Silberschiffe der berühmten Manilaflotte als Beute zugefallen waren, darunter als größte Eroberung die ›Nuestra Señora de la Concepción‹, die von den spanischen Matrosen ›Cacafuego‹ genannt wurde, höflich übersetzt mit ›Feuerspeier‹, da sie vollgepackt mit Kanonen war.

Drake ist vermutlich bis 42 Grad Nord gekommen, vielleicht bis 48 Grad. Die berühmte Karte von Ortelius zeigt auf dieser geographischen Breite die Meerstraße von Anian, die sich nach Osten zum Atlantik öffnen soll. Als Drake sah, daß die Küste entgegen der Karte endlos nach Norden lief, wandte er sich wieder südlich und fand auf 38 Grad Nord einen geeigneten Ankerplatz. In Drake's Bay zwischen dem 17. Juni und dem 23. Juli 1579 liegend, reparierten seine Männer die auf das Ufer gezogene ›Golden Hind‹ und wenn man seinem Bordtagebuch trauen darf, liebten ihn die Indianer. Dies veranlaßte ihn, die Küste als Nova Albion im Namen der Königin in Besitz zu nehmen. Das weite Rund der Drake's Bay verrät heute von all dem nichts mehr. Die Schleifspuren der dickbauchigen Goldenen Hindin haben Wind und Wellen verwischt, nur die Pelikane sitzen noch bedächtig auf den Felsen, und die Möwen lärmen in der Bucht. Die Landschaft der Halbinsel besitzt in ihrer grün überhauchten Kahlheit eine schottische Atmosphäre.

Damit sind wir schon wieder tief in die Geschichte geraten, und der Leser mag mir verzeihen, in Anbetracht der auf unseren ferneren Wegen nur noch spärlichen Berührung mit der Historie europäischer Entdeckungen.

Von der Mündung des *Russian River* wählen wir unseren Weg wieder zurück zur 101. Wir werden noch häufiger auf Stichstraßen den Kontakt zur Küste suchen, denn nur auf diesen Wegen können wir die streckenweise atemberaubende Felsszenerie und die Wildheit des in langen Wellenzügen anrollenden Pazifiks genießen. Im russischen Tal aufwärts fahrend, gelangen wir nach *Guerneville,* wo uns im

›Hexagon-Häusl‹, wie es Egon Olessak genannt hat, ausgezeichnet zubereiteter Lachs erwartet. Statt nach Santa Rosa zu fahren, kürzen wir über eine kleine Straße zur 101 bis zu einem Punkt südlich von *Healdsburg* ab.

Da wir ständig bewegt werden von Erinnerungen an die Alte Welt und es auf unserem ferneren Weg an Weinbergen und Wein womöglich mangelt, muß ich dem Leser gestehen, daß ich in Versuchung geriet, mich in einem der Weingüter einzudecken und mir einen bescheidenen Weinkeller von einem Dutzend Flaschen zuzulegen.

Zufall und die Notwendigkeit zu Tanken, führten mich zu ›Pat Paulsen's Vineyard‹ in der Nähe von *Asti*. Sein Haus lag in einer hügeligen Reblandschaft, bescheiden und ein wenig an südstaatliche Häuser mit umlaufender Veranda erinnernd. Einige Palmen wirkten inmitten der Wingerte leicht verfremdend, ein Hofhund knurrte, legte sich aber gleich wieder friedlich in die Morgensonne. Nach einigem Probieren wurde eingeladen, und beinahe im Weggehen machte mich die junge Frau im Verkaufsstand darauf aufmerksam, daß Pat Paulsen unter der Veranda saß. Zwar war mir der Name völlig unbekannt, aber im Verkaufsstand hingen viele Fotografien an der Wand, die verrieten, daß Paulsen in den fünfziger und sechziger Jahren ein berühmter Komiker gewesen war, abgelichtet mit den Größen der Zeit. Wir setzten uns zu einem Plausch und einem Gläschen. Er erzählte von damals, seinen Erfolgen, an denen er – wie jeder Amerikaner – stark hängt, auch von den Problemen des Altwerdens und wie stark man darunter leidet, vergessen zu werden. Von seinen Gagen kaufte er sich Weinberge, das Keltern besorgt die örtliche Kooperative der Italian-Swiss Colony, und so genießt er seine alten Tage in der milden Sonne des Russian Valley, träumt von vergangenen Tagen und plaudert mit seinen Kunden. Für amerikanische Verhältnisse, und nicht nur für diese, ein angenehmer Lebensabend.

Die Schönheit des HUMBOLDT STATE PARK

Nun wieder der 101 folgend, fahren wir über *Ukiah* bis nach *Leggett*, wo die Kette der Redwood-Parks beginnt, die sich bis Eureka und Crescent City hinzieht. Im wesentlichen sind es zwei Parks, die unser Interesse verdienen: Der **Humboldt State Park** südlich von Eureka und der **Redwood Nationalpark** vor Crescent City. Beide sind letzte Reste der einst gewaltigen Redwoodwälder entlang der Küsten Kaliforniens und Oregons. Weiter im Norden, im US-Staat Washington und in Britisch Kolumbien, auf Vancouver Island, schließen sich andere Küstenwälder an, deren Hauptbaum die Douglasfichte in gleichermaßen riesenhaften Exemplaren ist.

Der Humboldt State Park ist auf einer sehr schönen Straße zu erleben, die sich links und rechts um die 101 windet, südlich von *Philippsville* mit dem *South Access of the Avenue of the Giants* eröffnet und sich über etwa 40 Kilometer hinweg bis zum North Access nahe *Pepperwood* hinzieht.

Tiefes Dunkel durchzieht diese Wälder, das gewaltige hohe Dach der Redwoods, der Mammut- oder Lebensbäume *(Sequoia sempervirens)*, schattet den Waldboden fast völlig ab, ein eigentümliches, dunkelglimmendes Rot erfüllt diese Wälder. Die fußdicke, rotrissige Borke der gewaltigen Riesen, die rötlichen abgefallenen Nadeln und Rindenreste am Boden geben den Farbton an, durchbrochen vom gelegentlichen frischen Grün der zu phantastischer Größe gedeihenden Farne. Die mächtigen, viele Meter dicken Stämme wachsen in unbeschreibliche Höhen, die Stämme verlieren sich im grünen Geflimmer der Kronen, in denen noch das Sonnenlicht geistert.

Die schönste Straße im **Humboldt-Park,** die wir nicht missen sollten, führt, nachdem wir uns im Visitor Center mit Karten versehen haben, durch den *Rockefeller Forest* am sich dahinschlängelnden *Bull Creek* entlang bis zur Einmündung des *Cuneo Creeks.* Wenn man will, kann man auf dieser schmalen, durch die Redwoods sich windenden und äußerst reizvollen Straße bis nach *Honeydew* und dann weiter zum *Capo Mendocino* fahren, das den alten Seefahrern eine wichtige Landmarke war.

Wir begnügen uns mit dem *Bull Creek.* Wenige Autos begegnen uns, unerhörte Stille, sobald man den Motor an einer schönen Lichtung des Baches abstellt. An *Founders Grove,* vor der Abzweigung zum *Rockefeller Forest,* hatten wir den Founders Tree bewundert, der seine eintausendfünfhundert Jahre in Würde trägt, immer noch grünend, vom Winde ausgesät, als gegen 476 der rauhbeinige Odoaker den letzten römischen Kaiser Augustulus absetzte. Sicher sahen damals die Sequoien nicht anders aus als heute, gehören sie doch zusammen mit den Bald Cypresses, den Sumpfzypressen Floridas *(Taxodium distichum)* und den Kryptomerien, den japanischen Sugi *(Cryptomeria japonica)* zum urältesten Baumadel der Welt. Sie führen ihren Stammbaum bis auf das Miozän vor zwanzig Millionen Jahren zurück. Seltsam ist darum auch ihr archaischer biologischer Bau, der sie von späteren Baumgeschlechtern unterscheidet: die borkige Rinde, das faserige Holz, die eigentümliche chemische Struktur des Holzes, das Insekten abstößt und das kaum verrottet.

Die Redwoods senden ihre flachen Wurzeln in alle Richtungen aus, sie umrunden Felsen, dringen in Klüfte, vereinigen sich, wo sinnvoll, mit den Wurzeln von Nachbarstämmen, bilden so ein offenes biologisches System, das in einem gewissen Sinne unsterblich ist und durch endlos aus den Wurzeln sprießende Schößlinge sich vermehrt, wenn der alte Stamm zugrundegeht und nur noch Nährsubstrat für den jungen ist. Und selbst ihre Krankheiten sind sehenswert: manchen Stamm zieren ›Burls‹ oder knotenartige Krebsverwachsungen, die zu phantastischen Formen gedeihen und gern zu Schnitzereien benutzt werden.

Wie wir schon in Muir Woods gesehen haben, sind die Farne eine besondere lichtgrüne Schönheit inmitten der dunklen Waldhallen. Lady Fern (*Athyrium filix femina,* Frauenfarn), Sword Fern (*Polystichum munitum,* Schwertfarn) und Bracken Fern (*Pteridium aquilinum,* Adlerfarn) fangen Lichtsplitter auf und leuchten aus dem Dunkel. Die jungen Schößlinge wurden von den Küstenindianern im Frühjahr als Vitaminspender verspeist.

Im Bull Creek ziehen der King oder Chinook Salmon, die Steelhead Forelle und der Silver oder Coho Salmon zur Laichzeit im frühen Herbst aufwärts. Es sind anadromyne Fische, die sowohl im Salzwasser als auch im Süßwasser leben und nach einem geheimnisvollen Rhythmus ihre Geburtsstätte im Oberlauf der Flüsse und Bäche wieder aufsuchen, um dort zu laichen und kurz danach zu verenden, während der atlantische Lachs mehrmals in die Flüsse aufsteigt, laicht und ins Meer zurückkehrt. Dies tat bei uns auch der rheinische Salm, über den sich die Dienstboten im Mittelalter beschwerten, weil er gar so oft auf den Tisch kam. Nun haben wir keinen Lachs mehr, und die Amerikaner haben keine Dienstboten mehr, irgend etwas fehlt immer zum Glück.

An den Ufern stehen die Sportangler aus den nahen Campingplätzen und versuchen ihr Glück. Leicht ist es, eine ›Californian Sporting License‹, einen Angelschein zu bekommen, der aber nur das Fischen von Aal und einigen Weißfischen erlaubt. Wie frei sind da die Sitten im benachbarten und nahen Kanada. Die Lachse hier im Humboldt State Park haben bis zu zwanzig Pfund Gewicht, aber der eigentliche kommerzielle Fang wird auf See betrieben.

Die Steelhead-Forelle hat ihren Namen von der stahlblauen Anlauffarbe an der oberen Kopfseite, die sie nach einiger Zeit im Süßwasser verliert und dafür die eher olivgrüne Tönung der gepunkteten Bachforellen annimmt, mit einem rosaroten Streifen auf beiden Seiten des Körpers. Sie wiegt bis zu zehn Pfund und ist nicht zu vergleichen mit den kleinen, armseligen Zuchtforellen, die bei uns in der Gefrierpackung auf den Markt kommen und noch in der Pfanne vor Kälte zittern.

Manchmal wird uns ein Blacktailed Deer, eine Rehart mit schwarzstummeligem Schwanz, über den Weg springen, sonst gibt es hier nur neugierige ›squirrels‹, Eichhörnchen. Die Ranger behaupten, daß in den stilleren Seitentälern noch der eine oder andere schwarze Bär zu Hause sei – vielleicht wollen sie nur die Touristen mit dieser Erzählung brav auf den Wegen halten.

Man erlebt vor allem im Herbst ein großartiges Bild, wenn man aus dem geheimnisvollen Dunkel des Waldes auf eine Lichtung am Creek hinaustritt, das Sonnenlicht durch ganze Vorhänge von Erlen und Big Leaf Maples hindurchfällt, der murmelnde Bach im Licht funkelt und glänzt und jenseits, hinter den rotrissigen Stämmen besonders schön ausgebildeter Sequoien, die vom Dunst sanft verschattete, blaugrüne Bergwand ansteigt.

Die 101 führt uns weiter nach *Eureka* am Pazifik, Sitz der Humboldt Universität. *Eureka* ist auch der Wappenspruch Kaliforniens, hübsch graviert in einem Medaillon, auf dem eine griechische Göttin, vielleicht Pallas Athene, neben einem Grizzlybären auf den schiffreichen Pazifik und die Küstengebirge blickt. Warum in aller Welt hat man einen so häßlichen Ort Eureka genannt, was auf Griechisch soviel wie ›Hurrah, es ist geschafft‹ heißt! Nein, diese Gesellschaft hatte Humboldt nicht verdient, und Athene, die Göttin, hätte sich eine bessere suchen können. Rasch weiter.

Wildromantische Küsten am REDWOOD NATIONAL PARK

Die Bezeichnung **Redwood National Park,** den wir nun besuchen wollen, ist recht verwirrend. Zum Teil erst in den sechziger Jahren entstanden, sollte der Ausplünderung durch die ›Lumber and Timber‹-Industrie entgegengewirkt werden. Für ganze 1,25 Dollar konnte man damals einen acre (etwa 0,4 Hektar) erwerben, und wie vielerorts in der Welt sind die gestiegenen Bodenpreise die Quelle des Reichtums mancher Menschen geworden, zahlte es sich aus, im Umland einer Stadt oder von Verkehrswegen Land zu besitzen, das vielleicht einst als Fehlspekulation eines halb vergessenen Urgroßvaters erworben worden war.

Noch heute kommen uns Hunderte von bunten und chromblitzenden Lastwägen entgegen, deren Ladepritsche voller riesiger Redwoods ist. Rot leuchtet die aufgerissene und bastige Borke im Fahrwind. Die Ranger, die Forstleute, sagen indessen, daß jährlich mehr Redwoods nachwachsen

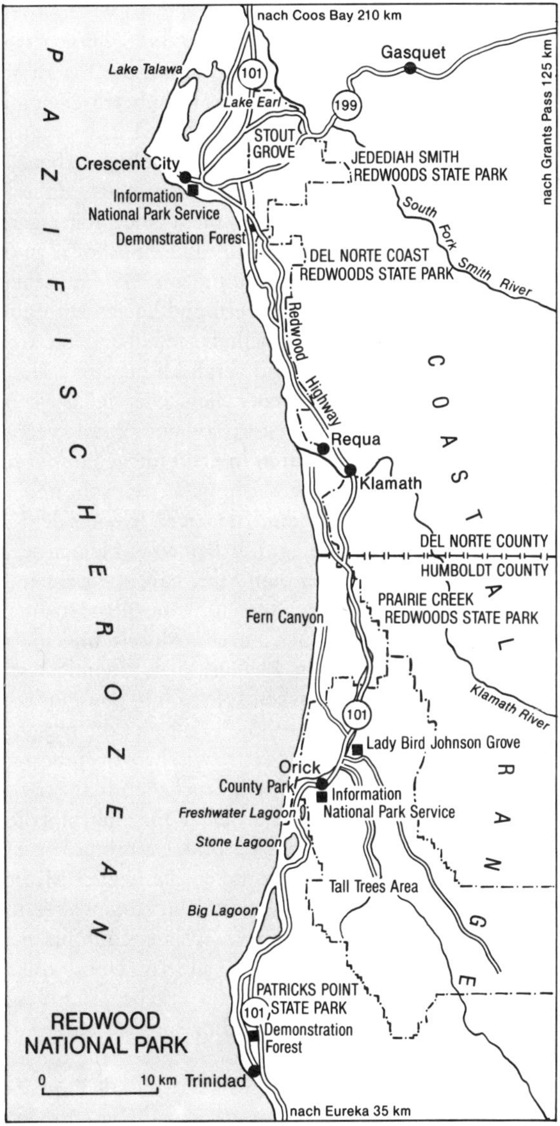
nach Coos Bay 210 km
Gasquet
nach Grants Pass 125 km
Lake Talawa
101
Lake Earl
199
STOUT GROVE
JEDEDIAH SMITH REDWOODS STATE PARK
Crescent City
Information National Park Service
Demonstration Forest
South Fork Smith River
DEL NORTE COAST REDWOODS STATE PARK
PAZIFISCHER OZEAN
Redwood Highway
COAST RANGE
Requa
Klamath
DEL NORTE COUNTY
HUMBOLDT COUNTY
PRAIRIE CREEK REDWOODS STATE PARK
Fern Canyon
Klamath River
101
Lady Bird Johnson Grove
Orick
County Park
Information National Park Service
Freshwater Lagoon
Stone Lagoon
Tall Trees Area
Big Lagoon
PATRICKS POINT STATE PARK
101
Demonstration Forest
REDWOOD NATIONAL PARK
0 10 km
Trinidad
nach Eureka 35 km

als geschlagen würden und rigoros der Ausplünderung Einhalt geboten werde. Immerhin sind die Sequoien eine der am raschesten wachsenden Baumarten, die bis zu sechzig Zentimeter pro Jahr wachsen, was uns überraschen mag, da in Europa sehr alt werdende Bäume, wie Eichen, meist recht langsam wachsen und eine feine Zellstruktur haben.

Das Redwoodholz ist ungeheuer begehrt, da es beim Trocknen wenig schrumpft, also nicht lange abgelagert werden muß. Es ist termitenresistent, und Hausböcke und Pilze verschmähen es. Wir werden häufig am Wegrand sehen, wie Häuser aus Redwoodkanthölzern und Dielen zusammengebaut werden, es geht ganz fabelhaft schnell und alle architektonischen Spielformen sind im Vergleich zu gemauerten Häusern bequem und billig herzustellen. Die vielen viktorianischen Häuser in San Francisco mit ihren verrückten Türmchen und Erkern wären in Stein nie gebaut worden.

Hinter *Eureka* wird die Küste wieder einsam und schön. Das kleine Städtchen *Trinidad,* das irgendwo aus der Karibik angeweht worden sein mag, führt zu einer kleinen seenahen Parallelstraße. Hoch über dem Meer haben wir einen weiten Blick über den Pazifik mit seinen heranrollenden Brechern. An dieser Straße liegen auch einzelne Motels, und an **Patricks Point** findet sich ein sehr kleiner, aber besonders schöner **State Park,** in dem wir parken sollten, um den Fußweg zum nahen Strand hinabzugehen. Steil fällt hier die felsige Küste ins Meer, der Trail windet sich zwischen Brombeeren und Gebüsch, hier und da blitzt ein Stückchen blaue See durch die Bäume, und dann wird an einer Biegung plötzlich der Blick frei auf ein wunderschönes Bild. Umrahmt von Monterey-Zypressen und Sequoien, fallen die letzten Meter über grauen Granitfelsen ab, majestätisch und urgewaltig donnert die Brandung an die Uferklippen, Wasserstaub und feinzerstäubtes Meersalz hängt wie eine silberne Dunstwolke über dem Ufer, und gegen Trinidad zu erheben sich gewaltige Felstürme aus dem Meer. Brandungsumtost stehen sie wie schwarze Silhouetten gegen die im Abendlicht silberngländende Flut. Es ist eine wilde Küste, wehe dem Schiff oder Boot, das von Wind oder Flut getrieben, hier strandet.

Die Pelikane streichen flach übers Wasser, gelegentlich stürzt sich einer hinein und kommt mit einem Fisch im Schnabel wieder hoch. Der meterhohe Surf erhebt sich draußen als scheinbar flache langgezogene Welle aus der Flut, steigt steil am Ufer auf; in der flaschengrünen Wasserwand erscheinen Hohlkehlen und seltsam durchsichtige Glaswände, dann kippt die Welle mit Donnergetöse über und braust schäumend über die Granitklippen, Gischt bis in den nahen Wald hinaufschleudernd.

Das Ungewöhnliche und Schöne dieses Parks ist die Verschmelzung der Urriesenlandschaft der sturmzerzausten Redwoods mit der maritimen Szenerie einer atemberaubend großen Küstenlandschaft in Blau, Silber und Schwarz.

Weiter nördlich mündet der *Klamath River* in das Meer, wir werden diesem Fluß in Oregon und nach Besuch des Crater Lake als jungem Gebirgsfluß wieder begegnen. Hier mäandert er träge zwischen Sandbänken. Salzwasser- und Süßwasserlagunen haben sich ausgewaschen und damit ein Paradies für Vögel geschaffen. Die Klamath-Mündung liegt eigentlich bereits im **Redwood National Park.** Dieser zerfällt sehr unübersichtlich in den **Del Norte Park** und den **Jedediah Smith Park.** Ein *Scenic Drive* führt auch hier an der Küste entlang, und ein Schild erinnert daran, daß am 28. März 1964, nach einem Erdbeben in Alaska, ein Tsunami, eine jener irren Flutwellen, die des Pazifiks Namen Lügen strafen, die Küste mit 500 Meilen in der Stunde entlang raste und in Crescent City 29 Häuserblocks zerschmetterte. Tsunami, ein japanisches Wort, ist der Terminus für eine Seebebenwelle, die sich in der Weite der Ozeane mit wenigen Dezimeter Höhe kaum bemerkbar macht. Die großen Energien, die dem nicht kompressiblen Wasser durch das Aufbäumen des Meeresbodens übermittelt werden, durcheilen mit unvorstellbaren Geschwindigkeiten die Weiten der See. Man muß sich die Wassermoleküle vorstellen wie eine große Menge von Billardkugeln, deren eine einen heftigen Stoß erhält – schon rollen am anderen Ende des Billardtisches die Kugeln davon. Kommt solch eine flache Tsunamiwelle in Küstennähe, so wandeln sich die extrem langen und flachen Wellen in ebenso extrem steile und kurze Wellen und brausen mit Fluthöhen von zehn und fünfzehn Metern über Land. Keine sehr angenehme Vorstellung, in eine solche Wasserwand zu blicken und nicht mehr wegzukönnen.

An wenigen Stellen kann man auf Trails zum Strand gelangen, der im Frühlicht, wenn noch Dunst in den Wäldern hängt und die Brandung wie ermattet zwischen Ebbe und Flut verharrt, verzaubernde Stimmungen hervorruft. Ein besonders schöner Trail folgt dem *Damnation Creek* im *Del Norte Park*, doch braucht man für diese Wanderung eine gute Karte, die wir im Visitor Center in *Orick* im Vorbeifahren erworben haben. In manchen Tälern stehen Rhododendren zwischen den Bäumen, es muß im Mai wunderschön sein, wenn ihre violette Pracht aus dem Halbdunkel des Waldes hervorleuchtet. An diesen Stränden ist Vorsicht geboten, wenn die Flut eilig zurückkehrt. An manchen Stellen führt nämlich kein Weg zum Wald hinauf …

Der schmale Sandstrand ist am Morgen und bei Ebbe voller Muscheln, Seesterne und Blasentang, der sich gespenstisch und glitschig um die gestrandeten Baumriesen windet. Der Sturm trägt eine Menge Holz an diesen Küsten entlang. Weißgewaschen und gebleicht, könnten uns die phantasievollen Formen geradezu erschrecken. Vor allem die von Alaska und Britisch Kolumbien heruntergespülten Gelbzedern oder Nootkazedern *(Chamaecyparis nootkatensis)* wirken im Frühlicht gespenstisch. Obwohl das Muschelsammeln hier verboten ist, sind doch immer einige Sammler unterwegs, um die Clams, wie die Razor Clam, mit dem Spaten zu jagen. Die Muscheln dieser Küste sind für unsere Begriffe sehr groß und können gebacken, frittiert oder zu Clamchowder mit Kartoffeln und Speckstippen verkocht, zwei Menschen sättigen. Sehr beweglich graben sie sich, wenn sie irritiert werden, unter dem Sand mit großer Geschwindigkeit weiter. Das Muschelgraben ist deshalb ein aufregender Sport und wirkt auf den Zuschauer leicht komisch, da man zunächst gar nicht erkennen kann, was dieser Mensch da mit seinem Spaten eigentlich macht und warum er so wild im Uferschlick wühlt.

Auf den Pässen des Kaskadengebirges

Bei *Crescent City* verlassen wir die **Küstenstraße 101** und wenden uns landeinwärts. Rasch ändert sich nun die Szenerie, und die **Straße 199** windet sich durch angenehmes Mittelgebirge hoch, nennt sich immer noch und zu Recht *Redwood Highway*. In sonneflimmernden Windungen schlängelt sich der *Smith River* eine Zeitlang an unserer Seite, smaragdgrün und voller springender Forellen. Im Frühdunst stehen die Redwoods wie Mauern am Talhang, schräg fallen die Strahlen des Frühlichts in dichten Büscheln durch ihre bizarren Umrisse, unerwartet tauchen dunkle Bergsilhouetten gespenstisch und schön aus dem Nebel auf. Auf einer Lichtung grasen unmittelbar neben der einsamen Landstraße zwei Roosevelt-Hirsche *(Cervus rooseveltii)* mit beeindruckend ausladendem Geweih. Ihr Atemdunst steht als Fahne in der rauhen Morgenluft; dunkel, fast schwarz und zottig ist ihr Brustfell. Obwohl ich nur fünfzehn Meter von ihnen entfernt gehalten habe, übersehen sie mich souverän und lassen sich filmen.

Nach der *Cave Junction*, wo wir die Kammhöhe der *Klamath-Berge* erreicht haben, ändert sich der Boden auffallend. Nun herrschen rote Verwitterungserden vor, die Nebel und Regen liebenden Sequoias weichen den Kiefern und Fichten, die Landschaft wird offener und flächiger und wir nähern uns dem *Grants-Paß*, wo wir auf die **Interstate 5** stoßen, der wir ein Stück ostwärts folgen, um dann auf der **234** und **62** zum **Crater Lake** weiterzufahren.

Hinter *Gold Hill* treten wir in die *Cascade Range* ein, das Kaskadengebirge als nördlicher Fortsetzung der Sierra Nevada. Der Leser sei daran erinnert, daß wir noch sehr weit von den Rocky Mountains entfernt sind. Aber auch die Kaskaden erreichen mit 2700 Metern respektable Höhen im Cascade Summit und am Crater Lake. Die Landschaft wird nun sehr einsam und waldschön, die Straße folgt dem rauschenden *Rogue Creek* und windet sich durch Lodgepole Pines aufwärts. Sie wachsen zusammen mit den Mountain Hemlocks auf den noch relativ feuchten Westhängen des Kaskadengebirges und zeigen eine ungewöhnlich schlanke und steile Silhouette, dazu bestimmt, die winterliche Schneelast gar nicht erst entstehen zu lassen.

Die Kiefer ist die traurige Beute der Papierindustrie, denn aus ihrem zermahlenen Holzschliff wird Papierbrei (Pulpe), wird Zeitungspapier gemacht. Wenn man selbst Bücher schreibt, muß man ja ganz still sein, dennoch ist man erschrocken, wenn man hört, daß eine Wochenendauflage der ›New York Times‹ 80 000 ausgewachsene Bäume verschlingt, und man ist leicht irritiert, wenn man liest, mit welchem Eifer die Journalisten sich über das Waldsterben erregen.

Vulkanische Erinnerungen am blauen CRATER LAKE

Allmählich wird der Wald schütter und licht, an den Ästen der Fichten hängen lange Bartflechten, und an einer Weggabelung biegen wir nach links zum See. Aber der Weg windet sich schier endlos, graue Schneereste liegen am Rand. Über eine letzte kurvenreiche Steilstrecke erklimmen wir den Kraterrand und stehen tiefatmend vor dem dunkelblauen Auge des **Crater Lake.** Es ist nicht nur die Höhe, die uns zu schaffen macht. Es ist ein Zauberblick auf einen etwa fünf Kilometer im Durchmesser erreichenden fast kreisrunden Gebirgssee, der die Caldera eines erloschenen Vulkans füllt. Verloren schwimmt *Wizard Island* in diesem Blau, ein paar Fichten halten sich auf ihm fest, und rings um die Steilwände der Caldera stehen die subalpinen Fichten, die Weißtannen und wild verwachsenen Hemlocks Wache. Vor 6840 Jahren explodierte hier Mount Mazama, noch im Dunstkreis der frühen Menschheitsgeschichte. Die langen Bergflanken, die unser Wagen mit fast kochendem Kühler hinaufschnauft, sind die Auswurfflanken dieser Eruption, und an der steilen Innenwand der Caldera sehen wir noch die Schlote und Basalte, die erstarrten schwärzlichen Laven jenes Ereignisses.

Es ist kaum vermeidbar, hierbei an den Ausbruch des Mount St. Helens von 1980 zu denken. Die aktiven und inaktiven Vulkane der Cascade Range, die Mounts *Mazama, Shasta, Adams, Hood, St. Helens, Rainier* und *Baker* sind

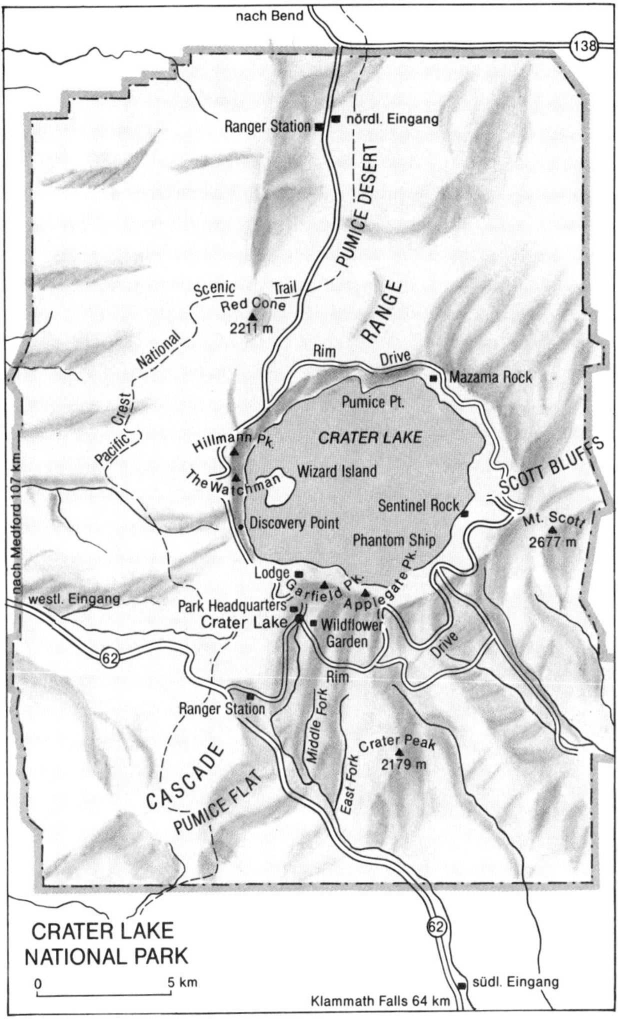

eine beeindruckende Erinnerung daran, daß dieses Land eine gewaltsame und immer noch nicht beendete geologische Geschichte hat. Schiebt sich im Westen Kaliforniens die Kontinentale Platte Nordamerikas mit unvorstellbaren Kräften über die unter dem Meeresboden liegende Pazifische Platte, ist die Sankt-Andreas-Spalte in der Folge davon ein Zeugnis der erdgeschichtlichen Unruhe und letztlich die Ursache des schweren Erdbebens von 1906, dem halb San Francisco zum Opfer fiel, so ist das Kaskadengebirge eine relativ junge, aktiv-vulkanische Zone. Feuer und Wasser hat dieses Land geboren, dessen Entstehung jünger ist als die der ›Alten Welt‹. Daß das Land noch kaum genutzt und bebaut ist, verstärkt noch den Eindruck, hier entstünde die Welt gerade neu und man könne diesem Prozeß gleichsam zusehen.

Da wir über den Ausbruch des Mt. Mazama wenig wissen, mag es nützlich sein, noch einen Augenblick beim Ausbruch des St. Helens am 18. Mai 1980 zu verweilen. Nicht das Ereignis selbst, nicht die Zerstörung durch Magmafluß und ausgeblasene Bimssteinmassen sind so erstaunlich, sondern die Energiemengen, die die Geophysiker errechnet haben. Der Ausbruch des Mount St. Helens entsprach der Energie von etwa tausend Wasserstoffbomben. Diese Zahl mag uns vor Augen führen, daß die von Menschen verursachbaren Explosionen glücklicherweise immer noch einen bescheidenen Rang einnehmen, verglichen mit den Kräften der Natur.

Angesichts des wundervollen tiefen Blaus im Kratersee, in den sich die Fichten bewachsenen Steilwände wie sehnsüchtig hinabstürzen, als ob sie dieses Blaus teilhaftig werden wollten, vergessen wir die feurigen Halluzinationen rotglühender flüssiger Lavamassen. Über den Rand der Caldera erhebt sich im Osten Mount Scott (2713 Meter), dessen bereits schneebedeckte Kuppe sich im See zauberhaft spiegelt. Auch hier auf dem Rand, in rund zweitausend Meter Meereshöhe, liegt erster Schnee, nur wenige Touristen finden Ende September hierher, die Lodge ist längst geschlossen. Auch das Boot, mit dem man im Sommer auf dem See fahren kann, ist aus dem Wasser gehoben. Nichts stört die Stille. Auf dem Mauerrand spielen einige Erdhörnchen und betteln. Hoch droben ziehen die Bergdohlen ihre Kreise.

Mit zu den eigenartigsten Schönheiten eines jeden Hochgebirges gehören die phantastisch geformten und verkrüppelten Kiefern. In gnadenlosen Winterstürmen, halb abgestorben, recken sie ihre gebleichten Äste gespenstisch und anklagend in die Luft, und doch schlagen sie immer wieder aus und grünen, behangen mit graubärtigen Flechten, Moosen und ab und zu einem braunen Kiefernzapfen. Sieht man den Steilhang hinunter, so mischen sich die Grüntöne der Hemlocks und das Ultramarin des Sees zu einer atemberaubend schönen Farbharmonie.

Der See kann auf einer Fahrstraße im Uhrzeigersinn umrundet werden, doch bereits an der Westflanke, unterhalb des drohend eisgepanzerten Watchman Peaks, verließ uns das Glück. Schneeverwehungen hatten die Straße gesperrt und der Nordausgang des Parks war bereits geschlossen. Gegenüber der Wizard Insel sind die basaltischen Auswürfe und erstarrten Laven am besten aus der Nähe zu sehen. Sie türmen sich isoliert über der Caldera-Wand, nachdem der Kraterboden nach dem Ausbruch eingestürzt war und sich der Kessel 537 Meter tief mit Wasser gefüllt hatte. Durch das Geäst wildzerfetzter Bergkiefern leuchtet das strahlende Weiß des Watchman hart dem tiefen Dunkelblau des Sees entgegen.

Über Nacht war hier kein Bleiben, die Sonne stand schon tief über den westlichen Cascade Ranges, die nun grau und farblos in endlosen Wellen zum Horizont führten. Wohin also? Wir fuhren schließlich zu dem östlich liegenden, etwa 90 Kilometer entfernten *Klamath Falls* am Südende des gleichnamigen Sees. Der Weg führt durch die *Pumice Flat,* ital. púmice = Bims, eine Hochebene aus ausgeworfenem Bimsgries, nicht unähnlich der toten Landschaft, die sich heute im Südwesten des Mount St. Helens oder am Stromboli ausbreitet. Mühsam versuchen die Lodgepole Pines *(Pinus contorta)* Fuß zu fassen. Mit ihren geraden, astarmen Stämmen stellen sie das ideale Holz zum Bau von Lodges, den Blockhäusern dar.

Pazifischer Surf und die Berge Oregons und Washingtons

Unser Ziel heißt: der obere Schlangenfluß als Eingangstor zum Yellowstone

Nach dem Besuch des Crater Lake führen zwei verschieden lange Reiserouten nach *Ontario* am Schlangenfluß, dem mächtigen östlichen Zustrom des Columbia, beide mit dem Ziel, die Weite der Plains zwischen dem Kaskadengebirge und den Rocky Mountains zu überwinden. Die erste der Routen führt dabei auf dem kürzesten Wege durch das *Harney Basin,* den nördlichen Ausläufer des Großen Nevadabeckens. Entlang den Sodaseen gewinnen wir *Burns* am Rande der weiten Sandwüste und schließlich das breite Tal des *Snake River,* wo sich der Weg zum **Yellowstone** öffnet (Route 1).

In *Ontario* trifft sich diese kürzeste Route mit der Alternative, von *Klamath Falls* aus, auf den Höhen des Kaskadengebirges einen Tag auf dem *Pacific Crest Trail* zu wandern, einem der herrlichsten Wanderwege der Welt, der sich von Neumexiko bis zu den kanadischen Kaskaden hinzieht.

Über *Eugene* erreichen wir dann erneut die pazifische Küste, die um *Lincoln City* wildschöne und romantische Strände bietet – aber nur selten zum Baden geeignet ist –, und folgen der stets meernahen 101 bis zur Mündung des *Columbia* und weiter nach *Washington,* wo wir im **Olympic National Park** außerordentliche Naturschönheiten in den moosbehangenen Regenwäldern des Pazifik und ebenso schöne Gebirgslandschaften mit weiten Blicken über die Juan-de-Fuca-Straße zwischen Seattle und Vancouver genießen können. Auch der *Puget Sound* ist eine herrliche inselreiche Meereslandschaft, die man auf einer zweitägigen kurzen Seereise von Seattle nach dem kanadischen Victoria auf Vancouver Island und zurück miteinplanen kann. Solchermaßen rundet sich der Eindruck der Westküsten Nordamerikas – die südlichen Strände Kaliforniens werden wir ja noch auf der Rückreise sehen – zu einem Bild, das in idealer Weise die südlichen, fast mediterran wirkenden Strände zwischen San Diego und Los Angeles, die bereits herbere Küste bei Big Sur, die waldreichen Buchten der San Francisco Bay, die wildzerzausten und von gigantischen Redwoods gesäumten Küsten im Norden Kaliforniens und in Oregon und die geheimnisvoll aus dem Salznebel der See auftauchenden Regenwälder Washingtons einbezieht. Allein diese Reise könnte eine in sich geschlossene Route darstellen, führend von den Subtropen Kaliforniens mit seinen Kakteenwüsten zur boreal-nordischen Schärenlandschaft Britisch Kolumbiens. Der richtige Startpunkt hierfür wäre dann allerdings Seattle, Vancouver BC oder San Diego.

Die Fortsetzung der Route durch *Oregon* und *Washington* führt dann den *Columbia River* aufwärts, in den bei *Pasco* der *Snake River* einmündet. Abkürzend bringt uns die **84** nach *Ontario*, wo sich die beiden Routen wieder vereinen und zum **Grand Teton** und **Yellowstone Park** führen (Route 2).

ERSTE ROUTE

Durch die Soda- und Sandwüsten des Oregonbeckens zum Snake River

Das gewaltige Harney Basin, gewissermaßen ein nördlicher Ausläufer des Großen Nevadabeckens, zwingt uns zu einer Gewalttour. Man sollte auf solchen Reisen vernünftigerweise an den interessanten Plätzen reichlich Zeit zur Verfügung haben, aber die endlosen ›toten‹ Highways, die uns nicht erspart bleiben, mit Gleichmut rasch durchfahren. So ist auch die Route des **Highway 140** von *Klamath Falls* nach *Lake View*, dann die **396** bis *Burns* und schließlich die **20** bis *Ontario* zu verstehen – und wenn wir trotz Hitze und Trockenheit (Colabüchsen mitnehmen!) noch Geduld aufbringen und schließlich die **84** bis *Twin Falls, Idaho,* fahren, so haben wir im wahrsten Sinne die Durststrecke der Plains überwunden. Bald werden uns wieder kühle und schöne Gebirgswälder in den Rocky Mountains aufnehmen und für die Anstrengung entschädigen.

Bierstadt

ALBERT BIERSTADT (1830-1912)
The Buffalo Trail (Die Büffelfurt)
Ölgemälde, 1867
Boston, Museum of Fine Arts

1859 hatte sich Bierstadt an einer Expedition unter Führung von Colonel F.W. Lander in den Westen beteiligt. Die Eindrücke der unberührten Landschaften mit ihrer großartigen Wildheit waren für ihn faszinierend. Die Farben der Berge, Täler und Flüsse und nicht zuletzt der Gesamtcharakter der Landschaften erinnern an die italienische Farbigkeit, die er aus Europa mitgebracht hatte.

Zunächst läuft der **Highway 140** durch eine gewellte, ausgetrocknete Hügellandschaft, dürres Sagebrush *(Artemisia tridentata)*, das wir Salbeibusch nennen könnten, an den Wegrändern. Gelegentlich sieht man Rinderherden, kaum eingezäunt, und fragt sich, wie hier Weidewirtschaft betrieben werden kann. Zwischen dem aromatischen und nach Salbei duftenden Sagebrush wächst tatsächlich eine spärliche Grasvegetation des Büffelgrases *(Buchloë dactyloides)* und Weizengrases *(Agrapyron Smithii)*, die von den Rindern auf endlosen Flächen abgeweidet wird, vermischt mit den gelben Gaillardenblumen *(Gaillardia spp.)* und der ebenfalls gelben Goldrute *(Solidago virgaurea)*. Hier und da findet sich ein Wasserloch oder steht ein Zisternenwagen – sonst kümmert sich niemand um das Vieh, das den ganzen Sommer, im Süden das ganze Jahr, im Freien verbringt, horizontweit eingegrenzt von Stacheldrahtzäunen. Die Erfindung des ›barbed wire‹ gegen 1890 war eine der Voraussetzungen großräumiger Weidewirtschaft im amerikanischen Westen. Im allgemeinen kauft der Rancher das Jungvieh, das in großen Trucks oder Sattelschleppern auf die Weide gefahren wird. Haben die Tiere genug Fleisch angesetzt, werden sie eingesammelt und in die Schlachthäuser der Städte gefahren. Es ist eine simple Kapitalverzinsung, die man sucht: Kosten des Jungviehs + Kapitalkosten des Ranchlandes + einkalkulierte Verluste + Gewinn = American Ranching. Auf diesem Wege werden selbst die sonst nicht nutzbaren riesigen Flächen bewirtschaftet, was einst die großen Bisonherden besorgten, die den Indianern Fleischquelle waren, aber auf ihren Wanderungen unberechenbar wie das Schicksal blieben. Wir verstehen nun auch, warum die fast gelungene Ausrottung der Bisons sich nicht nur gegen die Indianer richtete, sondern auch dem Konkurrenzdenken der weißen Rancher entsprach, die in berechenbarer Weise Nutzvieh halten wollten, das damals ja nicht von Trucks abgeholt wurde, sondern in mühsamem Viehtrieb zur nächsten Bahnstation getrieben werden mußte. Dies war mit Bisons kaum denkbar.

An einer basaltischen Abbruchkante aus dem Miozän liegt der *Abert Lake*, eine weite und im Herbst verlandende Seefläche, die sich in regenreichen Jahreszeiten wieder füllt. Dies Schicksal teilt der See mit den zahllosen kurzlebigen Flüssen des Basins, die hier entspringen und dort wieder versickern. Die Straßen, oft schnurgerade und einem endlos weiten Horizont zulaufend, sind menschenleer. Stundenlang kein Auto, das uns entgegenkäme; die Stimmen aus dem Autoradio scheinen aus einer anderen Welt zu stammen.

Manchmal kommt dann doch unerwartet eine Überraschung. Ein Springbock (Prongbuck, *Antilocapra*), eine amerikanische Antilope, von deren Existenz wir gar nichts ahnten, nahm plötzlich einen Wettlauf mit uns auf. Offenbar wollte die Antilope auf die andere Straßenseite, war aber so überrascht und auf ihren Fluchtreflex eingestellt, daß sie einfach rannte. Fuhren wir schneller, so wurde auch sie schneller, fuhren wir langsamer, wurde sie ebenfalls langsamer, und wir waren besorgt, sie könnte uns vor den Wagen springen. Als sich eine Geländewelle näherte, witterte der Bock seine Chance, warf den gehörnten Kopf hoch und verschwand hinter einem Hügel.

Wir fahren am *Alkali Lake* vorbei, einem ausgetrockneten Sodasee, der in der Sonne gleißt. Diese Seen verdanken ihre Entstehung ursprünglich basischen Urgesteinen, bei deren Verwitterung sich unter Einfluß der Kohlensäure Soda, also alkalisches Natriumkarbonat, bildete. Aus den Flüssen in austrocknende Seen gelangt, wächst in ihrem Umkreis kaum Vegetation. Allenfalls könnte man Wäsche darin waschen – doch dazu fehlte uns jede Lust.

In der Einöde dieser Landschaft zu leben, ist ein hartes Los. Die frühen Siedler auf ihren Trecks verzweifelten schier an diesen endlosen Ebenen, an deren Westrand schon wieder die Dreitausender des Kaskadengebirges auftauchten. Die Verzweiflung jener Männer, Frauen und Kinder auf den großen Trecks werden nur wenige von uns nachvollziehen können – aber sie gehört zum Bild Amerikas, das nicht nur das Land der unbegrenzten Möglichkeiten war und ist, sondern auch das Land unbegrenzter Horizonte, das dem Siedler unerhörte Härte abforderte. Wer überlebte, der war gezeichnet. Noch die Nachkommen dieser Menschen sind unsentimental, pragmatisch, kümmern sich kaum um die Stimmungen und Launen der anderen. Hier hat sich insbesondere die wortkarge Zähigkeit der Engländer und Schotten durchgesetzt. Die deutsche Art mit ihrer Neigung zur gelegentlichen romantischen Sicht, zur Sentimentalität, – sie wurde den deutschen Siedlern in der Neuen Welt gründlich ausgetrieben. Kein Wunder, daß sie, von den Ausnahmen religiös geschlossener Siedlungsgebiete in Pennsylvanien abgesehen, ihre ›deutsche‹ Art rasch verloren und sich trotz ihrer großen Zahl ethnisch und sprachlich schnell angelsächsischem Lebensstil assimilierten. Das spürte man auch beim Mittagessen im Drugstore von *Burns*. Die Farmer waren unter sich, rauhbeinig, musterten die Fremden fast verächtlich. Das teuerste Essen kostete drei Dollar fünfzig Cent, zum Trinken gab es Wasser; »no beer«, wurde kategorisch erklärt, und an der Wand hing ein fleckiges Schild: »Todays special – yesterdays lettover«. Wer aber um solche Landschaften oder Lokale einen Bogen macht, der wird Amerika so wenig verstehen wie ein Amerikaner, der Deutschland von ›Intercontinental‹ zu ›Hilton‹ bereist.

Hinter der *Great Sandy Desert* und gegen den *Snake River* zu, wurde es langsam wieder grüner, die Ranches wurden zu Farmen, auf deren Höfen sich Alfalfa-Gras in unnatürlich grünen Blöcken türmte. Dann rollten wir auf der **Interstate 84** entlang dem gewaltigen fünfhundert Kilometer langen Bogen des Schlangenflusses. Bei **Twin Falls** war unsere Geduld nach zehnstündiger Fahrt erschöpft, wir hatten kaum noch Augen für den Katarakt des Snake River, der hier in einen dunkel-basaltischen Canyon stürzt. In unserem innerlich und äußerlich ›ausgetrockneten‹ Zustand galt unsere einzige Sehnsucht einer Dusche und einem kühlen Bier.

Die riesige Ausdehnung der Vereinigten Staaten, ihre kontinentale Dimension sind uns auf dieser Strecke bewußt geworden. Dabei haben wir zwischen Burns und Ontario auch eine Zeitzone zwischen der Pacific-Time und der Mountain-Time überschritten und müssen unsere Uhren um eine Stunde vorstellen. In den Zeitzonen, in die man das Land, von Osten nach Westen fortschreitend einteilt, spiegelt sich nicht nur die wachsende Entfernung von Greenwich. Sie werden mit jeweils einer Stunde Unterschied zu Weltzeitzonen von fünfzehn zu fünfzehn Grad Länge gestaffelt. Sie werden damit auch Zeitzonen im historischen Verständnis.

Die Zone der Eastern Time umfaßt den alten englischen Siedlungsraum in seiner größten Ausdehnung zur Zeit Georgs III. und kurz vor der ›American Revolution‹. Die Ortsnamen sind englische Namen, oft die englischer Adelsgeschlechter wie Baltimore, Richmond, Norfolk und Albany. Charleston nennt sich nach Karl II., Pittsburgh nach dem großen William Pitt zur Zeit des Siebenjährigen Krieges. Nur im Norden, in Detroit, mischt sich Französisches hinein und im Süden, in Florida, Spanisches.

Die westlich anschließende Zone der Central Time ist die Zone der Great Plains und der gewaltigen Flußsysteme von Mississippi und Missouri. Das Englische tritt nun zurück, und entlang dem Mississippi begegnen uns französische Namen der alten königlichen Provinz Louisiana: St. Paul, Des Moines, St. Louis, New Orleans. In Texas herrscht das Spanische mehr vor – San Antonio, auch einzelne Indianernamen tauchen auf wie Oklahoma und Omaha, und ganz im Norden hat sich die Hauptstadt von Dakota kühn nach dem Hause Bismarck genannt.

Hieran schließt sich die Mountain-Time-Zone an, die Zone der Rocky Mountains. England und Frankreich haben sich als Namenspaten weitgehend verabschiedet. Im Süden dominiert nun Spanien mit Albuquerque, Santa Fé und El Paso, der Rest ist ein wildes Gemisch von Namen, die sich oft an topographischen Besonderheiten oder indianischen Bezeichnungen orientieren.

Die Zone der Pacific-Time ist seltsamerweise erneut europanäher. Die südliche Hälfte ließ sich von den frommen Patres der Franziskaner taufen: San Francisco, Los Angeles, Santa Barbara, San Diego. Der Norden ist unverkennbar britisch gemünzt, Vancouver und Portland stehen als Zeugen hierfür. Jene Gründungen aus der Zeit des Empire des 18. Jahrhunderts machen uns klar, daß der maritime Zugriff der Briten bereits erfolgt war, als die jungen Vereinigten Staaten noch nicht einmal die Mauer des Felsengebirges überschritten hatten.

Die Zeitzonen sind damit nicht nur chronometrische Bezugszonen, sie sind auch Zeitzonen amerikanischer Siedlungsgeschichte, Zonen sehr unterschiedlichen Landschaftscharakters und letztlich sehr divergierender Lebensformen. Bei Fort Yuma, weit im Süden, werden wir unsere Uhren wieder eine Stunde zurückstellen, es sei denn, wir geraten gerade in die Umstellung von der Sommer- auf die Winterzeit, die in Amerika erst Ende Oktober und dann wieder Ende April erfolgt und die Summertime und Standardtime (Winterzeit) mit einer Stunde Differenz trennt. In solchen Augenblicken sollten wir unsere Flugpläne und das ›Kleingedruckte‹ hinter der Flugnummer sehr genau ansehen.

ZWEITE ROUTE

Wanderungen auf dem pazifischen Höhenweg

Alternativ zum direkten Weg durch die Halbwüste der Plains führt uns der bereits in Umrissen geschilderte Weg von *Klamath Falls* oder von der *Crater Lodge* über die 97 und die 58 nach dem *Cascade Summit* am *Willamette-Paß* auf 1558 Meter Höhe. Der Summit, der Gipfel, mit dem Diamond Peak von 2658 Metern Höhe, stellt keinesfalls den höchsten Punkt der Cascade Ranges dar. Dennoch ist die Paßhöhe ein beliebter Ausgangspunkt für Wanderungen auf dem *Pacific Crest National Scenic Trail*. Markiert durch ein Dreieck mit schwarzer Tanne und weißem Schneegipfel, ist dieser 4000 km lange Wanderweg einer der berühmten Wege dieser Welt, gibt uns in seiner nahezu unermeßlichen Ausdehnung mit weiten Fernblicken über endlose Wälder und Bergketten, schimmernde Seen und im Sonnenlicht wie Erscheinungen glänzende Wüsten erneut eine Vorstellung vom Reichtum dieser Welt und ihrer über weite Bereiche hin noch erhaltenen Unversehrtheit.

Der PCNST (Pacific Crest National Scenic Trail) beginnt unweit von San Diego an der mexikanischen Grenze, wo wir ihn auf unserer Reise letztmals auf den Cuyamaca-Bergen queren werden. Er verläuft dann auf den Höhen der San Bernardino Mountains östlich von Los Angeles, springt anschließend durch ein Stück der Mojave-Wüste zur Sierra Nevada über, quert die schönsten Partien des Kings Canyon National Park und des oberen Yosemite National Park, streift den wunderschönen Lake Tahoe nordöstlich von San Francisco und steigt danach in Richtung zum Mount Shasta an (4305 Meter).

Nördlicher geht er in die Kaskadenberge über, führt dann fast genau in Nordrichtung am Westrand des Crater Lake entlang, über den Willamette-Paß, quert bei Home Valley den großen Columbia, läßt Mount Rainier (4298 Meter) links liegen, eisgepanzert vor dem Blau des Puget Sound, tritt in den Cascade National Park ein und quert in ihm die kanadische Grenze zum dortigen Manning State Park.

Nur wenige haben diese Mammuttour vollständig hinter sich gebracht, und dies gilt ebenso für den berühmten Appalachian Trail an der Ostküste und selbst den Nordsee–Bodensee-Wanderweg. Es genügt, wenn wir am *Willamette-Paß* unseren Wagen abstellen und für einen halben Tag, am besten um die Mittagszeit, zwei, drei Stunden gen Norden und zurück wandern. Das klingt bescheiden, doch ist der Trail eigentlich für zünftig Ausgerüstete gedacht, die als Backpacker mit Zelt und Abkochgerät unterwegs sind. Manchen werden wir an schönen Tagen mit ihren äußerst praktischen Leichtmetallrahmen-Rucksäcken begegnen. Auch Frauen kommen uns ab und zu zu zweien und dreien entgegen; der Trail gilt als wesentlich sicherer als der Broadway. Wie immer im Gebirge: Hier grüßte jeder jeden und tauschte Informationen aus. Wir werden hier oben reichlich Mule Deers sehen, manchmal auch zartgliedrige Rehe und Bighorn Mountain Sheep.

Da die Höhen das Rückzugsgebiet des Schwarzbären darstellen, bleiben wir besser auf den Wegen. Unversehens kann man einer Bärenmutter begegnen, die ihre Jungen, Cubs genannt, fast zwei Jahre betreut. Bären können so schnell wie ein Pferd sein, unterschreiten wir deshalb nie den Sicherheitsabstand von etwa fünfzig Metern. In unübersichtlichem Gelände hilft Reden oder lautes Rascheln mit einem Stock im Unterholz: Bären sind geräuschempfindlich und weichen aus. Mancher Wanderer hat schon seine Überraschung erlebt, wenn er nachts allein in seinem Zelt schlief und vergaß, die Nase des Bären reizende Nahrungsmittel an Ästen aufzuhängen, sie statt dessen mit ins Zelt nahm, um sich anderntags über den schlechten Mundgeruch eines unerwünschten Besuchers zu beschweren.

Die Vegetation auf dem Trail, der hier exakt der *Continental Divide* folgt, der Wasserscheide zwischen Pazifik und Atlantik, zeigt eine reiche Koniferenlandschaft, wobei an den Osthängen der Kammlinie die schlanken Engelmannfichten *(Picea engelmannii)* vorherrschen, manchmal den Blick freigebend auf Seen, die zum Little Deschutes River entwässern.

Im Unterholz blühen die Felsenbirnen *(Amelanchier)* jetzt im Herbst feuerrot; hier existiert die Weißtanne oder White Fir *(Abies concolor)*, mit ihren langen graugrünen Nadeln nicht mit unserer Weißtanne zu verwechseln, und in Höhenlagen die Alpine Fir *(Abies lasiocarpa)*, von knorrigem Wuchs und mit aufrecht stehenden Zapfen. Von höchst malerischem Wuchs sind die Hemlocktannen, die keine Tannen sondern Tsugen sind *(Tsuga mertensiana* oder *heterophylla)* und die Talhänge mit schleppenden, unregelmäßigen Ästen schmücken. Die Western Larch oder Tamarack, die Lärche *(Larix occidentalis)*, wächst in mächtigen Exemplaren, im Herbst goldgelb die Bergflanken schmückend. Manchmal stehlen ihnen die Golden Aspen, die unseren Espen und Zitterpappeln verwandt sind, die Schau mit ihrem orangefarben glühenden Laub.

Es bedarf einiger Phantasie, um sich vorzustellen, daß 140 km im Westen der Pazifik blaut und 80 km im Osten sich die Große Sandwüste ausbreitet. Die Klimaverhältnisse an der gesamten amerikanischen Westküste sind gekennzeichnet durch die Abschirmung des Landesinneren von den feuchten Seewinden. Tagsüber in der Sonne aufgeheizt und ausgedörrt, wird durch die Konvektion der aufsteigenden Warmluft über dem Land Meeresluft angesaugt, aber unbarmherzig streifen die hohen und damit kühlen Gebirgskämme das Wasser ab. Nachts dagegen hält das Wasser des Meeres die Wärme länger, das Land kühlt rasch aus, und die über dem Meer aufsteigende Warmluft zieht nun die Festlandluft ab, bringt damit jedoch keine nächtliche Feuchtigkeit, so daß die Sandwüste zu ewiger Trockenheit verdammt ist.

Lewis und Clark, Erkunder des Westens

Hier auf der Kammlinie der Kaskaden, umgeben von einem noch urwaldartigen Waldgebirge, über das der Blick zu fernen Horizonten schweift, möchte ich die Geschichte der Lewis-und-Clark-Expedition erzählen, die für die Erschließung des amerikanischen Westens von größter Bedeutung war.

Als William Clark und Meriwether Lewis 1804 in St. Louis zu ihrer von Präsident Jefferson geförderten Expedition aufbrachen, hatten sich die Vereinigten Staaten nach dem Unabhängigkeitskrieg gerade zu stabilisieren begonnen. Nur das östliche Drittel der heutigen USA war besiedelt und Teil der Staaten geworden, die die ›Declaration of Independence‹ unterzeichnet hatten. Der Rest des Kontinents war indianisches Land, kaum bekannt, allenfalls gerüchteweise durch Erzählungen der Trapper und Waldläufer, der ›Coureurs de bois‹. Wo sich heute in Saint Louis der große symbolische Gateway Arch, der Eingangsbogen zum Wilden Westen wölbt, begann einst buchstäblich die Wildnis. Lewis und Clark haben dieses symbolische Tor weit aufgestoßen.

Im Zusammenhang mit der Lewis-und-Clark-Expedition, die vom Louisiana Purchase ausgelöst wurde, mag es dem Leser erwünscht sein, nach soviel englischer, spanischer und amerikanischer Einflußnahme noch ein Wort zur Rolle der Franzosen zu hören, denn der ganze mittlere Teil Nordamerikas zwischen den Großen Seen und dem Golf von Mexiko gehörte ja bis 1763 zum bourbonischen Frankreich und wurde von Québec aus regiert. Verloren während der Auseinandersetzungen des Siebenjährigen Krieges, der in Amerika ›French and Indian War‹ genannt wird, mußte die Provinz Louisiana zwischen Spanien und England geteilt werden, wobei der Mississippi in etwa die Teilungslinie darstellte.

Der Herzog von Choiseul als Minister Ludwigs XV. (1715 bis 1774) willigte grimmig in diesen Verlust ein, sann aber auf Rache. In Louisiana jedoch gingen die Uhren anders. Der neue spanische Gouverneur, Antonio de Ulloa, besaß keine Machtmittel, um das Land, das gerade 5552 weiße Bewohner um Nouvelle Orléans zählte, in Besitz zu nehmen, und regierte stillschweigend durch einen inoffiziellen französischen Gouverneur, der paradoxerweise von Paris völlig ignoriert wurde. Das konnte nicht gutgehen, und Revolten der Kreolen und Indianer zermürbten jede staatliche Autorität.

Im amerikanischen Unabhängigkeitskrieg nun sah der Duc de Choiseul seine Chance und unterstützte George Washington.

Die Freude über den Sieg der Amerikaner und den zweiten Frieden von Paris, 1783, hielt allerdings nicht lange an. Statt der Engländer saßen nun die Amerikaner östlich des Mississippi, westlich aber immer noch die Spanier. Die Subsidien, verehrter Herr von Choiseul, waren nicht gut angelegt, und im Hintergrund von Paris wurde schon der Sturm auf die Bastille geprobt. Wenige Jahre später hatte Napoléon Bonaparte, stets bemüht, die Weltgeschichte in Atem zu halten, wahrgenommen, daß die weiten, an Spanien abgetretenen Ländereien westlich des Mississippi und Missouri, an dem das alte französische St. Louis liegt, brachlagen. Rücksichten auf England gab es in den napoleonischen Kriegen nicht mehr, und 1800 mußte das am Boden liegende Spanien seine Beute in Louisiana an den ersten Konsul Napoleon abtreten.

Ein interessanter Reisebericht jener Zeit, die ›Voyage à la Louisiane et sur le continent de l'Amérique septentrionale‹, von einem geheimnisvollen Monsieur B*** D*** 1802 in Paris publiziert, gibt uns einen Einblick in das noch erhaltene indianische Leben in den Plains, aber auch die Konflikte von Kolonisten, die innerhalb weniger Jahre mehrfach die Krone wechselten, keine feste Währung mehr kannten und schließlich kaum noch die Zeitung kaufen konnten, um zu erfahren, von wem sie denn nun wieder regiert würden. Auf dem inneren Buchdeckel hat eine Bibliothekarin den Namen des Verfassers vermerkt: Louis Narcisse Baudry des Louzières. Er mochte es so kurz nach dem Abräumen der Guillotine für nicht ratsam gehalten haben, seine adlige Herkunft zu zeigen.

Hart fiel Louzières Urteil über den Duc de Choiseul aus, der endlich am 21. April 1764 einen Brief im Namen des Königs an den Gouverneur Dabbadie im fernen Nouvelle Orléans schrieb, in welchem er ihm mitteilte, die spanische Krone würde alle alten Rechte der französischen Kolonisten beachten. – In Wahrheit aber wurden sie einem völlig ungewissen Schicksal preisgegeben, das umlaufende Papiergeld hatte keine Deckung mehr, Paris löste die wertlosen Assignaten nie ein, eine spanische Währung gab es noch auf viele Jahre nicht, und das wirtschaftliche Leben der Kolonie brach zusammen. Choiseul hatte, wie Louzières meint, den einfältigen König Ludwig XV. getäuscht:

»*M. de Choiseul abusa du nom du roi … La Louisiane fut réellement vendue … et à force d'intrigue, le prince fut trompé sur cet objet.*«
»M. von Choiseul mißbrauchte den Namen des Königs … Louisiana wurde in Wahrheit verkauft … und mittels einer Intrige wurde der Prinz getäuscht.«

Die dem Buch Louzières beigefügte Karte zeigt den Westen Nordamerikas als *terra incognita.* Einige Buchten und Kaps an der pazifischen Küste sind benannt – aber unser Reisegebiet erscheint 1802 noch als »vaste contrée n'est pas encore connue« – ein großes, noch unbekanntes Gebiet. Östlich dieses weißen Fleckes auf der Landkarte zieht sich, stark stilisiert, eine nahezu schnurgerade Gebirgskette von Nord nach Süd, »die große Kette, die den Atlantik vom Stillen Ozean trennt«. Vom Oberlauf des Missouri oder – indianisch – Pekitanoui weiß die Karte nichts zu berichten als die Namen der indianischen Stämme. Nur im Süden, in Mejico nuevo, lesen wir bekannte Namen wie Taos und Santa Fé.

Gerade im Begriff, eine Armee nach Westindien in Marsch zu setzen, um die karibischen Kronjuwelen der verhaßten Bourbonen aufzusammeln, hatte wohl Josephine, die aus Martinique in der Karibik stammte und 1804 an seiner Seite ›Imperatrice de France‹ geworden war, Napoleon eingeredet, bei dieser schönen Gelegenheit auch Louisiana zu aktivieren. Dies war keine gute Idee, schon gar nicht für die Soldaten, die zu tausenden jämmerlich am Gelbfieber zugrundegingen. Damit war auch Napoleons Louisiana-Traum zu Ende.

In diese Landschaft wollten nun Lewis und Clarke aufbrechen. Zu allem Überfluß hatte Präsident Jefferson Paris wissen lassen, daß Einmischung unerwünscht sei, und mit einer Allianz mit England gedroht, jenem England, von dem man sich eben gerade in Yorktown und im Frieden von Paris 1783 getrennt hatte. Doch Politiker waren meistens beweglich. Für Flexibilität spricht auch der zweite Schritt Jeffersons, der Paris nebenbei in Kenntnis setzte, wie gut gesonnen man sich sei und daß gegen ein kleines Geschäft – Neuf Orléans gegen Dollar – wohl prinzipiell nichts einzuwenden sei. Die Emissäre dachten weltweit, durften Spesen machen, kamen nicht nur mit New Orleans zurück, sondern 1803 mit dem Louisiana Purchase. Die jungen USA hatten sich damit an Fläche verdoppelt, die weiten Great Plains bis an den Rand der Rocky Mountains gehörten nun ihnen, Spanien ging ohnehin in den Wirren der napoleonischen Zeit unter, und in Mexiko gärte die Revolution.

Vor diesem Hintergrund muß man Jeffersons Wunsch sehen, einen Weg durch das Felsengebirge nach dem Pazifischen Ozean zu erkunden, um ähnlichen englischen Bemühungen durch Cook, Vancouver und MacKenzie zuvorzukommen. Am 14. Mai 1804, morgens um vier Uhr, begannen Lewis und Clark in St. Louis, an der Mündung des Missouri in den Mississippi, ihren weiten Weg zu Fuß, zu Pferd und auf Flößen, ein Weg, der sie am 15. November 1805 an die pazifische Mündung des Columbia-Flusses führen sollte. 1804, das war jenseits der geschilderten politischen Zeitumstände eine sehr frühe Zeit in Amerikas Entwicklung. Soeben war das 18. Jahrhundert, das englische Jahrhundert, zu Ende gegangen, und Lewis wie Clark waren gesellschaftlich wie wissensmäßig noch im Geiste dieser Zeit erzogen, so wie ja auch George Washington zur Zeit der American Revolution und danach stets enge und freundschaftliche Beziehungen zu seinen englischen Freunden unterhielt. Das typisch Amerikanische entstand erst im Laufe des 19. Jahrhunderts mit den großen Einwandererströmen, der Goldsuche im Westen und dem Eisenbahnbau.

So verstehen wir auch, daß Lewis und Clark 1804 mit den Indianern noch ein freundschaftliches Verhältnis suchten, ihre Sicht auf der Linie von James Fenimore Cooper lag, der 1826 den ›Letzten der Mohikaner‹ geschrieben hatte. Sie wurden von der achtzehnjährigen Schoschonen-Indianerin Sacajawea und ihrem Säugling begleitet, die als Kind ihrem Stamm entführt worden war. Sacajawea war ein geachtetes Mitglied der Expedition, sprach- und landeskundig und fand schließlich in Lewis' und Clarks Gefolge in einem Land unvorstellbarer Ausdehnung und Menschenleere ihren Bruder Cameahwait als Häuptling der Schoschonen wieder. Ihr literarisches Porträt durch Lewis und Clark ist nicht minder beeindruckend als Karl Mays reizvolles Porträt von Winnetous Schwester Nscho-tschi. Wirklichkeit und Phantasie – in glücklichen Momenten sind sie Geschwister.

Die Expedition folgte dem Missouri zu seinen Quellen aufwärts. »The Tribes of the Seauex Called the Teton, is Camped about 2 Miles up on the N.W. Side, and we Shall Call the River after that Nation, Teton …«, schrieb Clark am 24. September 1804 in seinem altmodischen Englisch, und Seauex ist der französische Name der Sioux, die noch hundert Jahre später dort ansässig waren. Hier überschritten sie auch nach dem Überwintern die Continental Divide, an der wir, südlicher, gerade rasten, um ein frugales Büchsenmahl auf einer Feuerstelle warm zu machen. Hören wir, was Lewis über die Kochkünste jener Zeit berichtet:

»From the buffalo cow, I killed, we saved the necessary materials for making what our wrighthand cook Charbono calls boudin

blanc ... this white pudding we all esteem one of the greatest delicacies of the forest.«

»Die Büffelkuh, die ich schoß, lieferte uns die notwendigen Zutaten, das zu kochen, was unser Chefkoch Charbono boudin blanc nennt ... diesen weißen ›Pudding‹ erachten wir für eine der größten Delikatessen in den Wäldern.« (Boudin blanc sah ich in einem Pariser Delikatessengeschäft: eine ›echte‹ Münchner Weißwurst; die Trapper haben also wohl aus der Milz der Bisonkuh eine Art Milzbrät gemacht.)

Im Quellgebiet des Missouri, nordwestlich des Yellowstone, findet und benennt die Gruppe seine Hauptzuflüsse Madison und Gallatin, sie entdeckt den Clearwater und den Salmon Fluß, erkennt deren Zuordnung zum Pazifik und ahnt, daß sie endlich dem großen Columbia River auf der Spur ist. Lewis friedliche und taktvolle Art, mit den Indianern umzugehen, ist beeindruckend; wie ist sie in den folgenden fünfzig Jahren verlorengegangen. So trafen die Männer irgendwo in den endlosen Wäldern zwei Indianermädchen, mit denen sie nicht sprechen konnten, da Sacajawea bei ihrem Schoschonenstamm geblieben war. Mit Gesten und Artigkeiten, für die man auch in der Wildnis empfänglich ist, gewannen sie die Freundschaft der Mädchen. Lewis rieb ihnen eine Art roter Schminke auf die Wangen, denn er wußte von Sacajawea, daß dies eine Friedensgeste war. Wieder auf der freien Prärie, »... we met a party of about 60 warriors mounted on excellent horses who came in nearly full speed«. Etwa sechzig Krieger der Blackfeet kamen ihnen im vollen Galopp entgegengeritten, kein sehr ermutigender Anblick, aber Lewis blieb beherrscht, kein Schuß fiel. Die beiden rotgeschminkten Damen berichteten, worauf der federgeschmückte Häuptling würdevoll vom Pferde stieg »and embraced me very affectionately ... both parties now advanced and we were all caressed and besmeared with their grease and paint ... I had now the pipe lit and gave them smoke«. So ging es also auch.

Im Abstieg von den Kaskaden zu den Coastal Ranges veränderte sich die Physiognomie der Indianer, wie dies noch heute in den kleinen Dörfern der Küstenstämme in Washington und Britisch-Kolumbien beobachtet werden kann. »Die Cho-pun-nish oder Perce-Nez-Indianer sind kleine, untersetzte Männer mit hübschen Frauen, sehr kleidungsbewußt in ihrer Art. Die Männer kleiden sich in weiße Büffelhaut oder Hirschfelle mit Fransen, Seemuscheln und Perlmuttschmuck im Haar und ein Otterfell um den Nacken ... ihre (Stammes-)Farben sind Weiß, Grün und Hellblau.« Lewis und Clark waren an der Columbiamündung angelangt und nicht wenig erstaunt, als sie zwischen den Sprachfetzen der indianischen Dialekte englische Worte erkannten. Es wurde ihnen bald klar, daß der Seeweg zur Mündung des Columbia River schon lange bekannt gewesen sein mußte. Unbekannt geblieben waren jedoch seine Quelle und die des Missouri, und endgültig waren nach Lewis und Clarks Reisen im Oregon Claim und MacKenzies Reisen in Britisch Kolumbien die Träume von einer schiffbaren Passage zwischen Atlantik und Pazifik zerstoben. Präsident Jefferson hat am 2. Dezember 1806 in seiner Dankadresse an Lewis und Clark vor dem Kongreß mit einem einzigen Pronomen den Zweck der Reise umrissen: »... ascertaining with accuracy the geography of that interesting communication across *our* continent ...«

Silbernebel über den Küsten Oregons

Ob wir von *Bend* aus oder vom *Willamette Paß* nach Eugene fahren, die **126** bringt uns nach *Florence* am Pazifik. Zwischen *Florence* und *Lincoln City* erstreckt sich der beste Teil der wildromantischen Küsten Oregons. Auf der Karte liegen Badeorte und State Parks dicht nebeneinander; in Wirklichkeit herrscht hier aber eine großartige Stille, führt der **Highway 101**, unser alter Bekannter aus San Francisco, küstennah und mit bezaubernden Aussichtspunkten, nordwärts.

Die frühen Erforscher dieser Küsten, Francis Drake und James Cook, auch die Spanier unter Martínez, Vizcaíno und Pérez und die Russen unter Baranoff hatten keine Freude an diesen Küsten. Nebelverhangen durch Wolken von Milliarden von Salzkristallen, mit tückischen Felstürmen weit draußen im Meer, brandungsumtost, waren sie den Seeleuten ein

Greuel und Alptraum. Erst in unserem Jahrhundert hat man die Schönheit dieser, aus tiefdunklen Sequoien- und Douglasienwäldern in die lang heranrollenden Brecher des Pazifik hinabstürzenden Küste entdeckt. Im Frühsommer leuchten die violettroten Rhododendren im Waldesdunkel, in der Depoe Bay führt eine Aussichtsstraße um die Bucht, in Yakima Bay haben die Fischer ihre Boote liegen, und um Lincoln City werden wir reichlich Motels finden. Stets lohnt es sich aber, an einsamen Strecken ein stilles Motel zu suchen, den Sonnenuntergang an einer felsigen Uferpartie zu erleben, wenn die bizarren schwarzschattigen Felstürme in gleißendes Gold getaucht sind, die an ihnen zerplatzenden Brecher im Gegenlicht ein wahres Feuerwerk entzünden und wenn das Meer sich zwischen den Angriffen der Brandung ermattet in gelbem Schmelzfluß zurückzieht.

An **Sea Lion Caves** liegen Hunderte von Seelöwen auf den Felsen. Neben den Kalifornischen Seelöwen *(Zalophus californianus)* sieht man, seltener, den größeren Stellerschen Seelöwen *(Eumetopias jubatus)*, der nur noch vom gewaltigen Walroß *(Odobienus rosmarus)* übertroffen wird, der größten aller Robben, deren Habitat in den nördlichen Meeren liegt.

Ein Aufzug bringt uns in die Höhlen, wo die braunen Seelöwen bei schwerem Wetter ganzjährig Unterschlupf finden können. Heceta Lighthouse, wo der Spanier Bruno Heceta 1775 seine Flagge hißte, sendet am Abend seinen warnenden Lichtstrahl hinaus. Das nahe Florence bietet im Sommer angenehme Badestrände – doch sollten wir die örtlichen Warnungen sehr ernst nehmen. Der Pazifik ist nicht die Ostsee, enorme Unterströmungen, gegen die kein Ankommen ist, können uns vom Ufer wegziehen.

Vom **Cape Perpetua,** zu dem eine kleine Nebenstraße führt, haben wir einen prachtvollen Ausblick auf die aus der Tiefe des Pazifik herantosenden gewaltigen Brandungswellen. Elegant lassen sie ihre schaumgekrönte Schleppe von links nach rechts ablaufen, zerbersten an den Felsklippen oder tanzen durch ein schmales Inlet hindurch. Die großen Seagulls, die Seemöwen, kreisen unmittelbar über den gischtigen Schaumkämmen, ihre Beute erspähend. Hinter uns steigen die Wälder an, abends singt der starke Seewind in ihnen, und es ist ein großes Erlebnis, die See im Mondschein silbern pulsieren zu sehen.

Zu den Laven des Mount St. Helens

Wer die Landschaft eines vor kurzem ausgebrochenen Vulkans erleben will und ein bis zwei Tage Zeit hat, der kann von *Portland* aus über die 503 zum *Yale Lake* gelangen und dann noch ein Stück auf einer schmalen Straße bis *Lava Tubes* fahren, etwa fünfzehn Kilometer vom Gipfel oder besser, der Gipfelruine des **St. Helens**, entfernt. Ein anderer Weg zweigt vom Mount St. Helens Visitor Center, an der **Interstate** 5 nach Seattle, ab.

Dies ist eine Fahrt, die uns aufzuwühlen vermag, da sie weit in die Erdgeschichte zurückreicht, tief hineinführt in die Geschichte der dünnen Erdkruste. Wenn wir im späteren Verlauf unserer Reise in Los Alamos vor den Geschwisterbomben jener Menschenwerke stehen, die Hiroshima und Nagasaki ausgelöscht haben – hier können wir eine ›ehemalige‹ Landschaft betrachten, in der sich die Gewalt von einigen hundert Wasserstoffbomben ausgetobt hat, apokalyptisch Vegetation und ärmliches Menschenwerk auf die evolutionäre Stunde Null zurückwerfend.

Am 18. Mai 1980 acht Uhr zweiunddreißig Minuten und zweiundvierzig Sekunden fand jener ›Countdown‹ statt, mit dem ein seit vielleicht hundert Jahren schweigender Vulkan sich zurückmeldete, indem er vierhundert Meter seines Gipfels hochsprengte und Millionen von Kubikmetern Gestein ausschleuderte, einen Gipfelkrater von zwei Kilometer Durchmesser und sechshundert Metern Tiefe schuf und unbekannte Mengen Basaltlava, Bimsgries und heißer Asche mit Windgeschwindigkeiten von 300 Kilometern in der Stunde über weite Flächen ausstreute; noch in Seattle und Portland als riesiger Rauchpilz zu sehen. Im zweihundert Kilometer entfernten Yakima gingen die Lichter an, so dunkel wurde es, im bleigrauen Aschenregen leuchteten die Verkehrsampeln auf, Autos wurden fluchtartig verlassen, und die Menschen nahmen nasse Tücher vor den Mund. Ganze Wälder mächtiger Bergfichten wurden über zwanzig Meilen hin umgeworfen und liegen noch immer wie aus einer Riesenpackung gefallene Streichhölzer umher, grau und aschenbestäubt, der berüchtigte ast- und rindenlose Matchbox-Forest. Die Flüsse kochten auf und über, Seen füllten sich mit dem pyroklastischen Lavafluß, Schlammlawinen, sogenannte Lahare, wälzten sich durch die Nachbartäler, Menschen verschwanden spurlos, Autos lagen als ausgeglühte Wracks in den Geröllbetten.

Was war an jenem 18. Mai geschehen?

Wir lasen an anderer Stelle bereits, daß die unter dem Pazifischen Ozean liegende Erdkruste, die sogenannte Lithosphäre, langsam von der amerikanischen Festlandplatte hinabgedrückt und überlagert wird. Die nach unten verdrängten Schichten der Juan-de-Fuca-Platte, wie hier die Pazifische Platte heißt, geraten in die Tiefenzonen flüssigen Magmas, üben Druck aus. Dieser Druck entspannt sich in einzelnen Schloten, in denen aus irgendwelchen Gründen die nordamerikanische Platte durchlässig ist. Ein solcher Schlot ist der Mount St. Helens, dessen vulkanische Vorgeschichte deutlich macht, daß er seit etwa 20000 Jahren aktiv ist und ganze Landschaften um sich herum geformt hat, was wir freilich nur aus Sediment-Analysen folgern können. Den Indianern war der Berg heilig, sie siedelten kaum in seinem Umkreis, und erst im vergangenen Jahrhundert berichteten Trapper der Hudson Bay Company in Fort Vancouver, gegenüber von Portland, erstmals von Staub- und Ascheregen.

Auch der Ausbruch des Nevado del Ruiz am 13. November 1985, westlich von Bogotà in Kolumbien, folgte demselben Schema: Die Názca-Platte unter dem pazifischen Peru-Graben wurde von der südamerikanischen Platte Zentimeter um Zentimeter überlagert. Irgendwann bildeten sich Risse der Erdkruste, und flüssiges Magma gelangte in den alten Vulkanschlot des in geschichtlicher Zeit schon mehrfach ausgebrochenen Nevado del Ruiz. Sind diese Berge schneebedeckt, wie es für den 5432 Meter hohen Nevado, den ›Schneebedeckten‹, zutraf, so ist das Ergebnis besonders zu fürchten. Der schmelzende Schnee verbindet sich mit dem Bims und der Asche und wälzt sich als Lahar zu Tal. Ohne den Schnee würde sich der größte Teil des ausgeworfenen Bims in der Atmosphäre verteilen und allenfalls in der Nähe massiv abregnen, wie einst in Pompeji.

Meist laufen solchen Ausbrüchen Warnzeichen voraus. So stieß der Nevado del Ruiz am 11. September 1985 erste Aschenwölkchen aus, am 26. warnten die Vulkanologen und regten eine Evakuierung der nahen Ortschaften an – noch wäre Zeit gewesen. Doch nichts geschah, die Herren in Bogotà waren mißtrauisch, weil Jahre vorher einer Warnung und Evakuierung auf Guadeloupe in den Antillen kein Ausbruch gefolgt war. Dann geschah es doch mit ungeheuerer Macht, genau so wie am 19. Februar 1845 schon einmal, und wieder waren die Lahare das eigentliche Unheil, wälzte sich eine Schlammlawine durch das Tal des Rio Lagunilla und tötete 19000 Einwohner in dem 45 Kilometer entfernten Städtchen Armero, unweit von Bogotà.

Die Indianer des Nordwestens, deren ungeschriebene Historie sicher über tausend und mehr Jahre mündlich überliefert wird, erzählen sich über die drei vulkanischen Berge ihrer Heimat eine alte Geschichte: Vor langer, langer Zeit, so heißt es, habe eine Zauberin namens Tah-One-Lat-Clah einen der Erdgeister beschworen, er möge sie in eine schöne Prinzessin verwandeln, eines großen Häuptlings würdig. Zwei mit übernatürlichen Kräften begabte Krieger, Pahto und WyEast, begehrten sie daraufhin. Der Erdgeist half beiden nach Kräften, bis sie schließlich eifersüchtig in hellem Kampf entbrannten, Feuer in die Wälder ausgossen, Blitze schleuderten und gewaltige Felsen umwarfen. Endlich war es der Erdgeist leid und verwandelte die Krieger zur Strafe in zwei Vulkanberge: WyEast hieß der eine, heute Mount Hood genannt, Pahto der andere, mit heutigem Namen Mount Adams. Die Hexe aber wurde in den schlimmsten verwandelt, den Mount Saint Helens.

Haben wir vom Nevado del Ruiz tragische Berichte der überlebenden Augenzeugen, so wissen wir vom Ausbruch des einsam gelegenen Mount Saint Helens nur durch großen Zufall Genaueres. An jenem Morgen, an dem es geschah, waren zwei Geologen, Dorothy und Keith Stoffel, mit ihrer kleinen Maschine in der Luft. Ihre kaltblütigen Aufnahmen sind tief beunruhigend. Man sieht, wie die ganze Nordseite des gewaltigen Gipfels sich plötzlich bewegt und zu Tal rutscht, die Bergflanken regelrechte Falten werfen und eine ungeheuere Explosion pilzartig aus der abgerutschten Flanke schießt, die sich im Osten zu riesigen Dampf- und Aschewolken verdichtet, rasch dunkler werdend und von unten von 1000 m langen Flammenzungen aus dem Vulkanschlund angestrahlt. Noch Minuten danach war das gewaltige, kumulusartige aschgraue Wolkengebirge von grellen Blitzen durchzuckt.

Die Geophysiker haben Berechnungen der freigesetzten Energie beim Ausbruch des St. Helens angestellt, die uns zugleich schrecken, aber auch in gewissem Sinne beruhigen. Am 18. Mai 1980, so zeigt die schlichte Rechnung, kam die Energie von tausend Mega-Wasserstoffbomben zum Ausbruch, wütete neun Stunden lang ein Energieorkan aus dreißigtausend Hiroshimabomben, jede Sekunde eine …

Am Puget Sound und im *OLYMPIC NATIONAL PARK*

Die im folgenden beschriebene Rundfahrt durch die Regenwälder und Bergszenerien des **Olympic National Park** im US-Staat Washington, die ägäisch blaue, inselreiche Meereslandschaft des Puget Sound vor den Toren von Seattle, ist nicht Teil der großen ovalen Schleife durch die Nationalparks der Rocky Mountains. Die Rundfahrt um den *Puget Sound* mag aber demjenigen willkommen sein, der aus irgendwelchen Gründen *Seattle* aufsuchen und vielleicht von dort nach Europa zurückfliegen möchte oder sein Interesse vornehmlich in den maritimen Küstenlandschaften der amerikanischen Westküste sieht.

Wer dieser Route folgen will, der sollte in *Lincoln City* (Oregon) der meeresnahen Küstenstraße 101 weiter folgen. Wir queren nun unmittelbar an der Mündung des Columbia diesen auf einer Mautbrücke. Es ist die Stelle, die Lewis und Clark am 8. November 1805 als ›delightful‹ geschildert haben. Sicher war einst das Bild romantischer, das sich den beiden bot, als sie am 8. November 1805 den ersten Blick auf den Stillen Ozean warfen:

»Here one of the most delightful views in nature presents itself. Immediately in front is the ocean, which breaks with fury on the coast, from the rocks of Cape Disappointment as far as the eye can discern ... To this boisterous scene, the Columbia, with its tributary waters, widening into bays as it approaches the ocean and studded on both sides with the Chinook and Clatsop Villages ... forms a charming contrast.«
»Hier zeigt sich einer der schönsten Ausblicke in der Natur. Unmittelbar vor uns der Ozean, mit großer Heftigkeit an die Küste brandend, von den Felsen des Kaps der Enttäuschung so weit das Auge reicht ... Zu dieser heftigen Szene fügt der Columbia mit seinen Nebenflüssen, die sich in Küstennähe zu Buchten weiten und an beiden Seiten mit Dörfern der Chinook und Clatsop gesäumt sind, einen verführerischen Kontrast.«

Auf der langen Brücke über den Mündungstrichter werden wir dies vielleicht nicht richtig nachvollziehen können, eher im nahen Lewis-und-Clark-Park am Nordufer, wo die 101 einen touristenfreundlichen Schlenker nach dem *Cape Disappointment* macht. Eine deutliche Landmarke für die Seeleute, war dieses Kap dennoch für John Meares und William Douglas 1788 eine Enttäuschung. Sie nannten die Columbiamündung, die sie aufgrund ihrer Größe nicht für eine Flußmündung, sondern für eine Meeresbucht hielten, Deception Bay. Von dem sagenhaften Fluß Rocque oder Rok, von dem der Spanier Maurelle berichtet hatte, war nichts zu sehen, und es sollte noch vier Jahre dauern, bis Captain Gray den wahren Charakter der Columbiamündung erkannte. Mit den Navigationsmitteln unserer Zeit und ausgezeichneten Luftaufnahmen können wir die Schwierigkeiten und Irrtümer jener Kapitäne kaum mehr nachvollziehen. Im Bereich der stürmischen Brandung, stets in Gefahr, auf Riffe aufzulaufen, bei diesiger Sicht, war ihre Erkenntnismöglichkeit bescheiden und von Zufällen abhängig. Drei Jahrhunderte seemännischer Erkundung wären heute von einem photographierenden Satelliten in fünf Minuten ›erledigt‹. Aber man muß nur einmal auf der Ostsee bei Dunst und Seegang an einer fremden Küste schippern und versuchen, an Küstenmerkmalen, Leuchtfeuern etc. seinen Standort zu finden – jeder Mann an Bord hat eine andere Meinung, schöne Seekarten liegen auf dem Kartentisch, fleißig wird kreuzgepeilt, aber jeder meint, eine andere Kennung gesehen zu haben und nur eine kann richtig sein. So sind die alten Kapitäne unseres Interesses sicherer als die heutige Technik: sie zeigten, Monate auf sich gestellt, einen Einsatz und eine Zähigkeit, für deren karge Entlohnung heute niemand mehr solche Wagnisse auf sich nehmen würde. Sie prägten weitgehend das englische 18. Jahrhundert auf See.

Wie verworren das geographische Bild sich noch 1804 darstellte, als Lewis und Clark aufbrachen, zeigt ihre Anweisung durch den Präsidenten Jefferson:

»*The object of your mission is to explore the Missouri River, and such principal streams of it, as by its course and communication with the waters of the Pacific Ocean, whether the Columbia, Oregon, Colorado, or any other river, may offer the most direct and practible water-communication across the Continent, for the purpose of commerce.*«

Da das wie ein Rückgrat durch den Kontinent verlaufende Felsengebirge bekannt war, mutet die Anweisung naiv an, unterstellt sie doch, daß die bekannten Flußmündungen am Pazifik zu Wunderflüssen gehörten, die vom Gebirge nach beiden Seiten flossen und Atlantik und Pazifik verbanden.

Unsere Route führt uns nun nordwärts zur *Olympic Peninsula*, einer Halbinsel zwischen dem Pazifik im Westen, der Juan-de-Fuca-Straße im Norden und dem Puget Sound im Osten. Wasserumblaut, gekrönt von schneereichen hohen Gebirgen und an der Küste geschmückt mit einzigartigen, tropischen Regenwäldern, ist sie Teil des Olympic National Park, der sein Visitor Center im Norden bei Port Angeles hat. Da ich diesen Nationalpark in einem Buchtitel über Kanada bereits ausführlich beschrieben habe, will ich mich hier auf zwei Orte beschränken.

Der Park zerfällt in den Gebirgsteil und den Küstenstreifen am Pazifik. Als ich ihn vor einigen Jahren besuchte, gab es kaum Hotels, nur kleine Indianersiedlungen am Meer, und das ist noch immer so. In *Forks,* einer Holzfällerstadt, durch die der **Highway 101** führt, wollte ich nicht bleiben. Kurz danach jedoch führt eine kleine, sehr einsame Straße entlang dem forellenreich durch den Wald mäandernden *Soleduck River* nach *La Push.* Ich wußte nicht, was mich erwartete, aber die Rangerin in Port Angeles hatte mich ermahnt, rechtzeitig für eine Bleibe über Nacht zu sorgen. Am späten Nachmittag, hinter einer plötzlichen Kurve, öffnete sich die Bucht La Push, einer Verballhornung von ›La Bouche‹, ›Mündung‹. Im Halbrund liefen die gewaltigen Brecher, der meterhohe Surf aus der Tiefe des Pazifiks auf den Sandstrand. Ins Meer gestreut, erhoben sich einige schwarze Felsen, auf denen sich mutige Kiefern festkrallten, im Rücken der Bucht stieg der dunkelschwarze Wald an, der Strand war übersät mit Hunderten von gigantischen, weißgebleichten Gelbzedern aus Alaska. Kein Mensch war zu sehen, statt dessen zahllose Seemöwen, Kormorane und Strandläufer. Wie Dunst hing über allem eine silbern leuchtende Wolke aus Milliarden von Salzkristallen.

Ein alter Amerikaner lebte in dieser Indianerreservation der Quillayute und vermietete in einem Blockhaus Zimmer mit Küche, ›einfach, sauber und praktisch‹. Die wenigen Indianerblockhäuser, unansehnlich und herabgekommen, streunende Hunde, ein Totempfahl mit einem stilisierten Raubwal; plötzlich war das alles nicht mehr museal, sondern Wirklichkeit. Aber die Coast Guard hatte hier einen Stützpunkt. Die Bucht faszinierte mich, ich kaufte irgendwo in einem General Store Steaks und Brot und was man so braucht, auch eine Flasche guten Weins, und zog mich hinter meine Blockhauswände zurück. Es war ein Hurricane über

Oregon im Radio angesagt, am Kap war ein roter Sturmball gehißt worden, der Wind pfiff durch den Wald, die Dünung am Strand ging hoch, und als ich mein Steak fertig hatte, ging das Licht aus. Romantischer Abend bei Kerzenlicht; jenseits des Waldkammes brütete und grollte es dunkel. Später kam der Mond durch, es klarte auf, ich werde diesen mondüberfluteten, gespenstisch weißen Strand mit seinen phantastischen Baumruinen, den im Meer schwimmenden, schwarz hineingetuschten hohen Felstürmen mit den bizarr gewachsenen Seekiefern, das silbern anlaufende, sturmermattete Meer nie vergessen.

Unweit liegt der *Hoh Rain Forest,* einer jener Regenwälder Washingtons und des nördlicheren Britisch Kolumbiens, die ein großes Erlebnis bedeuten. Die nassen Seewinde stauen sich hier an den steil ansteigenden Olympic Mountains, sie geraten in kältere Luftschichten und regnen sich nahezu ständig aus. In der Feuchtigkeit gedeihen vor allem Moose und Flechten, Farne und Algen und überziehen den Wald der Douglasien und fünfblättrigen Ahorne mit einer gespenstisch anmutenden Dekoration, es wallt von den Ästen, spannt sich von Baum zu Baum, quillt aus Astgabeln und modernden Baumruinen von vielen Metern Durchmesser. Eine schwüle Feuchtigkeit durchzog diesen unheimlichen Wald, gelegentlich fand sich eine Lichtung, auf der Roosevelthirsche ihre Revierkämpfe ausfochten.

An der Rangerstation, bevor der verzauberte Weg in das Hoh-Tal ansteigt, führen mehrere gut markierte Steige durch dieses Labyrinth der vielhundertjährigen Riesendouglasien, die kaum weniger beeindruckend sind als die Riesensequoien Kaliforniens. Nurse Logs, vor Jahrzehnten gefallene und verfaulte Bäume, geben jungen Schößlingen Nahrung, die nun in Reih und Glied aus dem Altstamm herauswachsen. Unser Weg führt durch sonnenüberglänzte kleine Lichtungen, in denen die Farne in unwahrscheinlicher Vielfalt hellgrün gegen den dunklen Tann stehen, entlang an Bachbetten, umstanden von rotglühenden Erlen, in denen junge Schwarzbären den Lachs zu fangen versuchen. Plötzlich umringt uns wieder der Zauberwald, irre, knorzige Gebilde in den

Astgabeln blicken uns wie Kobolde an, bärtige Flechten hängen tief und wallend von Ästen herab, die sich wie ein Rüssel zur Erde neigen, ebenso plötzlich sind wir mitten in einer Gruppe äsender Hirschkühe, die uns mit ihren großen dunkelbraunen Augen ansehen, dann wieder den Kopf neigen und weiterfressen, als sei nichts geschehen. Im Gegenlicht einzelner durchdringender Sonnenstrahlen glitzert das filigrane Silbergrau der Flechten, das Moosgrün leuchtet, ein hoch am Stamm nistender Adlerfarn glüht in filigranen Mustern im Waldesdunkel. Es ist ein Zauberwald, den wir mühelos mit den Zwergen, Kobolden und Elfen unserer Kindheit beleben könnten.

Bei *Port Angeles* führt die Straße zum *Hurricane Ridge* hoch, einer alpinen Landschaft, deren eigenartige Schönheit in den schneeblinkenden, eisgepanzerten Gletscherbergen, grünen Matten und Tannengruppen vor dem Hintergrund einer großartigen Meereslandschaft besteht. Weit blaut im Norden die Juan-de-Fuca-Straße, hinter der im Dunst Vancouver Island liegt, eine Insel, von der Größe der Schweiz. Kanada ist nun nahe mit seinen walddunklen Schönheiten, seinen fjordreichen, tannengesäumten Küsten.

Von *Port Angeles* aus kann man mit der Autofähre nach *Victoria* auf *Vancouver Island* übersetzen, eine sehr reizvolle kleine Stadt mit dem Charme des seiner Vergangenheit nachträumenden British Empire. Die 101 führt uns nun zum Nordostzipfel der Halbinsel, die 104 spaltet sich ab und führt über eine kleine Fähre nach *Bremerton*, wo uns die große Fähre durch den *Puget Sound* nach *Seattle* bringt.

Die morgendliche Fahrt durch den erwachenden Sound im silbernen Frühlicht gleißend, führt uns die herrliche maritime Landschaft vor den Toren Seattles vor Augen, einer in vieler Hinsicht begünstigten Stadt. Waldreiche dunkle Inseln schieben sich der Fähre in den Weg, ständig ausweichend sucht sie ihren Kurs. Die ersten Segler sind unterwegs, der Dunst hebt sich und der schneeschimmernde Mount Rainier (4392 Meter) taucht wie ein Kristall über der dunklen Küstensilhouette des Festlandes auf.

Vom Columbia zum Snake

Von *Lincoln City* führt uns die 18 und dann die 99W nach *Portland* am Columbia River. Mächtig strömt hier der gewaltige Fluß seewärts. Zusammen mit dem St. Lorenz und Mackenzie in Kanada und dem in den Golf von Mexiko fließenden Mississippi und dem Colorado ist der Columbia einer der großen ›Fünf‹, die den nordamerikanischen Halbkontinent entwässern, jeder einer anderen Himmelsrichtung dienend: Der Saint Lawrence dem Atlantik, der Mackenzie dem Polarmeer, der Mississippi dem Karibischen Meer, der Colorado und der Columbia dem Pazifik. Mackenzie, Columbia, Colorado und Mississippi (als Missouri), entspringen im kleinen Umkreis in den Rocky Mountains nahe der kanadisch-amerikanischen Grenze. Den drei letzteren werden wir im Umkreis der Old Faithful Lodge des Yellowstone Parks noch unsere persönliche Aufwartung machen.

Hier in Portland, nach 2250 km Weg, hat der Columbia das schöne Eisblau seiner Jugend in den Bergen verloren, schwer und fahlgrün, manchmal gelbtrüb, hat er seine Kraft in vielen Staudämmen und Turbinen zum Nutzen der Menschen verbraucht, ermattet die letzten Katarakte östlich von Portland durchströmt und trägt nun auf seinem Rücken geduldig die Seeschiffe bis zur Mündung hinab. So ein Strom ist in seinem Lauf von der wilden Jugend bis zur Mäßigung des Alters dem Menschenleben nicht unähnlich, doch war der Columbia noch im Alter, also an seinem Unterlauf, listig genug, die Menschen an der Nase herumzuführen. Lange rätselte man darüber, welche der Quellströme der Rocky Mountains zu welcher pazifischen Mündung gehören. Ein Seemann aus Boston, Captain Robert Gray, entdeckte die Columbiamündung 1792 und nannte sie nach seinem Schiff. Alexander MacKenzie (1755-1820), der große schottische Erforscher der kanadischen Rockies, besessen von der Idee, den lange und vergeblich gesuchten Wasserweg vom Atlantik zum Pazifik zu finden, begab sich zweimal vom Athabaska-See aus auf lange und entbehrungsreiche Reisen, um die Columbiamündung zu finden. Heimtückischerweise können sich die jungen Ströme der Rockies, Columbia und Frazer, aber nicht recht entschließen, in welche Richtung es denn gehen soll. Sie fließen um Gebirgsketten herum, ändern völlig ihre Strömungsrichtung, verlieren sich in Seen – kurz, MacKenzie wurde arg genarrt. 1789 war er dem großen Sklavenfluß auf den Leim gegangen, der ihn über den später nach ihm benannten Mackenzie-Fluß an die polare Beaufort-See führte. Dann führte ihn der Frazer, den er für den Columbia hielt, auf Abwege, und schließlich gelangte er durch fjordartige Meeresbuchten nach Bella Bella, nördlich von Vancouver.

Auch die Erkundung von See her, scheinbar relativ einfach, war nicht ohne Tücken; so hat James Cook glatt die Mündung des Frazer in die Juan-de-Fuca-Straße, aber auch diese selbst, im Nebel übersehen und einen früheren Berichterstatter einen Phantasten genannt. Schließlich haben Meriwether Lewis und William Clark, wie wir bereits hörten, den richtigen Zusammenhang am Oberlauf des Schlangenflusses erkannt und gleichzeitig die Quellen des Missouri jenseits der Continental Divide richtig zugeordnet.

Später waren es mehr die Nutzungsrechte an der gewonnenen Wasserkraft, die Zweifel aussäten. Kanada ging dabei fast leer aus, obwohl der Columbia einen großen Teil seines Wassers aus den kanadischen Rockies erhält. Heute sind die Staudämme bei Bonneville und der Grand Coulée gewaltige und sehenswerte technische Bauten an der Columbia River Gorge. Wir sollten auf unserer Fahrt flußaufwärts die **Interstate 84** an der Südseite benutzen, die bessere Aussichtsplätze in zahlreichen State Parks entlang der Gorge, der Klamm, bietet. Bei *Bingen* können wir dann über den Columbia fahren, der auch auf dem Nordufer von einer Straße – **Highway 14** – begleitet wird. Über den Bonneville-Damm verläuft übrigens auch der Pacific Crest Trail und verliert sich in der unendlichen Einsamkeit westlich des Mount Saint Helens.

Die **Interstate 84** wird nun unser weiteres Schicksal auf dem Weg zum Yellowstone bestimmen. Eine weite Strecke, die man hinter sich bringen muß, nicht weniger weit als der zuerst geschilderte Weg von Klamath Falls nach Ontario, wo sich die beiden Routen wieder vereinen.

In den Grand Tetons und im Yellowstone Park

Nach Jackson Hole

Es gibt Landschaften, in denen man die Orientierung nur anhand der großen Flußsysteme gewinnen kann. Diese Erkenntnis hat einst die Erforscher fremder Kontinente ebenso geleitet wie sie dem heutigen, bescheideneren Touristen hilfreich ist. Im Westen Amerikas bilden Columbia und Colorado ein nahezu das gesamte riesige Areal entwässerndes System. Vergleichbar mit Ganges und Nil, dem Amazonas wie auch den Mitteleuropa entwässernden Flüssen Rhein und Donau prägen sie in ihrem Lauf Landschaft und Menschen.

Des wasserreichen Columbia wichtigster Zufluß ist der Snake River oder Schlangenfluß, dessen gewaltigem Bogen wir am Nordrand des Großen Nevadabeckens, bereits im südlichen Idaho gelegen, gefolgt sind. Der Schlangenfluß in seinem weiteren, quellnahen Verlauf durch den **Grand Teton National Park** ist so recht indianische Landschaft. Schmale Felscanyons, dichte, düstere und unerschlossene Wälder und fischreiche Seen, gesäumt vom roten Herbstlaub der Erlen, verbinden ihn mit zahlreichen Erinnerungen aus indianischer Zeit. Karl May läßt seinen Helden Winnetou in einem Seitental des Schlangenflusses zur letzten Ruhe betten. Aber auch die Wirklichkeit jener Zeit der letzten Kämpfe zwischen den Indianerstämmen der Rocky Mountains und den vordringenden Bleichgesichtern ist hier vielerorts noch spürbar.

Amerikanische Karten und Atlanten sind mehr dem Menschenwerk der Straßen und Städte gewidmet als der Natur und damit selten gute physikalische Karten, aus denen wir die Topographie und das Gesicht einer Landschaft ersehen könnten. Da hilft dann manchmal der Schulatlas unserer Kinder, der die Gebirge und Flüsse plastischer darstellt. Wir erkennen dabei auf den ersten Blick, daß die Bergketten um den Yellowstone Lake und die Grand Tetons, die Gros-

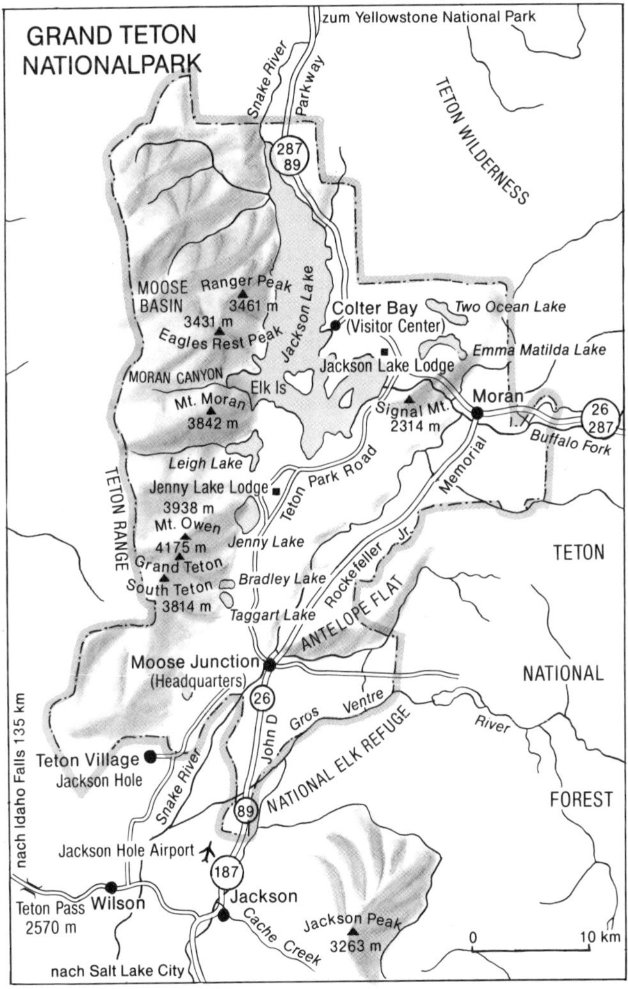

Ventre-Berge zumal und der Jackson Lake, die Quelle vieler bedeutender Ströme sind, die nach allen Richtungen der Windrose fließen und deren Wasser schließlich in den Atlantik oder Pazifik münden.

Der Yellowstone Lake entwässert in den malerischen Canyon des Yellowstone-Flusses, eines der großen Zuflüsse des Missouri und damit des Mississippi, und mündet schließlich nach 2500 Meilen in den Golf von Mexiko. Der Missouri selbst entspringt, aus dem Zusammenfluß von Madison und Gallatin gebildet, ebenfalls demselben Quellgebiet unweit der Old Faithful Lodge im Yellowstone Park.

Nur um ganze 3000 m entfernt, verfehlt der Lewis River im Schoschonen-See die Wasserscheide der Continental Divide, wird zum Schlangenfluß, durchläuft den Jackson Lake und führt seine in der Schneeschmelze gewaltigen Wassermassen dem Columbia und dem Pazifik zu.

Auch der mächtige Colorado zollt seinen Tribut an den östlichen Abhängen der Gros-Ventre-Berge, unweit der Grand Tetons. Es ist der Green River, der uns zum Glen Canyon und letztlich zum Grand Canyon begleiten wird, der aus den Ketten der Gros Ventre Range entspringt, deren Name ›Großer Bauch‹ allerdings weniger auf den Wasserreichtum der Berge anspielt, als auf den geblähten Hungerbauch der indianischen Stämme, die hier schon lange vor dem Eintreffen des weißen Mannes ein karges Dasein lebten und ihre Not hatten, die harten Winter zu überleben.

Im Aufbruch von *Idaho Falls,* die **Interstate 15** verlassend, führt uns der **Highway 26** nach *Swan Valley*, von wo aus die schmale und romantische **31** nach *Victor* und dann die gebirgige **22** durch die **Grand Tetons Ranges** nach *Jackson* am Südrand des gleichnamigen Nationalparks führt. Sind die Westhänge der allmählich ansteigenden Tetons jetzt im Herbst von weiten Weizenfeldern bedeckt, die in sanftem Goldgelb die Hänge bedecken, so beherrschen, gegen den Paß zu, düstere Fichtenwälder das Bild. Es fängt zu schneien an, und auf der Paßhöhe werden Schneeketten montiert.

Der Blick schweift von den Kehren der Straße hinüber zu den Gros Ventres, urtümliche Wälder bedecken die Paßhöhen, geduckt unter ihrer unerwarteten Schneelast. Die Landschaft ist binnen einer Stunde hochalpin geworden und stürzt steil in das Jackson Hole, das einst ein beliebter Treffpunkt der Trapper und Pelzhändler war und noch heute zahlreiche jener von der Sommersonne braungebrannten Blockhäuser aufweist, in denen die alten Waldläufer und Fallensteller die schneereichen und stürmischen Winter überstanden.

Es empfiehlt sich, in *Jackson* zwar nicht gleich zu überwintern, aber doch für eine Nacht ein Quartier zu suchen, denn der Weg zum Yellowstone ist noch weit, und auf diesem Wege gilt es, die Schönheit der Teton Berge und ihrer Seen zu genießen. Jackson bietet viele Motels und ist im Sommer, wenn die Lodges in den beiden Nationalparks überfüllt sind, oft die einzige Ausweichmöglichkeit.

Am anderen Morgen hatte die eisige Luft den Talkessel erreicht, silberner Rauhreif lag auf den Bäumen entlang dem Schlangenfluß. Die Straße nach *Moose* wand sich am Parkeingang vorbei, wir querten den Fluß und nahmen die weitaus interessantere Strecke über den *Jenny Lake*. In die fahlgelbe eisflimmernde Savannenlandschaft grub sich der Snake River tief, mäanderte um Felsbrocken, die der gewaltige eiszeitliche Columbiagletscher auf seinem Rückzug hinterlassen hatte. Kleine Wäldchen aus goldgelben Zitterpappeln und herbstlich flammenden Erlen säumten, silbern überpudert, die Straße. Zur Linken tauchten die gezackten, steil aufsteigenden Spitzen der Tetons auf, eisgepanzert und im Morgenlicht herrlich leuchtend: South Teton, Middle Teton und Grand Teton (4197 m), getrennt durch tief eingefurchte, schneegefüllte Kare, wie den Avalanche Canyon, die Lawinenschlucht, an deren Fuß der kleine Taggart Lake liegt. Um die höchsten Gipfel halten sich auch im Sommer ewige Gletscher und speisen im Abschmelzen gemächlich die Seen, unter denen der Jenny Lake auf 2067 Metern Meereshöhe im Gegensatz zum weit größeren und schwer faßbaren Jackson Lake unsere Mühen reichlich lohnen wird.

Die Träume des Jenny Lake

Jenny Lake, das ist ein wenig die Szenerie der einen dunkelgrünen Eibsee überragenden Zugspitze, nur wilder, ursprünglicher, weniger gezähmt durch den Menschen. Unerhört steil ragen die drei felszerklüfteten Tetons aus kurz-

THOMAS MORAN (1837-1926)
The Mirage, Teton Chain, Idaho
(Gipfel des Mirage im Bergmassiv der Tetons, Idaho)
Ölgemälde, 1879
Forth Worth, Kimbell Art Foundation

Der Maler Thomas Moran fand in den Landschaften des Westens seine größte Inspiration. Er verstand sich selber als ›Impressionist‹ in der Art von Ruskin, der den Malern empfahl, sowohl auf den ›wahren‹ Eindruck ihrer Landschaften zu achten, als auch die höhere künstlerische und symbolische Wahrheit in ihren Werken zum Ausdruck zu bringen. Wie Albert Bierstadt, begleitete auch Thomas Moran Regierungsexpeditionen, die den Westen erforschten. Schon zu Lebzeiten machten ihn seine Bilder zu einem berühmten Mann, selbst der Kongreß der Vereinigten Staaten kaufte seine Bilder für viele zehntausend Dollar an. Das Bild zeigt den aus der Ebene des Snake River aufsteigenden Felsstock des Mirage, so genannt nach den streifenden französischen Pelzjägern, den Coureurs de bois.

geschürzter, fichtenbewaldeter Almzone heraus. Es waren franco-kanadische ›Coureurs de bois‹, Waldläufer, die 1819 die drei Hauptberge in ihrer Schönheit zuerst erkannten. Mochten sie auch schon viele Jahre in der männlichen Wildnis verbracht haben, soviel Franzosen waren sie immer noch, um diesen schönen Bergen den Namen ›Les Trois Tetons‹ – die drei Brüste – zu geben. Dem Snake River aber gaben sie einen häßlichen Namen: ›La maudite rivière enragée‹ – den verfluchten wilden Fluß. Smaragdgrün und von der frischen Morgenbrise geriffelt, liegt der kleine Jenny Lake zu Füßen der Tetons. Schweigend und schwarzgrün umstehen die hohen Engelmannfichten das ihren Fuß umplätschernde Gewässer, in dem sich die schneebedeckten Gipfel und der tiefblaue Herbsthimmel spiegeln. Grenzenlose Einsamkeit, sparsamste Farbpalette aus Grün-, Blau- und Grautönen, skandiert von grellem Weiß. Nur am linken Seeufer träumt eine leuchtendrote Erle von ihrem König.

Auch uns überfällt angesichts der gewaltigen, kühlen Gebirgskette der Tetons der Wunsch nach den Ausdrucksformen des Menschlichen, nach den Kontrapunkten, die menschliches Wirken, bäuerliches Tun und gestaltendes Bauen in die Natur setzen. Hier aber ist nichts als grandiose Einsamkeit; unerbittlich in seiner Majestät, erhebt sich das schroffe Gebirge über dem mit schütteren Pappeln und Erlen bewachsenen Talgrund. Wenn nicht der romantische Jenny Lind See wäre, würden wir frösteln.

Wie würde ein Maler diese Landschaft sehen? Einige Gemälde von zumal deutschstämmigen Malern der Düsseldorfer und der Hudson-Schule haben im vergangenen Jahrhundert die Landschaften des amerikanischen Westens festgehalten, manchmal überhöht, im Bemühen, das Pittoreske zum Ausdruck einer inneren Spannung zu machen. Aber es ist nicht das Malerische, das wir vor Ort vermissen. Es ist nicht die Schwierigkeit, subjektives Erleben und objektive Wahrnehmung zu verbinden. Es ist schlicht und einfach das Fehlen jeglicher menschlichen Spur, die dieser gewaltigen, um nicht zu sagen, gewalttätigen Natur, eine vertraute Dimension beifügen könnte. Dem Vordergrund der Berge fehlt, wie so oft in den Rockies, das belebende Schachbrettmuster der Felder und Weiden. Was gäbe man dafür, wenn hinter der nächsten Wegbiegung ein behaglich in eine Talrunde geschmiegtes Dorf mit seinen geschindelten Dächern auftauchte, ein barocker Kirchturm, in dessen Nähe man auf ein angenehmes Gasthaus hoffen kann.

So sind auch die Gemälde der amerikanischen Luministen, die sich eng an Kobell, Achenbach und anderen deutschen Malern orientieren, dieser Frage ausgewichen und haben nur der Darstellung des Lichtes in der Landschaft entscheidende Bedeutung beigemessen. Albert Bierstadt (1830-1902) vor allem hat auf seiner großen Reise in den Westen jene sich ins schier Unendliche dehnenden Prärien eingefangen, die in der Ferne blauenden, menschenleeren Gebirge, die erschrekkende Leere der Landschaft, in der einige Pferde und Planwagen den Größenmaßstab künstlich zu setzen hatten und zugleich die Isoliertheit des Menschen signalisierten. Erst in unseren Tagen haben Film und Photographie versucht, diese Stimmung der Verlassenheit mit anderen Mitteln einzufangen. Wir werden im Monument Valley, an der Grenze von Utah und Arizona, noch davon sprechen.

Nördlich des *Jenny Lake* liegt die ›Jenny Lake Lodge‹ (F 307 733 4647, geöffnet vom 8. Juni bis 15. September, Preis 215 $ pro Tag und Doppelzimmer, Frühstück und Abendessen eingeschlossen, desgleichen ein Reitpferd). Diese Lodge ist gedacht für mehrtägigen Aufenthalt in eben dieser unwahrscheinlich schönen Einsamkeit und zum Ausritt in die nahen Canyons, an die vielen kleinen Seen und in die wildreichen Wälder, in denen der dunkelgewaltige Elch durchs Unterholz streift. In größerer Nähe zog eine Rinderherde durch die Sagebrush-Weiden. Völlig unamerikanisch hatte man den Kühen Almglocken umgebunden, deren melodisches Läuten uns innehalten ließ.

Die **Teton Park Road** führt gegen Norden zum *Jackson Lake,* einem etwa 180 Kilometer langen Gebirgssee, aufgestaut von einer eiszeitlichen Moräne und im Norden langsam im Schilf verlandend. Der Snake River verläßt den See bei der Junction am Ostufer, wo sich der **Rockefeller Parkway** mit der **Teton Road** und der Schlangen- mit dem Büffelfluß trifft. Die ›Jackson Lake Lodge‹ bietet angenehme Unterkunft (F 307 543 2855, 9. Juni bis 19. September, Preis circa 70 $ pro Doppelzimmer, ohne Mahlzeiten).

Savannen vor den Gletscherbergen der Tetons

Der Parkway führt nun sanft bergaufwärts. Hoch steht das strohgelbe Büffelgras in der diluvialen Schwemmebene, träge mäandert der Schlangenfluß, wie sein Name es ausdrückt, hindurch. An den Beobachtungspunkten lohnt es, zu halten und das Auge zu assimilieren. Irgendwann entdeckt man den ersten Elch, wie er äsend aus den Wäldern auf die Savanne hinaustritt, seltsam anzusehen mit seinem buckligen Rücken und manchmal ein, zwei Elchkälber führend. Die uns im Westen begleitenden Gipfel sind nun etwas niedriger: Mount Moran (3842 m), Eagles Rest und Rolling Thunder heißen die Berge, bevor die Straße den Teton Park verläßt und durch den dazwischenliegenden Rockefeller Memorial Park dem **Yellowstone National Park** zueilt.

Wir haben jedoch keinen Anlaß zur Eile. Der junge, muntere Schlangenfluß schnellt uns über die vielen kleinen Stromschnellen entgegen, im Ufergebüsch stehen häufiger Mule Deers, und auf einer Lichtung hebt ein Roosevelt Elk *(Cervus rooseveltii)* witternd sein starkes Geweih. Die Roosevelt Elks sind entgegen ihrem Namen keine Elche, sondern eine Hirschart des nördlichen Amerika, in Kanada auch Canada Stag oder Wapiti genannt. Nur in England nennt man den Elch ›Elk‹, hier heißt er ›Moose‹.

Der Snake River trennt sich nun von uns, sucht seine Quellen im Big Game Ridge, wo man seine eigentliche Quelle erst 1970 festlegte. Sein Nebenfluß, der Lewis River, zwängt sich mitsamt der Straße durch den *Lewis Canyon* zum gleichnamigen See, der Teil des einst größeren Shoshone Lake ist. Eng rücken die Felswände dem Flußbett zu Leibe, das Wasser schießt schäumend über Geröll und basaltische Klippen, der dichte Wald steht bis zum Canyonrand, einzelne malerische

Kiefern und Fichten klammern sich an Felsvorsprünge, und manchmal rinnt das Wasser, plötzlich verlangsamt und geheimnisvoll dunkelschwarz unter einem dichten Blätterdach. Wenn man die Phantasie zu Hilfe nimmt, so meint man, in dem dunklen Tann indianische Gesichter verborgen hinter Ästen hervorspähen zu sehen.

Die Krähen-Indianer, Schwarzfüße und Schoschonen werden als frühe Bewohner dieser dunklen Wälder genannt, auch der Stamm der Minnetaree Sioux und die Tetons wurden von Lewis und Clark auf ihrer großen Expedition angetroffen, doch haben die beiden Forscher das Gebiet der Geysire auf der Suche nach den nahen Quellen des Missouri nur gestreift. Einer ihrer Begleiter, John Colter, blieb einen Winter im Bereich des Yellowstone und Jackson Lake und weckte mit seinen Berichten das Interesse der rivalisierenden Hudson und Missouri Fur Companies. Sein Name hat sich in der Colter Bay Village am Jackson-See erhalten.

Die dunklen Wälder der Schoschonen

Immer bergauf windet sich die Straße zum *Yellowstone-See* hoch, den wir bei West Thumb erreichen (2373 m). Wir sollten hier einmal auf den Benzinmesser schauen; Tankstellen sind in den Wäldern dünn gesät. Am ›Westlichen Daumen‹ mündet die Straße in den Grand Loop, der das zentrale Plateau des Yellowstone Parks umrundet und am Nordufer des Sees wieder zurückführt. Die Vegetation wird nördlicher, borealer und erinnert an Kanada. Laubbäume sind in 2500 Meter Seehöhe nahezu völlig verschwunden, die Fichtenwälder wirken dunkel und düster, und auf der Höhe des *Craig-Passes* überschreiten wir die Continental Divide und kurz dahinter den *Firehole River,* der sich sein Wasser aus den heißen Solfataren holt, die in den Wäldern vor sich hindampfen. Bevor der Firehole aber zum Madison River wird, schließlich zum Missouri, dann zum Mississippi, und seine schwefelhaltigen Wasser in den Golf von Mexiko ergießt, hat sich der leichte Geruch nach Schwefelwasserstoff längst verflüchtigt.

Zu den Geysiren und Fumarolen im YELLOWSTONE PARK

Spät am Nachmittag erreichen wir den ›Old Faithful Inn‹ am gleichnamigen berühmten Geysir (F 307 433 7311, ganzjährig geöffnet, zusammen mit der ›Canyon Lodge, Mammoth Hot Springs Hotel‹ von TWA Services bewirtschaftet, Adresse: Yellowstone, Wyoming 82 190). Der Inn ist in den Jahren um die Jahrhundertwende aus gewaltigen Fichtenstämmen in Blockhausmanier erbaut worden. Dieses Blockhaus allerdings besitzt inzwischen drei Stockwerke mit großen angebauten Zimmerfluchten, mit Restaurants und einer imponierenden Lobby, in der ein steingemauerter Kamin angenehme Wärme verbreitet. Über uns, auf den Balkons der Lobby aus warm gebräuntem Holz, nehmen die Gäste ihren Drink. Obwohl die Atmosphäre die des ›Rough Rider‹ Amerikas Teddy Roosevelts ist, sind die Preise vernünftig. Das Essen ist gut und wird freundlich serviert; kurz, der lange etwas verfallene Inn ist zu neuem Leben erwacht, nachdem die Einsicht gewachsen war, daß Snacks und Coke nicht alle Bedürfnisse erfüllen können.

Am späten Abend gingen wir nochmals vor die Tür. Es war bitter kalt und wir mußten die dicken Pullover aus dem Koffer holen. Fahl stand der Mond über dem Geysirbasin, aus dem Old Faithful alle Stunden seinen Wasserstrahl auspustet. Bevor wir uns jedoch elegischen Mondscheinstimmungen hingeben konnten, prallten wir erschrocken zurück. Ein mächtiger Bisonbulle prustete uns unmittelbar vor der Hoteltüre an, vielleicht wollte er an die Bar. Ein gewaltiger Kerl – zottig und dunkel, fast schwarz krauste sich der dichte Pelz um den hohen Nacken und die Brust. Seine weißen tückischen Augen spiegelten das Licht der Hotelhalle – aber dann blieb er friedlich stehen, und als er den schweren, gehörnten Kopf senkte, war dies wohl nur sein Abendgruß an die Gäste.

Der Yellowstone Park, seine heißen Quellen und Geysire, seine in bunten Mineralien erstarrten Terrassen, Fumarolen und Solfataren, seine blubbernden Schlammtöpfe sind nur ein Teil jenes geologischen Phänomens, das seine Entstehung einer besonderen Situation der Erdkruste verdankt. Vor etwa 500 Millionen Jahren, im Kambrium, war der heutige Park vom Meer bedeckt, das austrocknete und in einigen Äonen sich erneut füllte. Die dicken Sedimente jener Zeit sind das Baumaterial der heute sichtbaren Berge, die sich etwa vor 65 Millionen Jahren zu heben begannen, hier und da, auch wieder von Wind und Wasser hinwegerodiert wurden und an anderen Stellen erneut hochdrängten.

Neben dem Wasser als bildendem Element hat aber auch das Feuer gebührenden Anteil an der Formung des Sichtbaren. Vor etwa 40 Millionen Jahren begann eine lebhafte Vulkantätigkeit, deren konische Calderas und weite, von Vulkanasche und ausgestoßenen Brekzien geprägte Ebenen, noch heute sichtbar sind. Am Crater Lake sind wir einem solchen erloschenen Vulkan bereits begegnet. Daß die vulkanischen Kräfte des Hephaistos noch längst nicht zur Ruhe gekommen sind, zeigen, wie wir bereits besprachen, der Ausbruch des Mount St. Helens am 18. Mai 1980 und jüngst der Ausbruch des Nevado del Ruiz im November 1985 in Kolumbien. Solche Vulkanausbrüche sind nicht punktuelle Ereignisse einer dünnen Erdkruste, sie sind Teil großflächiger und langfristiger Veränderungen der Erdoberfläche. Die Platte des amerikanischen Kontinents schiebt sich langsam jedes Jahr um wenige Zentimeter über die absinkende Pazifische Platte, die sich unter der Meeresoberfläche zwischen der Juan-de-Fuca-Platte bei Seattle und Vancouver und der Cocos-Platte westlich von Mexiko erstreckt. Die völlig unvorstellbaren Kräfte, die diesem gewaltsamen hydraulischen Prozeß zugrundeliegen, machen die Erdkruste unruhig und empfindlich. Der Sankt-Andreas-Graben in Kalifornien, zwischen dem Aleuten-Graben und dem Peru-Chile-Graben gelegen, ist die an der Oberfläche deutlich sichtbare Verwerfungszone jenes Prozesses und die Ursache vieler Erdbeben. Ein wenig östlich dieses Grabens liegen die großen Vulkane Amerikas, die noch für manche Überraschung gut sein werden, punktförmige Störungen der Erdkruste, unter denen sich flüssige Lavamassen ansammeln, eines Tages unter

Druck geraten und der hydraulischen noch eine thermische Komponente hinzufügen.

Hier in der riesigen Caldera des Yellowstone, die wir kaum mehr als solche empfinden, ist es eine löchrige Erdrinde, durch die Wasser in tiefere Schichten gerät, stark erhitzt und in rhythmischen Intervallen wieder herausgeschleudert wird. Der Old Faithful ist hierfür ein schönes Beispiel. Manchmal quillt aber das heiße Wasser nur langsam aus dem Boden, es bubbelt, pufft und dampft, gelöste farbige Mineralsalze kristallisieren aus dem erkaltenden Wasser und bilden schöne, farbige Terrassen aus. Manchmal blubbert auch nur Schlamm, wie in den Mud Pods, den Schlammtöpfen, und damit dies etwas wirkungsvoller ist, stinkt es, gelinde gesagt, nach Schwefelwasserstoff. Aber auch die Unruheherde des Yellowstone sind Teil jener Plattenaktivität, die wenige Tage vor unserer Ankunft im Yellowstone Park das schreckliche Erdbeben von Mexiko City verursacht hatte und kurz danach den Vulkanausbruch in Kolumbien.

Im Visitor Center der Lodge fanden wir einen Seismographen, der am 19. September 1985, nach einem Schwarm von vorlaufenden Erdstößen, um 7.23 Ortszeit einen schweren Stoß mit der Stärke 7,8 auf der Richterskala registrierte. Es war der Todesstoß für Tausende von Menschen in Mexiko City, noch hier im 3000 Meilen entfernten Yellowstone deutlich wahrgenommen durch Veränderungen in Rhythmus und Stärke der Geysireruptionen. Auch das Gravitationsfeld der Yellowstone-Caldera ist sehr ungewöhnlich. Die Erdrinde ist äußerst dünn und die flüssige Lava unter der Rinde steht in strömendem Kontakt mit dem Magma des Erdkernes, wodurch Schwereanomalien und Kompaßabweichungen entstehen. In manchem ähnelt die Yellowstone-Caldera der Caldera des Nördlinger Ries, wiewohl Zweifel bestehen, ob es sich nicht eher um Meteoritenkrater handelt.

Haben wir von den langsam absetzenden Sedimenten urzeitlicher Meere gesprochen, den plötzlichen Auswürfen der Vulkane, so fehlt noch die dritte modellierende Kraft im Yellowstone: Das Hobeln und Nivellieren durch die eiszeitlichen Gletscher, die ihren Räumschutt in riesigen Moränen-

wällen vor sich herschoben und eines Tages, auf dem Rückzug vor wieder wärmerem Klima, liegen ließen. Ihre bedeutendste Hinterlassenschaft ist der große, vielbuchtige Yellowstone Lake, der sich als Moränensee völlig von dem eine Caldera füllenden Crater Lake unterscheidet, und dessen Ausfluß als Yellowstone River den tiefen Canyon im Norden gefressen hat. Wenige Besucher werden gewahr werden, daß der ›Old Faithful Inn‹, in dem wir gerade angenehm zu Mittag gegessen haben, das Zentrum einer eingestürzten und später wieder angehobenen Caldera ist, eines riesigen Vulkankraters – und nur wenige hundert Meter unter uns glutflüssige Magma den Boden aufheizt. Rings umher, in den Wäldern, wo es aus dem Unterholz dampft, sucht das Rehwild jetzt im bereits empfindlich kalten Herbst solche feuchtwarmen Stellen und trinkt das warme Wasser.
Wie sagt es Goethe im Faust II durch Plutos' Mund:

Du geräumig weite Luft,
Fülle dich mit kühlem Duft!
Zieht heran, umher zu schweifen,
Nebeldünste, schwangre Streifen,
Deckt ein flammendes Gewühl!
Rieselt, säuselt, Wölkchen kräuselt,
Schlüpfet, wallet, leise dämpfet,
Löschend überall bekämpfet:
Ihr, die Lindernden, die Feuchten,
wandelt in ein Wetterleuchten
solcher eitlen Flammen Spiel.

Bisons und Bären im Nebel der Fumarolen

Von der Größe der beiden US-Staaten Delaware und Rhode Island, ist dieser Park eigentlich eine Landschaft, dennoch bequem in Tagestouren mit dem Wagen zu durchstreifen. Dabei bieten sich zwei Möglichkeiten an: Die *Loop* genannte Rundfahrt vom ›Old Faithful‹ über *West Thumb, Lake, Fishing Bridge, Canyon, Norris* und *Madison* – und zum anderen die Rundfahrt: *Canyon, Tower, Mammoth Hot Springs, Norris*. Natürlich kann man beide Touren als *Grand*

Loop in eine verschmelzen, ist dann allerdings 300 Kilometer unterwegs und hat wenig Zeit zu beschaulicher Besichtigung. Fast alle Sehenswürdigkeiten sind von Parkplätzen aus zu Fuß erreichbar, wofür man jeweils etwa eine Stunde veranschlagen muß.

Die erste Rundfahrt beginnt gewissermaßen zu Fuß am ›Old Faithful‹ selbst. Sie gilt dem *Oberen Geysir-Becken,* nördlich des Inns am Firehole River. Unmittelbar vor dem Hotel pustet der pünktlichste aller Geysire alle Stunde eine hundert Meter hohe Dampf- und Wasserfontäne empor, nichts weiter als ein unterirdischer Boiler, der nach einer Stunde unter Druck gerät und über ein Sicherheitsventil abbläst. Interessanter sind die kleinen sprudelnden Warmwasserquellen jenseits des Feuerlochflüßchens. Hier steigt ein baumbestandener Hang an, der zu einem guten Aussichtspunkt über das *Upper Geyser Basin* führt. Überall in der waldreichen und düster wirkenden Runde qualmt und dampft es, liegen Nebelschwaden über dunklen Fichtenmulden, als ob die Geister der Unterwelt am Kochen und Brauen wären.

Nahe der Brücke führt ein kleiner Rundgang ganz nahe an die warmen Quellen heran. Wir sollten aber auf dem Weg bleiben, denn der Boden ist trügerisch. Aus den unwahrscheinlich blauen Quelltöpfen quillt warmes Wasser, das seine schöne Farbe der hitzebedingten Algen- und Bakterienfreiheit verdankt. Der Quelltopf erweitert sich unterirdisch zu einer Bowle, in deren kristallklarem Wasser man seitliche Eingänge erkennt, Schlote, die einige hundert Meter tief in die Erde führen. Über dem Fluß steigt eine Sinter-Terrasse aus weißgelblichem Rhyolit auf. Ständig rieselt Wasser aus den Quellen darüber, lagert Kalk ab, und allmählich färbt sich das Ganze durch grüne und gelbe Algen und ausgeschiedene rotfarbene Mineralien. Manche der Töpfe sind artig still, sind himmelblau oder smaragdgrün, andere spucken garstig um sich und werfen im Platzen von Gasblasen Schlamm um sich, ihre Zahl ist Legion und ihre Namen, voller Phantasie, versuchen ihr Geheimnis zu umschreiben.

Die Straße führt uns nun zurück zu *West Thumb,* wie die westlichste Bucht des Yellowstone-Sees heißt. An der schon

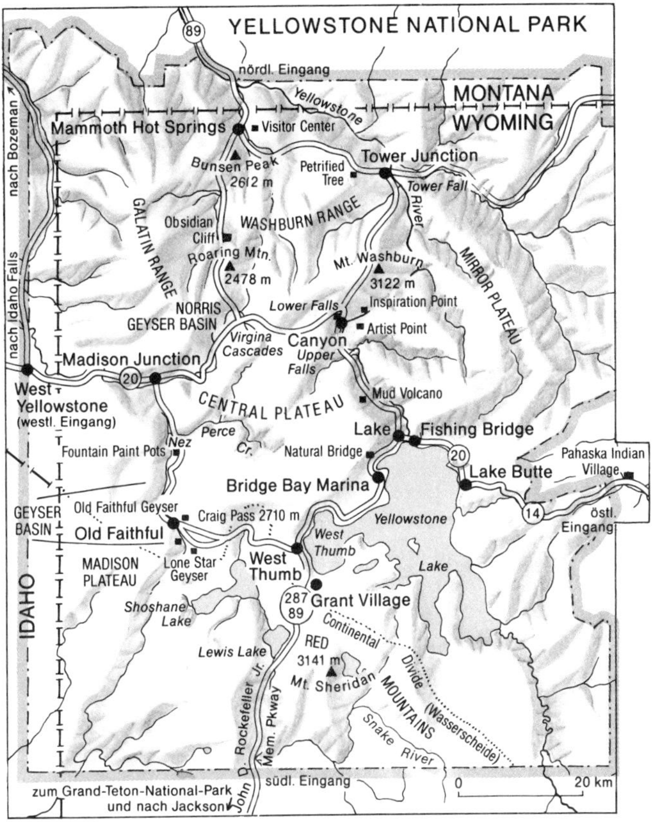

bekannten Paßhöhe wechselt die Vegetation, die Lodgepole Pines, die Drehkiefern, weichen hier den schlank schwarzgrünen Engelmannfichten und Alpine Firs, den alpinen Tannen, beide von imponierender Größe. Man hat diesen Wald nie forstlich gepflegt, mit seinem vermodernden Unterholz, den allmählich zerfallenden, windgefällten Bäumen bietet er ein Bild undurchdringlichen amerikanischen Urwalds, wie er über Jahrtausende bestand. Am *Shoshone Point* blicken wir weit über diese düsteren schweigenden Wälder, die sich fern am Horizont in blauen geschwungenen Linien auflösen. Irgendwo blitzt der Schoschonensee hindurch ... indianische Landschaft.

Im Gegensatz zum Jackson Lake, der durch eine eiszeitliche Endmoräne aufgestaut wird, ist der *Yellowstone Lake* vielleicht eine vulkanische Einbruchsmulde, eine Nebencaldera, die sich wieder angehoben hat und von Moränen modelliert wurde. 91 Meter tief, bei einer Seehöhe von 2357 Metern über dem Meer, schwimmen drei kleine Inseln, fichtenbestanden, in ihm herum. An *Bridge Bay* ist eine kleine Bootsmarina entstanden, und um *Fishing Bridge* sollten wir langsam fahren: Gemächlich und im Bewußtsein ihrer Kraft und Masse, ziehen einzelne Bisons am Waldrand entlang, queren die Straßen und verschwinden wieder im Unterholz. Diese Büffel sind die letzten Nachfahren jener gewaltigen Herden, die einst die Prärien bevölkerten. Einige hatten in den stilleren Tälern der Rocky Mountains überlebt und vermehrten sich nach der Einführung strenger Jagdgesetze wieder. Bisons sind gutmütig, wie mir scheint, aber sehr schreckhaft – wir sollten ihnen nicht zu nahe kommen. Steht so ein Bulle vor uns, den Kopf drohend geneigt, das zottige schwarzbraune Fell als Vlies von der Brust hängend, so gehört schon eine Portion Mut dazu, ihn mit dem Speer nach indianischer Art anzugehen. Erst nach der Einführung des Pferdes durch die Spanier haben ihn die Präriestämme vom Sattel aus und mit Pfeil und Bogen gejagt. Größer als unsere Rinder und an den Auerochsen erinnernd, der freilich bei uns nur durch komplizierte Rückkreuzungen wieder erstand, ist da nichts von der muhenden Trägheit eines Stalltieres. Blitzschnell wirft sich der Bulle herum, zeigt seine unerwartet kleine Hinterpartie und prescht ins Gehölz.

Meriwether Lewis schreibt am 25. April 1805:

»... I determined to encamp on the bank of the Yellow stone river ... the whole face of the country was covered with herds of Buffaloe, Elk & Antelopes; ... the buffaloes are so gentle that we pass near them while feeding, without appearing to excite any alarm among them; and when we attract their attention,

they frequently approach us more nearly to discover what we are ...«

»Ich beschloß, am Ufer des Yellowstone River das Lager aufzuschlagen ... die ganze Gegend war bedeckt mit Herden von Büffeln, Hirschen und Antilopen; ... die Büffel waren so zahm, daß wir uns ihnen beim Grasen nähern konnten, ohne unter ihnen Unruhe auszulösen; ... und wenn wir ihre Aufmerksamkeit erregten, kamen sie uns ständig näher, um unsere Natur kennenzulernen ...«. – Wie wenig hat sich seitdem verändert.

Im Yellowstone Canyon

Bei *Fishing Bridge* verläßt der Yellowstone Fluß den See und macht sich auf seine Reise zum Missouri. Zunächst plätschert er friedlich durch das *Hayden Valley,* in dem die Forellen und Lachse springen und Angler in Langschäftern im Wasser stehen. Am frühen Morgen kann man an den Stromschnellen auch Bären sehen, wie sie im flachen Wasser nach Bärenart fischen, was heißt, daß sie mit den Pfoten scheinbar täppisch nach den blitzschnellen Forellen schlagen. Das Hayden-Tal ist ein Eldorado der Tierwelt, da die meisten Touristen nur an den Geysiren interessiert scheinen und sie hier in Frieden lassen. Hier leben nebeneinander Grizzly, Schwarzbär, Elch, Wapiti-Hirsch, Büffel und Scharen von Wasservögeln, zumal die Canada Goose, die weit fliegende kanadische Gans. Die Grizzlies kommen natürlich nicht bis zur Straße, welch ein Glück, aber in den saftigen Savannen am Rande des dahinwandernden Yellowstone sehen wir Wapiti-Hirsche mit ihrem stolzen Geweih und ganze Herden von grasenden Bisons, gelegentlich eine Stampede veranstaltend, wenn die erschrockenen Tiere mit dem Leitbullen an der Spitze plötzlich einen staubaufwirbelnden Galopp einlegen. Der Elch dagegen ist ein Einzelgänger, menschenscheu und offenbar seiner eigenen Art nicht hold. Nahe wird man ihn nur zufällig im Wald sehen. Meist steht dann schon ein Auto am Straßenrand, und einige Touristen pirschen mit der Kamera im Unterholz.

Weniger beeindruckend sind die kleinen Schlammgeysire und Kaldaren am *Mud Volcano Trail*. Im Dunst der Fumarolen und Solfataren führen Stege über diese stygische Landschaft, es blubbert und stinkt, manchmal sind die kleinen Quelltümpel ganz gelb von ausgeschiedenem Schwefel. Oberhalb des Mud Volcano Trail, ein wenig enttäuscht von den blubbernden Schlammtöpfen, gingen wir noch weiter auf die Höhe, um den Blick auf die Breite des Hayden-Tals zu haben. Aus dem nahen Waldrand kam uns eine Schwarzbärin mit ihren zwei Jungen entgegen. Sie hatten uns nicht gesehen, Bären sind sehr kurzsichtig, und der Wind stand auf uns zu. So gewichtig Madame dahertrottete, so possierlich sprangen und tollten die Cubs, die Jungen, offenbar im letzten Winter geworfen. Bärinnen tragen die Last der Aufzucht allein, und die Jungen bleiben zwei Jahre bei der Mutter, bis sie alle Tricks kennengelernt haben. Wir gingen langsam rückwärts, geräuschlos und die Petze im Auge haltend, Vorsicht rang mit Neugier und dem Wunsch, dieses schöne Bild natürlicher Unbefangenheit noch länger anzuschauen. Plötzlich richtete sich die Bärin auf, wirkte nun doch sehr stattlich, sicherte und trieb ihre Jungen im raschen, weich schaukelnden Bärengalopp ins Unterholz.

Nach etwa 25 Kilometern senkt sich das Zentralplateau, und der Yellowstone stürzt über einen Katarakt in den *Grand Canyon of the Yellowstone*. Von *Artist* und *Inspiration Point* haben wir einen beeindruckenden Blick auf den tief in das gelbbraune Gestein hineingefressenen Yellowstone, der diesem Gestein seinen Namen verdankt. Manche der gigantischen Granitblöcke liegen hier inmitten vulkanischen Gesteins, von einem unordentlichen Gletscher vor Jahrmillionen liegen gelassen. Im *Upper Fall* stürzt der Fluß aufschäumend über eine Barriere harten Urgesteins, dann nochmals im *Lower Fall*, und beide Fälle sind bequem über kleine Wanderwege von Parkplätzen beidseits des Canyons aus zu erreichen. Im Gegensatz zum felsnackten Grand Canyon, dessen Stromschnellen wir vom Canyonrand aus gar nicht sehen können, bietet der Yellowstone Canyon eine kleinere, aber überschaubare Variante.

In Canyon gabelt sich die Straße in den bereits erwähnten kleineren Loop über *Norris* und zurück zum ›Old Faithful‹ und den längeren Ausflug über *Mammoth Hot Springs*. Wir folgen dem Weg zu letzterem Ort.

Einen sehr schönen Eindruck hat man vom Fuß des *Tower Fall* am nördlichen Ende des Canyons. Von *Junction Butte* unweit der ›Roosevelt Lodge‹ führt ein Trail etwa zehn Kilometer am Osthang des Canyons südwärts und endet im stäubenden Wassernebel am Fuß des Falls in einem romantischen Szenarium. Das Wasser eines Baches schießt aus den Felstürmen heraus, Fichten klammern sich an kleine Vorsprünge, und tief unten im Kessel, in dem wir stehen, tost der schäumende Yellowstone zwischen Basaltblöcken, die seinen Weg behindern. Streng stehen die Engelmannfichten in steifer Würde, die vielen Autos auf der Straße sind vergessen.

Mammoth Hot Springs im Norden des Parks liegt in einer trockeneren Landschaft, Rocky Mountain Junipers, Gebirgswacholder, und Sagebrush tauchen trotz der Höhenlage auf. Das Park-Hauptquartier leugnet baulich nicht seinen militärischen Ursprung als Teil des alten Fort Yellowstone, von dem aus die US-Armee um die Jahrhundertwende begann, den Park als Sehenswürdigkeit zu erschließen. Das wird auch friedlich gesonnene Menschen erfreuen, aber inzwischen nehmen es ökologisch Gesonnene der Regierung übel, daß sie den Park nicht restriktiver handhabt. So ist man den Bären nahegetreten und wollte ihnen das Futterbetteln bei den Touristen abgewöhnen. Bären sind nun mal Allesfresser, und die vielen Fremden und ihre Kinder fanden es spaßig, die Bären aus dem Wagen zu füttern. Ungefährlich war dies nie und es gab Zwischenfälle. Auch wurden die Bären zunehmend ungezwungener, was sie sicher den Menschen abgeschaut haben. Trotz trauriger Kinderaugen entschloß man sich daher, den Menschen, als der gelehrigeren Spezies, das Füttern abzugewöhnen – die Bären hat dies gewurmt und vergrault, und so haben sie sich von den Parkplätzen zurückgezogen und sind nur noch zufällig an Waldrändern und beim Fischen zu sehen. Im Yellowstone zählt man etwa 1000 Schwarzbären und 250 Grizzlies.

ALBERT BIERSTADT (1830-1912)
Geyser, Yellowstone Park
Ölgemälde, 1871
Washington, Hirshorn Museum

Bilder wie dieses entdeckten für die breite amerikanische Öffentlichkeit den touristischen Wert des ›Far West‹, des damals äußersten, noch kaum erschlossenen Westens der Vereinigten Staaten. Spektakuläre Naturerscheinungen wie Geysire, brodelnde, heiße Quellen und riesige Sinterterrassen lockten dann auch die ersten Reisenden in das Gebiet des Yellowstone.

Mammoth Hot Springs ist eine Ansammlung von phantastischen Travertinterrassen, die sich beim Abkühlen des heißen, kalkgesättigten Wassers gebildet haben. An der Jupiter- und Minervaterrasse können wir diese Ablagerungen in ihren rundlichen, elefantenartigen Formen sehen. Es ist, als ob das Wasser im Fall geliert sei. Es sind nicht die scharfkantigen Formen eines gefrorenen Wasserfalls, grünblau durchscheinend, sondern undurchsichtige, von Gelb über Beige und Ocker schimmernde, stufenförmig abfallende Becken, manche lebend, das heißt von strömendem Wasser erfüllt, manche tot und nur noch Versteinerung. Der auskristallisierende Travertin fällt an den kühleren Kanten rascher aus, so bilden sich die malerischen Aufkantungen am Rande der Becken, doch gibt es hier so viele geologische und chemische Besonderheiten zu sehen, daß man sich einfach treiben lassen muß. Ob nur an der Schönheit der Formen und Farben interessiert, ob am Bau dieser Welt, jeder kommt hier auf seine Kosten, und einige Kilometer weiter können wir ›Apollinaris‹ trinken, denn die Entdecker des vorigen Jahrhunderts meinten, das Wasser gleiche der bekannten deutschen Quelle. Dann kommen die *Roaring Mountains*, deren Dampfpfeifen noch in den zwanziger Jahren einen großen Lärm machten.

William Clark berichtet 1805:

»*There is frequently heard a loud noise like thunder, which makes the earth tremble, they state that they seldom go there because their children cannot sleep – and conceive it possessed of spirits …*«

»Ständig hört man ein lautes Geräusch wie Donner, welches die Erde erzittern läßt, sie (die Indianer) sagen, daß sie selten hierher gehen, da ihre Kinder nicht schlafen können, und stellen sich das Land als von Geistern bewohnt vor …«

Im Dunst der abendlich von geisterhaften Fumarolen wabernden Wälder kommt uns die Erde jung vor, noch jünger als sonst auf dem nordamerikanischen Kontinent. Unwillkürlich hat der Mensch das Bedürfnis, Lebewesen und Landschaften nach Alterstufen zu ordnen und begreifbar zu machen. Es ist, als ob Jugend, Reife und Alter einer Landschaft unsere Sicht verändern und dies wiederum nicht, ohne das eigene Alter als eine Bezugsgröße einzubringen. Europa selbst ist voller solcher Alterskontraste der Gesteine und der von ihnen geformten Landschaften, doch hat der formende Einfluß des Menschen vieles verwischt. In Amerika spricht die Landschaft deutlicher zu uns, nicht das Vergehen des Urgesteins, seine Mineralisierung und schließlich seine Nutzung unter dem die Hügel verschleifenden Pflug stehen im Vordergrund. Feuer und Wasser, der unter uns brodelnde feuerflüssige Erdkern, Winde und Wetter mit erstem Anflug von Erosion prägen harte, übergangslose Konturen. Die Zeit hat ihren milden Einfluß noch nicht durchgesetzt, das ständige Abtragen der Gebirge, das sprengende winterliche Eis, die dehnende und spaltende Hitze des Sommers, der Angriff des Wassers, der die endlosen chemischen Prozesse auslöst, die letztlich von der Pflanze aufnehmbare lösliche Mineraldünger schaffen, die Wechselwirkung von Sauerstoff und Stickstoff, welche die Photosynthese organischen Lebens in Gang bringen, jenen ganz späten erdgeschichtlichen Prozeß der Einbringung, des Einfangens von Kohlenstoff und Stickstoff aus der Atmosphäre und ihre Umwandlung in Kohlehydrate, Eiweiße und Fette, sie beginnen sich erst zu regen. Wir begegnen den Elementen, ganz wörtlich den chemischen Elementen und ihren einfachsten Verbindungen, noch in einer jungfräulichen Phase, in der sie nichts voneinander wissen zu wollen scheinen. Wir werden gewahr, daß die Spur des Menschen und der Tiere, ja allen organischen Lebens nur eine erste flüchtige Bewegung auf der äußersten und dünnen Erdkrume darstellt, wir werden gewahr, daß Geschichtsschreibung, die uns so oft aus eisgrauen und uralten Tagen zu berichten scheint, nicht mehr ist als ein Ritzen auf einem Stein, morgen vergessen. Hier gilt anderes Gesetz, wirkt die Menschheitsgeschichte, die kleine und unbedeutende, nur wie ein oxydischer Anflug, eine flüchtige Patina, auf dem Urgestein der Erdgeschichte.

Im folgenden *Norris Geyser Basin* finden sich weitere Hunderte von großen und kleinen Geysiren, blauen, grünen und gelben Fumarolen und Terrassen – sie werden uns irgendwann ermüden. Wir hatten in dieser Phase der Erschöpfung das Glück, im Dämmer des Waldes eine Elchfamilie zu erspähen und uns ihr vorsichtig etwas zu nähern. Der Alte, gewaltig an Körperfülle, mit seltsamem Buckel oder Nackenwulst, äste ungestört und gleichgültig an jungen Trieben, seine ebenso gewaltigen breiten Schaufeln gelegentlich schüttelnd, um irgendwelches Rankenzeug loszuwerden. Seine Ehegefährtin lag im Unterholz und hielt Siesta. Nur das kleine Elchkalb schien uns bemerkt zu haben, sprang auf und lief unruhig umher. »Paßt hier denn niemand auf?«, schien es sagen zu wollen, »ich kann noch nicht so rasch springen wie ihr.« Endlich bequemte sich der Alte, stieß in der Herbstkühle seinen dampfenden Atem aus und brach durchs Unterholz, seine Familie folgend. Elche sind eigentlich nicht schön, gemessen an der Grazie des Rehes oder der Würde eines Hirsches. Dunkel, fast schwarz von Farbe, schwerfällig und unproportioniert, das Dämmerlicht des Waldes suchend, von dem sie sich kaum abheben, wirken Elche wie urzeitliche und fast vergessene Bewohner dieser düsteren Wälder.

Dann biegen wir doch wieder in den **Firehole Lake Drive** südlich von Madison ein, bewundern den *Great Fountain Geyser. Emerald Pool* und *Morning Glory Pool* haben sich zu kleinen Quellseen entwickelt, in deren klarem, blauen oder smaragdfarbenem Wasser tiefe Schlünde nixenhaft grün in die Zauber der Unterwelt führen. In der Abenddämmerung hat sich auf der Au am ›Old Faithful Inn‹ eine ganze Anzahl Bisons eingefunden, sie grasen ums Haus und schauen ungeniert durchs Fenster.

Des Prinzen zu Wied Erzählungen

Wenn wir uns vor dem Essen noch einen Bourbon oder Kentucky straight auf den Innenbalkons des ›Old Faithful Inn‹ gönnen – verdientermaßen nach all den wässrigen Sprudeln des Tages –, so erinnern wir uns beim Schein des flakkernden Kaminfeuers auch der Erzählungen von Lewis und Clark, denen wir heute auf Schritt und Tritt begegneten. Sie führten als gebildete Männer eine flüssige Feder, auch wenn sie nicht Coopers unübertrefflichen Stil erreichten. Was in ihren Schilderungen an Farbe vielleicht fehlt, können wir dem künstlerischen Œuvre des schweizerischen Aquarellisten Karl Bodmer, der im Gefolge des Prinzen Maximilian zu Wied-Neuwied 1832 die Landschaften der östlichen Plains und der Rocky Mountains bereiste und bis Fort MacKenzie in Montana vordrang, entnehmen. Das Werk geriet lange in unverdiente Vergessenheit. Die nach dem Zweiten Weltkrieg in einem verstaubten Archiv des Schlosses zu Wied bei Koblenz wiederentdeckten Aquarelle, heute im Joslyn Art Museum in Omaha, geben einen unmittelbaren, noch völlig unverfälschten Eindruck der Indianer in den Prärien und Bergen, ihrer Sitten und Ritualtänze, ihrer Medizinmänner, Frauen und Kinder. Die jungen Frauen zumal verfügen über ernsten Charme, die älteren zeigen nur noch die Spuren entbehrungsreichen Lebens, nicht unähnlich den heimischen Porträts faltiger Gesichter auf einem Altgedinge. Entstanden unter primitivsten äußeren Umständen, ständig bedroht durch umherstreifende, untereinander verfehdete Stämme, sind diese künstlerisch hervorragenden Arbeiten, wie auch das aus den Tagebüchern des Prinzen hervorgegangene, lesenswerte Buch ›Reise ins Innere Nord-Amerikas‹ – mit den Aquatintadrucken nach Bodmer – nur in lächerlicher Stückzahl verkauft worden. Den wahren Wert dieser unschätzbaren Dokumente hat man erst in den sechziger Jahren unseres Jahrhunderts erkannt. Der Weg, den der Prinz und Bodmer nahmen, führte dreißig Jahre später fast auf Lewis und Clarks Spuren; von St. Louis aus, den teilweise schiffbaren Missouri aufwärts, bis die Mauer der Felsgebirge dazu zwang, sich Pelzjägern und Abenteurern anzuschließen, um die Bergketten zu queren.

Doch lassen wir den Prinzen selbst zu Wort kommen:

»Am 30. Oktober (1833) um elf Uhr morgens, bei heiterem Himmel, verließen wir Fort Union und legten in Fort William gegenüber der Mündung des Yellowstone einen Augenblick an ... Da die Lebensmittel für meine Leute aus schlechtem, alten Speck bestanden ... so verlangten wir sehr nach Wildbret und landeten

an einer Landspitze des südlichen Ufers, wo wir bald Wölfe und ein kleines Rudel von sieben Stück Wild erblickten, ohne nach ihnen schießen zu können ... Als wir anlegten, um unser Frühstück zu bereiten, befanden wir uns in einem dichten Wald, wo besonders die Buffaloe Berries in großer Menge wuchsen. Sie waren schön lebhaft rot gefärbt und eßbar, was sie, wie unsere Schlehen, nur erst nach den Frösten sind ... Um zwölf Uhr befanden wir uns in dem ersten Mönnitarri (Grosventres) Sommerdorf und bemerkten am jenseitigen Ufer mehrere Indianer welche Charbonneau anriefen ... Es mehrten sich die Einladungen, ans Ufer zu kommen ... wir landeten und wurden sogleich von einem angesehenen Mann, Ita-Widahki-Hischä (der rote Schild) zu seinem Zelt geführt.

Dieses Lederzelt war neu, weiß, geräumig, schön mit bunten Haarzöpfen und neben der Tür an jeder Seite mit einem Streifen und Rosetten von gefärbten Stachelschweinstacheln höchst originell verziert. Ein Feuer hatte dasselbe vollkommen erwärmt, welches uns sehr wohltat. Wir nahmen mit der zahlreichen Familie, dem Bruder und dem Onkel des Hausherrn, jungen Männern, Kindern und Weibern, Platz beim Feuer ... Man setzte uns sogleich eine große Schale von gekochtem Mais und Bohnen vor ... und wir aßen zu dritt mit großen Bisonlöffeln aus dem Gefäß, dann kreiste die rote Dakotapfeife.«

Für Europäer unverständlich waren die rituellen Martern, denen sich die jungen Männer der Stämme der Grosventres, Dakotas und Schwarzfüße unterzogen, denen sie aber auch ihre Feinde unterwarfen. Dunkel ist ihr Sinn:

»Man beginnt nun die Büßenden zu martern. Manchen von ihnen schneidet man Streifen von der Haut und Fleisch auf der Brust und den Armen, auch auf dem Rücken los – jedoch so, daß sie an beiden Seiten befestigt bleiben –, zieht einen Riemen hindurch und wirft sie an demselben den steilen Abhang des Dorfes hinunter, wo sie alsdann in der Luft frei hängen ... Noch andere lassen sich am Rückenmuskel aufhängen, wieder anderen werden Fingerglieder abgeschnitten, noch andere endlich werden an dem über dem Magen losgeschnittenen Fleisch in die Höhe gezogen.«

Ob nun Mutprobe, Mannbarkeitsritual, Abhärtung gegenüber Schmerzen, falls man in Feindeshand fällt – alle europäischen Beobachter haben sich mit Grausen abgewandt, selbst in jenen Zeiten, in denen öffentliche Torturen und grausame Hinrichtungen an der Tagesordnung waren. Da die Nichtunterwerfung unter diese Martern das Verstoßen durch den Stamm nach sich zog und damit den sicheren Untergang in der Wildnis, darf man annehmen, daß die Indianerstämme auf diesem mehr unbewußten als bewußten Wege, religiös verbrämt, jeglicher Verweichlichung entgegenwirken wollten. Vielleicht brauchen wir nun doch noch einen zweiten Whiskey ...

Das schien man in der Balkonnische nebenan auch so zu sehen – wenn auch aus anderen Gründen. Die Herren hatten einen breitrandigen, Gallonen füllenden Stetsonhut aufgesetzt, wahrscheinlich bei einem feinen ›Men's Outfitter‹ in Boston erworben, und spielten den entzückten Damen ihre neue Rolle als Teddy Roosevelts ›Rough Rider‹ vor, eine nur bedingt gelungene Vorstellung. Wenn der Leser an dieser Stelle fragt, wer denn dieser Drehbuchautor sei, so muß ich Theodore Roosevelt (1858-1919) vorstellen, Onkel Franklin Delano Roosevelts (1882-1945), und 25. Präsident der USA, einen jener Präsidenten, die aus europäischer Sicht so schwer einzuordnen sind: Er war ein Naturfreund hohen Grades und scharfen Blicks für das zu Erhaltende, dem viele Naturparks der Vereinigten Staaten ihr Entstehen verdankten; außerdem ein ›Rauhreiter‹, dem das Austoben männlicher Instinkte im Sattel bei vorzugsweise militärischen Unternehmungen ein Bedürfnis war; ein Salonlöwe, dem die Damen zuflogen und dem die Kinder den allseits beliebten Teddybären verdanken (ihm schien der Bär, der Grizzly zumal, ein viel amerikanischeres Wappentier zu sein als der Weißkopfadler), und schließlich ein handfester Politiker, dem das Wort vorauseilte: »Speak softly, but with a big stick!« Dies alles zu einem gültigen Bild zu vereinen, würde eines dritten Whiskeys bedürfen, den uns eine junge Dame mit bemerkenswert hübschen Beinen auch gerade servieren möchte; wir sollten ihren Reizen widerstehen und endlich zu Tische eilen ...

Zum großen Salzsee

In den Gros-Ventre-Bergen

Jackson durchfahrend, grüßen noch einmal die Tetons zur Rechten, rötlich im Morgenlicht schimmernd, dann durchschneidet der **Highway 89** eine Schleife des Schlangenflusses und trifft ihn unweit von *Hoback* wieder, wo der Hoback Bach aus einem steilen Gebirgstal von den Gros-Ventre-Bergen herabströmt. Die Bergketten im Osten sind altes Trapper- und Indianerland, einst wildreich und umstritten. Als die Trasse der Union Pacific Railway von Chicago nach San Francisco noch nicht feststand, die heute weiter im Süden parallel zur Interstate 80 bei Green River verläuft, schwärmten Kundschafter durch die Gros Ventres und die mächtigen Ketten des Wind River Gebirges, in dem der Green River entspringt und dem Colorado zufließt, um geeignete Pässe zu finden, den Nachschub für den Bahnbau zu besorgen, auch vor drohenden Angriffen der Indianer zu sichern. Welch ein Glück, werden wir heute sagen, daß alle Bergstöcke zwischen dem Jackson Lake und dem Bärensee in Utah von Nordwesten nach Südosten verlaufen und dem Bahnbau quer im Wege lagen. Damals waren die genannten Bergketten samt den Snake River und Salt River Ranges und den westlicheren Wasatch-Ketten noch weitgehend unbekanntes Territorium, irgendwie unbestimmt zum umstrittenen Oregon Claim gehörend, um den sich Kanada und die jungen Vereinigten Staaten stritten. Kein Wunder, daß die Indianer nach ihren Erfahrungen in den Plains auf der Hut waren und den Bahnbau zu stören suchten. Aber wie in solchen Fällen immer: andere Indianer erhofften sich Vorteile, wie auch zahlreiche weiße Squatter, die in Blitzaktionen rechtliche Claims aufbauten, um sie sich von der Union Pacific gegen harte Dollar wieder abhandeln zu lassen. So ein Friedensrichter, vor dem auch heute noch in einsamen Gegenden notarielle Verhandlungen laufen, hatte es nicht leicht, die Gesetzlichkeit mit den örtlichen Machtverhältnissen unter seinen großen Sheriffhut zu bringen. Auch die weißen Trapper und die letzten jener franco-kanadischen Coureurs de bois samt ihren aus Mischehen geborenen Nachkommen, den Metis, waren nicht eben freundlich auf den Bau der Eisenbahn zu sprechen, in dem sie zu Recht eine tiefgehende Störung ihrer geliebten Einsamkeit sahen.

Winnetous Grab

Vor diesem Hintergrund bewegt sich Karl Mays fiktive Erzählung in den letzten Kapiteln von ›Winnetou‹:

»Es war am anderen Nachmittag, als wir auf dampfenden Pferden am Rand des Talkessels anlangten, in dem Helldorf-Settlement gestanden hatte. Gleich der erste Blick belehrte uns, daß Monk uns nicht belogen hatte und daß wir zu spät kamen. Die Blockhäuser bildeten nur noch rauchende Trümmerhaufen. ›Uff!‹ rief Winnetou und deutete auf die Höhe. ›Der Sohn des guten Manitou ist fort. Winnetou wird diese Wölfe von Ogellallah zerreißen!«

Die Ogellallah und Dakotas samt Komantschen lebten damals um den Yellowstone See und waren in der Sicht Karl Mays die Todfeinde der ›Apatschen‹, die unter Winnetou dem ›guten‹ weißen Mann freundlich gesonnen waren. Die Wirklichkeit folgt indessen selten literarischen Vorlagen: die Apaches waren als Stamm der Navajos viel weiter im Süden, in Neumexiko und Arizona ansässig und berüchtigt für ihre Viehdiebstähle. Mit den Stämmen um den Yellowstone teilten sie weder im guten noch im bösen Interessen.

Wie dem auch sei, die als Junge hinter den Abenteuern Old Shatterhands und Winnetous gesehene Landschaft, nun wurde sie am Schlangenfluß Realität. Es bleibt ein Geheimnis, wie Karl May es ohne örtliche Bereisung zuwege gebracht hat: die Schilderung der Landschaft ist nahezu authentisch, wir werden sie heute nicht anders empfinden. Winnetou wird von einer Kugel am Mount Hancock, unweit des immer noch friedlich zwischen den Bergen ruhenden

Gray's Lake tödlich getroffen, und der Autor läßt seinen Helden – wie viele Jungen- und Mädchentränen mögen darum geweint worden sein – am Metsur Creek bestatten:

»Früh am anderen Morgen verließen wir den Hancock-Berg ... der Leichnam des Apatschen wurde in Decken gehüllt und auf seinem Rappen Iltschi befestigt. Von hier bis in die Gros-Ventre-Berge waren es nur zwei Tagesreisen. Dorthin nahmen wir unseren Weg ... Am Abend des zweiten Tages erreichten wir das Tal des Metsur-Flüßchens. Dort haben wir Winnetou begraben ...«

Der Metsur liegt unzugänglich, knapp nördlich des Hoback Creek, in dem sich heute die 191 nach Green River hochwindet, felsig und kahl, mit Fichten auf kleinen Felsvorsprüngen und Plateaus. Fahren wir ein Stück hinauf, so sehen wir einen Gedenkstein. Nicht Winnetou, dem großen Apachenhäuptling mit dem schimmernden, langen schwarzen Haar – dem Trapper John Hoback gilt der Stein. Hoback hatte 1811 eine Pelzexpedition der Astor Company zum Schlangenfluß geführt. Hoback blieb in dem nach ihm genannten Canyon einen Winter lang jagend zurück, wurde von der 1812 zurückkehrenden Gesellschaft erneut ausgestattet, um im Winter 1813 ›to be killed here by the Indians‹. In den harten, schneereichen Wintern in dieser Landschaft allein und auf sich gestellt überleben zu wollen, erscheint uns heute Wahnsinn. Die Indianer hatten keine andere Wahl und sahen in John Hoback wahrscheinlich einen unerwünschten Wettbewerber um das wenige Wild im Tal. Das war die Wirklichkeit des Wilden Westens ...

Von Pelzhändlern, Trappern und Eisenbahnen

Johann Jakob Astor, von dessen Pelzexpedition wir gerade sprachen, wurde am 17. Juli 1763 in dem kleinen Ort Waldorf bei Heidelberg geboren, wanderte mittellos 1783 nach Amerika aus, wurde in einer jener beispiellosen Karrieren, die in Amerika möglich sind, Gründer der ›American Fur Company‹, die den Pelzhandel von den Großen Seen nach dem Osten und dann von den Rocky Mountains nach dem

Pazifik organisierte. Geboren in einem kurpfälzischen Dorf, von dem aus man allenfalls die Kammlinie des Odenwalds sehen konnte, wurde er der erste amerikanische Konzerngründer mit weltweitem Blick, verschiffte seine Pelze nach dem Fernen Osten, kaufte Tee dafür, der auf den legendären Teaclippers rund um Kap Hoorn gesegelt wurde und in New York, am Ende des Dreieckhandels, sagenhaften Profit abwarf. Seine Söhne und Enkel waren für hundert Jahre unter den Großen des American Business. Als am 15. April 1912 John Jacob Astor IV., lässig an eine Brückennock der ›Titanic‹ gelehnt, mit dieser unterging, hatte das Astor-Imperium gerade seinen Höhepunkt überschritten. Das Goldene Zeitalter Amerikas, ›The Gilded Age‹, wie Mark Twain es genannt hat, jene Ära, in der ein junges, ungestümes, den Dollar anbetendes Amerika mit seinen Millionärsdynastien die ältere Aura fürstlicher Häuser von Gottes Gnaden weggewischt hatte –, sie fand nun ihr Ende, steil aufsteigend und steil verfallend fast zusammen mit der feudalen Zeit. »All the King's horses and all the King's men couldn't bring her back« sagte man von der stolzen ›Titanic‹ und bald danach galt dies von der Goldenen Zeit vor dem Ersten Weltkrieg.

Pelzjagd und Eisenbahnbau haben, wie wir hörten, die Legenden des Wilden Westens in den Tälern der Rocky Mountains gebildet. Vor allem der Eisenbahnbau zwischen 1850 und der Great Panic von 1873 hat dieses Land politisch geeint, wirtschaftlich erschlossen und ihm durch die Railway Tycoons ein Riesenvermögen verschafft.

Wie so oft, mußten auch damals zwei Dinge zusammentreffen: die Erfindung und die technische Entwicklung der Eisenbahn, beginnend mit den dampfgetriebenen Grubenbahnen von Trevithik in Wales. Am 27. September 1825 war dann endlich Stephensons berühmter erster Personenzug zwischen Darlington und Stockton vom Erfinder persönlich vorgeführt worden. 1830 gewann die Maschine ein Wettrennen mit der ›Rocket‹. Die Worte ›Rakete‹ und ›Wettrennen‹ signalisieren bereits die hochgespannten, fast fieberhaften Erwartungen, die man mit dem neuen Verkehrsmittel verband – endlich sollte die rumpelnde und langsame Kutsche, der von müden, schweren Pferden gezogene Frachtwagen, der Vergangenheit angehören.

1835 fuhr die erste deutsche Eisenbahn, der ›Adler‹, zwischen Nürnberg und Fürth. Sie wurde im wahrsten Sinne des Wortes ein Transportvehikel für Lists Idee des ›Deutschen Zollvereins‹, hat die deutsche Einigung vielleicht mehr beschleunigt als alle Reden in der Paulskirche. Eisen ist ein harter Werkstoff, er verbindet zäh und dauerhaft, und so freue ich mich immer, wenn sich an den Bahnschranken meines Wohnortes die Züge der Deutschen Bundesbahn und die der Deutschen Reichsbahn begegnen, Symbol der Hoffnung und Gemeinsamkeit. Auch in Amerika fuhr am 25. Dezember 1830 die erste Bahn ausgerechnet zwischen Hamburg und Charleston in South Carolina.

Dieser technischen Seite gesellte sich in den jungen USA bald eine politisch-wirtschaftliche hinzu, der europäisch-deutschen Situation nicht unähnlich. 1825 hatte Rußland alle Ansprüche auf die pazifische Küste südlich von Alaska aufgegeben, 1819 hatte sich Spanien auf eine Linie südlich der heutigen kalifornischen Nordgrenze zurückgezogen. 1850 schrumpfte das inzwischen selbständige Mexiko auf seine heutigen Grenzen, Kalifornien wurde Teil der USA – aber immer noch wurde das Oregon Territory, wurden die heutigen US-Staaten Oregon, Washington, Idaho und Teile von Wyoming von England und Amerika gemeinsam beansprucht. Mit verschiedenen Strategien hielt man diese Frage bis 1846 in der Schwebe. Danach hatten die über den berühmten Oregon Trail eingewanderten Siedler, die bereits 1844 einen eigenen Staat gegründet hatten und von der britischen Krone einfach keine Notiz mehr nahmen, es erreicht. Der Oregon Claim wurde Teil der Vereinigten Staaten und in der Folge in verschiedene Bundesstaaten aufgeteilt.

Doch war die Verbindung mit dem Osten eine lose. Mühsam quälten sich die Siedler mit ihren Planwagen über die Rockies, ständige Kämpfe mit den Indianern zermürbten (beide) Seiten. San Francisco blühte zwar durch das Goldfieber und den Seehandel rund um Kap Hoorn und China, aber die verbindende Transversale fehlte. Sie sollte in der

Eisenbahn gefunden werden. Zwischen 1850 und 1870 wurden etwa fünfhundert Millionen Dollar in dieses Projekt investiert, das sind heute zwanzig Milliarden Mark. So vorteilhaft dieser Bahnbau für das Zusammenwachsen der amerikanischen Nation war und die wirtschaftliche Entwicklung in den Plains und Rockies förderte – für die Indianer war es der Fehdehandschuh, der zu ihrem letzten Kampf führte, dem ums nackte Überleben. Zuerst nur als Feinde verstanden, betrachtete man sie ab 1871 als ›Wards of the Nation‹ als Mündel des Staates und nahm ihnen jedes Recht der Selbstbestimmung, für welche die Männer um George Washington doch so sehr mit der britischen Krone gerungen hatten. In dieser Zeit fand auch der Bahnbau der Union Pacific durch die Bergketten der Rocky Mountains hindurch statt.

Am Cache Creek

Der Highway windet sich an den Grenzen zwischen Utah und Wyoming nach *Montpelier.* Schotten, Franzosen und Schweizer haben hier an den Hängen der Wasatch-Kette gesiedelt, die malerisch unseren Weg begleitet. Auf den Paßhöhen im **Cache Creek State Park** bezaubern uns die Herbstfarben. Golden Aspen steigen in strahlendem Gelb die unteren Hänge bergan, an den murmelnden Bächen werfen die Schwarzpappeln dunkle Schatten, und hoch oben an den bizarren Felshängen leuchtete das Scharlach-, Rosarot und Gelborange der Erlen, mit surrealistischem Pinsel hingetupft zwischen die düster schwarzgrünen Fichten. Der tiefblaue Himmel hat jede Erinnerung an den Schnee im Yellowstone weggewischt, dramatisch staffeln sich die Felsterrassen an den Talwänden, kühn klimmen einzelne Wacholder zu ihnen empor, die ganze Baumszenerie hat sich auf hundert Kilometer dem Süden geöffnet, der Wärme, dem intensiven Licht, auch der Trockenheit der Landschaft.

Plötzlich erscheint links ein See von einem völlig unwahrscheinlichen Türkis. Unwillkürlich halten wir an. In der Umgebung warmer Gelb- und Beigetöne, allenfalls dem stumpfen Grün der Wacholder, fällt uns dieses leuchtende, fast karibische Türkis an der *Fishhaven Marina* geradezu an. Der dunkelblaue prächtige Himmel vermag kaum gegenüber dieser Herausforderung zu bestehen. Hat uns eben noch die rotgelbe herbstliche Farbpalette beschäftigt, der Reichtum an Farbtönen unterschiedlichster Leuchtkraft vor dem kontrastierenden Blau – hier müssen die Blaus den Wettstreit untereinander austragen. Kein Modeschöpfer würde so kühne Töne nebeneinander setzen.

Der Mormonentrail zum silberspiegelnden Salzsee

Bei *Brigham* verbindet sich die **89** mit der **Interstate 15**, die uns durch den Mormonenstaat Utah führen wird. Schon an der ersten Kreuzung wächst vor dem abendhellen Gebirge ein seltsamer Tempel islamischen Zuschnitts empor, vergoldete Minarette funkeln im Licht. Ist das mormonisch? Doch bevor wir diese Frage klären können, zeigt sich im Abschwung der Straße aus den letzten Erhebungen der Wasatch-Kette die weite, silbern gleißende Fläche des Großen Salzsees, ein wohltuender Gegenpol zu all den Bergen.

Südwärts fahrend durch fruchtbare Talauen vor den Wasatch-Bergen, wird die Besiedlung dichter, und nun von der Interstate herunterdrängend, erblicken wir *Salt Lake City* im gelblichen Abendlicht vor einer dunklen Bergkulisse. Hoch thront die Kuppel des Kapitols in grünschimmernder Patina, ein schönes Bild. Wir fahren aufs Geratewohl durch die Stadt, gewinnen den Tempelbezirk und blicken südwärts in sanft abschwingende Straßenfluchten; eine gepflegte Stadt. Aber rings um uns brandet die Rush Hour, auch ein Mormone will abends zum heimischen Herd, selbst wenn ihn nur noch *eine* Frau erwartet, vielleicht gerade, weil ihn *nur* noch eine erwartet. Solche ketzerischen Gedanken vergehen mir jedoch schnell. Als wir gerade an einer Ampel mit Rotlicht stehen, uns an dem bezaubernden Anblick der Stadt unter uns erfreuen, hält plötzlich ein Streifenwagen der Polizei neben uns. Das Fenster wird beiderseits heruntergekurbelt, was haben wir verbrochen? Der Polizist tippt grüßend an die Mütze und meint nur: »Next crossing you have a better view for your camera!« Dann setzt er sein Blaulicht und dirigiert uns mitten auf eine im abendlichen Verkehr kochende Kreuzung. Wir filmen, alle warten respektvoll, Lächeln allseits, dann rollen wir den Hang hinunter. Hier muß ein freundliches Glaubensbekenntnis herrschen.

Eine merkwürdige Besonderheit der Mormonen ist ihr aus dem Glauben begründeter Auftrag, auch entfernteste Vorfahren aufzuspüren, sie posthum im Mormonenglauben taufen zu lassen. Da letztlich bei diesem Streben die ganze Menschheit ›verdächtig‹ ist, an der Vorfahrenschaft der Mormonen teilzuhaben, hat man in einem der Canyons der Wasatch-Kette unter Hunderten von Metern Granit eine gewaltige Bibliothek, die *Granite Mountains Records Vault*, in den Berg gesprengt. Was hinter langen Gängen und tonnenschweren Stahltüren wie ein atombombensicherer Befehlsbunker aussieht, ist in Wahrheit eine genealogische Bibliothek, der größere Bruder der in der Stadt befindlichen öffentlichen *Genealogical Library*. Ständig vermehrt durch überall in der Welt abgelichtete Kirchenbücher und Standesamtsregister ist hier, behütet von hübschen Sekretärinnen, die wohl umfassendste familienkundliche Dokumentation der Erde entstanden.

Abends nach einem Bad im Pool und einem Essen, das die Nähe Kaliforniens und die Ferne Neuenglands andeutete, ein wenig Fernsehen. In einem fremden Land macht uns nichts so rasch, sei es sprachlich, sei es »about the talk of the town«, zum Insider als das örtliche Fernsehen, das in Amerika weit mehr als bei uns regionalisiert ist. An jenem Abend war das Jahrestreffen der Mormonen im Tabernacle Choir ›on screen‹. Wenn der geneigte Leser mir gestatten mag, meine unmittelbaren Eindrücke wiederzugeben, so war dies eine Synode, wie sie auch in der Evangelischen Kirche stattfindet. Der Unterschied scheint nur zu sein, daß hier in Salt Lake City die Kirchenmänner mit ihrer Familie erschienen, eine schwer beschreibbare Würde von Wort und Geste herrschte, Politik, die bei uns manche Synode vergiftet, ein Fremdwort war und dennoch die Welt im Blickpunkt stand.

Durchs Land der Mormonen zum Bryce Canyon und zum Zion Park

Im Garten Eden der Heiligen der letzten Tage

Am sehr frühen Morgen verlassen wir die Mormonenstadt, um auf der **Interstate 15** südwärts zu fahren. Eine eigentümliche Stimmung hat in dieser Stunde die breite und fruchtbare Ebene westlich der steil aufsteigenden Wasatch-Kette erfaßt. Die Strahlen der aufgehenden Sonne umhüllen die noch dunklen und scharf gezeichneten Bergkonturen im Licht einer fahlgelben Gloriole. Es ist, als ob die Mormonen in ihrer Neigung, sichtbare Zeichen göttlichen Willens zu suchen und zu sehen, in diesem Strahlenkranz über den Wasatch-Bergen eine Bestätigung hätten erfahren können, in diesem Land zu siedeln, einem Land, das an den Rändern eines austrocknenden Salzsees und vor einer kahl karstigen Gebirgskette wenig zu bieten schien. In Wahrheit aber sind diese Auen um die Flüsse und heutigen Kanäle, die den Utah Lake mit dem Great Salt Lake als Mormon Corridor verbinden, ein Garten Eden an Fruchtbarkeit, wenn man sie nur zu bewässern versteht, darin an biblische Landschaften erinnernd. Die disziplinierte und auf Gemeinschaftssinn ausgerichtete Arbeitsweise der Mormonen vollbrachte dieses Wunder, was ohne Zweifel zur Anziehungskraft ihrer Glaubensüberzeugungen beitrug – aber auch Neid und Mißgunst ihrer Nachbarn hervorrief. Wie ähnlich ist dies alles den israelischen Kibbuzim, den blühenden Orangenhainen in den einst kargen Tälern Palästinas.

1857 hatte die amerikanische Regierung eine Expedition ausgesandt, um den Verlauf des Colorado zu erkunden. Mag dies auch tatsächlich eines der Ziele gewesen sein, in Wahrheit ging es um die Erkundung von Nachschubstraßen, falls es zu ernsteren Auseinandersetzungen mit den Mormonen kommen sollte. Balduin Möllhausen, der zusammen mit dem Zeichner von Egloffstein die Expedition begleitete, erzählt in seinen 1861 in Leipzig gedruckten Erinnerungen von diesen Zwisten:

»*Die Mormonen, die in einem kurzen Zeitraume die culturfähigen Ländereien am großen Salzsee verhältnismäßig dicht bevölkerten, richteten endlich ihr Augenmerk wieder auf den Colorado. Der Grund hierfür liegt sehr nahe; das Mormonengebiet wird ringsum durch ungeheure Wüsten und Steppen von allen civilisierten Ländern getrennt; der Weg dahin ist ein langer und beschwerlicher. Erwies sich ... der Colorado als schiffbar, so konnte das südliche Utahgebiet in directe Verbindung zu den Hafenstädten der ganzen Erde gebracht werden, ... so konnte das Mormonentum langsam, aber fest einwurzelnd, sich gegen Süden und in den Staat Sonora* (d.i. das heutige Neumexiko) *ausdehnen ...*«

Zur Unzeit brachen nun Feindseligkeiten zwischen den Mormonen und Washington aus. Es ging um Vielweiberei, die einem rechten Puritaner ein Dorn im Auge sein mußte, mochte er sich auch selbst nicht mit seinem angetrauten Weibe begnügen, außerdem um weitere Unbotmäßigkeiten, Verweigerung des Militärdienstes und ähnliches. Schon im Pueblo de los Angeles – der Leser wird erraten, wo das ist – wurde Möllhausen von einigen Mormonen gewarnt, die Expedition zu begleiten. Eben war dort das US-Kamelreitercorps Beagles eingerückt, mit dem man die Salzwüsten zu bezwingen und die Indianer zu schrecken hoffte.

So findet sich denn auch in Möllhausens Bericht folgender widersprüchliche Satz:

»*Es wurde also einem Unternehmen, welches rein wissenschaftlicher Art war, ein militairischer Zweck untergeschoben, und als bewaffnete, feindliche Macht sollten wir am oberen Ende des Colorado empfangen werden. Ich bestreite übrigens keineswegs die Möglichkeit, daß die Ordres, die später unsere Expedition theilweise in eine mililtairische umwandelten, schon lange vorher beabsichtigt waren.*«

Was waren die Gründe für solch feindseliges Verhalten? Als Joseph Smith gegen 1820 die ›Church of Jesus Christ of

Latter-day Saints‹ gründete, behauptete er, eine Offenbarung sei ihm zuteil geworden, wonach Jehova bereits in sehr alten Zeiten auch in Amerika durch Propheten die Ankunft des Messias kundgetan habe, durch Propheten, die angeblich zwischen 600 v. Chr. und 400 n. Chr. einer israelitischen Diasporagemeinde in Amerika entstammten. Er stützte diese Offenbarung, wie auch immer wir dieses Wort nehmen wollen, auf Johannes x. 16, wo es heißt: ›Und ich habe noch Schafe, die sind nicht aus diesem Stalle …‹, und bezog interessanterweise die Vorfahren der damaligen Indianer in den Kreis dieser Glaubensbrüder ein. Angeblich gefundene goldene Tafeln stützten dieses Zeugnis.

Was auch immer Smiths Überzeugungen gewesen waren, der Rigorismus, mit dem er und seine Mitstreiter sich darstellten, führte zum großen Auszug der Mormonen aus den Regionen der Ostküste. In Jahren und Jahrzehnten folgte ihm sein ›Volk‹, wie das israelitische Volk Moses ins Gelobte Land gefolgt war. Der Mormonen-Trail, der sich in Nebraska, am Fuß der Rocky Mountains, vom nördlicheren Oregontrail trennt, ist noch heute an vielen Stellen in der Landschaft wahrnehmbar. Die angeprangerte Vielweiberei wurde dann 1890 einverständlich aufgehoben. Man sollte wissen, daß diese – nicht unähnlich dem System der islamischen Harems – vielleicht weniger dem Vergnügen der Männer diente als vielmehr ein Versorgungsinstitut zu einer Zeit darstellte, in der es keine eigenen Berufe für Frauen außerhalb der Ehe gab, von sozialstaatlicher Versorgung ganz zu schweigen.

Der eigentliche Organisator der Mormonen und ihr unzweifelhaft bedeutender Lehrer war aber nicht Joseph Smith, sondern Brigham Young. Er führte seine Glaubensgenossen nach Utah, wo sie am 24. Juli 1847 nach einer viermonatigen Plackerei ankamen. Etwa achtzigtausend Mormonen folgten ihm, damals im menschenleeren Amerika eine riesige Zahl. Viele legten die tausend Meilen mit einem Handkarren und ihrer wenigen Habe zurück. Die außerordentliche Überzeugungskraft dieser Sekte ist vielleicht zu erklären aus der Enttäuschung vieler Einwanderer über ein im 19. Jahrhundert von den moralischen Krankheiten der Alten Welt reichlich angefressenes Amerika. Die Menschen wollten sich bewußt zurückwenden zu den Anfängen des religiös motivierten Exodus aus Europa, sie wollten sich trennen von der neuerlichen Unfreiheit durch das Geld und die angemaßte Autorität eines Kongresses, der im Zeichen schwacher Präsidenten das in ihren Augen unchristliche Tun europäischer Fürsten weiterführte.

Ein kleiner Vorgeschmack des Sezessionskrieges lag in der Luft, als die US-Armee in den fünfziger Jahren des letzten Jahrhunderts in den Wasatch-Bergen kampierte und Gouverneur Brigham Young die Utah-Miliz dagegen mobilisierte, doch Augenmaß auf beiden Seiten verhinderte den Ausbruch offener Feindseligkeiten. Das Porträt Brigham Youngs mit seiner Familie zeigt uns eine bürgerliche Atmosphäre, trotz der 17 Ehefrauen, die freilich nicht alle im Bild erscheinen, fern aller verqueren Sektiererei, mit Sinn für klare Linien und Proportionen – und genau dies ist auch der Eindruck, den das Land der Mormonen heute hinterläßt.

Das von einer Seemöwe gekrönte Monument vor dem Tempelplatz in Salt Lake City erinnert an die großen Trecks mit ihren heute unvorstellbaren Strapazen: »... in grateful remembrance of the mercy of GOD to the Mormon pioneers.« Brigham Young hat die junge Glaubensgemeinschaft konsolidiert, weltlich wie geistlich, und trotz starker Spannungen mit Washington, zu denen viele Falschmünzer und übereifrige Journalisten beigetragen hatten, ein noch heute blühendes Gemeinwesen geschaffen.

Wir haben inzwischen den Utah-See passiert, weit im Westen liegt die baumlose Große Salzsee-Wüste, die dichte Besiedlung und landwirtschaftliche Nutzung der Auen am Gebirgsrand verliert sich, Steppen breiten sich aus, fast Halbwüsten zu nennen, der Sagebrush regiert wieder mit seinen graugrünen Büschen auf nackten Böden, am Straßenrand manchmal in strahlendem Gelb blühend.

Durch die Berge Utahs

Ein Stück hinter *Beaver* und eine halbe Tagesreise südlich von Salt Lake City verlassen wir die 15 und nehmen die **Landstraße 20,** die uns zum **Highway 89** und nach *Panguitch* bringt. Übergangslos, wie es für die Staaten der Rockies typisch ist, sind wir plötzlich völlig allein. Kein Wagen kommt entgegen, kein Baum ist zu sehen, kaum ein Strauch, von Menschen und Siedlungen ganz zu schweigen. Wir übersteigen den *Summit-Paß* (2404 Meter), über den einst der Spanish Trail verlief. In der Hitze des frühen Nachmittags reflektieren die rötlichen Felsen grausam das Licht und die Hitze der Sonnenstrahlung. Der Kühler ist wieder einmal kurz vorm Kochen, und bald hinter dem Paß bleibt der Motor stehen. Kein Benzin mehr. Ich hatte nicht beachtet, daß außerhalb der Highways Tankstellen selten sind, und wie so oft die Strecke unterschätzt. Zunächst trinken wir eine Büchse Cola zur Beruhigung und hoffen, daß ein Camper mit am Heck angeschnalltem Benzinkanister vorbeikommt. Aber wie immer, wenn man wartet, kommt niemand. Wir fuhren schließlich mit dem Mut der Verzweiflung immer schön bergab, zehn Meilen ohne Motor. Kurve um Kurve, kein Mensch, kein Baum, kein Haus, kein Auto. In der dunstigen Ferne des Talbodens, in dem der Sevier River fließt, braungraue Einöde. Als die Gefällstrecke zu Ende war und bereits in Sicht der Talstraße, stand wie eine Fata Morgana eine Gruppe grüner Gehölze am Weg und dahinter offenbarte sich einsam eine wirkliche Tankstelle.

Der kleine Ort *Panguitch* ist eine Ansammlung von Motels für die Besucher der nahen Nationalparks. Aber auch im Bryce Canyon und kurz davor finden sich Lodges und Motels, die jedoch während der Saison überfüllt sind.

Die Wasatch-Kette verbreitert und verflacht sich im südlichen Utah und wird zur trennenden Barriere zwischen dem Great Basin im Westen und dem Colorado Plateau im Osten. Eingerahmt von wüstenartigen, horizontweiten Landschaften von atemberaubender Einsamkeit, sind die Wasatch-Berge die Eingangspforte vor allem zum **Bryce Canyon,** einer der schönsten und sehenswertesten jener seltsamen Felslandschaften, die sich tief in die Erde hinein gefressen haben. Sind wir sonst gewohnt, Felswände vom Tal aus aufsteigend zu sehen, so erleben wir hier vom Rand einer Hochebene eine Art negatives Gebirge, das sich in die Tiefe stürzt.

Obwohl die riesige Ausdehnung des Landes uns dies kaum zum Bewußtsein bringt: Bryce Canyon, Grand Canyon und Glen Canyon bilden eine geologische Einheit, nur zu verstehen aus der Entstehungsgeschichte des Colorado Plateaus, dem sie alle angehören. Als sich die gewaltige Platte aus Meeresablagerungen des Eozän und des älteren Mesozoikum ungleich und schief auffaltete, entstand eine sägezahnförmig auftreppende Landschaft von schrägen Tafelplatten, die sich teilweise überlappten. Unterschiedliche Mineralien gaben den Tafelkanten, Cliffs genannt, ihre phantasievollen Namen: die Pink Cliffs im Norden, südlich gefolgt von den Grey Cliffs, White Cliffs, den karmesinroten Vermilion Cliffs, den Chocolate Cliffs und schließlich dem Kaibab Kalkstein, der die oberen Lagen des Grand Canyons bildet. Der diesem Buch beigelegte Höhenschnitt (siehe Seite 24/25) mag den interessierten Leser näher einführen.

Logenplatz am BRYCE CANYON

Südlich von *Panguitch* führt die 12 mitten in diese Welt der *Pink Cliffs* hinein. Im Verlassen des Talbodens des Sevier-Flusses, gesäumt von im Herbst golden aufleuchtenden Zitterpappeln, nehmen wir die rötlichen Berge im Osten zunächst als unscheinbar wahr. Schüttere Ponderosa-Kiefern säumen den Fuß der Klippen, durcheilt von einem hellen klaren Bach, und dann plötzlich überfällt uns hinter einer Biegung ein großartiges Bild: glühendrote und bizarr geformte Felsen steilen um uns auf, in den Schatten der Kare verglimmen sie zu Violett, kühne Kiefern nisten auf Felsvorsprüngen, am Talboden flimmert das orangerote Laub der Aspen, ein dunkelblau samtiger Himmel wölbt sich über allem. Doch ist dies nur der *Red Canyon*, die Eingangspforte einer Zauberlandschaft, und es würde uns nicht wundern, wenn von den gewaltigen und nahen Kanzeln und Felsbastionen der schrille Warnruf eines Navajokriegers ertönen würde, einige schwirrende Pfeile uns gebieten würden, umzukehren.

Doch alles bleibt friedlich. Um diese späte Jahreszeit, in den letzten Septembertagen, sind kaum Touristen unterwegs. Hinter der Klamm der roten Felsen, Teil des Paunsaugunt Plateaus, wird es wieder eben, dürre Steppe breitet sich aus, und etwas verloren irrt der Blick, eben heftig gereizt, in der Runde. Es ist das Eigentümliche dieser Coloradolandschaften, daß sie uns narren. Von weitem sehen wir keine Gebirge sich auftürmen, nichts läßt uns ahnen, welche große Überraschung im nächsten Augenblick auf uns wartet.

An ›Ruby's Inn‹ fahren wir die 63 südwärts, fahren, fahren, denn wir wollen den Sonnenuntergang im Canyon sehen. Am Visitor Center, *an Fairyland View* und *Sunrise Point* vorbei, gelangen wir auf den großen Parkplatz am *Sunset Point,* von dem nur wenige Schritte zur Abbruchkante des *Bryce Canyon* führen, Schritte, die das Reale von der Traumwelt trennen.

In einem gewaltigen und doch überschaubaren Rund stürzen die rosafarbenen Kliffwände in die Tiefe, gelblichocker, von hellem Lila, rötlich-braun und an manchen Stellen von schönem Altrot. In einer berauschenden Farbskala erheben sich Felstürme und Säulen, Kaskaden und Bastionen aus dem Kessel, durchbrochene spitze Felspartien wie die Turmhelme eines Münsters, liegen tiefe amethystene Schatten in den Klüften und Karen, über die hellrote Felswände ansteigen, in tief gestaffelten Kulissen dem Bild unglaubliche Tiefe gebend.

Der Felszirkus des Bryce Canyon, amphitheatralisch angeordnet, ist weitaus kleiner als der Grand Canyon. Er ist überschaubar, hat menschliche Dimensionen, am Fuß der Klippen und in den barock anmutenden Felsgruppen nisten kleine Kiefern, tief unten im Talgrund grünt schütterer Wald im Geröll, ein Bach rauscht. Wanderer auf den schmalen Wegen, hier auftauchend, dort um Felsnasen und hinter malerischen Toren verschwindend, setzen Akzente, lassen

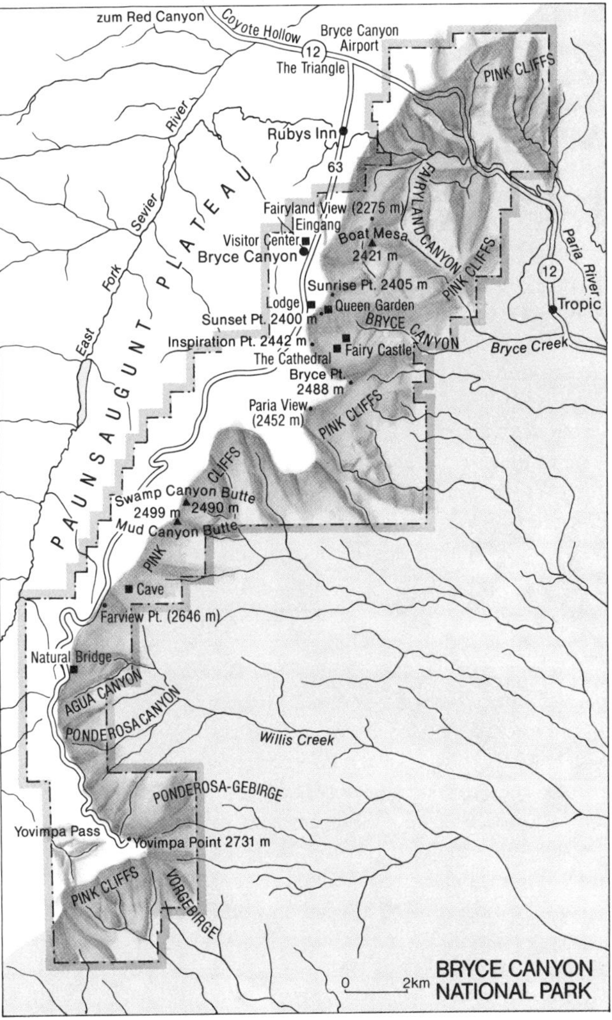

die Größenordnung erkennen, die am Grand Canyon in einer urgewaltigen, fast gewalttätig dimensionslosen Landschaft unterzugehen droht. Ist der Grand Canyon eine wagnerische

Landschaft, wozu die Namen der Felspartien: Wotans Sitz, Walhalla, Vischnus Tempel passen mögen – hier im Bryce Canyon herrscht, um im musikalischen Bilde zu bleiben, eher die Landschaft der Zauberflöte vor. Jetzt, zur Stunde des nahen Sonnenuntergangs, hat der Himmel im Osten ein sattes Blau angenommen, am Gegenhang leuchten nur noch die Spitzen des Zyklopenmauerwerks einer alten Burg, in der König Arthurs Tafelrunde nach Einbruch der geheimnisvollen Nacht tagen mag. Hoch auf einer steilen Felsklippe thront eine romantische Ritterburg in ihrer Ruinenschönheit. Man meint, Zinnen zu sehen, Fensterhöhlen glimmen im Gegenlicht und tief geheimnisvoll leuchtet es aus den Tiefen und Felsfenstern.

Es ist still auf dem Rim geworden, die wenigen Besucher sitzen schweigend auf den Kanten des Kliffs, jeder Überraschung gewärtig, denn nichts scheint hier unmöglich. Rasch versinkt die Sonne hinter dem Paunsaugunt Plateau. Bryce Point leuchtet noch einmal auf, dann fällt die Nacht plötzlich ein, ganze Scharen von Fledermäusen beleben die Luft, ein bleicher Mond stand schon lange unbeachtet am Himmel, nun ist seine Stunde gekommen, das flammende Rot ist silbernem Filigran gewichen.

Für uns wird es Zeit, nach einer Bleibe für die Nacht zu suchen. Wir wollen am anderen Morgen in aller Frühe, wenn es noch kühl ist, den Navajo Trail durchwandern, und so empfiehlt es sich, im Park zu übernachten. Die ›Bryce Canyon Lodge‹, im Auftrag der Park Administration privat bewirtschaftet, ist vom 17. Mai bis zum 30. September (!) geöffnet. Sie führt ein gutes Motel, daneben ein Restaurant, das mit seinen dunklen Holzbalken an ein rustikales Hotel im Schwarzwald erinnert. Im nahen Ponderosa-Wäldchen stehen romantische Western Cabins zur Verfügung, die sich gut eignen, mehrere Tage zu bleiben und zu dritt oder viert zu übernachten, selbst sein Steak zu braten, das aus ›Ruby's Inn‹ stammt, und den Geräuschen des nächtlichen Chaparalls zu lauschen. Die Preise betrugen 1985 60 bis 79 $ für zwei bis vier Personen. Im Sommer muß man vorbestellen: F 801 586 7686.

Auf dem Navajo Trail zwischen den Felstürmen und in den Schluchten des Bryce

Am anderen Morgen wölbt sich ein blaßblauer Himmel über den lichten Kieferbeständen auf der Mesa des Bryce Plateaus. Der Morgentau hat die Zwergbüsche und Sagebrushes silbern, im Frühlicht glitzernd, überzogen. Ungeniert jagen die Blue Jays ihre Insektenbeute, breiten sie die Schwingen, so leuchten sie in schimmerndem Dunkelblau. An *Sunrise Point* haben sich die ersten Beobachter eingefunden. Das schlagartig über die östlichen Erhebungen tretende Sonnenlicht läßt die bizarren, zerrissenen und stalagmitenähnlichen Felstürme und Nadeln in einem unwirklichen Rot aufleuchten; es ist als ob der ganze Fels von innen heraus glühe. Das weite Halbrund des inneren Felszirkus reflektiert und verstärkt von allen Seiten diese Wirkung. Matt und farbschwach liegt dahinter, leicht erhöht, die Boat Mesa mit Fairyland View, nach Norden blauen die Berge der ansteigenden Gegenmesa des Aquarius Plateaus.

Wir haben uns entschieden, nach *Sunset Point* zu fahren, um auf unserer Wanderung durch den *Navajo Trail* die Sonne im Rücken zu haben. Von der kühnen Felsbastion öffnen sich Ausblicke in das zweite, östlicher liegende Halbrund des Bryce Canyon zwischen Sunset Point und Bryce Point, noch mattgrau, aber einzelne Partien an der Spitze der Felsnadeln bereits im vollen Licht, das sich in tieferen Karen widerspiegelt, wie aus der Feuertüre eines angefachten Ofens uns aus Schluchten entgegenleuchtend.

Der Navajo Trail ist ein Wanderweg von bequem drei Stunden Gehzeit, der mit festen Schuhen und einiger Kondition gut zu bewältigen ist. Schwindelfreiheit ist nicht nötig, eher sollte man einige Büchsen Cola in einem kleinen Rucksack mitnehmen – der Anstieg gegen Mittag wird uns beanspruchen und die Sonne zwischen den Felswänden uns ausdörren.

Zunächst geht es steil hinab in eine malerische Klamm zwischen hellrot in den blauen Himmel leuchtenden Felsen.

Ein Felsentor öffnete einst den Weg in die Wallstreet, doch heute gelangen wir nur zu einem Balkon, von dem aus der Blick in ein wüstes Kar fällt. Die ständige geologische Veränderung durch Wasser, Wind und Temperaturwechsel verändert auch den Canyon unaufhörlich.

Mitten im steilsten Abstieg zwischen den Felswänden stehen einzelne bezaubernde Lodgepole Pines und Drehkiefern *(Pinus contorta)*, mühsam sich haltend in einer rein mineralischen Materie. Ihr zäher Lebenswille vermittelt eine ungemein menschliche Aura in dieser Gigantenwelt. Ihre Stämme sind gedreht wie ein Seil, nur so können sie den winterlichen Fallwinden und dem Schnee widerstehen. An der engsten Stelle verdunkelt sich der Klammboden, nur karges Licht erhellt den Pfad, aber am Ende der Klamm leuchtet ein Felstor hellrot auf, flammen die Felsen dahinter in einem wilden Orange, davor steht wieder eine Kiefer im Schatten und sehnt sich nach der Wärme, die sie nicht erreichen kann.

Gegen den Talboden hin weitet sich die Felsszenerie, breite rötliche Terrassen, Schuttkegel von abgebröckeltem Kalkstein und Sandstein säumen die sich türmenden Felswände. Dichter wird die Vegetation: kleine Manzanitas (Zwergäpfel), Birken und Mountain Mahoganies tragen ihr goldgelbes Herbstlaub, dazwischen die Utah Junipers, eine starkwüchsige Wacholderart, mit ihren reifen blauen Beeren und die Bergahorne, die hier klein bleiben, aber eine prachtvolle rote Herbstfarbe besitzen. Vor allem, wenn sie auf höheren Vorsprüngen stehen, strahlt ihr Rot vor dem zunehmend blauer werdenden Himmel. Kleine Chipmunks, Erdhörnchen, mit ihren hübschen weißen Streifen queren den Weg, possierlich anzusehen, wenn zwei sich treffen und so etwas wie Küßchen austauschen. Ganz unten am Talboden plätschert der junge Paria-Bach, dem wir später wieder in heroischer Landschaft als Zufluß des Colorado begegnen werden.

Inmitten dieser großartigen Felsarena, rot, orange und gelb leuchtend, skandiert von schlankgrünen Kiefern, umgeben vom duftenden Unterholz, einer echten Indianerlandschaft, werden wir erste Rast machen. Hoch im Osten ragt über uns die Kulisse von *Bryce Point* mit dem Wall of Windows empor, das schräg einfallende Licht fällt in bunten Streifen durch das Gewirr der Felsnadeln, tiefste Schatten wechseln mit unwirklichen Farben.

Der Navajo Trail hat viele Verzweigungen, man könnte von hier eine Tageswanderung nach Tropic machen, die Frage ist nur, wie man zurückkommt. Ein Aufstieg führt zu Bryce Point. Am besten aber wenden wir uns *Queen's Garden* zu, wo der Pfad sich in die Höhe windet, wunderschöne Hoch- und Tiefblicke bietet und im Verlauf des Vormittags das wandernde Licht, die wandernden violetten Farbschatten erleben läßt. Für uns ist die Queen die Fairy Queen, die Feenkönigin im Reiche Oberons und Titanias, aber andere meinen damit die mürrische und streng blickende Königin Victoria.

Im Ansteigen erblicken wir die Felsgruppe der Drei Schwestern, wie wir sie tauften. Eines der Mädchen flüstert der Mittleren etwas Geheimnisvolles ins Ohr – vielleicht ist ihr im Frühlicht ein Märchenprinz begegnet, der aus seinem helleuchtenden Felsenschloß im Osten herabstieg und sie bei der Morgentoilette im Bach überraschte. Dann wird uns die dünne Höhenluft zu schaffen machen, der Canyon liegt etwa 2300 Meter hoch, der Höhenunterschied der Wanderung beträgt aber nur knapp dreihundert Meter. Manchmal durchbricht der Steig eine Felswand durch ein natürliches Erosionstor, und da ein gutes Bild nach einem Rahmen verlangt: hier rahmt sich die Natur im Vor- und Rückblick selbst. Eine überhängende Felswand mit umgeworfenen Kiefernstämmen bildet eine Art Höhle und einen zweiten Rastplatz. Die unterschiedliche Schichtung von weicheren und härteren Kalk- und Sandsteinen, die verschiedene Erosionsgeschwindigkeit durch das Wasser, das dem Kalkstein zusetzt, ihn auflöst, und der Temperatur, die eher die Sandsteine platzen läßt, hat hier seit Millionen Jahren gewirkt. Der entschiedene Eindruck der Vertikalen findet seine Balance durch die horizontale Schichtung der alten Meeresablagerungen, in denen sich über lange Zeiten hinweg kalkhaltige Hüllen von Meeresbewohnern sedimentierten, dann wieder der Flugsand aus der Verwitterung von Urgestein wie etwa Granit. Diese Ablagerungen ereigneten sich irgendwann zwischen 300 und 50 Millionen Jahren vor unserer Zeit. Immer wieder überflutete das Meer diese Zone, neue Sedimente entstanden und immer wieder hob sich das Land, faltete sich im Gebiet des Colorado Plateaus auf, wir hörten bereits davon. Ob wir die Wände des Bryce Canyon betrachten oder später den Grand Canyon, stets ist es die gleiche Reihenfolge von Formationen, deren Abfolge vom Miozän über das Eozän, als Teile des Tertiärs zwischen 5 und 50 Millionen Jahre alt sind und deren obere Schichten aus Kalk und Sandstein bestehen.

Auf unserer ferneren Reise hat die treppenartige Abstufung der verschiedenen Klifformationen, von der wir eingangs sprachen, im Zion-Nationalpark die Schichten des Mesozoikums erreicht, vor allem die der Kreide, des Jura und Trias, die in eine Zeit bis zu 250 Millionen Jahren zurückreichen. Noch älter sind die Schichtfolgen im Grand Canyon, die ins Paläozoikum und schließlich ins Präkambrium zurückreichen, ein Alter von bis zu 1500 Millionen Jahren aufweisen, ein Alter, unter dem wir uns nichts mehr vorstellen können. Dabei sind Grand Canyon und Bryce Canyon mit 8000 bis 8500 Fuß, also 2400 bis 2600 Meter, in der Höhe nicht sehr verschieden, was sich erklärt durch die auf den Seiten 24/25 wiedergegebene geologische Struktur: Durch die schiefe Anhebung der Sedimente aus Millionen Jahren, die im Bereich des Grand Canyons viel energischer war als am Bryce Canyon, war zunächst ein deutliches Gefälle in nördlicher Richtung entstanden. Die folgende Erosion durch Wind, Wasser und Eissprengung hobelte diese Fläche wieder eben; lokale Anhebungen und die unterschiedliche Härte des ›gehobelten‹ Gesteins taten ein übriges. So sehen wir heute ein Colorado Plateau, das aus großer Entfernung nahezu eben wirkt. Aus der Nähe erkennen wir die Abtreppungen der Klifformationen, in denen sich wie in einem farbigen Buchregister die Abfolgen der Erdgeschichte wie kaum an einem anderen Orte der Erde abzeichnen.

Die eigentümliche vertikale säulenartige Struktur des Bryce Canyon, an die ›Tröpfelburgen‹ erinnernd, die wir als Kinder am Sandstrand gebaut haben, ist im engeren Sinne die Folge von Cracks, Rissen, mit denen sich einst größere zusammenhängende Felsbrocken getrennt haben. Manchmal blieb auf der Spitze erosionsfesteres Material liegen, wie bei den bekannten Erdsäulen in der Nähe von Bozen.

Die Farben der geschichteten Felsen und ragenden Türme sind eine Abwandlung verschieden gefärbter Eisenoxide, Hydroxide, Carbonate und Silikate, deren Farbskala von Braun über Rot, Rosa und Gelb reicht. Gelegentlich kommt Manganerz hinzu und tönt das Gestein violett und lila, auch Kupfer tritt in dünnen Schichten hinzu und ergibt grünliche Farben. Die allmähliche Auslaugung durch kohlensäurehaltiges Wasser läßt die Farben in den oberen Lagen verblassen; wir werden dies noch in den fast weißen Gipfelkalksteinen des Zion Parks sehen.

Beim Durchwandern des *Navajo Trails* werden wir uns fragen, wann und ob überhaupt der Mensch in diesen gewaltigen Landschaften einst gelebt hat. Aus der Korbmacher- und der Pueblokultur sind keine Reste gefunden worden. Als die Weißen Utah kolonisierten, lebten in den nahen Tälern die Paiutes als Untergruppe der Utah-Indianer. Sie nannten den Bryce Canyon ›Rote Felsen, die wie Männer in einem Tontopf stehen‹ und haben damit etwas Treffendes ausgesagt. Erst 1872 kam eine Expedition unter dem Kommando des legendären John Wesley Powell, von dem wir am Grand Canyon noch berichten wollen, in den Bryce Canyon, der seinen Namen von Ebenezer Bryce hat, der ganz unschuldig im nahen Tropic ein Häuschen gebaut hatte. So einfach gelangt man zu spätem Ruhm.

Mögen auch die geologischen und gesteinskundlichen Fakten in hohem Maße interessant sein, der alles beherrschende Eindruck am Bryce Canyon ist seine Märchenhaftigkeit, sind seine fast unirdischen, die Phantasie herausfordernden Formen und Farben. Er stellt zusammen mit dem Grand Canyon einen Teil jener Urlandschaft der Erde dar, die sich andernorts kaum wiederfindet. Eine sehr junge Landschaft, unendlich jung, gemessen an den alten Urgesteinslandschaften Europas, auch darin Teil einer dynamischen und jungen Neuen Welt. Zersägt von den gewaltigen Canyons des Colorado und seiner Nebenflüsse, öffnet hier die Erde ihr Tagebuch, läßt uns hineinschauen und zugleich erkennen, wie klein und bescheiden unser ärmliches Gekrakel und Geschreibsel auf den letzten Seiten dieses Tagebuches ist – in dem noch viele leere Seiten ihres Beschrieben-werdens harren. Niemand weiß zu sagen, ob sich die Schrift des Menschen auf den letzten Seiten noch finden wird.

Haben wir tiefatmend den Rand des Felskessels wieder erreicht, so wird es uns zu einem kühlenden Drink in die Lodge drängen. Die Mulis, die eben von einer Tour durch den Canyon zurückkehren, sind ebenfalls glänzend vor Schweiß und stecken ihre Köpfe tief in die Wassereimer. Daneben stehen einige Paiute-Indianer, die Männer stoisch und schweigsam, die Frauen sitzen im Kreis mit ihren Kindern. Es ist keine Schönheit nach Art der Nscho-tschi dabei; breit, faltig und apathisch wirken die Gesichter. Nur die Kinder sind hübsch und lebhaft, im Alter von drei oder vier Jahren wirken sie ungemein asiatisch mit ihren ausgeprägten Schlitzaugen und hohen Backenknochen, sie würden in Japan oder Hongkong nicht auffallen.

Die Ritter der östlichen Schlösser

Am Nachmittag fahren wir den **Rim** südwärts nach *Bryce Point,* dann etwa zwanzig Kilometer weiter und immer den Canyonrand entlang, an *Farview Point* und *Ponderosa Point* vorbei nach dem südlichsten Punkt der fingerförmigen Mesa: *Rainbow Point* mit 2773 Metern der höchste Punkt auf einer schmalen Bergnase. Es ist ein kultischer Platz der Paiutes, von dem man die Sonne hinter dem Aquarius Plateau zuerst aufgehen sieht. Doch jetzt sind nur ihre Squaws anwesend und verkaufen allerlei Silber- und Türkisschmuck. Mächtig sind die Ponderosas in dieser Höhe, sturmzerzaust und wie alle Kiefern an exponierten Stellen von höchst individueller Schönheit. In ihren langen dunklen Nadeln flimmert das Sonnenlicht, das um diese Stunde mit messerscharfer Klarheit über den Bergen liegt. Der Mountain Juniperus duftet in der harzschwitzenden Hitze, gestürzte Lodgepole Pines liegen umher, aber nicht der Wind hat sie gefällt, der Borkenkäfer hat sie ausgesaugt. Unter der abgeplatzten Rinde sieht man Myriaden von Fraßgängen.

Nahebei liegt *Yovimpa Point,* zu Fuß durch dichten Wald zu erreichen. Von hier schwingt der Blick atemberaubend weit über das Colorado Plateau. Fern und undeutlich liegen die Höhen, die den Grand Canyon im Norden begrenzen, unser nächstes Ziel. Der Blick gleitet aber auch über Millionen Jahre Erdgeschichte. Wir stehen auf dem Vorposten der fünfzig Millionen Jahre alten *Pink Cliffs.* In der Bildmitte sehen wir die Geländeschwelle der hundert Millionen Jahre alten White Cliffs, dann folgen die scharlachfarbenen Vermilion Cliffs, einhundertfünfzig Millionen Jahre alt, bevor die Kaibabhochfläche steil zum Colorado abfällt und den Grand Canyon bildet.

Zurückfahrend zeigen die Blicke von den Aussichtspunkten an der Straße einen zweiten, größeren Felszirkus, hufeisenförmig, herber, weniger zierlich als an Sunset Point, alpiner im Eindruck; der kleinen Felsarena Distanz gebend und ihre Einmaligkeit betonend. Immer wieder sollte man die Straße verlassen und zu Fuß ein paar vorsichtige Schritte zum baumbestandenen Kesselrand wagen. Hier stehen die gewaltigen Ruinen jener Felsburgen, die vom Navajo Trail aus unsere Phantasie bewegt haben, Felsgebilde, die an Gustave Dorés Illustrationen zu Balzacs ›Pantagruel‹ erinnern: Hier eine hohe Felsenpforte, die sich auf eine Zugbrücke über gähnendem Abgrund öffnet, dort eine halb niedergebrochene Palastwand, in deren Fensterhöhlen Ginster nistet, Türme, die geheimnisvolle, leere Burghöfe bewachen – und tief unten in der Schlucht windet sich ein Pfad am Fels entlang – diente er einst den Bewohnern dieser stolzen Festen? Im undeutlichen Dämmerlicht vom Zauber erlöst, treten die alten Herrscher aus den Schatten heraus und zeigen in kühnen Felskonturen ihr Profil.

In der Abenddämmerung tritt auch das Wild aus den Dickichten der Mesa. Ungezählte schwarzstummelige Rehe grasen ohne alle Scheu. Auf den freien Flächen hat der

Präriehund seine Erdhöhlen gegraben. Er ist ein putziger Geselle, dem Murmeltier ähnlich, den Farmern und Reitern jedoch verhaßt, weil ihre Pferde sich in den Erdlöchern die Fesseln brechen. Hoch über der Mesa kreisen einige Großvögel, Geier oder vielleicht Bald Eagles, wir können es nicht erkennen. Nur einen Vogel identifizieren wir, er ist aus Blech und strebt einmotorig dem kleinen Bryce Airport zu, nichts als ein Maisschuppen mit einem Windsack nördlich von ›Ruby's Inn‹.

Beim Abendessen in der Lodge schweigen wir. Später treten wir nochmals an den Rand des Canyons, der nachtdunkel unter uns liegt, unendliche Stille. Das Mondlicht hat die steilen Klippen an Bryce und Rainbow Point undeutlich erhellt, irgendwo wiehert ein Pferd, Fledermäuse von der Art der Blattnasen breiten lautlos ihre Schwingen, gleiten als Vampire durch die Luft. Mordedor, Beißer, nennen sie die Mexikaner, da sie Maultiere und Kleinvieh, angeblich auch den Menschen im Schlaf anfallen, um Blut zu saugen. Gegen Whisky haben sie eine Abneigung, womit die geeignete Vorbeugung angedeutet ist ... Allmählich bedeckt sich der Himmel zwischen den schwarzen Umrissen der Ponderosas, zeigen sich Streifenwölkchen im blassen Mondlicht, das Wetter wird sich ändern.

In den Abgründen des Zion National Park

Nach dem Verlassen des *Bryce Canyon* fahren wir zum **Highway 89** zurück und folgen ihm südwärts bis hinter *Orderville*. Hier zweigt die 9 zum Osteingang des **Zion National Park** ab. Die Straße führt über einen Paß und durch einsame, mit wenigen Wacholderbäumen bestandene Landschaften zum Quellgebiet des Fork und Virgin Rivers, die nach Südwesten entwässern. Der Nationalpark umfaßt ein komplexes System von tiefeingeschnittenen Tälern, deren Charakter sie völlig vom Bryce Canyon unterscheidet. Ist der Bryce Canyon von waagrecht gegliederten, farbigen Schichten und senkrechten Felstürmen geprägt, so ist der erste, aber auch bleibende Eindruck des *Zion Parks*, der von gewaltigen

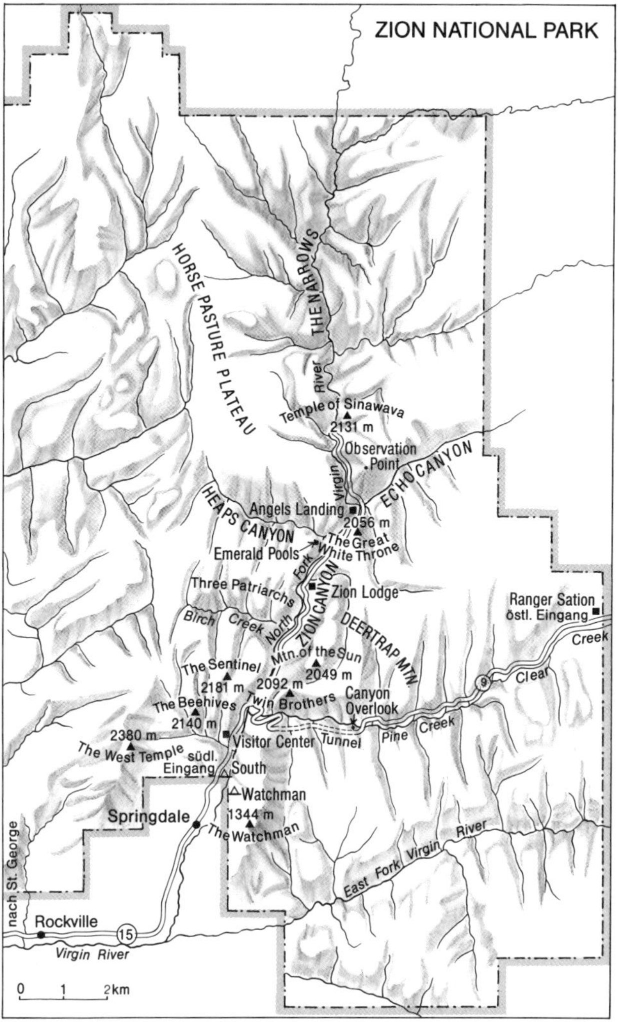

rundbuckligen und ungeschlachten Bergklötzen. Bereits bei der Anfahrt zum Park Headquarter an der Einmündung des Pine Creeks in den Virgin River drückt sich die Straße zwischen diese von den Eiszeiten rundgeschliffenen Buckel, deren obere Strata von fahlem Weiß sind, aus Kalkstein bestehend, dessen ursprünglicher rostroter Eisenoxydgehalt ausgewaschen wurde. Die unteren Bergflanken sind kahl und von gewaltigen Schrammspuren der Gletscher gezeichnet, lassen kaum Platz für die Straße, die denn auch verschiedentlich in Tunnels verschwinden muß. Hinter dem zweiten Tunnel halten wir einen Augenblick über dem Great Arch an, dem Großen Bogen, der den oberen Talboden mit majestätischer Gebärde abschließt. Dann winden wir uns in Haarnadelkurven abwärts, erreichen den Talboden des Virgin mit dem Visitor Center, das auf dem Weg zum Südeingang liegt.

Die eigentliche Tour durch den Park folgt dem *Virgin River* aufwärts durch den *Zion Canyon*, flankiert rechts vom East Temple (2161 m), während links der Sentinel (2175 m) Wache steht. Die Straße windet sich abwärts, der Canyon wird breiter, Ulmen, Erlen und Pappeln säumen den jungfräulichen Fluß, auch die begleitenden Gebirgsstöcke der Lady Mountains werden niedriger. Ein eifriger Methodist, andere sagen ein Mormone, taufte diese Berge mit einer Vielzahl von religiösen Namen, die jedoch eher peinlich wirken. Die Lodge des National Parks ist recht volkstümlich, es wimmelt von Ausflüglern aus dem nahen Las Vegas, deren Interessen so gar nicht von der stillen Natur geprägt sind. Entsprechend laut geht es zu: Snacks und Hello. Die Berge mit ihren an Schnee erinnernden, weißen Kappen stehen schweigend umher. Es ist überraschend, wie unterschiedlich das Publikum in diesen Parks ist. Der Bryce Canyon, Mesa Verde Park und der North Rim des Grand Canyon gehören den stilleren Besuchern, jenen, die wirkliches Interesse an der Natur haben, jenen, die den Rummel des lauten Massentourismus meiden wollen.

Unweit der Lodge liegen die hübschen *Emerald Pools*, smaragdgrün in der Tiefe des leicht ansteigenden *Heaps Canyon*. Vom bewaldeten Rand der Mesa stäubt ein Wasserfall herab. Wir folgen der Straße im nun wieder enger werdenden Canyon, rechts liegt die poröse Sandsteinmasse der Weeping Rocks, eine ungeheuere Wassermengen enthaltende und langsam abgebende Gebirgsgruppe, durch die der *Echo Canyon* zieht. Wir fahren bis zum *Temple of Sinawava*, einem Platz mit kultischer Bedeutung für die Indianer, parken und folgen dem Pfad etwa zwei Kilometer bis zum *Gateway to the Narrows*, in dem sich die Klamm auf wenige Meter verengt und nur noch oben ein Streifen des Himmels hereinschaut. Durch den roten Widerschein der oberen Felswände glimmt die untere Klamm, deren Wände wir mit ausgebreiteten Armen eben grade fassen können, in einem unwirklichen Farbspiel.

Die tieferen Tallagen des Zion Canyon zeigen bereits die Pflanzenwelt der südlicheren Staaten Arizona und Neumexiko: Mesquite bushes, kriechend oder als halbhohe Stämme mit olivenfarbenen, gefiederten Blättern und Büscheln von gelbfleckigen, aber wertlosen Bohnen. Sagebrush und erste Kakteen-Arten beleben das Bild, in dem die Engelmann Pricklpear als Kakteenart mit schönen cognacfarbenen Blüten auffällt. In den höheren Teilen des Canyons und auf dem Rückweg zum Osteingang wird die Landschaft von den Pygmy-Forests geprägt, einer Lebensgemeinschaft von Utah-Wacholdern und Pinyon-Kiefern. Wir sehen kurz vor dem 1930 erbauten Zion-Mount-Carmel-Tunnel nochmals den East Temple mit seiner rostroten bucklig-blättrigen Struktur, fahren die Spitzkehren hoch und können im grellen Mittagslicht deutlicher als auf der Anreise die Hobelspuren der Gletscher sehen, offensichtlich verschiedener Eiszeiten, denn die parallelen Schrammschichten zeigen schwache Neigung gegeneinander und kreuzen sich mit den senkrechten Felsschründen. Man nennt dies eine Checkerboard Mesa, da sie wie ein Schachbrett gemustert ist.

Zum Nordrand des Grand Canyon

Süd- oder Nordrand?

Der Besuch des **Grand Canyon** ist einer der Höhepunkte jeder Reise durch die Nationalparks. Diesen Eindruck gibt auch das Umschlagmotiv als Ausschnitt aus dem Gemälde ›The Chasm of the Colorado‹ von Thomas Moran wieder. Doch sind die Meinungen sehr geteilt, ob dem *South Rim* oder dem *North Rim,* dem südlichen oder nördlichen Rand der gewaltigen Schlucht des Colorado der Vorzug gebührt.

Für den Nordrand spricht seine höhere Lage (2508 m gegen 2085 m), die landschaftliche Schönheit des zu durchfahrenden *Kaibab Plateaus,* wald- und wildreich, dessen Vegetation von den Botanikern noch zur kanadischen Klimazone gerechnet wird, und die größere Stille um die Lodge auf einer Felsnase des *Bright Angel Point* (im Sommer Voranmeldung F 8006346951 und 8015867686, vom 22. Mai bis zum 13. Oktober).

Für den Südrand spricht seine Einbettung in die südlich-aride Klimazone Mexikos, deren Teil der Canyon selbst am Rande des Coconino Plateaus ist, die bequemere Erreichbarkeit über *Flagstaff* oder *Las Vegas,* die beide im inneramerikanischen Luftverkehr angeflogen werden können. Dagegen spricht die enorme Überfüllung, vor allem in der Hauptreisezeit des Sommers, dagegen sprechen auch die hohen Preise in den Lodges am Südrand des Canyons (*Grand Canyon Village*: 100 Dollar gegen 60 Dollar am Nordrand), der Zwang, lange voraus zu bestellen und damit unflexibel zu werden. Läßt man es darauf ankommen, so wird man kurzfristig und mit Glück nur in den Motels von *Tusayan*, etwa zehn Meilen südlich des Parks eine Bleibe finden, andernfalls bleibt nur der Tagesausflug von *Flagstaff* oder *Williams* aus, der uns die schönsten Stunden bei Sonnenaufgang oder Untergang missen läßt. (Reservation: Alle Lodges in *Grand Canyon Village* am *South Rim*, das ganze Jahr geöffnet,

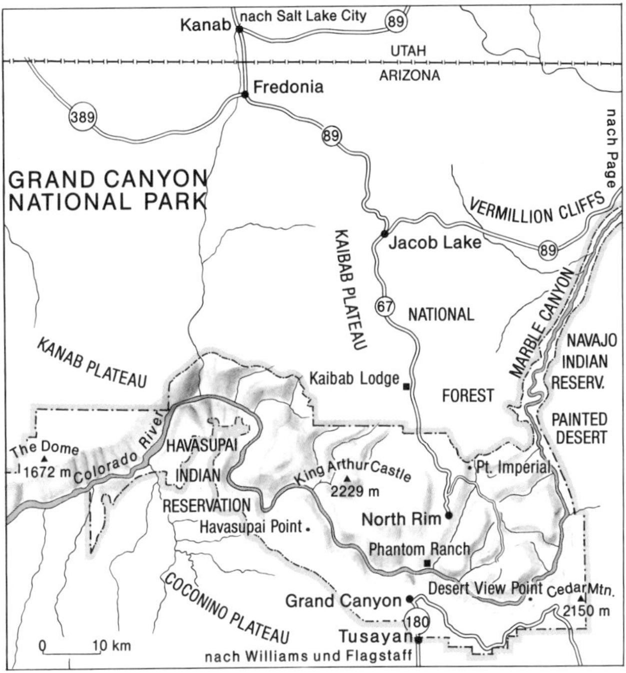

Detailkarte auf Seite 340/341

über National Park Lodges F 602 638 2401. In *Tusayan*, über die 180 erreichbar, die ›Seven Mile Lodge‹ F 602 638 2291, ›Best Western Inn‹, u.a. In *Williams*, hundert Kilometer entfernt, und über die 180, dann Abzweigung und die **64** erreichbar, die ›Ponderosa Travelodge‹ F 602 635 4991 und 22 andere Motels.)

Den Grand Canyon sollte man am ehesten im Mai/Juni oder im späten Herbst besuchen, andernfalls klare Buchungen vorsehen oder im Campmobil reisen.

Wir hatten uns entschlossen, in den letzten Septembertagen vom *Zion Park* über die *Mount Carmel Junction* nach *Kanab* zu fahren und dann die **89 Alt**(ernative) zum *North Rim* zu wählen. Während hinter uns die Pink-Cliff-Formation im mittäglichen Dunst versinkt, tauchen zur Linken die White Cliffs auf, queren wir den Kaibab Creek und das etwas trostlose Kanab, in dem zu leben nur mit mormonischem Gleichmut und Gottesfürchtigkeit möglich sein mag. Hinter dem *Fredonia-Paß* (1520 m) windet sich die Straße zum *Kaibab Plateau* und *National Forest* hoch, erreicht am *Jacob Lake* 2407 Meter Höhe und steigt nur noch langsam zum *North Rim* an. Die riesigen Wälder, die wir im warmen Licht des frühen Nachmittags durchfahren, glühen in gelben und orangefarbenen Tönen. Zwischen den Ponderosaständen schmiegen sich an Straßen- und Waldrändern die herbstschönen Zitterpappeln oder Espen *(Populus tremuloides)*, die wir als Golden Aspen bereits kennen. Da die Straße schmal ist, schließt sich das goldene Blätterdach über uns, ein dunkelblauer Himmel gibt einen wunderschönen Hintergrund, und blendend weiß stehen die malerischen Espenstämme vor dem Halbdunkel der schwarzgründigen Fichten und Tannen. Erinnerungen an schwedische Wälder werden wach, zarte Farben eines Carl Larsson, denn die Aspen vereinigen die Rindenschönheit der Birken und die herbstliche Blattschönheit der Buchen.

An *Jacob Lake* lädt ein einsames und angenehmes Gasthaus zu der vorsichtigen Überlegung ein, ob man nicht hier für die Nacht ein Zimmer mieten sollte. Die sich weiter durch schöne Mischwälder windende Straße öffnet sich nun zu Almmatten, vor deren dunklem Waldsaum ganze Rudel von schwarzstummeligem Rotwild *(Odocoileus columbianus)* oder Mule Deers *(O. hemionus)* äsen. So sehr uns dieser Anblick erfreut, so hat sich doch in den zwanziger Jahren fast eine ökologische Katastrophe am North Rim ereignet. Einst war dieses Wild die bevorzugte Beute der Berglöwen oder Pumas. Als nun ›Uncle Jim Owens‹ in seiner Liebe zu seinen Schützlingen und mit der Rigorosität, zu der Naivität und Unwissen verhelfen, fast vierhundert Pumas schoß und praktisch ausrottete, explodierte die Population dieser damhirschgroßen Tiere, und nach wenigen Jahren lebten hunderttausend Mule Deers und ästen die Wälder und Matten kahl. Man versuchte zwar, einige Tausend über

Nahe der Mündung des Paria in den Colorado. Wir sehen von den Scharlach-Klippen in den tief eingeschnittenen Marble Canyon, der das Colorado Plateau zersägt. Rechts die Auffaltung des Kaibab Plateau's aus dem Perm (s. Geolog. Schnitt der Ausfaltkante, Seite 24/25)

die steilen Trails des Canyons auf die Südseite zu bringen, vergeblich; die Tiere mit ihren großen, zutraulichen Augen waren nicht kooperativ. Doch die Natur behalf sich selbst, und fast achtzigtausend Mule Deers verendeten in harten Wintern. Heute hat sich ihre Zahl, dank der wieder zugewanderten Pumas, bei zehntausend eingependelt.

Vista Encantadora und Schaukanzel Cape Royal

Langsam windet sich nun die Straße den Nordrand des Rims hoch, schlanke Engelmann-Fichten und Blaufichten flankieren die goldleuchtenden Hänge von lichtsprühender Schönheit. Wir wählen noch nicht den Weg zur Lodge, sondern biegen links ab zur **Cape Royal Road**, die sich über das weit in den Canyon vorspringende *Walhalla Plateau* erstreckt. Wir sind ungeduldig, da die Sonne sich neigt und der Wald endlos erscheint – bis endlich an der *Vista Encantadora* der Blick zwischen den Bäumen in die atemberaubende Tiefe und Weite des Colorado Canyons fällt.

Wir blicken in den weiten östlichen Canyon, in den der von hier nicht sichtbare Colorado über die Nankoweap Rapids hineinstürzt. Gegenüber von unserem Standpunkt öffnet sich die Mündung des Little Colorado Canyons mit dem flankierenden Cape Solitude am jenseitigen Talrand, daneben türmen sich die dunkel drohenden Palisades of the Desert auf. Dahinter dehnt sich die Painted Desert, eine im scheidenden Tageslicht pastellzart in wundersamen Farben aufleuchtende Wüste.

Die Straße zum Cape Royal führt zu einem wahrhaft königlichen Aussichtspunkt in den Hauptcanyon, aber auch zu Ruinen der Anasazi-Kultur, den *Walhalla Glades,* von etwa 700 n. Chr. bis 1175 n. Chr. bewohnt. Hier herrscht die Ponderosa-Kiefer, im Abendlicht mit ihren langen schwarzen Nadeln schimmernd, abgestorbene Mountain Junipers recken ihre kahlen, verwitterten Äste über der chaotischen Tiefe. Rötliche Schatten glimmen in der Tiefe, einzelne Felsspitzen strahlen orangerot im scheidenden Tageslicht, jenseits der Palisades an der Ostwand verschwimmen die Rots, Gelbs und Oranges in zarten Lilatönen. Der weite Horizont dahinter gehört der riesigen Indianerreservation der Navajo und Hopi, unserem nächsten Ziel, ganz fern abgeschlossen von den blauschattierten Höhenzügen der Navajo-Mountains, die mit ihren 3150 Metern zugleich den wasserreichen Glen Canyon im Süden begrenzen.

Nun drängt es uns zur ›Grand Canyon Lodge‹, die mit 2508 Metern in dominierender Lage den *Bright Angel Point* krönt. Aus Felsstein und Holz erbaut, thront das Haupthaus kühn auf seinem Felsenhorst, es enthält Restaurants und Aussichtshalle, Motels und Cabins schließen sich außerhalb an. Gerade braust die Park Ranger Police davon, irgend jemand hat ein Reh angefahren, und in der Tat, wir haben dort mehr Maultierhirsche als Menschen gesehen.

Aus den großen Fenstern der Empfangshalle bietet sich das große Schaustück auf die Breite des zentralen Canyons. Von der Terrasse aus blickt man wie vom Söller einer alten Burg hinunter in die tollkühne Landschaft, ragen zur Linken der Vishnu Tempel und Wotans Thron vor dem hell von der Abendsonne angestrahlten Felsplateau der Walhalla. Die Götter geben sich hier ohne theologische Komplikationen ein friedliches Stelldichein – natürlich nur das Pantheon der alten Götter aus Sage und Mythologie, die sich hier breit und besitzergreifend niedergelassen haben. Ihre Tempel und Schreine, Throne, Sitze und Burgen säumen in kühnen Vorsprüngen aus den Talwänden heraustretend oder unvermittelt aus der Tiefe als steile Felsgruppen heraufragend, den schmalen Colorado, den wir in den unheimlichen Tiefen nur ahnen können. Um wieviel angemessener wäre es gewesen, diese großartige Landschaft nach den alten Gottheiten und Mythen der Indianer zu benennen. Als Tempel der sinkenden Sonne etwa, als Tor des Bären und Fels eines adlerhaften Häuptlings könnten wir sie viel besser verstehen und empfinden, als Symbole einer untergegangenen Zeit, der sie auch heute noch Adel und Größe verleihen.

Auf dem Wege zur Phantom Ranch

Nahe der Lodge windet sich der *Kaibab Trail,* dem Bright Angel Creek folgend, zu Tal, steigt von Felsplateau zu Felsplateau hinab, bis er an der Einmündung zum olivgrün dahinziehenden Colorado endet. Hier liegt die *Phantom Ranch* inmitten einer schütteren Ansammlung von Black Cottonwoods, Schwarzpappeln, die einen Hauch von Leben in diese

Einsamkeit tragen. Die Ranch ist nur vom Südrand aus sichtbar, ebenso die nahe Suspension Bridge, die den Kaibab Trail im Norden mit dem zu Yaki Point am Südrand aufsteigenden Kaibab Trail verbindet.

Anderntags stiegen wir ein Stück den Trail hinab, in der Morgenkühle ein in die Knie gehender, aber großartiger Weg. Der Pfad zur Phantom Ranch ist 23 Kilometer lang, zieht sich endlos und überwindet 1800 Meter Höhenunterschied. An der Ranch kann man übernachten und zum *South Rim* ansteigen. Falls ein liebenswertes Mitglied der Familie inzwischen den Wagen über 250 Kilometer heranführt, der kürzesten Straßenverbindung zwischen North und South Rim (Luftlinie zwanzig Kilometer), kann das sinnvoll sein. Der Benzinverbrauch wird dem vergossenen Schweiß in etwa gleichen. Diese Wege bedürfen der Registrierung bei den Ranchern und sollten nie ohne Leichtbergschuhe und entsprechenden Vorrat an Wasser, angereichert mit Elektrolytsalz (in jedem Drugstore erhältlich), unternommen werden. Am Talgrund herrschen Temperaturen von vierzig Grad Celsius und mehr bei einem wüstentrockenen Klima.

Bereits wenige Kilometer auf dem *Kaibab Trail* machen uns im allmählichen Abstieg mit einer ganz anderen Landschaft vertraut. Die Frische des grünen Waldes ist irgendwo hinter den Felsen über uns zurückgeblieben, die allmählich steigende Sonne heizt die Felswände auf, grell reflektiert sich das Licht an den westlichen Steilwänden des *Kaibab Plateaus*, hier und da folgen dem Pfad an Kehren und geschützten Stellen noch einige Pinyon-Kiefern, Kliffrosen krallen sich in Felsschründe, die ein wenig Nachtfeuchtigkeit halten, Mountain Mahoganies mit ihren ledrigen Blättern nisten in Karen, desgleichen ganze Armaden von Schwalben in den Höhlen im weichen Sandstein, und manchmal schwebt ein Rabe krächzend unter den Kliffwänden, als ob er noch etwas von den alten Indianerstämmen der Anasazi und dann der Hopi und Yuvapai zu erzählen hätte, denen er Symbol der Weisheit war.

In dem Maße, in dem die Wände um uns herum ansteigen, die Plateaulandschaft unsichtbar geworden ist, erkennen wir den 1800 Meter tief eingegrabenen Canyon des Colorado als jene gewaltige Schluchtenlandschaft, als die ihn seine Entdecker empfunden haben. Nicht als Riß in der Erdoberfläche wird er uns in Erinnerung bleiben, sondern als eine stygische Landschaft tief unten im Reich der Schatten. Dies war auch der Eindruck, den vor allem John W. Powell und vor ihm Balduin Möllhausen in der Mitte des vergangenen Jahrhunderts gewonnen hatten. Hier am North Rim sollten wir ihre Erinnerungen wachrufen, am South Rim ist es eher angemessen, der Spanier unter Coronado und Cardenas zu gedenken, als diese im Jahre 1540, nach einigen hundert Metern Abstieg in den Canyon, gleich uns entmutigt ob der völlig unterschätzten Entfernungen, aufgaben.

Preußisch-amerikanische Skizzen von 1857

Zunächst war es Leutnant Joseph Christmas Ives, der die Aufgabe erhielt, mit einem Dampfboot von der Mündung des Colorado aus, der unweit Yuma in den Golf von Kalifornien mündet, den mächtigen Strom zu erkunden. Daß dieser Auftrag nicht ohne militärischen Hintergedanken war, haben wir schon gehört. Am 31. Dezember 1857 startete er zusammen mit dem preußischen Zeichner Balduin Möllhausen und dem Topographen F. W. von Egloffstein an Bord der ›Explorer‹, die man mühsam aus Philadelphia, zerlegt, herbeigeschafft hatte. Möllhausens unterhaltsame Beschreibung ›Reisen in die Felsengebirge Nordamerikas bis zum Hochplateau von Neumexico, unternommen als Mitglied der im Auftrag der Regierung der Vereinigten Staaten ausgesandten Colorado-Expedition‹, 1861 in Leipzig erschienen, ist vor allem als ein Dokument des unwahrscheinlich raschen Wandels interessant, der diesen Teil der Welt in hundert Jahren verändert hat. Los Angeles als spanische Kneipenstadt, Kamelreiter in den Straßen, versoffene und betrügerische Wirte, krinolinenumhüllte Damen einer noch existenten spanischen Oberschicht, rauhbärtige Goldschürfer, die in den Saloons eher nach Damen ohne Krinolinen Ausschau hielten, düster und verschlagen blickende Indianer, chinesische Kulis prägten das Bild. Alexander von Humboldt hatte Möllhausen in zwei Briefen Ratschläge gegeben, denn Humboldt war zu seinem großen Bedauern in Nordamerika nicht über Yuma hinausgekommen.

Die Erzählungen liefern ein ungemein reizvolles Bild jener frühen Zeit im amerikanischen Westen, einer Zeit, die keinen Cooper hervorgebracht hat, aber in Möllhausen einen begabten Schilderer fand, etwa in der Erzählung von dem alten Trapper Gale am Kern River:

»Ungefähr vier Meilen von der Mündung des Kernflusses, liegt auf dem südlichen Ufer, beschattet von hohen Cottonwoodbäumen, ein einsames Blockhaus ... einige Pferde und Kühe weiden in der Nähe, und zwischen diesen tummeln sich mehrere kräftige, schwarzgelockte Kinder umher. In der Hütte erblickt man bei häuslichen Arbeiten eine Indianerin, die schon bei Jahren, doch noch immer die Spuren früherer Reize zeigt; in ihrer Nähe befindet sich stets ein wunderschönes, schüchternes, etwa vierzehn Jahre altes Mädchen, ihre Tochter, welche durch die hellere Hautfarbe ihre Verwandtschaft mit der weißen Rasse verrät. Frau, Kinder, Haus und Garten und Vieh sind Eigenthum eines amerikanischen Trappers, eines gewissen Gale, der, wenn ihn die Jagd nicht fesselt, im Schatten der Bäume der Ruhe pflegt, seinem ältesten Sohn, einem schlanken Halbindianer von siebzehn Jahren Ratschläge ertheilt oder vereint mit ihm am Flusse angelt ... Dies ist das Bild eines alten Pelzjägers, der, nach einem vieljährigen, gefahrvollen Leben in den Gebirgen, wo ihn seine treue Gattin mit ihren Kindern begleitete, sich endlich ein Fleckchen ausgesucht hat, wo er denn seine alten Tage verleben kann ...«

Manches an dieser Erzählung erinnert an den alten Lederstrumpf, manches zeigt uns aber auch eine enge und natürliche Bindung zwischen Weißen und Indianern, sobald die Lebensumstände von den Frauen der eigenen Rasse nicht mehr geteilt werden mochten.

Grüne Badegumpen im Havasupai Canyon

Am Black Canyon, unweit Las Vegas, war das bequeme Schiffchenfahren zu Ende. Auf Maultieren wurde die Reise zum Grand Canyon fortgesetzt, und Möllhausen stieg am 2. April 1857 als einer der ersten Weißen entlang dem Diamond Creek zum Talboden hinab. Ein großes Erlebnis war die Durchsteigung des Havasupai Canyons. Egloffstein hatte eine Holzleiter an einer Felswand entdeckt und stieg hinab. Er kam mit den zerbrochenen Resten der indianischen Holzleiter ein Stück tiefer, aber heil an. Vielleicht war es dieselbe Leiter, die schon achtzig Jahre zuvor den Franziskaner Tomas Garces getragen hatte. Beide beschrieben die Havasupai-Indianer, die noch heute in diesem eng eingeschnittenen Canyon mit einem schönen grünen Talboden und zauberhaften smaragdgrünen Badegumpen leben.

Die Zufahrt findet der Interessierte von *Seligman* aus, am **Highway 40** gelegen, über unbefestigte Straßen, die fast bis *Supai Village* führen, mit Landrovern auch von *Grand Canyon Village* aus. Die ungeheure Abgeschiedenheit hat diese indianische Landschaft verborgen, man sollte einen solchen Ausflug vorher mit der Nationalpark-Behörde vereinbaren (F 602 638 2474) und Maultiere und einfache Unterkunft in *Hualapai* vorbestellen (F 602 448 2121). Wer ein tieferes Verhältnis zu dieser lebenden Canyonlandschaft gewinnen will, ihren zauberhaften blaugrünen Wasserterrassen im bräunlichen Travertin, den verschwiegenen Wasserfällen entlang dem in Stufen absteigenden Trail im Havasupai Canyon, dem Leuchten der Sonne im türkisgrünen Wasser, das sich samt einer reichen Vegetation wie ein Pelz in die Falten des Canyons schmiegt, dem sei dieser Ausflug von zwei Tagen empfohlen. Für schnelles Sightseeing ist er ungeeignet.

Powells Besuch am Little Colorado

Nachdem uns Möllhausen und von Egloffstein zu Nebenwegen verführt haben, zieht uns Powell kraftvoll in den Grand Canyon zurück. Er hatte erkannt, daß nur mit kleinen Booten das Wildwasser des Colorado zu meistern sei und dies natürlich unter Ausnutzung der Strömung. So begann er seine berühmte Expedition, die mit vielen künstlerisch hochwertigen Stichen 1895 als ›Canyons of the Colorado‹ publiziert wurde, an den Ufern des Green River, der sich im Nordosten unseres Standortes mit dem Colorado vereinigt. Heute ist dieser Teil des Colorado durch einen Staudamm bei Page zum Lake Powell aufgestaut, dessen weite Wasserflächen zwischen Felsen als Glen Canyon an oberägyptische Landschaften erinnern. Wir werden dieses Paradies der Wassersportler auf unserer Reise noch sehen. Besser als manches Zitat mögen einige Holzschnitte, die diesem Buch beigefügt sind, von der gewaltigen Wirkung der Canyons auf denjenigen berichten, der sie vom Talboden oder Boot aus erlebt. Am 15. August 1869 campiert Powell nahe der Phantom Ranch:

»*Early in the afternoon we discover a stream entering from the north – a clear, beautiful creek, coming down through a gorgeous red canyon. We land and camp on a sand beach above its mouth, under a great, overspreading tree with willow-shaped leafs.*« Es war der heutige Bright Angel Creek.

Unter dem Datum des 10. August schildert Powell, wie seine kleine Expedition die Mündung des Kleinen Colorado findet:

»*Eine Eigentümlichkeit der Felswände sind ihre Vorsprünge, die bis in den Bereich des Flusses ragen und wie Strebepfeiler die Wand zu halten scheinen ... In den Rücksprüngen zwischen diesen Pfeilern liegen stille Buchten, es sei denn am Fuß eines Katarakts mit seinen tanzenden Wirbeln und Strudeln ... Die Wände werden immer höher; das Wasser strömt wieder sehr rasch. Wir passieren mehrere breite, zerrissene Canyons zu unserer Rechten, durch die wir auf ein waldbedecktes Plateau, meilenweit westwärts, einen Blick werfen können.* [Anm.: unserem gegenwärtigen Standort auf dem Kaibab-Plateau.]

Um zwei Uhr erreichen wir die Mündung des Colorado Chiquito [Anm.: *chiquito*, span. = sehr klein]. *Dieser Strom kommt aus einem etwa gleichgroßen Canyon. Es ist ein sehr schmaler und sehr verschmutzter und salziger Fluß. Ich wanderte am Nachmittag drei oder vier Meilen stromaufwärts, hier und da in einer Furt kreuzend ... und tötete auf dem Rückweg zwei Klapperschlangen.*

Wir bleiben heute im Lager, um Länge und Breite zu bestimmen, die Höhe der Felswände zu messen, unseren Proviant zu trocknen und die Boote zu reparieren ... Ich wandere am Fuß der Kliffs die Klamm entlang, ersteige eine Felsbank und entdecke einen tief im Fels ausgetretenen Pfad. Wo er die Seitenschluchten quert, sind Stufen ausgehauen. Keine Spur verrät Benutzung in jüngerer Zeit. Es ist zweifellos ein Pfad, der von den Menschen benutzt wurde, die vor den heutigen Indianern hier lebten – den Menschen, die jene Gemeinschaftshäuser erbauten, von denen wir schon erzählten. Um drei Uhr kehre ich ins Lager zurück, wo einige der Männer Ruinen und Töpferscherben entdeckt haben, desgleichen Zeichnungen und Hieroglyphen am Fels.«

Die Deutungen, die Powell seinen Funden gibt, lassen auf Wohnungen der Anasazi, Vorgänger der Navajos, schließen. Doch sind diese Pfade, entgegen Powells Meinung, bis in unsere Zeit benutzt worden, da die Yuvapai-Indianer, die Powell gar nicht bemerkt hatte, auf ihnen hinabstiegen, um an der Mündung des Kleinen Colorado Salz zu gewinnen.

THOMAS MORAN (1837-1926)
The Chasm of the Colorado (Die Klamm des Colorado)
Ölgemälde, 1873/74
Washington, D. C., National Museum of American Art, Smithsonian Institution. Lent by United States Department of the Interior

Thomas Moran schildert den Grand Canyon in jener Dichte von Farbe und Kontrast, den die meist mit Rotfilter arbeitenden Fotografen nicht finden können. Der Canyon wandelt seine Farben von zarten Lila- und Gelbtönen über kräftige Braunvaleurs erst im Licht der untergehenden Sonne zu jenem düsteren Rot, das ihm seinen spanischen Namen eintrug – der freilich einst nur dem von Sedimenten rot gefärbten Coloradofluß galt.

Über den Glen Canyon zu den Indianern der Four Corners

An den Wassern des GLEN CANYON

Der **Highway 67** führt uns zurück zum winzigen *Jacob Lake*, dann folgen wir der **89 Alt** nach Osten bis zur *Brücke über den Marble Canyon*, später der **89** bis *Page* am Staudamm des Colorado und schließlich der **98**, bis sie sich mit der **160** vereinigt, der großen West-Osttransversale durch die Navajo Reservation an den Four Corners, an denen vier Staaten: Utah, Colorado, Arizona und New Mexiko teilhaben.

Nach wenigen Meilen verläßt die **89 Alt** den schützenden grünen Waldsaum des *Kaibab Plateaus*. Zur linken Hand sehen wir die Vermilion Cliffs, die scharlachroten Kliffs, die freilich in der Morgensonne eher fahlrot aussehen. Die breitgelagerte, in der Sonne flimmernde Hochebene zwischen den abfallenden Kliffs, rostrot und mit spärlicher Halbwüstenvegetation, stürzt bei der ›Marble Canyon Lodge‹ in den schmalen und darum besonders beeindruckenden Colorado, den wir auf der kühnen *Navajo-Brücke* queren, die 142 Meter über dem dunkelgrünen Fluß schwebt. In sehr realem Sinne ist diese Brücke nach den Navajos genannt, denn sie sind wegen ihrer Schwindelfreiheit begehrte Hochbauarbeiter, und so manche kühne Konstruktion, wie die Golden-Gate-Brücke, und viele Wolkenkratzer sind mit ihrer Hilfe entstanden.

Die Rapids des Marble Canyon und Lee's Ferry

Von hier erstreckte sich nordostwärts eine für die Erschließung des Südwestens und Kaliforniens wichtige Landschaft. Der Colorado hat hier noch nicht die reißende Strömung erreicht, die ihn im Marble und Grand Canyon über Dutzende von gefährlichen Stromschnellen führt. Auch sind die Talwände weitaus niedriger als am South und North Rim.

Dies lud dazu ein, hier den Canyon auf Brücken zu queren. Doch schon lange bevor ein Brückenbau technisch möglich wurde, setzte man bei *Lee's Ferry* mit Fähren über. Heute ein fast vergessener Platz, an dem der Paria River mündet, dem wir als kleinem Bächlein bereits auf dem Navajo Trail im Bryce Canyon begegnet sind, und der auf schmaler Stichstraße von der ›Marble Canyon Lodge‹ westlich der Brücke zu erreichen ist. Er ist jenen ein Begriff, die mit dem Schlauchboot den Colorado bezwingen wollen. Von der *Marble Canyon Brücke* sieht man häufiger kleine Gruppen auf zusammengebundenen Schlauchbooten den Fluß hinabtreiben, wo sie, leider außerhalb unserer Sicht, der Badger Creek Rapid erwartet. Bis zum Landeplatz an der Phantom Range stehen ihnen nach der Karte noch 38 weitere Stromschnellen bevor, die oft in lakonischer Kürze und nach der Entfernung von Lee's Ferry ›21 Mile Rapid‹ heißen.

Auch wer solchen Abenteuern entraten will, kann sich der Faszination jener Bootsfahrten nicht verschließen. Bereits am Frazer in Britisch Kolumbien hatte ich die kühnen Enthusiasten bewundert, wie sie das Hell's Gate hinunterfuhren, umgischtet im tosenden Fluß, in des Wortes wahrstem Sinne ins Schicksal und zwischen die Felsen geworfen.

Powell schildert uns eine solche Fahrt im späten Sommer 1869 und bemerkt dabei:

»*At daybreak we walk down the bank of the river ... the river enters here the* gneiss! *We can see but a little way into the granite gorge, but it looks threatening.*«

Der Colorado hatte sich hier mit starkem Gefälle so tief in die weicheren Sedimentgesteine hineingefressen, bis ihn die harten Urgesteine Gneis und Granit des frühen Präkambriums aufhielten. Powell fährt fort:

»*Dann treiben wir durch diesen einsamen, geheimnisvollen Weg. Der Fluß ist sehr tief, der Canyon sehr schmal und voller Hindernisse, so daß die Wasser unstet fließen, sie wirbeln, rollen und kochen und wir sind kaum in der Lage, unseren Kurs zu bestimmen. Eben wird das Boot zum rechten Ufer getrieben, ganz nahe an die Felsen, dann wieder schießt es in den Strom hinaus, wohl auf die andere Seite, wo es, von einem Wasserwirbel erfaßt, herumtanzt. Wir können weder landen noch das Boot steuern. Wir sind einfach manövrierunfähig ...«*

Nach Überquerung des Colorado führt uns die 89 nordwärts nach *Page*, einem kleinen Städtchen mit ungewöhnlich vielen und guten Hotels und Motels, die es den zahlreichen Bootsfahrern auf dem Lake Powell verdankt. Erneut queren wir den Colorado und parken auf dem Parkplatz am Kraftwerk rechts hinter der Brücke.

Hoher Staudamm, tiefe Schlucht bei Page

In eine der schmalsten Schluchten des Marble Canyons hat man zwischen 1954 und 1964, fast genau hundert Jahre nach Powells Expedition, den Glen Canyon Dam aus fünf Millionen Kubikmetern Beton erbaut. Mögen auch sonst Betonbauten nicht unsere große Liebe erwecken, dieser gewaltige Damm, über zweihundert Meter hoch und an seiner Krone 475 Meter breit, hell in der Sonne zwischen dem dunkelroten Felsgestein schimmernd, ist eine technische Schönheit. Der dunkelgrüne Colorado, den wir aus der großen Schaukanzel des Kraftwerkes tief unter uns fließen sehen, ist hier gezähmt und sein Wille für eine Weile gebrochen, freundlich zeichnet das um die Mittagszeit senkrecht in die gewaltige Klamm fallende Sonnenlicht Kringel und Spiegelungen auf seiner Oberfläche, das gerippte Wasser scheint im Verborgenen zu zittern, wieder losgelassen zu werden. Ein Stück über uns spannt sich die aluminiumsilbern glänzende Gitterkonstruktion der Brücke und krallt sich in die Felsen.

Das Colorado River Storage Project ist eine der über Jahrzehnte sich erstreckenden Maßnahmen, um die Energie des Flußgefälles in Elektrizität umzuwandeln und gleichzeitig die gewaltigen Wassermassen des Stromes, der wie kein anderer den ganzen Südwesten entwässert, aufzuhalten und sinnvoll zu verteilen. Daß dies auch eine Schutzmaßnahme gegen Überschwemmungen ist, versteht sich, wenn man weiß, daß das *Bureau of Reclamation* ursprünglicher Bauherr ist. Zusammen mit dem von 1930 bis 1935 erbauten Hoover Dam, unweit Las Vegas, werden weit über siebzig Milliarden Kubikmeter Wasser gestaut, von denen die Löwenanteile an die Staaten Colorado und California gehen, sehr zum Mißvergnügen anderer, die diese Gabe Gottes gern vereinnahmen, aber nichts dafür ausgeben wollen. Vor allem der Hoover Damm war als Teil von F. D. Roosevelts ›New Deal‹ ein wichtiges Signal der Hoffnung in einem von Problemen geschüttelten Amerika der dreißiger Jahre.

Daß Amerika solche Riesenprojekte, gegen die etwa der Silvretta Stausee wie ein Spielzeug wirkt, trotz rigoros kommerzieller Einstellung – make every ton water a dollar – ohne Schädigung der Natur und ihrer Schönheiten durchführen konnte, spricht für ein schon früh entwickeltes politisches System, in dem sich die widerstrebenden Kräfte der Veränderung und der Konservierung zu tragfähigen Kompromissen durchraufen konnten, lange bevor Unwiederbringliches zerstört wurde oder mit hohem Aufwand Geschaffenes wieder preisgegeben werden mußte.

Lake Powell und seine Bootsfreuden

Wir können hier am **Glen Canyon** sehen, daß die steigenden Wasser hinter dem Glen Canyon Dam eine außerordentlich schöne Landschaft entstehen ließen. Dabei hilft uns ein kleiner Ausflug mit dem Wagen, der **89** Richtung *Kanab* folgend. Nach wenigen Kilometern öffnet sich rechts das *Wahweap-Becken*, über eine Nebenstraße erreichbar, als Teil der weiten hellblauen Wasserflächen, die wir so erstaunlich inmitten ihrer wüstenartigen, lehmfarbenen Umgebung finden. In der ›Wahweap Lodge‹ (60 $ Doppelzimmer, F 800 528 6154 zentral für alle Lake Powell Resorts) findet sich auch ein Bootsverleih (ca. 50 $ pro Tag für einen großen Daycruiser zu sechs Personen).

Die U-förmigen Trogtäler des Colorado haben sich zu zwei Dritteln mit Wasser gefüllt, die einstigen Kliffwände ragen pastellfarben heraus wie die Randberge des Nils in Oberägypten. Zögen hier träge Nilbarken und Feluken mit rostbraunen Segeln vorbei, es würde niemanden wundern. Statt dessen sehen wir eine Armada von Seglern und Motoryachten an der Wahweap Bay und Lodge, die mit den benachbarten Warm Creek und Padre Bays ein siebzig Kilometer langes Segelgebiet eröffnen, dessen Buchten sich als Bays in die einstigen Seitencanyons des Colorado schmiegen und die sich weitere zweihundert Kilometer bis zu Halls Crossing und Hite erstrecken. Hier, nahe der ›Wahweap Lodge‹, an Padre Bay, kampierten am 2. November 1776 die Padres Escalante und Dominguez, nachdem sie vergeblich bei dem heutigen Lee's Ferry eine Furt gesucht hatten. Sie hatten versucht, von Santa Fé aus eine Landverbindung zu ihren Glaubensbrüdern in Kalifornien zu suchen, doch der Winter zwang sie in dem rauhen Klima des Colorado Plateaus zur Umkehr, abgemagert und nur noch von Pferdefleisch und gerösteten Kaktusblättern lebend. Endlich, am 7. November, hatten sie eine alte Indianerfurt gefunden, heute tief unter den Wassern des Lake Powell verborgen, aber immer noch ragen wie zur Erinnerung die *Padre Butte* und *Dominguez Butte* als Felskegel am Ufer und im See empor. Bernardo de Miera y Pacheco hat nach ihren Aufzeichnungen Karten gezeichnet, die Alexander von Humboldt 1811 veröffentlichte.

Der Name Glen Canyon wurde durch John Wesley Powell geprägt, der diese ›Glens‹ als bewaldete schmale Seitentäler des Colorado erlebte. Die Navajos am Ostrand des Canyons sind übrigens erst gegen 1860 hier ›heimisch‹ geworden.

Die Glen Canyon National Recreation Area zeigt ungewöhnliche Schönheiten und setzt sich im Norden im nicht mehr per Boot erreichbaren **Canyonlands National Park** fort. Beiden ist ihre Weglosigkeit gemeinsam. Nur im Süden bei Page, dann in der Mitte in Form einer den Highway 95 tragenden Brücke und in den nördlichen Canyonlands als schmale Zufahrtsstraßen, die vom Highway 163 und Moab ausgehen, sind sie mit dem Wagen zu erreichen. Dazwischen liegen jeweils hundert bis zweihundert Kilometer Luftlinie und Hunderte von Kilometern realer Straße. Auch ist Canyonland National Park nur schwer mit dem bisherigen Itinerar zu verbinden, so daß ich den oberen Colorado nur dann

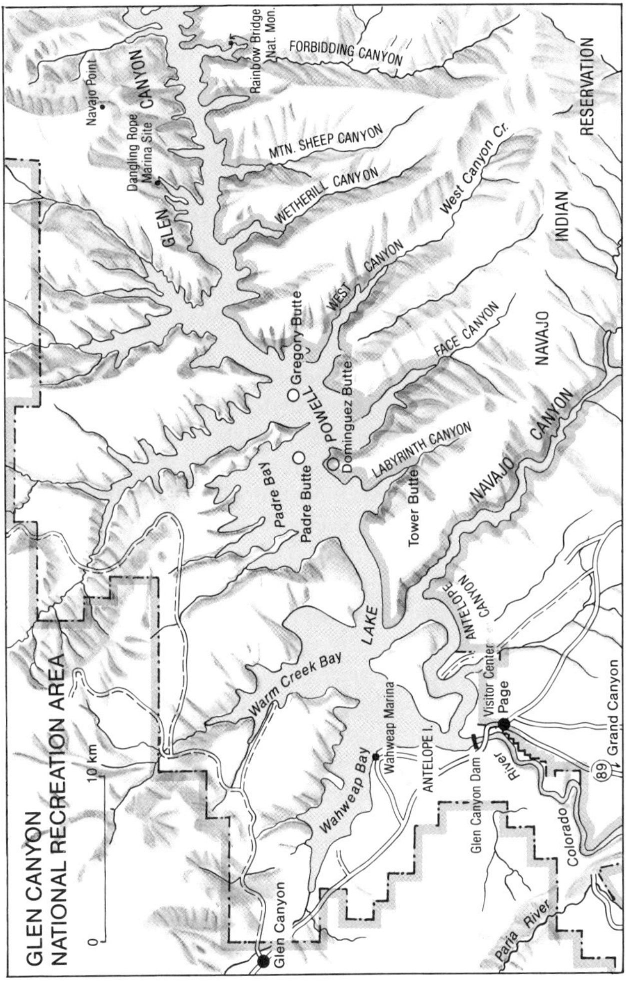

empfehlen möchte, wenn Interesse an ausgedehnten Wandertouren besteht. Die Glen Canyon National Recreation Area, mit anderen Worten der Lake Powell, empfiehlt sich dagegen dem am Wasser Interessierten, der an den Marinen wie der schon genannten Wahweap Lodge Marina Leihmöglichkeiten für Motorboote findet, wobei der deutsche mehrsprachige Motorbootführerschein ›Binnen‹ oder ›Küste‹ als vertrauenerweckendes Dokument erwünscht, aber nicht Bedingung ist.

Sind wir einmal auf dem Wasser, so ist der *Lake Powell* ein El Dorado im Zusammenfluß von *San Juan River* und *Colorado* geworden. Das offene Daycruiserboot mit seinem starken Motor führt uns rasch hinaus in die Weite des von fjordartigen Schluchten gesäumten Sees. Am frühen Morgen nistet taubenblauer Dunst in den Canyons, die Sonne läßt die fast unbewegten Wasserflächen aufschimmern und fern der Marina sind wir nahezu völlig allein. Erinnerungen an den Gardasee werden wach, doch fehlen die reizvoll italienische Vegetation der Zypressen und die steingrau nistenden Ortschaften mit ihren Campaniles. Fahren wir näher an die Ufer heran, so spiegeln sich die Canyonränder mit wunderschönen Vexierbildern in Beige, Orange und Altrot auf der sanften und glatten Wasseroberfläche. Gelegentlich rauscht dann doch ein Motorboot mit gischtender Schleppe durch diese Idylle, zeichnet geometrische Formen in ein surrealistisches Farbgemälde. Häufig finden sich flache Felsplatten und Sandbänke, die zu einem Picknick einladen, wozu wir unseren Z-Antrieb hochstellen und vorsichtig und langsam manövrieren, auch versuchen, mit der Sonne im Rücken anzulanden, um Untiefen besser zu erkennen.

Unser Ziel liegt am südlichen Ufer des Lake Powell. Tief haben sich hier einige jener ›Glen‹ Canyons in die Felswände gefressen, auf deren Hochfläche die Navajo Reservation liegt. Die Wetherill und Cathedral Canyons verlieren sich zur Rechten in den Felsen. Die Dangling Rope Marina haben wir am Nordufer längst hinter uns gelassen, da wir über zwei Stunden mit voller Fahrt und stiebender Heckwelle dem See nach Osten gefolgt, eigentlich den Colorado aufwärts gefahren sind.

Um die besonders schöne Nachmittagsbeleuchtung zu erleben, trödeln wir nun ein wenig, werfen einen Treibanker aus, schwimmen im nicht sonderlich warmen See und beobachten unsere Bootsnachbarn, die sich erfolgreich mühen, den nahrhaften Largemouth Bass, den großmauligen und oberflächennahen Flußbarsch, zu angeln. Am Nordufer des Sees sieht man häufig den Rauch kleiner Feuer aufsteigen, werden die Barsche zu einem schmackhaften Mahl. Am Südufer und in der Navajo Reservation ist dies nicht erlaubt.

In großer Einsamkeit mündet nun im Süden der *Forbidden Canyon* und nimmt unser Boot trotz seines abweisenden Namens auf. In langsamer Fahrt folgen wir ihm, treffen nun häufiger auf Boote, bis sich links der *Bridge Canyon* öffnet, an dessen oberem Ende das *Courtesy Dock* ein Anlegen und Vertäuen ermöglicht.

Vom Dock, das nichts als ein Landesteg ist (keine Möglichkeit zum Nachtanken – ein 100-PS-Boot verbraucht für eine Stunde hoher Fahrt, entsprechend 45 Kilometern, zehn bis fünfzehn Liter Sprit; Benzinuhr im Auge behalten, nächste Bootstankstelle in der Dangling Rope Marina!) windet sich der Fußweg durch die rundlich abgeschliffenen Formen des Canyons bis zur *Rainbow Bridge*, unserem Ziel. Erst 1909 entdeckt – so herrlich jung ist dieses Land –, wölbt sich ein gewaltiger rötlicher Sandsteinbogen über dem Bridge Creek, der einst die größte Zeit des Jahres trockenlag, heute wegen des aufgestauten Lake Powell auch im Sommer Wasser führt.

Vor dem tiefblauen Himmel ist das lachsrote Steintor ein gewaltiges Bild. Geht man nahe heran, so rahmt das Tor den Blick in den enger werdenden Bridge Canyon, in dessen vom Kayenta Mergel purpurfarbenen und rostroten Bett der stahlblaue kleine Fluß in der entschiedenen Zweifarbigkeit Rotorange und Blau, allenfalls skandiert von einigen weißen Wolken, hin und her mäandert. Das Tor dankt seine Entstehung dem langsamen Aus- und Unterwaschen eines Bergsporns, um den herum das Wasser einst den Weg nehmen mußte. Dabei erwies sich der Navajo-Sandstein, der die oberen Partien des Tores bildet, als härter als der dunkle Kayenta Mergel an seinem Fuß.

Am Boot herrscht nun ziemlicher Betrieb. Über den hier endenden Navajo Mountain Trail, der über 23 Kilometer weit der Nordkette der etwa 150 Meter hohen Navajo-Berge folgt, sind Backpacker eingetroffen, einige zu Pferde, die sie im Navajo Trading Post an einer Abzweigung der 98 samt Führer gemietet hatten. Ihre Augen hängen förmlich am kühlen Naß, in das sie sich ohne Umstände auch in Jeans hineinstürzen. Die indianischen Führer dagegen sitzen stoisch auf ihren kleinen Mustang-Pferden, Desinteresse, vielleicht sogar Verachtung im Blick, wer will es wissen?

Auf der Rückfahrt im warmen Licht des Nachmittags kommen auch uns aufmüpfige Gedanken. Warum bleiben wir nicht hier? Eine Woche auf dem Wasser, angeln, schwimmen, picknicken, am Lagerfeuer brutzeln und abends die Coyoten in der Wüste heulen hören, während der See leise am Ufer einer Felsplatte plätschert. Wo in aller Welt sonst kann man dies so angenehm und gefahrlos tun?

In der ungeheueren Weite der Landschaft und bei der Fülle von Eindrücken auf unserer langen Reise werden wir ab und zu das Bedürfnis haben, ordnende Zusammenhänge zu erfahren. Hier in Page, auf der Brücke über den Colorado, mögen wir nochmals unseren Blick nordwärts richten, ihn den Colorado in Gedanken hinaufschweifen lassen, bis der Green River in den Canyonlands, als stärkster Zufluß des Colorado, uns nach Nordwesten weiter in sein Quellgebiet nach Wyoming hinaufführt und an den Westrand der Wind River Range, die wir vor sovielen Tagen nach Besuch der Tetons verlassen haben. Nach Osten führt uns der San Juan River, hundert Kilometer nördlich unseres Standpunktes, durch die Indianerreservationen bis in die San Juan Berge, die ihn vom Rio Grande del Norte, dem östlichsten Punkt unserer Reise, scheiden. Blicken wir flußabwärts, so folgen unsere Gedanken dem Colorado durch den dreihundert Kilometer langen Grand Canyon, bis er unseren ferneren Reiseweg an den Grenzen von Arizona und Kalifornien bei Fort Yuma wieder kreuzt, im gewaltigen Bogen ganz Arizona umfassend. Mit gewisser Berechtigung könnten wir unsere Reise auch »Entlang dem Colorado und seinen Nebenflüssen« nennen, doch angesichts der oft wüstenartigen, flußfernen und gebirgigen Strecken geht uns dieser große Zusammenhang häufig verloren.

Bei den Anasazi, Hopi und Navajo

Aufbruch zur Navajo Nation

Indem wir uns nun anschicken, in das Land der Navajos und Hopi zu fahren, empfiehlt es sich, den Tank vollzufüllen, auch einen Reservekanister mit Stutzennase mitzuführen, denn die in der Karosserie verborgenen Tankstutzen erlauben sonst kein Umfüllen. Neben uns steht ein Stationcar, knallgelb und mit einem schönen hellblauen Wappen geschmückt, das uns verkündet, daß seine Besitzerin mit langem und kräftigem schwarzen Haar der *Navajo Nation* angehört. Nation, das ist ja mehr als Clan oder Tribe, und darüber wollten wir etwas mehr wissen.

Die dunklen Jahrhunderte

Die Geschichte der Indianer Nordamerikas erscheint uns in einem doppelten Sinne dunkel. Eine schriftlose Überlieferung verweist uns auf Erzählungen, Mythen, Legenden und Prophezeiungen als Quellen. Zwar ist allen Stämmen die gemeinsame Jenseitsvorstellung eigen, und wie bei allen Religionen ist solcher Glaube stets verbunden mit einer Vorstellung von der Entstehung der Welt und schließlich des eigenen Volkes. Doch sind die Unterschiede zwischen den Stämmen so groß und die mythischen Verquickungen der diesseitigen und der jenseitigen Welt so ausgeprägt, daß die Erzählung der indianischen Geschichte aus indianischem Mund zwar einen faszinierenden Gesamtrahmen erkennen läßt, aber keine widerspruchsfreie Gesamtdarstellung erlaubt. Erst der Spaten des Archäologen und Vergleiche der Stammessprachen brachten in unserem Jahrhundert Licht in dieses Dunkel.

Die Geschichte der Indianer ist aber noch in einem anderen Sinne dunkel. Es ist nicht so sehr die Tatsache endloser Fehden und Kriege unter den Stämmen – die kannten die Alte Welt und der Orient auch –, sondern die eigentümliche Ergebnislosigkeit dieser Geschichte, bei der ständig die Figuren eines Schachspiels bewegt wurden, ohne daß je ein Ergebnis genannt werden konnte – und damit auch nie ein richtungsbestimmendes Element, das letztlich zu einem größeren Staatsverband oder Nationenbegriff und einer alle Stämme umfassenden Gesamtkultur geführt hätte. Die indianische Geschichte ist darum seltsam inkontinuierlich und läßt keine Evolution im Sinne eines kulturellen Aufstiegs erkennen. Mit der Überquerung des jungen *Colorado* im *Marble Canyon* haben wir die Grenze zur großen Indianerreservation der Navajos an den *Four Corners* der Staaten Utah, Arizona, Colorado und New Mexico überschritten. Anlaß genug, der indianischen Geschichte endlich näherzutreten. Wollte die schwarzhaarige Indianerin in *Page* mit dem Wappen der ›Navajo Nation‹ sagen, man sei eine Nation außerhalb oder innerhalb der amerikanischen Nation? Wir werden noch sehen, daß schon unser Denkansatz völlig unindianisch ist.

Im Frühdunst der steinzeitlichen Vorgeschichte Amerikas glaubt man heute übereinstimmend zu erkennen, daß die Indianer aus Sibirien über eine zugefrorene oder in der Folge einer Eiszeit ausgetrocknete Beringstraße nach Alaska eingewandert sind. Die klimatischen Verhältnisse infolge der Aussperrung arktischer Wasserströmungen haben offenbar einen schmalen Korridor längs der pazifischen Küste Amerikas ständig oder von Zeit zu Zeit vom Eis freigehalten, durch den der Strom der Einwanderer den Gesamtkontinent bis nach dem chilenischen Feuerland durchwanderte. Dies mochte etwa 30000 Jahre vor unserer Zeit begonnen haben, also noch im quartären Diluvium. Als die letzte Eiszeit, die wir die Würm-Eiszeit und die Amerikaner die Wisconsin-Eiszeit nennen, etwa 12000 Jahre vor Christi Geburt zu Ende ging, änderten sich die klimatischen Verhältnisse grundlegend. Mit dem Schmelzen der gewaltigen Eismassen an den Polkappen der Erde stieg der Meeresspiegel beträchtlich an.

Die Beringstraße wurde beinahe zu einem eisfreien offenen Meer von etwa vierzig Metern Tiefe und damit war die Falle zugeschnappt für die der Seefahrt unkundigen Indianer. Erst gegen 5000 v. Chr. begann eine neue Immigration aus Asien. Es waren die seegewohnten Eskimos, die mit ihren Fellbooten die Meerenge querten und sich in Alaska und im nördlichen Kanada niederließen. Den Indianern ethnologisch durchaus verwandt, mit noch ausgeprägteren Schlitzaugen, hohen Backenknochen und kleinem rundlichen Körperbau, gerieten sie bald mit ihren Verwandten um die Erbschaft Amerikas in Streit.

Das Wort Erbschaft führt hin zur Frage: Wer wurde denn hier beerbt? Amerika war eigenartigerweise Niemandsland und niemand weiß, warum Amerika als einziger der heutigen fünf Kontinente keinen Urmenschen kannte, noch irgendwelche Primaten von der Art der Menschenaffen. Dabei war Amerika voller Säugetiere und, von gewissen Besonderheiten abgesehen, ansonsten durchaus Teil jener biologischen Gesamtentwicklung der Erde.

Irgendwann begannen sich die eingewanderten Jäger und Nomaden aus dem schmalen Küstensaum am Pazifik ostwärts auszudehnen, eine Rückwanderung in nordöstlicher Richtung erschloß auch den Raum, in dem wir gerade reisen. Bereits damals muß es zu einer ökologischen Katastrophe gekommen sein. Die ausschließliche Ernährung von der Jagd führte zur völligen Ausrottung von Kamelen und Pferden. Erst die Spanier brachten bekanntlich das Pferd erneut nach Amerika, sehr zum Entsetzen der Inkavölker, in deren Erinnerung es erloschen war.

Entwickelten sich in Süd- und Mittelamerika Hochkulturen mit ausgeprägten technischen und astronomischen Kenntnissen, festgefügt in Staatsformen und in der Hand einer grausamen Theokratie, so blieben die Indianer der frühen Clovis- und dann der Cochise-Kultur Nordamerikas bescheidene, in schlecht organisierten Stammesverbänden lebende Nomaden. Die schwindende Zahl des Wildes zwang sie etwa um 2000 v. Chr. zu erster Pflanzennahrung, und gegen 300 v. Chr. begannen sie eine bescheidene Kultivation von Mais und Bohnen, die offenbar aus Mexiko zu ihnen gelangt waren. Der Anbau war sporadisch, hier und da in kleinsten Parzellen, und wenn man heute indianischen Feldbau beobachtet, so hat sich eigentlich kaum etwas geändert. Es war und ist eine rein extensive Anbauweise – war der Boden erschöpft, so zog man weiter. Das führte in Verbindung mit dem trockenen ariden Klima rasch zu einer Verknappung verfügbaren guten Landes in den Rockies.

Während in Europa mit der Abfolge von Steinzeit, Bronzezeit und Eisenzeit eine lebhafte Entwicklung der Ackerbautechniken und des Handwerks einherging, verlief eine solche Entwicklung in Amerika sehr viel langsamer. Etwa um 200 n. Chr. treten die Basketmaker, die Korbmacherkultur, ins Blickfeld, und damit beginnt die große Zeit der Anasazi, deren kulturelle Zeugnisse in weitem Umfang erhalten sind und unsere Reise begleiten werden. Anasazi ist ein Wort der Navajosprache und bedeutet soviel wie ›Die vorher Dagewesenen‹. In ihrer Blütezeit fertigten sie beeindrukkende pflanzliche Gewebe, wasserdichte Körbe, Matten und Sandalen. Der Speer, mit dem einst das Wildpferd und das Mammut gejagt worden waren, wurde durch Pfeil und Bogen ersetzt, und auf den Mesas errichtete man sogenannte ›Pithouses‹, Grubenhäuser, halb im Boden vergraben und mit leichter Abdeckung durch Äste und Zweige. Reste solcher Häuser sind zumal im Mesa Verde Park ausgegraben worden. Das gänzliche Fehlen von Metallen könnte dazu führen, diese Menschen noch der Steinzeit zuzuordnen. In der Tat würden ihre Pfeilspitzen, Äxte und kleinen Mahltröge in einem deutschen Museum für Steinzeitfunde gar nicht auffallen. Und doch muß man annehmen, daß der Mangel an Metallen, die unbekannte Kunst der Erzverhüttung, ihrer sonstigen kulturellen Entwicklung nicht unbedingt im Wege stand. Nur so wird verständlich, wenn wir uns den steinernen Städten der Anasazi im Mesa Verde Park, im Chaco Canyon und anderswo nähern, daß hier eine bereits städtische Lebensform mit komplexen mehrstöckigen Bauten, funktionaler Trennung von Wohn-, Arbeits- und sakralem Bereich entstehen konnte. Manche dieser Pueblos

– deren Namensgleichheit mit den noch zu besuchenden heutigen Lehmziegelpueblos etwa am Rio-Grande-Gebiet nicht über den großen kulturellen Rückschritt hinwegtäuschen darf – beherbergten tausend und mehr Bewohner. Die Steinmetzarbeiten sind sehr vollkommen, manches erinnert an frühe griechische Städte der mykenischen Periode mit polygonalem Mauerwerk, manchmal fühlt man sich an römische Mauertechniken erinnert mit sauber rechteckig behauenen Quadern oder einem im Mörtelverband verlegten Opus incertum, gelegentlich statisch verstärkt durch zwischengeschobene bandförmige Mörtelzonen aus Steinbruch.

Gegen 1200 n. Chr., als die Hochgotik in Europa blühte, hatten sich die Anasazi in verborgene Täler in den Mesas zurückgezogen. Beeindruckend, aber unsichtbar blühte diese Kultur in ihrer letzten Vollendung im Verborgenen. Wer hatte sie bedroht und warum verließen die Anasazi ihre mühsam erbauten Städte gegen 1250 n. Chr., abrupt und spurlos, um aus der Geschichte zu verschwinden?

Auf diese Frage gibt es keine Antwort – nur Spekulationen. Ich habe den Eindruck gewonnen, daß wir uns hier der entscheidenden Frage nähern, warum die indianische Geschichte Nordamerikas keine Kontinuität aufweist. Der Leser mag mir erlauben – wo soviel spekuliert wird – auch ein wenig mitzuspekulieren.

Das Drama und die Tragödie der Indianergeschichte, lange bevor Kolumbus amerikanischen Boden betrat, scheinen mir darin zu liegen, daß die über Tausende von Jahren anhaltenden Wanderungen der Stämme – zunächst dem Eis weichend, dann sich infolge Erschöpfung der Jagdgründe verteilend – der Entwicklung einer stetigen, verwurzelten Gemeinschaft von Ackerbauern entgegenstanden. Hatte sich ein schon länger seßhafter Stamm allmählich bescheidenem Ackerbau zugewandt, ökonomischen Zwängen folgend oder der aufkeimenden Neigung, seine Grubenhäuser innerhalb einiger hundert Jahre in steinerne Städte zu verwandeln, so erschien die nächste Wanderungswelle von Stämmen, die noch auf dem Niveau der Jäger und Sammler lebten. Wo gesammelt wird, da darf auch ein wenig fremdes Eigentum mitgehen; man muß nicht immer mühsam säen, um zu ernten. Die seßhaften Ackerbauern waren verletzlich, ihr Eigentum verlockend und ihre jungen Männer mehr auf gutes Handwerk denn auf Kriegszüge spezialisiert. Die höhere Kultur ist immer die gefährdetere, und so konnte sich offenbar in Nordamerika nie eine indianische Gesamtkultur konsolidieren, hat jede neue Wanderungswelle die Aufbauarbeit der *vorangegangenen* zerstört.

Nun wird man einwenden, solche Phasen habe Europa auch gehabt, etwa in der Zeit der Völkerwanderung. Doch dieser Vergleich hinkt. Als die Germanen aus klimatischen Gründen, oder weil ihnen der Boden im Norden zu knapp wurde, sich gegen 300 n. Chr. in Bewegung setzten, waren sie Ackerbauern, die nichts anderes suchten als guten Boden für ihren Pflug. Wen sie auch immer bedrängten oder verdrängten, alle diese Völker waren ebenfalls Ackerbauern, die sich natürlich zur Wehr setzten und häufig unterlagen. War der Kampf entschieden, so verschmolz im Regelfall die alte einheimische Bevölkerung mit den Siegern. Aus Kelten und Germanen (und Römern) entstanden die frühen fränkischen Königreiche. Aus Germanen, Resten der Etrusker, Rätern und Römern entstand die lombardische Stadtkultur. Aus Germanen und Römern und sicher Kelten entstand die kulturelle Landschaft längs des Rheins und um Trier, die trotz der Stürme der Völkerwanderung und des Untergangs des Römischen Reiches zur Keimzelle Deutschlands wurde. Gewiß ist vieles zerschlagen worden und untergegangen – aber in der Verschmelzung wurde auch überliefert, weitergegeben und mit neuen und frischen kulturellen Impulsen verjüngt. Wer in jüngerer Zeit die beim Wiederaufbau Triers gehobenen Schätze im dortigen Rheinischen Landesmuseum gesehen hat, mag die außerordentliche und glückhafte Verschmelzung der Kulturen nachempfunden haben.

So gewinnen wir angesichts der unglücklichen indianischen Geschichte auch einen Bewertungsmaßstab für unsere eigene. Europa hat durch ungewöhnlich glückliche Umstände eine einmalige geschichtliche Entwicklung genommen und die Früchte, gute wie schlechte, weiten Teilen der

Welt weitergereicht. Das ist kein Grund für Hochmut, aber auch erst recht kein Grund für die ständig weiter um sich greifenden Selbstbezichtigungen, der weiße Mann, also letztlich der Europäer, sei der Zerstörer und Behinderer anderer Kulturen gewesen. Die Abfolge der Hochkulturen dieser Welt ist nie nach den Träumen jener verlaufen, die in diesem Ablauf gar so gerne und, für jedermann erkennbar, den Finger göttlicher Gerechtigkeit sehen möchten. Auch die anderen, Karl Marx vertrauend, sind wohl enttäuscht worden. Analyse ist noch nicht alles und die Synthese gebar bislang nur Irrtümer und Tristesse. Dennoch schreitet die Geschichte vorwärts, ihr Ziel bleibt für uns Sterbliche im Dunkeln, den Irdischen nicht erkennbar. Die alles beherrschende Frage nach dem Sinn der Geschichte bleibt offen. Vielleicht ist sie nur das drehende Rad, das im Mittelalter als Radfenster ein Schmuckmotiv der Kathedralen wurde, ein sich drehendes Rad, an das ein Menschlein angekettet rief: *Regnabo, regno, regnavi, sum sine regno* – Ich werde herrschen, ich herrsche, ich habe geherrscht und ich bin ohne Herrschaft. Vielleicht ist Geschichte aber doch ein Prozeß, der in sinnvollen, wenn auch den Betroffenen oft sinnlos erscheinenden Schritten eine positive und freundliche Entwicklung des Menschengeschlechts mit sich bringt. Von dieser Hoffnung lebt die Menschheit, gewinnt sie ihre Kraft. Das heutige Europa kann nur noch sagen: *Regnavi,* ich habe geherrscht, aber immerhin hat es seine Kultur weitergereicht, ist eine evolutionäre Entwicklung sichtbar geworden. Die Entwicklung der indianischen Kultur dagegen hat offenbar mangels Evolution ihre Zukunft versäumt, das mindert nicht unsere Zuneigung und Sympathie, sondern fordert unsere Hilfe, sofern diese überhaupt erwünscht ist. Der weiße Mann hat schwere Schuld in der Behandlung der Indianer auf sich geladen – aber die eigentliche Krise und Katharsis dieser Kultur ist lange vor unserem Erscheinen in Amerika eingetreten.

In unseren Tagen hat sich der indianischen Kultur ein lebhaftes Interesse zugewendet. Das hat sicher viele Gründe, deren große Zahl mit der Selbstbespiegelung zu tun haben, die immer mehr zum guten Ton intellektueller Aufgeklärtheit zu gehören scheint. Dabei kommt der Naturreligion der Indianer besondere Bedeutung zu. Manche sehen in ihr den Schlüssel zu einem alternativen und natürlicheren Weltverständnis. Die nachlassende Ausstrahlung des Christentums, seine von vielen empfundene geschichtliche Unfähigkeit, der Entwicklung des Menschengeschlechts positive Züge zu verleihen, treffen sich mit dieser Neigung. Vergessen wird dabei, daß die Verehrer indianischen Lebensstils und Lebensgefühls in ihrem Drang, Erkenntnisse zu gewinnen und daran teilzuhaben, sich aus Herkunft und Erziehung erneut europäischer Denkformen bedienen und stets in Gefahr sind, europäisches, leider nie erfülltes Ethos, wissenschaftliche Methoden der Forschung und romantisch-moralische Weltvorstellungen auf eine Kultur zu projizieren, die diese Dinge nicht oder nur in völlig anderen Zusammenhängen kennt. So gut es ist und einem vertieften, vielseitigeren Weltverständnis nützlich, wenn wir die indianische Kultur und ihre Wertmaßstäbe zu erfassen suchen, so muß doch erstaunen, wie unbedenklich manche eine fast untergegangene Kultur auf einen hohen Altar stellen und die eigene über alles Maß kritisieren. Einem Indianer würde dies noch nicht einmal einfallen, geschweige denn, daß er es täte. Die indianische Geschichte ist natürlich nach dem geheimnisvollen Verschwinden der Anasazi weitergegangen. Möglicherweise sind die alten Stämme nach dem Verlassen ihrer Hochebenen nach Südwesten gezogen, in das Gebiet um Santa Fé, haben sich dort mit anderen Stämmen vermischt und jenen ihre Bauweise auf bescheidenerem Niveau vermittelt. Das würde die Pueblo-Zivilisation in diesem Raum erklären, die sonst in Nordamerika nicht anzutreffen ist. Manches spricht auch dafür, daß Teile der Anasazi in den heutigen Hopi aufgegangen sind. Gegen 1300 n.Chr. sind die Anasazi nahezu verschwunden, auch die südlicheren Mogollon und Hohokam schrumpften in ihrem Herrschaftsraum. Nur die westlichen Hakataya – wie fernöstlich das alles klingt – verbreiteten sich. Als die Spanier gegen 1600 auftauchten, lebten rund hunderttausend Indianer im Südwesten, ebensoviele wie heute. Die Hopi hatten ein festes Gebiet im nordöstlichen Arizona, wo sie noch heute auf den drei Mesas leben. Im Rio-Grande-Tal lebten die Tiwa, Towa, Tewa und Tano, deren Nachkommen wir in Taos noch besuchen werden. Im Norden waren die Navajos aus Kanada eingetroffen, die sich bald in die eigentlichen Navajos und die Apaches teilten und die alten Stammesgebiete als Mescaleros, Choches, Havasupai und Yavapai umschlossen. Schiere Zufälligkeiten entschieden über Glück und Unglück: Den Apachen fielen die ersten Pferde der Spanier in die Hände, ein Geheimnis, das sie bald mit den nördlicheren Komantschen teilten. Noch heute leben die Studios in Hollywood von dieser glücklichen Fügung, die Spanier am Rio Grande waren weniger entzückt und trugen die Hauptlast der ständigen Raubzüge zwischen Santa Fé und San Antonio in Texas. Caballos, ovejas y pueblos – la herencia espagnola: Pferde, Schafe und Dörfer sind die spanische Erbschaft der Indianer geworden.

Die Navajos und Apachen, gegen 1500 n. Chr. im Südwesten aufgetaucht, waren also wieder ein Jäger- und Sammlervolk und lebten nach dem schönen Gesetz: »Gibt Gott Hasen, so gibt er auch zu grasen«, ansonsten waren sie weniger gottesfürchtig und den spanischen Missionaren gegenüber abweisend. Sie zogen wahrscheinlich quer durch Nordamerika aus dem arktischen Kanada zu. Ihre Sprache ist ein athapaskischer Dialekt und völlig verschieden von jener der alten Stämme des Südwestens. Damit nähern wir uns der nachkolumbianischen Indianergeschichte, die wir gewohnt sind, von der amerikanischen Ostküste her zu sehen.

Nachkolumbianische Indianergeschichte

Die nachkolumbianische Geschichte der Indianer Nordamerikas ist uns in zwei deutlich voneinander geschiedenen Perioden überliefert worden. Die erste Periode ist geprägt durch die Landnahme englischer und französischer Kolonisten an der Ostküste der heutigen Vereinigten Staaten und Kanadas. Die umrißhaften Skizzen, die den fernen europäischen Höfen zuteil wurden, waren zwiespältig und reflektierten die Eifersucht und schließlich die Auseinandersetzungen Frankreichs und Englands um den Besitz der großen Urstromtäler der Ostküste, des St. Lorenz und des Hudson. Sachlichkeit kann in den Darstellungen erboster Kolonisten kaum erwartet werden. Beide Seiten beschuldigten sich, die Indianer auf ihre Seite gezogen und zu blutrünstigen Übergriffen angestachelt zu haben. Die Franzosen hielten es mit den pelzjagenden Huronen, die von Natur aus den ackerbauenden Irokesen spinnefeind waren. Der alte Gegensatz zwischen Land bebauenden und seßhaft gewordenen Stämmen und umherschweifenden, jagenden und sammelnden Nomaden prägt das Bild. Dieser urindianische Konflikt wird uns auf unserer Reise noch verschiedentlich beschäftigen. Die Engländer waren mit den Irokesen verbündet und damit ist die Szene gesetzt für die langjährigen Kämpfe des French and Indian War, der nichts ist als die amerikanische Variante unseres Siebenjährigen Krieges, bei dem es angeblich um Schlesien ging, in Wahrheit aber um die Besitzverteilung in Nordamerika.

Der herausragende Chronist und Erzähler jener Zeit ist James Fenimore Cooper (1789-1851), den wir wohl alle durch seine ›Lederstrumpf‹-Erzählungen kennen. Amerika hat in Cooper einen ebenso ausgewogenen wie engagierten Schriftsteller gefunden, der, obwohl Bürger der jungen Vereinigten Staaten und diese bejahend, in seiner Zuneigung und Erziehung noch weitgehend geprägt war vom georgianischen England des 18. Jahrhunderts. In seinen ›Leatherstocking Tales‹ atmet noch der Geist eines Jahrhunderts, das eine heute meist unterschätzte humanistische Offenheit gegenüber Rassen hatte und das dazu neigte im ›bon sauvage‹, im ›noble Redskin‹ schätzenswerte, weil in der Alten Welt längst untergegangene Tugenden zu sehen. Doch war Cooper nicht realitätsblind, in seiner Kindheit hatte er noch zu Anfang des 19. Jahrhunderts von den häufig sinnlosen und lustbetonten Grausamkeiten der Indianer gehört, er wußte um ihre Neigung zu sexuellen Roheiten gegenüber Gefangenen, und manches hiervon spiegelt sich sublimiert und im prüden Geist der Zeit kaschiert in seinen Erzählungen. Allmählich wandert deren Schauplatz vom Staate New York und den endlosen Wäldern an den Großen Seen hinweg und wendet sich dem Landesinneren zu, so wie der späte Cooper sich abwendet von dem um sich greifenden Indianerhaß seiner Landsleute und in den letzten Kapiteln, den ›Ansiedlern‹ und der ›Prärie‹, unverkennbar Kritik übt an der blinden und verständnislos-kalten Maschinerie der Gesetze, die einem weitgehend naturrechtlich denkenden Volk europäisch-antikes Rechtsgefühl aufzwingen wollten.

Die zweite Periode europäisch-indianischer Auseinandersetzungen hat die Ostküste längst verlassen, spielt sich in den Großen Ebenen und dann in den Bergregionen der Rocky Mountains ab. Leider ist Amerika in dieser zweiten Phase kein Cooper als Chronist zugewachsen. Das humanistisch überhauchte 18. Jahrhundert, unvollkommen zwar, aber dennoch geleitet von philosophischen Neigungen, die eine langsame, aber ständige Evolution des Menschen zu einer gleichermaßen von Ratio und Toleranz geprägten Existenz anstrebten, das Jahrhundert eines Kant mit seiner ›Kritik der reinen Vernunft‹, eines Rousseau mit seinem ›Contrat social‹ und schließlich der großen englischen Moralphilosophen wie John Locke mit dem ›Essay concerning human understanding‹, dieses Jahrhundert war im Aufbruch der europäischen Nationen zu ihrer unseligen nationalistischen Phase untergegangen. Auch die jungen Vereinigten Staaten hatten sich, man kann sagen, mit dem Tode George Washingtons, abgewandt von jeglicher philosophischer Weltsicht, abgewandt auch von der humanistischen Vorurteilslosigkeit in Rassenfragen.

Nun galt Pragmatismus, dem Tüchtigen gehörte die Stunde, und wo die Tüchtigkeit nicht ausreichte, durfte mit etwas Pulver und Blei nachgeholfen werden. Das 19. Jahrhundert ist das Jahrhundert der Abwendung Amerikas von Europa, die Suche galt einem besonderen, von der Geschichte unbelasteten Weg einer jungen Nation. Und da sich menschlicher und nationaler Charakter am ehesten formt in der Auseinandersetzung mit anderen, fand diese an der Western Frontier statt. Dies mußte zu einem neuen Indianerbild führen. Hinzu kam, daß in den Kämpfen des amerikanischen Unabhängigkeitskrieges die Indianer an der Seite der Engländer und Loyalisten standen, von denen sie in kluger Abschätzung der Gegebenheiten noch am ehesten eine Duldung ihrer alten Lebensumstände erhoffen konnten. Das haben ihnen die Amerikaner übelgenommen und seit jener Zeit geriet das Antlitz der Rothäute zum Feindbild.

Die zweite Phase der Beziehungen zwischen Rot und Weiß hat, wenn auch keinen amerikanischen, so doch einen deutschen Erzähler und Barden gefunden: Karl May. Wer ihn als junger Mensch gelesen hat, konnte sich der Faszination seiner Indianergeschichten von Winnetou, Old Shatterhand und Old Surehand, dem verqueren Sam Hawkins, den schurkischen Komanchen und den edlen Apachen nicht entziehen. Natürlich wissen wir, daß alle diese Erzählungen reine Fiktion sind, noch dazu geschrieben, bevor Karl May (1842 bis 1912) diese Landschaften je gesehen hatte – was erst im hohen Alter geschah. Die edlen und die bösen Gestalten seiner Erzählungen sind in recht deutscher Weise überhöht dargestellt, ganz gut oder ganz böse, und darin unterscheidet er sich von James Fenimore Cooper. War letzterer erzogen in der an Zwischentönen reichen literarischen Welt der englischen Novellisten, so war Karl May in keiner Tradition großgeworden, man könnte allenfalls anmerken, sein Indianerpathos sei dem wagnerianischen Pathos nahe gewesen.

Den Stätten von Winnetous und Old Shatterhands Abenteuern werden wir auf unseren Wegen durch die Nationalparks des Westens und Südwestens nahekommen. May hat seinem Heroen Winnetou unweit des Grand Teton Parks ein fiktives Begräbnis bereitet und seine Apachen lebten in den Pueblos Neumexikos, wo sie ja noch heute tatsächlich ansässig sind. Wir werden manche dieser Stätten besichtigen und mancher wird seine Not haben, seine Jugendromantik an der Wirklichkeit zu messen. Dennoch drängt es mich, zu sagen, daß jene romantisch-heroischen Erzählungen noch immer aus der Erinnerung meiner Jugend hervorleuchten, undeutlich zwar und heute nicht mehr lesbar, aber nie ganz von der Wirklichkeit zum Erlöschen gebracht. Cooper dagegen ist zur Weltliteratur geworden, sein ›Deerslayer‹ oder

Wildtöter, ›The Last of the Mohicans‹ oder der Letzte der Mohikaner, ›The Pathfinder‹ oder der Pfadfinder wurden von D. H. Lawrence, Victor Hugo und Joseph Conrad bewundert – aber Mark Twain mochte ihn nicht. Das ist mehr als symptomatisch. Mark Twain, einer der jungen, zornigen Amerikaner des 19. Jahrhunderts, kritisierte Coopers, wie er sagte, ›Latin style‹. Nun verbinden wir mit Cooper so ganz und gar nichts Lateinisches – und doch schimmert hinter Cooper eben jene antik-humane Weltsicht, die dem Amerika des 19. Jahrhunderts und damit auch Mark Twain unwillkommen war. Erst das 20. Jahrhundert hat diese Zusammenhänge wieder klarer gesehen.

Von alten Konflikten in neuen Reservationen

Die Landschaft, die wir nun durchfahren, ist Wüste, im besten Fall Halbwüste, trocken und gefleckt von einzelnen Sage Brushes und Giant Brushes (*Artemisia tridentata*), die einen durchdringenden Salbeigeruch verströmen. Die Salbeibüsche werden etwa einen Meter hoch, doch in günstigen und feuchteren Lagen erreicht der Strauch mit seinen fahlgelben Blüten auch einige Meter und wird zum kleinen Baum.

Weit dehnt sich nun der Horizont, endlos erstreckt sich das rötliche Felsgeröll, plötzlich von einer tiefen Schlucht zerrissen, auf deren sandigem Grund ein Bach rinnt, gesäumt von Red Elders, Roterlen und Tamarisken. Stunden fährt man dahin, niemand achtet mehr auf den Tachometer und das strikte Gebot, nicht mehr als 55 Meilen oder 90 Kilometer in der Stunde zu fahren. Der Fuß wird in der Hitze eben bleischwer und drückt aufs Gaspedal. Doch plötzlich schließt hinter uns ein Wagen der Navajo Police auf und setzt sich an unsere linke Seite. Schmale Augenschlitze blicken uns prüfend an. Doch plötzlich geben sie Gas und lachen verschmitzt mit ihren braunen Gesichtern: immer diese ängstlichen Bleichgesichter.

Die riesige Navajo-Reservation, flächenweise mit den Hopi-Indianern geteilt, kennt eine Art Selbstregierung, die den

Indianern nach langem Streit eine Verwaltung und Ordnung nach ihrem eigenen Gutdünken, freilich innerhalb der amerikanischen Rahmengesetze, erlaubt. Sie bilden ein Parlament aus Abgesandten der die vier Staaten übergreifenden Reservationen in Window Rock in der Nähe von Gallup, Neu Mexiko. Mühsam will dieses so etwas wie ein gemeinsames politisches Bewußtsein wachrufen. Die große Schwierigkeit der Navajos liegt einfach darin, daß sie Jahrhunderte als Nomaden lebten, man könnte sagen, als die Beduinen Nordamerikas, und sich nur schwer den Zwängen unserer Zeit unterordnen konnten und wollten. Die animistische Naturreligion der Indianer, der Glaube an der Natur innewohnende Geister führte zu einem gewissen Fatalismus, wie ihn auch andere Naturvölker kennen. Abweichen von diesen Formen wird von den Verfechtern der Tradition mit Strafen, Krankheiten und Hader verfolgt. Hinzu kommt die stark gemeinschaftlich ausgerichtete Wertestruktur, die wenig Freiraum für individualistische Neigungen läßt. Folglich ist auch der Anreiz zur Leistung gering, einer Leistung, die von nicht vorhandenen Märkten auch gar nicht verlangt wird. Unmittelbare Deckung des Eigenbedarfs war stets das Ziel indianischen Wirtschaftens, einer reinen Subsistenzwirtschaft. Wo der Eigennutz und das persönliche Gewinnstreben nichts gelten, ist auch der Grundbesitz nichts wert, alles Land gehört traditionell dem Stamm und seine Verteilung zur bescheidenen Nutzung bestimmte und bestimmt noch immer der Häuptling. Bringt man dies alles auf einen, freilich nicht ungefährlich vereinfachenden Nenner, so kennen die Indianer ein hohes Maß an sozialer Geborgenheit auf Kosten jeglicher wirtschaftlichen Dynamik. Unsere Gesellschaft betont dagegen die dynamische Leistung auf Kosten der sozialen Geborgenheit – wobei es hier gar nicht so sehr um die finanzielle Geborgenheit geht, sondern um die mangelnde seelische Geborgenheit, an der gegenwärtig bei uns soviele trotz guter Versorgung zu leiden scheinen.

Sieht man in den Navajo-Reservationen, in den kleinen meist ungepflegten Ortschaften Indianer im Federschmuck, mit Vogelkrallen um den Hals, neben solchen in Jeans und

Texanerstiefeln, die so verbeult sind wie ihre uralten Chevrolets und Fords, so ahnt man, wie schwierig auch die indianische Selbstverwaltung sein muß. Sicher hat man erkannt, daß politische Willensbildung in einem demokratisch orientierten Amerika Macht bedeutet. Mächtiger aber ist der indianische Charakter, auf den Schillers Wort zutrifft, wonach des Menschen Schicksal sein Charakter ist. Will er Freiheit, aber auch Rechtlosigkeit des Nomaden, oder will er sein Schicksal im möglichen Rahmen selbst gestalten und dafür das Joch ordnender Strukturen auf sich nehmen?

Unglücklicherweise sind die Navajos in der Vergangenheit und auf der Suche nach Lebensformen nicht nur mit den weißen Amerikanern, sondern auch mit dem Volk der Hopi zusammengestoßen und es kann kein Zweifel bestehen, gäbe es nicht eine ordnende Hand in Washington, so wäre längst wieder das Kriegsbeil ausgegraben worden. Um all dies zu verstehen, darf ich kurz wiederholen, daß die Navajos ein Stamm athapaskischer Sprache und aus dem hohen Norden Kanadas erst kurz vor Erscheinen der Spanier eingewandert sind und sich später in die eigentlichen Navajos und die Apachen gespalten haben.

Die Hopi dagegen sind seit etwa 1000 n. Chr. hier ansässig gewesen, gehören zur alten Kultur der uto-aztekischen Stammesfamilie und haben mit hoher Wahrscheinlichkeit große Teile der aus ihren burgähnlichen Städten abgewanderten Anasazi aufgenommen, denen wir uns im Mesa-Verde-Park noch ausführlicher widmen wollen.

Hier begegnen wir konkret jenem Konflikt, von dem im vorigen Kapitel die Rede war: Die Hopi als ackerbauendes Pueblo-Volk und die Navajos und Apachen als räuberische Nomaden, denen jenes Räubern aber nicht als Unrecht erschien, sondern als ein erlaubter Spezialfall des ›Sammelns‹. Das konnte nicht gut gehen. Im 18. Jahrhundert saßen die Hopi östlich des Grand Canyon und die – noch wenigen – Navajos mitten in Neumexiko. Auf ihrer Westwanderung erreichten sie das Hopigebiet gegen 1880 und seitdem schwelt die Auseinandersetzung, die freilich durch eine zunächst sehr restriktive und unterdrückende Reservatspolitik der USA noch vertieft wurde. 1962 entschied das Bundesgericht, daß beide Stämme sich innerhalb der inzwischen auf die Größe Bayerns ausgeweiteten Reservation ein Karree um die drei Mesas teilen sollten. Doch der Konflikt schwelte weiter, und 1977 mußte ein District Court das Karree der Mesas in einen Navajo- und Hopisektor aufteilen. Das bedeutete den Exodus von dreitausend Navajos voller bitterer Ressentiments und andererseits bei den Hopi ein Gefühl von nach Jahrhunderten endlich errungener Gerechtigkeit. Ostgrenzen, Westgrenzen – auch Amerika hatte solche Probleme im hundertjährigen Krieg der Navajo und Hopi.

Wir wollen um der Übersichtlichkeit willen jetzt die Hopigeschichte verlassen, werden aber von ihnen mehr hören, sobald wir nach dem Besuch des Monument Valley über die Black Mesa nach dem Canyon de Chelly fahren. Zunächst aber führt uns die 160 nach *Kayenta,* einer kleinen Navajostadt am *Laguna Creek,* hinter der die **Straße 163** nach dem *Monument Valley* an der Grenze zwischen Utah und Arizona abzweigt. Langsam steigt die Straße zum *Monument Pass* (1583 Meter) an, erste jener seltsamen Buttes erscheinen, unter denen man kegelstümpfige Bergrümpfe zu verstehen hat, stehengebliebene härtere Relikte aus einer hinwegerodierten, weicheren Felslandschaft, umgeben von einer Geröllschürze. (Butte bedeutet im Französischen Hügel und meint so ungleiches wie die ›Butte Chaumont‹ auf dem Montmartre als auch die Vulkankegelstümpfe der Monts Dore in der Auvergne.)

Am Horizont taucht die eine oder andere Mesa auf, im Grunde eine große Butte mit ausgedehnter Hochfläche und steil abfallenden Flanken. Selten zeigt sich fern der Straße ein indianischer Hogan, eine aus Zweigen und Ästen gefertigte Rundhütte der Navajos, manche von ihnen bewohnt, manche nur der Viehunterkunft dienend. Gelegentlich kreuzt ein Reiter unseren Weg, den schwarzen breitkrempigen Navajo-Hut tief im Gesicht, und treibt, von einem ruppigen Hund begleitet, eine Herde gefleckter Rinder vor sich her.

Im Monument Valley

Ich mochte etwa zwölf Jahre alt gewesen sein, der Krieg hatte gerade begonnen, und wie es die Zeit wollte, wurden wir als Jungvolk an einem Sonntagmorgen zu einem patriotischen Film über ›Fridericus Rex‹ befohlen. Der alternde König, von Otto Gebühr dargestellt, ist mir eigentlich in sympathischer Erinnerung geblieben, aber schon vor der Vorstellung hatten wir Jungs im Schaukasten einen anderen Film entdeckt: John Fords ›Höllenfahrt nach Santa Fé‹ (1938). Nach dem ›Fridericus‹ gingen wir durch die eine Tür aus dem Kino und durch die andere wieder hinein und kauften mit eilig zusammengeklaubten Groschen Karten für den Western.

Der Kontrast zwischen den in der Sonne weiß schimmernden Landstraßen Pommerns, den hellen Birken, endlos marschierenden preußischen Grenadieren und dem zerfurchten Gesicht des Alten Fritz zur Landschaft des alsbald über die Leinwand flimmernden Monument Valley konnte nicht stärker sein. Die alten Schwarzweißfilme lebten noch von sprechenden Hell-Dunkel-Kontrasten, und wenn ein Regisseur sein Metier beherrschte, so grenzte dies oft an Zauberei. Es ist mir heute bewußt, daß zwischen ›Fridericus Rex‹ und ›Stagecoach‹ – so der amerikanische Originaltitel der Höllenfahrt – der grundsätzliche Unterschied einer Weltanschauung liegt, die hier in Europa den Menschen zum Gestalter des Ablaufs macht, dort aber, in jenen unermeßlichen Weiten, zu einer eher tragischen Randfigur.

Steht man ein halbes Jahrhundert später am Rande jenes Plateaus, am späten Nachmittag, wenn die altrot glimmende Geröllwüste nur Schweigen vor der Unendlichkeit ist, so sieht man die drei berühmten, mächtigen, außerirdisch wirkenden Buttes oder Kegelstümpfe wie unberührbare Felsburgen indianischer Götter aufragen. Es ist alles maßstabslos, ja maßlos und hinterläßt in uns ein Gefühl zwischen Hilflosigkeit und Ehrfurcht.

Und dann entdeckt man den staubigen Trail, der sich wie zu John Fords Zeiten aus der unfaßbaren Tiefe des rechten

Hintergrunds zum linken greifbaren Vordergrund hinzieht. Irgendjemand galoppiert auf einem Pferd durch diese Leere, eine dünne Staubfahne hinter sich herziehend, und da ist er wieder, der unvergeßliche Jugendeindruck jener Planwagen, die sich diagonal durch eine grandiose Totale auf den Zuschauer zubewegten, uns mit magischer Kraft einbeziehend.

Die Navajos, die heute den Zugang zum Tal, das eigentlich eine Hochebene ist, bewachen, sind wie ihr eigener Schatten. Man kassiert einen Obulus, ihre Frauen verkaufen Türkisschmuck, man notiert die Autonummer, bevor sie uns in diese Landschaft entlassen, der melancholisch-stygische wie olympisch-befreiende Momente eigen sind.

Der etwa fünfzehn Meilen lange Fahrtweg windet sich zwischen der *Sentinentel, Thunderbird* und *Spearhead* Mesa über Felsplatten, umrundet Buttes, wühlt sich durch Staub und Geröll und kehrt zum Aussichtspunkt zurück. Sein Erlebnis lohnt die Mühe, zumal wir fast allein sein werden. Die weichgefederten Karossen oder ihre Besitzer zögern und bleiben lieber oben stehen. Singt die Einsamkeit in den Ohren oder ist es der Wind, der gegen Sonnenuntergang um die Felsen streift? Die Piste verläuft über schräge Felsplatten, bedeckt von murmelgroßem Feingeröll, man muß aufpassen, nicht abzurutschen. Ständig wird man anhalten, um das Farbspiel zu erleben, die Fülle der Rot-, Rosa-, Lila- und Violett-Töne, geschieden durch zarte beigefarbene Querstreifen, in den Flanken der Buttes verschattend zu nicht mehr definierbaren Opal- und Amethysttönen.

Die von Schuttkegeln wie von langen Röcken umgebenen Felstürme bewachen ein Reich, das seit etwa tausend Jahren unverändert daliegt, aber nur selten bewohnt war. Gegen 1300 n. Chr. verließen die letzten alten indianischen Bewohner ihre karge Heimat. Sie hatten sich – unvorstellbar – von Maisanbau und kümmerlicher Jagd ernährt. Im Dezember regnet es ein wenig und die Sanddünen lassen in geringer Tiefe Grundwasser finden. Die Anasazi gingen für immer, warum und wohin, niemand weiß es zu sagen. Dann kamen die Navajos, deren Geschichte an anderer Stelle bereits erzählt wurde. Außerhalb des Tales sehen wir gelegentlich einen berittenen Viehhirten im Poncho, magere Schafe und Kühe zusammentreibend. Irgendwo am fernen Horizont erkennt man einen aus Giant Brush zusammengestellten Pferch und einige kümmerliche Behausungen, unvermeidbar daneben die dahinrostenden Reste alter Fords oder Chevrolets.

1958 hat die Selbstregierung der Navajo-Reservation in Window Rock, Arizona, beschlossen, dies als einen Tribal Park zu reservieren. Gegenüber dem 160 Millionen Jahre alten Sandstein aus dem Perm mutet menschliches Wollen wie eines jener Sandkörnchen an, die der abendliche Wind uns ständig ins Gesicht bläst.

Die ›Höllenfahrt nach Santa Fé‹ hat in einer nicht angemessenen deutschen Übersetzung den apokalyptischen Charakter dieser Landschaft betont. Tatsächlich jedoch fand der Film für diese Landschaften der *Four Corners* jene optische Aussage, die den Traum der Menschen an der Western Frontier nach Reichtum in Kalifornien erst verständlich macht. Dabei wird ein Doppelgesicht der Frontier sichtbar: Für die einen war sie eine Zone der Schrecknis, durch die man auf dem Santa Fé Trail oder dem Mormonen-Trail hindurchmußte, um an das Glück zu kommen. Für die anderen bedeutete die Frontier den Inbegriff von Freiheit, Freiheit von angemaßter bürokratischer Verwaltung, Freiheit von Geld- und Besitzzwängen. Als die letzten Trecks das sagenhafte Kalifornien erreicht hatten, den ›Garten Eden‹ und die ›Herrschaft des Friedens‹, das Land, das im frühen 19. Jahrhundert bereits Erastus Salisbury Fields und Edward Hicks an der Ostküste gemalt hatten, als die ewig wandernde Frontier auf ihrem weiten Weg herüber von Virginia endlich am Ziel angekommen war –, just in diesem Moment fand man Gold in Kalifornien. Aus war es mit dem Frieden. Die meisten Goldgräber allerdings zogen nicht durch die Plains und Rockies – wer es sich leisten konnte, kam per Schiff rund um das Kap Hoorn. Schließlich konnte man angesichts solcher Chancen auch investieren, und in den Goldgräbermythen wurde eine neue Frontier geboren: Mit Schaufel und Pfanne und manchmal mit Pulver und Blei wurde den Unbelehrbaren, die Korn und Orangen pflanzen wollten, klargemacht, wie der Garten Eden auszusehen hat. Die letzteren haben zwar die Schlacht gewonnen, aber Kalifornien ist Frontier geblieben. Heute befinden sich die Farmer in Abwehr gegen die Elektronik-Mythen aus Silicon Valley, die ihnen ihre Arbeitskräfte abwerben. So sind wir in Gedanken vom Monument Valley ins Silicon Valley geraten.

Gegen sechs Uhr abends wird der Trail geschlossen, es ist mehr eine symbolische Handlung, man fährt einfach um den Schlagbaum herum, die Navajos ziehen schweigend zu ihren unsichtbaren Hogans. Die Wüste ist von einem matten Violett erfüllt, die drei Buttes stehen, im Abendlicht hellrot leuchtend, vor der bald grau erloschenen Wüste im Osten. Ihr Schatten fällt gewaltig und pathetisch über das Geröll, als wollten sie mit den Navajos sagen: Geht! Tröstlich ist, daß die Navajos dennoch in ›Goulding's Trading Post and Lodge‹ ein Motel eröffnet haben, damit uns der Fluch der Wüste nicht zu hart trifft (F 801 727 3231).

Umwege zum Canyon de Chelly

Der Canyon de Chelly als historische Felsfestung der Anasazi und Monument des letzten Widerstandes der Navajo gegen Spanier und Amerikaner und die Drei Mesas, hundert Kilometer entfernt, mit ihren wie Adlerhorste die Felsplateaus krönenden Pueblos als Symbol wiedererwachenden Lebensmutes der Hopi, stehen sich in der Weite der Landschaft Arizonas als letzte Zeugen einst mächtiger Völker gegenüber. Diese Stätten zu besuchen, lohnt aber nur, wenn man tiefer in die indianische Geschichte und Kultur eindringen will. Die ›indianische‹ Landschaft des Monument Valley, die Ruinenstädte der Anasazi unter den Felsklippen des Mesa Verde Parks und vielleicht ein Besuch im Pueblo Bonito auf der weiteren Reise nach dem Rio Grande und Santa Fé, vermögen bei knapper Zeit einen ausreichenden Überblick zu geben. Der Canyon de Chelly und die Drei Mesas werden als Ausflug etwa drei Tage beanspruchen. Die Unterkunftsmöglichkeiten sind recht bescheiden und selten. Auch jenem

Leser, der diesen Umweg nicht machen will, mag die folgende Schilderung einen Einblick in die historische Problematik der Indianerstämme geben.

Vom *Monument Valley* fahren wir nach *Kayenta* zurück, dann ein Stückchen die 160 ostwärts, bis wir die Abzweigung zur 59 finden, die auf manchen Karten gar nicht mehr vermerkt ist. Sie führt über *Chilchinbito* nach *Many Farms,* von wo uns die 191 südwärts nach *Chinle* führt. Hier findet sich ›Justin's Thunderbird Lodge‹ als Motel mit indianischer und schweigsamer, aber nicht unfreundlicher Gastlichkeit (F 602 674 5443).

Von *Chinle* aus muß man sich Halbtages-Touren in geländegängigen Fahrzeugen anschließen, die von der ›Thunderbird Lodge‹ ausgehen. Der *Canyon de Chelly* ist eigentlich ein Gewirr aus drei Canyons: dem de Chelly, del Muerto und Monument Canyon, wobei die White House Ruins im de Chelly Canyon die eigentliche Sehenswürdigkeit darstellen. Wie die Mesa-Verde-Ruinen, so sind auch die Kliffwohnungen des Chelly Parks Reste einer indianischen Kultur, die nach unserer Chronologie mit dem Mittelalter zusammenfällt. Fährt man durch diese verzweigte Schluchtenlandschaft, so ist man überrascht über einsame Vegetationsoasen an verborgenen Stellen, an denen sich Grundwasser hält. Im Frühjahr, aber auch bei sommerlichen halbtropischen Regengüssen, schwillt das Wasser in den Trockenbetten an, sacken Fahrzeuge im bodenlosen nassen Sand ein, so daß eine Fahrt mit dem Privatwagen untersagt ist. Cottonwoods, Mais, Bohnen und Kürbis in den Tälern, Wacholder auf den Plateaus gaben den Anasazi einst, und heute den Navajos, Nahrung und Brennholz. Im Gegensatz zu den verlassenen Mesa-Verde-Schluchten ist der Canyon de Chelly von den gegen 1400 auftauchenden Navajos wieder besiedelt worden und hat für ihre Geschichte große Bedeutung gewonnen.

Wir haben schon gelesen, daß die Navajos als Nomaden und unstete Jäger den alteingesessenen Hopi wie auch den Spaniern, später den Amerikanern ein Dorn im Auge waren. Die unübersichtlichen Schluchten des Canyon de Chelly boten ihnen bei ihren Streifzügen gute Versteckmöglichkeiten.

Dabei haben die Navajo neben den prähistorischen Felszeichnungen der Anasazi auch ihre eigenen berühmten Felszeichnungen hinterlassen, die wie in einem Bilderbuch ihre Geschichte untermalen. Eine Ritzzeichnung von 1858 zeigt die Navajo bei einem Raubzug gegen die Ute-Indianer, hoch zu Roß, wie sie die zu Fuß kämpfenden und offenbar überraschten Ute angehen. In der ›Kavalkade der Spanier‹, viel früher entstanden, wird die exemplarische Feindschaft vorgeführt, die zwischen den spanischen Siedlern im Rio-Grande-Tal und den Mesas der Navajo bestand.

Als die Anasazi gegen 1300 die Schluchten des Canyon de Chelly verließen, zogen zunächst die Hopi ein. Vielleicht haben sie viele der Mesa-Verde-Leute dabei aufgenommen. Die These von der großen Dürre gegen 1300, die den Exodus der Anasazi verursacht haben soll, ist wenig überzeugend angesichts der bald darauf folgenden Hopi-Besiedlung. Eher

Seite 241 *Bryce Canyon National Park: Blick vom Inspiration Point.* Erosionen von Wind und Wasser formten die dicht nebeneinander stehenden Säulen und Türme der märchenhaften Szenerie des Amphitheaters des Bryce Canyon. Das Kaleidoskop der Farben entsteht durch die freigelegten Minerale der Erdrinde: Eisenoxyde, Mangan, Kupfer und das natürliche Weiß des Kalksteins.

Seite 242/243 *Monument Valley:* Die beeindruckende Kulisse dieses Erosionstales wurde berühmt durch viele Wildwestfilme. Aus der weiten, wüstenhaften Ebene ragen steile Felsburgen, mächtige Tafelberge und schlanke Felsnadeln aus dem rostroten Sandstein empor.

Seite 244 ›*Mesa Verde*‹, ›grüner Tisch‹, wurde von den Spaniern die Landschaft im Südwesten des Bundesstaates Colorado benannt. In den Wänden der steilen, tiefen Schluchten bildeten sich Höhlen, in denen prähistorische Indianderkulturen ihre Wohnungen errichteten. Der *Cliff Palace* liegt in einer mehr als hundert Meter langen Felshöhle, über zweihundert Räume und 23 Kivas, runde geheiligte Kulträume, gaben bis zu 250 Bewohnern Lebensraum. Um etwa 1300 nach Chr. wurden die Felshäuser endgültig verlassen.

eingegrabene Washes oder Trockenflußbetten, die tückische Gefahren bieten. In zwölf Ortschaften leben die einst volkreichen Hopi, *Oraibi* als ihr größter und ältester Hauptort, vor dem ein Schild den ›Pahaana‹, den Weißen, warnt, daß sein Besuch unerwünscht sei, doch teilen nicht alle Hopi diese Auffassung. Die Pueblos, die hier immer noch bewohnt werden, sind Teil der großen indianischen Pueblo-Architektur, deren wesentliche architektonische Merkmale sehr wahrscheinlich von den Anasazi übernommen wurden. Allen gemeinsam ist der Einstieg vom Dach aus, wobei das Dach durch angestellte und rasch wegnehmbare Leitern erreicht werden kann. Hier, in ›steinreichen‹ Gegenden, werden die Pueblos aus unregelmäßig geglätteten Sandsteinen errichtet, später in Taos werden wir Lehmpueblos aus Adobeziegeln sehen, denn die Adobes sind nichts anderes als aus Lehm und Stroh gefertigte, luftgetrocknete Ziegel.

Auf einem Hügel der Second Mesa liegt *Shipolovi,* erdfarben, gelb, ocker und fahlrot, nahebei das ›Hopi Motel‹ am Cultural Center, einem gelungenen Versuch, alte und neue Formen zu verbinden (F 6027342401). Seitdem der Pueblo im 17. Jahrhundert als Fluchtburg vor den Spaniern erbaut wurde, dann als Retiro vor den Navajos, haben sich hier die Kachinatänze und die ihnen zugrundeliegenden Vorstellungen von wohlwollenden Geistern erhalten, die dem Menschen nützlich sind, aber geehrt und gut behandelt werden wollen. Ich denke, daß Kachinas und die Zwerge und Elfen unserer Sagen in dieser Hinsicht verwandt sind. Die Kachinas werden in bunten Maskentänzen verehrt und hiervon leiten sich auch die Kachinapuppen ab, die man überall ausgestellt sieht, von den Fremden irrig als lustiges Spielzeug angesehen.

D.H. Lawrence hat in den zwanziger Jahren den Schlangentanz der Hopi in Hotevilla beobachtet. Vielleicht konnte er damals noch ein ursprünglicheres Bild gewinnen. Doch lassen wir ihn erzählen:

»Die Fahrspur windet sich äußerst holprig und scheußlich dreißig Meilen weit dahin, an der zweiten Tafel vorbei, wo Chimo-

pova liegt, hin zu der dritten Tafel ... Alles ist grau, äußerst trocken, äußerst fahl, Stein und Staub und sehr eng. Unterhalb das ganz schamlose Licht der trockenen Sonne Arizonas.

Hotevilla ist ein winziges Dörfchen aus grauen Häusern, aus unbehauenen Steinen und Lehm, zackig um eine längliche kleine Plaza erbaut und zum Teil zerfallen ... Es ist ein ausgedörrtes Land von Schlangen und Adlern, gen Himmel getürmt. Um ein paar dunkelgesichtige, kleingewachsene, untersetzte Indianer warten ihre wenigen Pfirsichbäume, ihre Bohnen und Kürbisse und ihre Quellen salzigen Wassers.«

Lawrence hat sich in Taos lange mit der indianischen Religion beschäftigt und seine Gedanken hierzu in ›Mexikanischer Morgen‹ niedergeschrieben:

»Die animistische Religion [der Indianer] ist keine Geistreligion. Wohl eine Geisterreligion ... Es gibt nicht Einen Geist. Es gibt nicht Einen Gott ... genaugenommen gibt es in der Religion des ursprünglichen Amerikas keinen Vater und keinen Schöpfer. Es gibt die erhabene heilige Quelle des Lebens – nennen wir sie die Sonne des Daseins – zu der man ebensowenig beten kann wie zur Elektrizität ... Aus diesen erhabenen, untereinander verbundenen Mächten des Regens, der Hitze und des Donners steigen die Samen des Lebens auf: Mais und Schlangen. Und darüber hinaus Menschen ... aber alle steigen einzeln auf. Es gibt kein Eins- und Alles, kein sympathetisches Sich-Identifizieren mit allem übrigen. Auf jeder Kreatur lastet schwer das Gesetz der Vereinzelung. – Der Mensch ist wie eine Blume: Regen kann ihn umbringen oder ihm beistehen, Hitze kann ihn mit blitzendem Schweife zwicken und ihn vernichten – oder sie kann ihn aus dem Ei des Chaos leise ins Dasein rufen. Der Mensch ist zart wie eine Blume, gottselig über Blumen hinaus, und seine Herrschaft ist eine heikle Sache ... Er muß überwinden und sich durchsetzen. Für uns ist die Wissenschaft unsere überwindende ›Religion‹ ... aber für den Indianer bestehen die sogenannten mechanischen Vorgänge nicht. Alles lebt. Und die Überwindung geschieht mit Hilfe des lebendigen Willens.«

Lawrence macht hier deutlich, daß die kartesianische Unterscheidung von Geist und Materie, die das abendländische

Denken tief beeinflußt hat, die seit Descartes (1596-1650) unsere Welt in eine materielle, naturwissenschaftlich begreifbare und eine geistig-seelische, zumindest nicht faßbare, teilt, dem Indianer fremd ist. Für ihn ist alles Geist. Aus dieser Einstellung wächst dem Medizinmann, auch den Stammesweisen die Kraft zu, durch ein Versenken in das Wesen der Dinge, diese Dinge selbst zu ändern oder ändern zu wollen. Daß dabei gewisse Drogenhilfen notwendig sind, werden wir noch bei unserer Begegnung mit den Kaktuslandschaften Neu Mexikos erfahren. Sehr schön beschreibt Lawrence auch die andere Seite: Kennt der Indianer keine geistige Not, wohl aber häufig materielle, so erlebt der Weiße die Sache umgekehrt:

»Unser Mais läßt uns nicht im Stich: Wir haben keine siebenjährige Hungersnot und brauchen keine zu fürchten. Aber jenes andere läßt uns im Stich: die seltsame innere Lebenssonne; das durchscheinende Regenungeheuer zeigt uns nie seine Streifen. Für uns schaltet der Himmel das Tageslicht ein oder dreht die Dusche auf. Wir kleinen Götter sind nur Götter der Maschine. Unser Kosmos ist ein gewaltiges Kraftwerk. Und wir kommen [darin] um vor Langeweile. Inmitten der Fülle sticht uns ein hinterlistiger Drache. Quos vult perdere Deus, dementat prius.«

Lawrence, und das bringt ihn uns nahe, stellt seinem und unserem Zeitalter eine nüchterne Diagnose: Unsere Epoche fühlt sich von Gott verlassen, weil sie selbst Gott geleugnet hat. Kaum jemand stimmt mehr in den orphischen Harmoniegesang ein, den noch ein Kepler und Galilei wahrgenommen haben, den Pythagoras zu Beginn naturwissenschaftlichen Denkens in der musikalischen Harmonie als Ausdruck der Sphärenharmonie sah und der bis ins hohe Barock und noch danach in der Musik die Disharmonie der Welt mit der Harmonie ihres Bauplans versöhnte. Alles dies ist zerbrochen, und dumpf wird in den Disharmonien einer neuen Musik auf ein neues Signal gehorcht, meist aber nur auf die Bestätigung eigenen mißvergnüglichen Gefühls.

Das alte Amerika hat an einem weltgeschichtlichen Vorgang von größter Bedeutung nicht teilgenommen: der Entwicklung von Hochreligionen. Alle diese: Judentum, Christentum und Islam sind aus der Kargheit der Wüste, ihrem unbestechlich klaren Licht entstanden. Das Chaos animistischer Vorstellungen der Frühzeit haben diese Hochreligionen zu einem Gott verdichtet, in ihm den großen Gesetzgeber des Weltalls erkannt. Die monotheistischen Hochreligionen haben damit einen unerhörten Durchbruch erzielt: Sie haben dumpfe Gefühle in klare Gesetze umgeformt. Die mosaischen Tafelgesetze, die zehn Gebote der Bergpredigt, die gesetzlichen Charakter tragenden Vorschriften des Talmuds und des Korans sind in ihrer normativen Kraft zu einem bestimmenden Element der Menschheitsgeschichte geworden.

Mit der Abstraktion des Gesetzes schied sich aber auch der Naturmensch in weiten Teilen der Welt von den das Gesetz suchenden und sich ihm in einem freien Willensakt unterwerfenden Menschen, einer Handlung, in der sich, oft übersehen, die Völker des Morgenlandes und des Abendlandes einig wissen. Zwei dieser Kreise, das Christentum, und mit ihm der Weiße Mann, und der Islam sind für zwei Jahrtausende zum Wortführer der Weltgeschichte geworden. Daß das Christentum sich dem griechischen und dann dem römischen Gesetz vermählen konnte, hat es groß gemacht, hat das Abendland geschaffen – auch wenn wir Heutigen, Verunsicherten das ungetrübte Hochgefühl hierfür längst verloren haben. Untergegangen ist der Mystizismus, der noch im frühen Mittelalter Bestandteil unserer Kultur war, jener Mystizismus, der auch aus den Tiefen der indianischen Weltsicht hervorleuchtet. Das macht es reizvoll und zugleich beunruhigend, eine alte gemeinsame Wurzel zu betrachten, dünn, halb vertrocknet und kaum ausgegraben, wieder von Ausdörrung bedroht.

Vielleicht muß man in dieser steindüsteren Landschaft stehen, am Abgrund einer steil abfallenden Mesa, von der sich eine trostlose Wagenspur irgendwohin in eine Unendlichkeit windet, muß man die Flucht kantiger Felsen, ferner Mesas und die undeutlich von Licht überquellende Ebene sehen, um die Magie des Schlangentanzes, wie ihn Lawrence schildert, zu verstehen:

»Der erste ist ein schwerer alter Mann mit dichtem, langem, wildem grauen Haar und schwerer Stirnfranse. Er schreitet wuchtig und kraftgeladen voran, in der Stille ... ihm folgen die anderen grauverschmierten, langhaarigen, nackten, gesammelten Männer ... Plötzlich eilt mit ungebändigter Hast eine weitere Reihe von Männern herbei. Sie sind nackt und mit roter ›Medizin‹ beschmiert, mit großen schwarzen Rhomben Farbe auf dem Rücken. Ihr wildes, schweres Haar hängt lose ... das sind die Schlangenpriester ... Der alte Antilopenpriester bückt sich nun tief. Und ehe die Menge [der Zuschauer] irgend etwas anderes wahrnehmen konnte, tauchte auch schon ein junger Priester auf, verneigte sich ehrfürchtig, hielt den Hals einer blassen, zarten Klapperschlange zwischen den Zähnen, das naive, vogelhafte Köpfchen des Tieres lag still an seiner schwarzen Wange, und ließ seinen langen, blassen, gelblichen, glitzernden Leib wie eine dicke, schöne Kordel baumeln ... Schlange um Schlange war im Kreis herumgetragen worden, aus dem Mund eines Schlangenpriesters baumelnd und sich windend und langsam schwankend, den kleinen, feinen Schlangenkopf verwundert und lauschend erhoben.«

Wer großes Glück hat, der kann auch heute noch diese Schlangentänze erleben. Sie finden Ende August in den Dörfern der Hopi auf den Drei Mesas, in den geraden Jahren in Hotevilla und Shungopovi und in den ungeraden Jahren in Walpi und Mishongnovi statt.

Walpi, auf der ersten Mesa gelegen, zu der ein steiler und ungeschützter Fahrweg unweit der Abzweigung der 87 nach *Winslow* emporführt (dort einzige Tankstelle weit und breit), ist mit seiner Lage auf einem Sporn der Mesa sehr besuchenswert. Der Fahrweg, eine Geröllpiste, bietet keinen Schutz gegen den steilen Abhang. Wir passieren zwei kleine Indianersiedlungen, wo die Frauen am späten Nachmittag das Essen auf der Straße kochen, meistens Posole, eine Kornsuppe, bei deren Aufkochen die Spelzen aufschwimmen und abgerahmt werden. Dann schneidet man Rindfleisch hinein und gewinnt eine Art von Ragout mit ›Kälberzähnen‹, wie wir als Kinder eine dicke Graupensuppe nannten.

Schließlich parken wir und gehen über den schmalen, nach beiden Seiten abfallenden Felssattel, der uns von Walpi trennt. Die teilweise mehrstöckigen Pueblos, pyramidenförmig auftreppend wie Mayatempel, thronen auf dem Kap, sonnenumglänzt, vor der im Hintergrund verschattenden Ebene und ihren schwärzlichen Rissen und Canyons. Eines der Häuser soll bis 1690 zurückdatieren. Hier finden sich manche Töpferwerkstätten, in denen, mit Rinderdung gefeuert, die Hopifrauen das irdene Geschirr brennen.

Die hochstehende indianische Töpferkunst ist leider nur sehr verstreut in amerikanischen und europäischen Museen zu sehen; so mögen hier an passendem Ort einige Bemerkungen dazu erwünscht sein. Sieht man indianische Vasen und Töpfe, so fühlt man sich lebhaft an die griechischen Amphoren und Kratere in der Münchner Glyptothek erinnert. Da ist nicht nur die Gemeinsamkeit von Material, Form- und Glasurtechnik, da ist vor allem die verblüffende Ähnlichkeit der schwarz-, rot- und weißgrundigen Vasen mit ihrer komplementären Bemalung oder Ausspartechnik: Gebrauchsgegenstände mit teils geometrischen, teils figürlichen Darstellungen, die Ausgeprägtheit der Formen, ihr Phantasiereichtum, das Gefühl für rhythmische Anordnungen – kurz, es wäre eine Freude, einmal indianische und griechische Keramik miteinander zu vergleichen. Die Griechen freilich sind nach dem geometrischen Stil rasch zu hochentwickelten, geistvollen Darstellungen ihrer Mythen und Sagenwelt gelangt. Die Indianer haben das Geometrisch-Rhythmische nie völlig aufgegeben, es vielmehr mit symbolischen Darstellungen angereichert, die in ihrer abstrakten Verkürzung der bildhaften Sprache der Griechen reizvoll gegenüberstehen.

Im streifenden Abendlicht wirft der Felssporn von Walpi einen gewaltigen Schlagschatten in den rings umher steil abfallenden Canyon. Violett beginnt die Mesa im Norden zu glimmen, die Stunde des Sonnenuntergangs ist immer die große Stunde in Arizona, die Stunde, in der sich die Landschaft zurückbesinnt auf ihre alten Herren, die gleich uns andächtig auf den Felsklippen sitzen und schweigen. Als wir über den schmalen, von Karrenspuren ausgehöhlten

Felssattel zurückgehen, sinkt die Nacht überraschend plötzlich. Im Rückblick stehen die oberen Etagen der Pueblos rotflammend vor einem dunkelgrauen Wolkenband. Wir dagegen standen vor dem Problem, im Scheinwerferlicht die elend steile Gasse hinab nach *Polacca* mehr zu rutschen als zu fahren. Die alten Hopi hatten einen sicheren Instinkt, wie man sich lästige Menschen, seien es Spanier, Amerikaner oder Touristen, vom Halse hält, und ganz nebenbei denken wir daran, daß Arizona ja erst am 14. Februar 1912 als Staat in die Vereinigten Staaten aufgenommen worden ist.

Der bedeutende Kunsthistoriker, Privatgelehrte und Sprößling einer Hamburger Bankiersfamilie, Aby Warburg (1866-1929), hat die Täler und Mesas um Oraibi im Hopiland im Winter 1895/96 besucht und wesentliche Erkenntnisse und Funde zusammengetragen. Heute verstaubt und unzugänglich im Hamburger Völkerkundemuseum, war sein Name im Dritten Reich gelöscht worden. Sein Buch ›Reiseerinnerungen aus dem Gebiet der Pueblo‹ war in der dortigen Bibliothek leider nicht einsehbar.

Die Geheimnisse der Ruinenstädte im Mesa-Verde-Park

Nach dem Besuch des Monument Valley oder des Canyon de Chelly finden wir uns wieder auf dem **Highway 160 East** und erreichen bald die *Four Corners,* an denen die Staaten Utah, Arizona, Colorado und New Mexico zusammenstoßen. In der Halbwüste nichts als eine Hinweistafel und ein Haufen rötlichen Gerölls, der Wind geht einfach darüber hinweg.

Kurz danach queren wir den *San Juan River* und sein breites, von Sage Brushes bestandenes Tal. Über fruchtbaren Talauen schimmern in der Ferne die Hauptketten der Rocky Mountains mit den La Plata Mountains im Osten und den San Miguels mit ihren drei Viertausendern im Nordosten auf, schneebedeckt. Wir fahren durch die *Ute-Reservation* nach *Cortez,* wo uns statt des hartherzigen Conquistadors viele freundliche Motels erwarten. Da unser Ziel der **Mesa Verde National Park** ist, gilt es hier abzuwägen, ob wir in Cortez bleiben wollen und für vielleicht zwei Tage zum Park pendeln oder gleich in der ›Far View Lodge‹ des Parkes logieren wollen. Am späten Abend angekommen, hatten wir keine Wahl, stiegen im ›Best Western‹ ab, einer empfehlenswerten Motelkette, und labten uns im ›Homesteader‹ an gewaltigen Steaks mit einem kalifornischen Weißen und einer Baked Idaho Potato, einer angemessenen Mahlzeit nach soviel Staub, Hitze und Geschaukel. Homesteader nannten sich die Neufarmer, die nach Roosevelts Homesteader Act als Teil des New Deal Mitte der dreißiger Jahre einen Neubeginn im Wilden Westen wagten.

Die ›Far View Lodge‹, mitten im Nationalpark (F 303 529 4421, geöffnet von Mitte Mai bis Mitte Oktober, etwa 50 $ pro Doppelzimmer), bietet Anfang Oktober zwei Übernachtungen zum Preis von einer an, so zogen wir am anderen Morgen um und fanden eine äußerlich rustikale, graubraune verwitterte Lodge mit komfortablem Innenleben und angenehmem Restaurant. Wir hatten kaum unsere Koffer ausgepackt, samt der letzten Flasche von Pat Paulsen, als die ersten Mule Deers neugierig vor dem großen Verandafenster erschienen, die langen Ohren spitzten, als ob sie uns verstehen könnten, und mit ihren warmbraunen Augen eine kleine Brotzeit erbaten. Obwohl die Parkranger das gar nicht gerne sehen – wer hätte schon solch ein hartes Herz!

Zunächst aber müssen wir die sechshundert Meter des steilen Nordrandes der ›Grünen Tafel‹ hinauffahren, die ein isoliertes Bergplateau ist, sanft nach Süden geneigt, und sich dort in zahlreiche fingerförmige Mesas auffächert. Vom Tal des Mancos aus erscheint die Mesa dagegen unwirtlich, schroff, abweisend. Fast fünfhundert Jahre lang sind alle Talwanderer an ihr vorbeigezogen, haben lediglich die Spanier den Namen Mesa Verde hinterlassen. Niemand hat die aufregenden Felsenstädte der Anasazi bemerkt, bis zuletzt einige Cowboys des späten 19. Jahrhunderts, auf der Suche nach verirrtem Vieh, die guterhaltenen und nie beschädigten Ruinen entdeckten. Leider nahmen sie auch mancherlei mit, verkauften es als Souvenirs, besonders den Türkisschmuck, der sich in manchen Kiwas fand, und machten späteren ernsthaften Archäologen das Leben schwer.

Am frühen Morgen weht ein kühler Wind über die Mesa, es ist ausgesprochen frisch in 2500 Metern Höhe. Der Hesperus Peak in den La Plata Bergen hat über Nacht ein dichtes Winterkleid angezogen, weit breitet sich die auffallend ebene Mesa nach Süden. Ihre schmalen geheimnisbergenden Schluchten sind kaum sichtbar. Gegen Südwesten erhebt sich der gigantische Vulkanfelsen von Shiprock in der verschwimmenden Hochebene vor den Chusca Bergen, und im Westen begrenzen die Blauen Berge Utahs den Horizont. Ein Gefühl ungeheuerer Weite erfaßt uns.

Vom Visitor Center an *Far View Point* und Lodge führen zwei Straßen weg, die eine nach Süden zur Chapin Mesa und eine nach Westen zur Wetherill Mesa. Die letztere war bereits geschlossen, aber dies bedeutete keinen Verlust. Im Fahren sehen wir, daß die Chapin Mesa dicht bewaldet ist mit jener schütteren, überall für das starke Licht durchlässigen Lebensgemeinschaft aus Utah Junipers (baumartigem Wacholder) und Pinyon Pines (kurznadeligen Kiefern), die im Südwesten für Höhenlagen um zweitausend Meter charakteristisch sind. Da wir uns ohnehin zwei Tage für den Park vorgenommen hatten, gaben wir nichts auf hübsche Systematik und fuhren unverzüglich über die schmale Fingermesa zwischen Spruce Canyon und Soda Canyon zum *Cliff Palace,* seinerseits wieder auf einer noch schmaleren Fingermesa gelegen und äußerster Vorposten gen Süden.

Parkt man auf dem Plateau und sieht nichtsahnend über den Felsrand gen Westen, so ahnt man noch nicht einmal, daß unter uns in einer schützenden, überhängenden, muschelförmigen Felswand eine kleine Stadt liegt. Wir gehen eine steile, in den Fels gehauene Stiege zwischen gewaltigen Blöcken hinab, wenige Gambel Oaks und Mountain Mahoganies nisten in den Spalten des Steilhanges, ein Blue Jay mit seinem schillernden Blau flattert ungehalten auf. Wir biegen

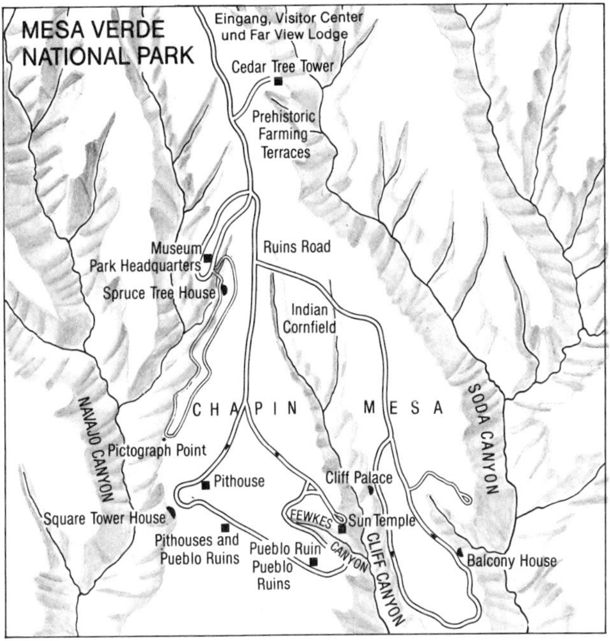

um die Ecke und stehen wie gebannt vor dem erwarteten Anblick: In der zweihundert Meter langen und zwanzig Meter tiefen Felsmuschel, im rötlich reflektierten Frühlicht der Gegenmesa nistet die Stadt, ducken sich Häuser und Türme, als ob sie im Zusammendrängen Schutz suchten, öffnen sich runde Kiwas, türmen und schachteln sich die Häuser mit drei und vier Stockwerken übereinander, jeden Fuß Boden nutzend. Ganz oben unter dem Felsdach hat man Speicher eingebaut, aus denen jetzt die Schwalben ausfliegen.

Alles ist aus sorgsam behauenen und geschichteten Sandsteinen erbaut, nicht anders als bei einer frühen Burg Europas. Manche der Türme, die den von Wasser und Frost ausgehöhlten Alkoven ausfüllen, sind rund, manche eckig; kleine Fensterhöhlen gähnen uns dunkel an, Leitern führen von einer Plattform zur anderen. Zur Talseite fällt der Hang steil ab, kein Weg führt hinauf, nur der Zugang von oben bleibt, durch enge Stellen gezwängt und leicht zu verteidigen.

Ist dies eine Festung oder eine Stadt? Wahrscheinlich war es beides, doch wollen wir die Baugeschichte und Historie der Mesa später zusammengefaßt betrachten. Der Augenblick ist viel zu sehr vom großen Eindruck beherrscht, der alle stumm macht. Es ist das Erstaunen auch über sich selbst, den Hochmut unserer Zivilisation, die den Indianern Nordamerikas zivilisatorische Höhe abspricht, sie nur in romantischen Spitzzelten sieht. Schwer nistet in diesen Ruinen die Frage, wohin diese Kultur gegangen ist, wer sie vertrieb oder ob sie sich selbst zerstört hat, so daß schließlich doch nur die Spitzzelte übrigblieben. Etwa 250 Menschen lebten in dieser kleinen Stadt, kaum mehr als hundert Jahre lang.

Die Geschoßdecken der Häuser waren aus Ponderosas oder Pinyon Pines gefertigt, manche Rundhölzer schauen in diesem Trockenklima noch nach sechshundert Jahren aus dem aufgehenden Mauerwerk. Durch Bohrproben und dendrologischen Vergleich der Baumringe hat man herausgefunden, daß man an Cliff Palace zwischen 1209 und 1270 gebaut hat. Im rechten eckigen Turm erlaubt eine niedrige Öffnung, ins Innere zu blicken. Teile der Balkendecken sind sichtbar, und an den lehmverputzten Wänden sieht man geometrische Malereien, deren rechtwinklige oder zickzackförmige Motive an Inkas und Azteken erinnern, mit denen die Anasazi über eine Handelsstraße nach dem Süden in Kontakt standen. Die Begabung zur Abstraktion ist bemerkenswert. Die Phase der frühgriechischen Geometriker fällt uns ein, die 1000 bis 750 v. Chr. lebten, die Anasazi jedoch 600 bis 1200 n. Chr. Aber auch Gegenständliches, vor allem Tiere, wird in knappen Umrissen erfaßt und souverän dargestellt, so das äugende Paar Mule Deers, dessen Abbild dieses Kapitel schmückt.

Die Nationalpark-Fachleute haben diese Felsstadt natürlich vor dem weiteren Verfall sichern müssen, auch manche Mauern wieder aufgerichtet und vervollständigt. Daß auch schon die Anasazi Probleme mit dem leicht bröckelnden, roten Sandstein hatten, erkennt man an dem großen, quer liegenden Felsriegel am Eingang. Er ist durch mehrere senkrechte Risse gefährdet und droht abzurutschen. Man hat ihn in unserem Jahrhundert durch Beton und Baustahlgewebe unterfangen. Die Puristen, die dies ärgern mag, sollten sich sagen lassen, daß man unter dem Felsen auf indianische Versuche stieß, mit Steinsplittern und Mörtel dem Verfall entgegenzusteuern. Eine merkwürdige Angewohnheit der Anasazi war ihre Müllbeseitigung: sie warfen alles ›über Bord‹ in den Abgrund, der auf diesem Wege zu einer Fundgrube für die Archäologen wurde, weniger für die Ökologen. Auch die Toten bestattete man in diesen Müllhalden, was befremden mag, doch mag dies Gründe haben, die wir nicht beurteilen können. An den Skeletten, manche im Museum des Visitor Centers, kann man erkennen, daß wenige älter als 35 Jahre wurden und alle fürchterlich unter Zahnproblemen wie Karies, Kieferabszessen und Zahnschmelzabtragung durch sandhaltiges Mehl litten. Mögen die Felswohnungen auch im Sommer angenehm kühl gewesen sein, im schneeführenden Winter waren sie erbärmlich feuchtkalt und eine rechte Rheumahöhle – doch davon konnte auch mancher Rittersmann auf seiner zugigen Burg im Winter ein Lied singen, wie überhaupt das örtliche Ambiente sehr an die Felsburgen der Südpfalz erinnert. Der Rückweg führt über Leitern nach der Mesa zurück, fast unsichtbar in einer engen Klamm befestigt. Doch kann man auch den Hinweg benützen.

Gegen Mittag sind wir am *Balcony House* angekommen. Sei Cliff Palace die schönste der Ruinen, so sei Balcony House die interessanteste, hatte man uns gesagt. Wir müssen warten, bis ein Ranger von der letzten Führung zurückkommt. Er warnt Gehbehinderte, zu Schwindel Neigende, Herzkranke, aber auch solche zu großen Leibesumfangs und weist sie zurück. Dann gehen wir in den Felsen gehauene Stufen herab, eingezwängt zwischen moos- und flechtenbewachsenem Gestein, unten gähnt die Tiefe. Schließlich gelangen wir auf eine kleine Felsbastion, von der eine steile Indianerleiter wieder aufwärts führt. Die Leiter ist aus rohen Logepole-Kiefern und Querhölzern zehn Meter hoch zusammengenagelt, manch prüfender Blick tastet sie ab, im nahen

Gezweig der Gambel Oaks sitzt ein dunkles Eichhörnchen und schaut belustigt.

Nach dem Gekraxel nimmt uns eine sehr schmale Felsterrasse unter weit überhängender Alkovendecke auf, abgeteilt in verschiedene Kompartimente, eine gemauerte Brüstung schützt vor dem Sturz in eine baumbewachsene Tiefe. Wir kriechen einzeln und auf allen vieren durch eine Art Fels-Schott, darauf angelegt, nur jeweils einen einzelnen durchzulassen, der zunächst einmal seinen empfindlichsten Körperteil, seinen Kopf, dem Gegner bietet. Manch einer hat hier seine Not, sich durchzuzwängen, denn die Anasazi waren kleiner als wir und bei karger Ernährung schlankwüchsig. Schnaufend wird schließlich der Ausblick auf die gegenüberliegende Mesa genossen. Nach einiger Gewöhnung des Auges an die Felsstrukturen der jenseitigen Talwand erkennen wir plötzlich, daß auch diese von allerlei eremitenhaften Felswohnungen durchsetzt ist. Hier eine kleine Stützmauer, dort ein, zwei Fenster oder ein Stück in den Fels gemeißelter Treppe, weiter nichts. Etwa dreiviertel der Mesa-Verde-Bewohner wohnten in solchen Klausen. Wie haben die Menschen dort die Einsamkeit ertragen?

Der Ranger erklärt die große Kiwa, den Zeremonialraum der Anasazi in dieser winzigen Stadt, die eine Ordnung hatte, Wohnen und Öffentliches, Vorräte und Wehranlagen trennte. Die Kiwas der Anasazi, die sie den Hopi und Navajo vererbt haben, sind kein Gottesdienstraum, keine Tempel. Sie sind der den Priestern vorbehaltene, unterirdische Bezirk, in dem diese ihre Rituale pflegten, die sich um Regen und Ernte, Dürre und Fruchtbarkeit drehten. Am Boden der Kiwa befindet sich ein Loch, Sipapu genannt, eine in die Erde führende Öffnung, durch die die symbolische, geistige Welt der erdnahen Kräfte mit der realen Welt kommunizierte und eins wurde. So einfach alles aussieht, die Anasazi kannten viele technische Tricks. Ein Deflektor schützt den von runden, um die Kiwa laufenden Bänken gerahmten Feuerplatz. In der damals abgedeckten Kiwa war eine Feuerstelle eine Gefahrenquelle. Plötzliche Rauchentwicklung konnte bei der Enge des Ausgangs im Dach eine Katastrophe bedeuten, deshalb sorgte ein seitlicher Ventilatorschacht für Frischluft, die vor dem Deflektor austrat. Gemessen an der Kamintechnik mancher alten Burg wirkt dies alles sehr fortschrittlich.

Das Publikum hier im Park fällt uns auf und ist nicht zu verwechseln mit dem des Yellowstone- oder Zion-Parks. Keine Massengruppen, keine bunt karierten Flanellhemden und Stetsonhüte – Interesse, Bücher und Karten, Umgangsformen, bestimmen das Bild. Ein sympathisches Ehepaar aus Cambridge bei Boston macht die Reise durch den Südwesten mit den beiden fast erwachsenen Söhnen, die mit Höflichkeit ihrer Mutter, einer ebenso schönen wie klugen Frau, charmant behilflich sind. Abends in der Lodge ergeben sich interessante und angenehme Gespräche.

Dann kommt der Aus- und Aufstieg. Wieder über endlose Leitern zwischen eine Felsklamm geklemmt. Die alten Anasazi verzichteten sogar auf die Leitern. Sie nutzten Grifflöcher im Fels, die man noch sehen kann, die gerade eben den Händen und Füßen einen kargen Halt boten. Die Anordnung dieser Griffstellen war kodiert, das heißt, nicht einfach links-rechts, und wer mit dem falschen Fuß und der falschen Hand einstieg, der mußte an einer kitzlig exponierten Stelle ohne Sichtkontrolle ›umsetzen‹. Ein Fehler konnte tödlich sein. Stets kamen die Zuwege von oben, nie von unten. Der Gegner war somit im Abstieg blind gegen die von unten drohenden Speere, kein angenehmes Gefühl.

Oben verkündet der Ranger, nun sehr amtlich, den ›Archeological Resources Protection Act‹. Als archäologische Relikte gelten danach alle Dinge, die hundert Jahre und älter und menschlichen Ursprungs sind. Die Strafen: Für eine erste widerrechtliche Entnahme von Artefakten 10 000 $ *und* ein Jahr Gefängnis. Keine Empfehlung, wir bleiben in der Lodge.

Am Nachmittag wechseln wir auf die westlichere Fingermesa und besuchen die *Pit Houses*, die Erdgrubenhäuser der frühen Bewohner dieser Landschaft. An dieser Stelle wird es unerläßlich sein, etwas über die Geschichte der Mesa und der Anasazi im Zusammenhang zu berichten.

Das Colorado Plateau als geographischer Großraum ist gleichzeitig auch eine ethnologisch abgegrenzte Zone. Gegen 10000 v. Chr. erreichten die Indianer diesen Raum, der vorher offensichtlich nie einen Menschen gesehen hatte, auch keinen Prähominiden, denn Amerika wurde ausschließlich von außen besiedelt, kannte auch keine Primaten.

Die ersten Zuwanderer waren die Clovis- und Folsom-Leute, eine Gruppe der Paläoindianer, denen die archaischen Stämme folgten, die um unsere Zeitenwende begannen, neben der Jagd in bescheidenem Umfang Ackerbau zu treiben, vielleicht, weil das Großwild rar wurde. Man nennt diese Archaiker die Basketmaker, die Korbmacher, da sie keine Töpferei kannten, aber zunehmend feinere Korbwaren herstellten. Gegen 750 n. Chr. waren die Korbmacher seßhaft geworden, lebten in Erdgrubenhäusern, sogenannten Pit Houses auf den südlichen Spitzen der Fingermesas. Wir können die ausgegrabenen und durch Dächer geschützten Reste jener Pit Houses zwischen dem Navajo und Cliff Canyon besuchen. Die späten Basketmaker sind wohl die ersten Bewohner der Mesa Verde geworden. Später zogen sie, da Ackerbau Feuchtigkeit braucht, in die nördlichen Teile der Mesa, etwa in die Gegend der heutigen Far View Ruins am Mummy Lake. Sie begannen, aus Stein oberirdische Pueblos zu bauen, oft mehrere Stockwerke hoch, behielten aber die Erinnerung an ihre Erdhöhlen, indem sie die Kiwa immer noch in der Erde anlegten. An Far View sind recht große Ruinenstädte ausgegraben worden, hübsch gelegen und mit weitem Blick übers Land. Keine Spuren deuten auf die Notwendigkeit zur Verteidigung, Maisfelder entstanden, bedeutende Bewässerungssysteme wurden gebaut, etwa durch Kanäle, die das Regenwasser in den nahen Mummy Lake führten, von wo aus es durch ein sorgfältig durchdachtes Irrigationssystem den Feldern zugeteilt werden konnte.

Diese erste Pueblo-Phase endete gegen 1100 n. Chr., ihr folgte die Große-Pueblo-Zeit zwischen 1100 und 1300, in der Töpferei und textiles Handwerk blühten, wunderschöne

Muster entworfen wurden, die im Park-Museum ausgestellt sind. Dann, gegen 1200, erfolgte eine überraschende und hastige Räumung der oberirdisch auf der Mesa gelegenen Dörfer. Man zog wieder südwärts und begann, in den Alkoven, den muschelförmigen Überhängen an den Wänden der Kliffs, jene steinernen Städte zu bauen, die wir gerade besucht haben. Bereits dieser Umzug ist rätselhaft. Man hat verschiedene Dürren hierfür verantwortlich gemacht. Aber welch einen Sinn ergibt es, bei Dürre in den besonders trokkenen südlichen Teil der Mesa zu ziehen?

Die Cliff Dwellings zeigen ausgesprochen fortifikatorische Züge – wer aber war der Feind? Es fanden sich nirgendwo Spuren von Kämpfen, weder fand man im Kampf Erschlagene als Skelette noch größere Waffenreste noch Brandspuren. Aber irgend etwas mußte die Bewohner zu diesem scheuen Rückzug in ihre unzugänglichen Felsburgen veranlaßt haben. Gegen 1300 und nach nur hundert Jahren Bewohnens wurden auch diese aufgegeben, und die Anasazi verschwanden unauffindbar. Man nimmt an, daß sie nach Süden abgewandert sind, manche sich auch mit den späteren Hopi und den Pueblovölkern des Rio-Grande-Tales vermischt haben. Dafür spricht eine gewisse kulturelle Tradition in der Bauweise und im Kult. 1276 n. Chr. begann eine große Dürre, sie dauerte 24 Jahre. Hat sie den Exodus erzwungen? Dürren sind in dieser Landschaft noch heute gang und gäbe, zuletzt haben die Farmer im Jahr 1950 mit ihr leben müssen. Auch vor 1100 gab es viele Dürren, wie die Dendrologie beweist. Gegen Dürre kann man sich nicht durch Festungen schützen. War es ein kultureller Verfall, der den Anasazi plötzlich zu schaffen machte, gerieten sie, volkreicher geworden, untereinander in Streit, litten sie in ihrer selbstgewählten Abgeschiedenheit unter Klaustrophobie oder hatten ihre Priester in den Kiwas Vorzeichen drohenden Untergangs erblickt und ihr Volk zum Abzug bewogen? 1302 war das Jahr des Halleyschen Kometen, der uns eben erst, 1986, auf seiner Umlaufbahn wieder besucht hat und der in den klaren Nächten des Südwestens besonders schreckenerregend über den nachtdunklen Himmel zog. Wir wissen, daß dieser Komet im Mittelalter allerlei Angst und Schrecken vor dem kommenden Weltuntergang in der Alten Welt verbreitete. Warum sollte er die Schamanen der Neuen Welt nicht auch erschreckt haben, die ebenfalls erhebliche astronomische Kenntnisse besaßen, wie wir noch im Chaco Canyon sehen werden.

Nach soviel Geschichte wollen wir zum Sichtbaren zurückkehren. Am späten Nachmittag sollte man gegen 16, im Sommer gegen 18 Uhr, nochmals zum Cliff Palace fahren. Die im Westen stehende Sonne, schräg über die Chapin Mesa streifend, leuchtet nun die gewaltige Felshöhlung des Alkoven aus, das flach einfallende Licht zaubert tiefe Schatten in den Hintergrund. Vor dem geheimnisvollen Dunkel dieses Hintergrunds leuchten die Häuser und Türme in einem feurigen Orangerot auf, glühen und glimmen aus der Tiefe des Raumes. Die letzten Besucher gehen langsam durch diese Geisterstadt, ihre langen Schatten wandern mit ihnen, sind es überhaupt *ihre* Schatten?

Blickt man zur Stunde der sinkenden Sonne vom südlichen Rand zurück, kurz bevor der Leiterstieg uns aufnimmt, so gewinnt der Felsalkoven wahrhaft urzeitliche Dimensionen, wird das Menschen- und Mauerwerk in seinem Schatten klein, zierlich und zerbrechlich. Wir verstehen, warum die Navajo diese Canyons gemieden haben, in denen die Geister der Anasazi noch immer herrschten, was in der Navajosprache soviel bedeutet wie ›Die früher Dagewesenen‹. Dann senkten sich fünfhundert Jahre des Schweigens hinab.

Am Abend sitzen wir auf der Veranda der Lodge zusammen. Wetterleuchten über den fernen Bergen Neumexikos, ein blasser Mond hängt über der sanft nach Süden fallenden Mesa, die Canyons mit ihren glühenden Farben, die Geheimnisse der Städte, sie sind verschwunden, unsichtbar, noch nicht einmal mehr ahnbar, fern heult ein Coyote. Es ist, als ob die Erde wieder zu sich selbst gefunden hat, keine menschliche Regung, kein Licht, einfach nichts über fünfzig Meilen in der Runde. Niemand bewegt sein Auto, wozu auch. Kein Radio stört, alle sitzen im Dunkeln auf ihren Veranden und schauen in dieses Land, das plötzlich ungeheuer fremd geworden ist, kein Teil der großen und mächtigen Vereinigten Staaten von Nordamerika zu sein scheint, eher Teil einer außerirdischen Ewigkeit, deren hellste Punkte ein paar Kerzen und die Sterne sind. Dieses Gefühl werden wir auch mit nach Hause nehmen, das dominierende Gefühl einer fast schmerzenden Unendlichkeit, des Ausgeliefertseins aller menschlichen Existenz. Die Indianer kannten offenbar dieses Gefühl, und dies bringt sie uns nahe.

Anderntags bietet sich ein Besuch von *Spruce Tree House* und *Square Tower House* an. Der Himmel war überzogen, als wir losfuhren, und es wäre sehr irrig, anzunehmen, daß die Staaten des Südwestens stets einen tiefblauen Postkartenhimmel zeigen. Das kleine Museum am Park Headquarter vertieft unsere Vorstellungen indianischen Lebens, und gegen Mittag, als die Hitze aus dem Macchiagestrüpp quoll, wanderten wir zu Fuß nach einem Aussichtspunkt oberhalb Square Tower House. In der Hitze zu wandern, erscheint unvernünftig, aber wir wollten die Atmosphäre der sonnengekochten, nach Minze, Salbei und Eukalyptus riechenden Vegetation einatmen. Der Weg vom Parkplatz an einem Pit House vorbei zum hoch gelegenen Aussichtspunkt über den Navajo Canyon war nicht weit. Gegen Norden sah man, wie sich der Canyon in eine Reihe weiterer auffächerte, und tief unter uns, wenn man sich über den Rand einer Felskanzel beugte, lag der Square Tower, ein dicker quadratischer Turm, einer der größten der Mesa Verde. Herabfallendes Gestein mag ihn und die kleine Siedlung im Laufe der Jahrhunderte halb zerschlagen haben, kein gebahnter Weg führt hinab, nur Grifflöcher im Fels, die am hohen Turm enden, der gewissermaßen ein Treppenhaus hinab zur Plattform und dem Dorf darstellte.

Durch das Gestrüpp der Mesa zu wandern, ist ein Genuß voller botanischer Überraschungen. Sage Brush mit seinen blaßgelben Blüten zuerst, dann der höher wachsende Giant Brush *(Artemisia tridentata)* mit weißlichen Rispen, dessen silbrig-grüne schmale Blätter, zwischen den Fingern verrieben, einen höchst intensiven Geruch nach Minze und Salbei ausströmen. Utah Junipers *(Juniperus osteosperma)* recken ihre bizarren Äste in den Himmel, dem Wacholdergrün hängt ein silbernes Grün an; wenn wir genauer hinschauen, so sind es Mistelzweige, alles überwuchernd und ihre Kraft mit Senkwurzeln aus der Wirtspflanze ziehend. Ihre hellgrünen Beeren und die dunkelblauen, wachsglänzenden Beeren der Wacholder waren den Indianern Medizin gegen Rheuma, wofür in den Cliff Dwellings ein dringender Bedarf gewesen sein muß …

Neben den malerisch verkrümmten Wacholderbäumen, nicht zu verwechseln mit den aufwärts strebenden, buschigen Wacholdern *(Juniperus communis)* der Lüneburger Heide, aber ihnen verwandt, stehen die Pinyon Pines *(Pinus cembroides et edulis)*, ausdauernde und Trockenheit vertragende, kleinnadelige Bergkiefern, auch Arizona-Nußkiefern genannt, da ihre Kerne den Indianern ein wichtiges Nahrungsmittel waren. Sie erinnern an die in Italien beliebten Pinienkerne, wie auch die Krone des Baumes zu horizontalen, breiten ›Pinienkronen‹ neigt, in deren Halbschatten das Blauschwingelgras *(Festuca)* seine hübschen Büschel formt.

Wacholder und Kiefern lassen das Sonnenlicht bis auf den Boden dringen. Winterfeste Gambel Oaks *(Quercus gambelii)* als buschige Eichen gedeihen hier, wunderschön in ihrer roten Herbstfarbe, neben so klassischen Herbstschönheiten wie dem Sumach oder Färberbaum *(Rhus trilobata)* und der feurig orangefarben belaubten Felsenbirne, kleinblättrige und dürre Mountain Mahagonies *(Cerco carpus montanus)* dazwischen, Yuccas *(Yucca elata)* mit cremegelben Blütenstengeln, die Blattspitzen scharfstichig, und wenn sie alt werden, ausfasernd jene Yuccafibern enthüllend, aus denen die Indianer noch heute gerne ihre feinen Webwaren und Sandalen fertigen. Die Spitze der Yuccablätter diente als Nähnadel und der angehängte, gezwirnte Faserfaden als Nähgarn. Aus den Wurzeln, die Saponine enthalten, gewann man eine Waschlauge, weshalb diese Yuccas noch heute Soaptrees heißen. Aus den Blüten endlich stellten die Anasazi einen vitaminreichen Frühlingstrunk her, wie sie auch aus den kleinen Opuntien oder Kakteen, die uns hier ständig begegnen, Früchte ernteten, die nach Auszupfen der Stacheln angenehm schmecken. Diese auch in Italien angebotene Indische Feige *(Opuntia ficus-indica)* mit ihren gelbleuchtenden Blüten ist eine im stillen blühende Schönheit und dem Mittelmeerraum zugewandert.

Auf diesen Pfaden werden wir kaum jemand antreffen, der Duft der Macchia ist betäubend, der Blick von überraschenden Aussichtspunkten in steile Canyons und über ihnen tief in der Landschaft staffelnden Mesas wunderschön. Die schillernd blauen Pinyon jays (Eichelhäher) und einmal ein wilder Truthahn waren unsere einzigen Begleiter. Aus den ersteren zupften die Anasazi die Federn ihres Zeremonialschmucks; unwillkürlich denkt man an den berühmten Federmantel des Inka, heute in den Habsburger Sammlungen in Wien. Die Turkeys waren eine beliebte Speise, sie wurde den weißen Amerikanern vererbt.

Das Spruce Tree House, am besten in der Abendsonne erlebbar, erreichen wir durch einen kleinen Canyon, an dessen Ende ein winziger Quelltümpel das Wasser aus dem porösen Sandstein sammelt. In seiner Nähe wächst das Poison Ivy, der giftige Efeustrauch, dessen Berührung unangenehme Blasen auf der Haut nach sich zieht. Das überhängende Felsdach über Spruce House trägt Fichten, die an dieser Stelle ungewöhnlich sind und die für den Namen Pate standen. Die kleine Stadt ist deutlich geteilt in Höfe, deren jeder eine zugehörige Kiwa hat. Die Familienclans lebten also in einer gewissen Separierung. Das Leben spielte sich weitgehend gemeinsam auf diesen kleinen Plätzen ab, die Räume in den dreistöckigen Gebäuden waren Schlafräume, manche mit einem kleinen Balkon zum Hof, dessen Holzbalkenstützen noch aus der Mauer ragen. Bei den mehrstöckigen Häusern war der Eingang nicht mehr eine Dachluke mit Leiter, sondern durch Türen ersetzt, deren seltsamer T-förmiger Umriß auffällt. Im Inneren mancher Räume sehen wir auch hier Wände und Decken mit einer dicken, fettigschwarzen Teerschicht bedeckt, deren Geruch noch immer deutlich im Raum hängt. Es ist der Teer aus dem Rauch von hundert Jahren Verfeuerung der harzreichen Kiefern und des Wacholderstrauchs. Zum Glück hat noch kein Chemiker diesen Teer auf Karzinogene und sonstige giftige Stoffe hin untersucht. Wir können nur hoffen, daß die Menschheit in ihrer Entwicklung vom Höhlenmenschen, in Tausenden von Jahren durch Evolution und Auslese im Sinne Darwins eine gewisse Verträglichkeit gegen diese Stoffe erworben hat.

Hier in Spruce House hat man den Müll einfach in Erdhöhlen unter die Plätze geworfen; das kann dem Lokalklima nicht gut bekommen sein, aber vergangene Zeiten waren da nicht zimperlich, auch nicht bei den hochentwickelten Azteken. Als zu Zeiten Montezumas Cortéz einmal auf den Markt von Mexiko kam, sah er dort kleine Töpfe mit menschlichen Exkrementen reihenweise zum Verkauf aufgestellt, und er beobachtete, wie die Gerber umhergingen und schnüffelten, ehe sie bezahlten, um zu prüfen, welche ›Ware‹ die beste wäre. Das war selbst für einen Spanier des 15. Jahrhunderts zuviel.

Unweit von dieser Stelle finden sich, auf einem Trail über den Ostrand der Mesa erreichbar, Steinzeichnungen (Petroglyph Point). Der Trail ist etwa sieben Kilometer lang hin und zurück.

Am letzten Abend durchfuhren wir nochmals die verwirrenden Straßen des Parks. Allmählich gewinnt man ein Gefühl dafür, auf welcher Fingermesa man gerade ist. Von Aussichtspunkten eröffnen sich schöne Blicke über den Fewkes Canyon nach dem rätselhaften Sonnentempel, dessen sorgsam geometrische Anlage immer die Phantasie angeregt und zu Spekulationen Anlaß gab, es hätten kulturelle Verbindungen zwischen den Mesa-Verde-Bewohnern und den Azteken bestanden. Gewiß ist nur, daß eine ethnologische Verwandtschaft zur Uto-aztekischen Familie bestand. Auch ist man sicher, daß eine Handelsstraße die Mesa, wie den ganzen Südwesten, mit Mexiko verband. Entlang dieser Straße werden wir morgen zum Chaco Canyon aufbrechen, einem wichtigen Handelspunkt dieser Route.

Das große Erlebnis der Mesa Verde ist die hier sichtbare Abfolge der kulturellen Schichten über etwa zwölf Jahrhunderte. Der ständige Ortswechsel der Siedler – von den Erdgrubenhäusern im Süden zu den aufragenden Pueblos im

Norden der Mesa und dann wieder zurück in die südlichen Felsstädte in den Canyons – hat die Denkmale jeder Zeit unzerstört und ohne Überbauung erhalten. Aber das Wissen und Begreifen dieser Dinge ist wenig, gemessen am unmittelbaren Eindruck der aus einer frühen Epoche stammenden Felsburgen, die ein so rätselhaftes Ende fanden. Dabei darf man sich fragen, ob das Ende Trojas weniger rätselhaft wäre, hätten wir keine schriftliche Kunde durch Homer. So wären gegen 1880 Heinrich Schliemann und Wilhelm Dörpfeld unvorbereitet auf diese ›sprachlosen‹ Ruinen gestoßen, hätten genauso hilflos und beunruhigt über die Rätsel dieser untergegangenen Stadt gegrübelt, wie Richard Wetherill und Charles Mason, als sie am 18. Dezember 1888 unvorbereitet Cliff Palace erblickten.

Der Charme alter Eisenbahnen im Minengebiet von Durango

Der **Highway 160** hat uns nach *Durango* gebracht, einer für amerikanische Verhältnisse im Westen alten Stadt – ganze hundert Jahre alt. Sie besteht vor allem aus opulent in Holz errichteten viktorianischen Häusern, verschnörkelten Mischungen aus Blockhausstil und Schweizer Alpen-Chalet. Wir waren wieder einmal früh aufgebrochen – und den Leser mag diese häufige Erwähnung früher Stunden nerven. Irgendwo hatten wir jedoch gelesen, daß die berühmte Durango-Silverton-Bahn um 9.30 Uhr unter Dampf stehe, um in das Minengebiet von Silverton zu fahren (27. Mai bis 14. Oktober, F 303 247 2733).

Nun dampfte und zischte also die altmodische Lokomotive auf den Gleisen, die in den Norden führten. Eine Reihe quittengelber Pullmanwagen, einige davon luftig und 4. Klasse, warteten auf die Reisenden. In den Freiluftabteils hatte sich eine Musikband aufgebaut. ›The Durango and Silverton Narrow Gauge Railroad‹ fährt uns in drei Stunden durch weitgehend unberührte Wildnis, hin und wieder haltend, um Wasser auf der um tausend Meter ansteigenden Strecke aufzunehmen, auch gelegentlich Backpacker, die winken. Prustend und schnaubend halten Zug wie Wanderer. Nach dem alten Minenstädtchen Silverton zu reisen, ist eine Lust, und fröhlich hallen die Jazztrompeten entlang der Strecke. Jetzt im Herbst sind die Wälder der San-Juan-Berge rostrot und orange gefärbt, hübsche Strecken führen durch Traversen, die man in die Felshänge des Cascade Canyons gesprengt hat. Die Bahn wurde 1880 von der ›Denver and Rio Grande Railway‹ in knapp einem Jahr gebaut, wie meist im damals noch wilden Westen, in einer bravourösen Art, bei der Dynamit zur Sprengung, Scharen wilder Gestalten zur Rodung der Schneise, Trapper zur Beschaffung von Wild als Nahrung und Schankwirte, ein Whiskyfäßchen links und ein Ginfäßchen rechts hinter dem Sattel, zur abenteuerlichen Aktion gehörten. 1960 wollte man die Bahn stillegen, aber energische Proteste haben dazu geführt, daß sie wenigstens als Museumsbahn weiterfahren kann, offenbar mit Gewinn.

Eine solche Fahrt bringt uns in engeren Kontakt mit den Menschen des Südwestens. Der große Reisestrom und die Touristen aus New York und Los Angeles waren im Spätherbst schon längst abgereist; ›sophisticated people‹ sahen wir ebenso wenige wie ›alternative people‹. Der breite und selbstzufriedene Menschenschlag, der sich von Utah bis hinunter nach Texas findet, genoß den Tag. Seine Regungen erschienen nicht unähnlich jenen der Menschen in Westfalen oder im Bayerischen Wald, herzlich, großzügig und gastfreundlich. Hier, zwischen Denver, Dallas, San Antonio, Santa Fé und Las Vegas bedeutet das Intellektuelle wenig, Freiheit meint die Freiheit, zu leben, zu verdienen und das Geld großzügig, gelegentlich auch ein wenig großspurig auszugeben. Fern dem puritanischen Understatement Neuenglands, ebenso fern der einengenden, von Vorschriften übersättigten Enge der Alten Welt, steht man mit der Schöpfung auf gutem Fuß und hält die Welt für die beste aller Welten.

Silverton liegt in einem alten Minengebiet am Westhang der San-Juan-Berge, ist Teil der ungeheuer reichen Mineralienlandschaft des ganzen Südwestens. Wir sollten einen Moment bedenken, daß zehn Prozent der Uranvorräte der ganzen Welt um die Four Corners liegen und heute den Indianern große Lizenzgebühren in ihren Reservationen einbringen, die sie sinnvoll vor allem in Bewässerungsanlagen anzulegen beginnen. Daneben ist vor allem Colorado eine Fundgrube für Edel- und Buntmetalle. Mitte des 19. Jahrhunderts wurden Gold und Silber gefunden. Hunderte von Millionen Dollar wurden pro Jahr aus den großen Sedimentlagerstätten Colorados geschürft, die Fundamente des Reichtums in Denver wurden damals gelegt. Ein Dollar jener Zeit war vier Goldmark wert oder vierzig heutige Mark. Heute ist Colorado nach Neumexiko der größte amerikanische Produzent an Yellow Cake, wie man das in Erzaufbereitungsanlagen gewonnene gelbe Uraniumoxid nennt. Uran ist meist mineralisch vergesellschaftet mit Vanadium, einem wichtigen Rohstoff für die Herstellung hochwertiger Spezialstähle. Daneben ist der Südwesten reich an Buntmetallen wie Kupfer und Molybdän. Molybdän, als ein fast exotisches, schweres Metall, wurde in Form des Erzes bereits von den Indianern für Jagdschrot benutzt und dient heute zur Erschmelzung korrosionsfester Edelstähle. Von den dreihundert Milliarden Barrel Erdöl, die in Colorados Bitumenschiefer noch ruhen, wird man erst sprechen, wenn die billigere Gewinnung aus Flüssiglagerstätten erschöpft ist. Es ist faszinierend, zu sehen, daß dieses so karg erscheinende, trockene und häufig unwirtliche Land, dessen Armut nur zu offensichtlich erscheint, in Wahrheit einen der reichsten Landstriche der Erde darstellt.

Die bimmelnde Messingglocke, mit der unser Lokomotivführer gelegentlich die Rinder von den Schienen scheucht, erscheint uns wie ein fröhliches Relikt aus jener Zeit, in der man zugleich mit dem Bau der Durango-Silverton-Bahn begann, jene Schätze auszubeuten.

Wüstenpisten um Pueblo Bonito im CHACO STATE PARK

Wir sind auf dem Wege, drei unsichtbare Schwellen im Südwesten zu überschreiten. Die atomare Schwelle der Uranvorkommen ist eine Zeitschwelle. Wir haben sie in Durango bereits überschritten. Sichtbaren Ausdruck wird die Kernenergie in Los Alamos finden, der Atomstadt, mit ihren Laboratorien und Museen.

Die zweite Schwelle, eine landschaftliche und klimatische, ist die zum wiederholten Male auf unserer Reise überschrittene Continental Divide, die Wasserscheide zwischen Pazifik und Atlantik, die auf der Kammlinie der Rocky Mountains verläuft und mehr bedeutet als einen geographischen Trennungsstrich. Östlich der Divide sind die zum Südwesten gehörenden Landschaften nicht mehr vom Pazifik geprägt. Denver etwa, auch wenn es kein Ziel unserer Reise ist, gehört mehr den Great Plains an und damit letztlich der atlantischen Einflußzone. Und der östliche Nachbar Neumexikos, Texas, hat sich ausgerichtet auf den Golf von Mexiko. So hat die Continental Divide für Amerika eine geistig-landschaftliche Bedeutung bekommen, nicht unähnlich unserer Mainlinie, an der sich ja auch manche Geister scheiden.

Die dritte Schwelle, eine historische, haben wir noch vor uns, es ist jene äußerste Grenze, die die Spanier, ihre Soldaten, aber auch ihre Missionare, in Neu Mexiko erreichten und die zu überschreiten sie nicht mehr die Kraft hatten. Hatten sich die spanischen Einflüsse in Kalifornien erst spät und nur sporadisch durchgesetzt, so vollzog sich die Hispanisierung im Rio-Grande-Tal auf breiter Front und mit ständigem Nachzug aus dem Süden. Wir werden dessen bald gewahr werden.

Von *Durango* aus kann man auf verschiedenen Wegen ins *Rio-Grande-Tal* gelangen. Der landschaftlich schönste folgt dem **Highway 550** bis *Aztec*, dann der **44** bis *Cuba* und schließlich der **96** und **84** bis *Española*. Dabei bietet sich an, den **Chaco Culture National Historic Park** zwischen *Farmington* und *Cuba* zu besuchen. Die Aztec Ruins nahe dem Ort

Aztec können wir auslassen, ohne Bedeutendes zu vermissen – mit den Azteken hat der Ort ohnehin nichts zu tun.

Hinter *Farmington* wird die Landschaft erneut unendlich einsam. Eine weite und wellige Hochebene in grau und braun erstreckt sich bis zum Horizont ferner Berge. Bei *Otis* zweigt eine schmale, unbefestigte Schotterpiste zum Chaco Park ab. Der Wagenboden dröhnt vom Steinschlag, in den Querrinnen der Bodenwellen lauern Gefahren für unsere Achsen. Bei dem langsamen Tempo, das sich empfiehlt, kriecht die Zeit, eine Stunde, zwei Stunden und kein Ende. Dürre Telefonmasten werden dankbar als Zeichen nicht völliger Verlassenheit begrüßt. Kein Mensch ist zu sehen, kein Maultier, kein Rind, einfach nichts, nada … und dann doch. Aus der Halbwüste taucht wic in biblischen Zeiten eine Lehrerin auf einem Burra auf, einem Esel, gefolgt von einer Schar indianischer Kinder, schwarz- und langhaarig, die Gesichter reizvoll mongolisch, mit fröhlichen Augen, die einen unbeschreiblichen, quicklebendigen Kontrast zur dürren, toten Öde um uns bilden. Sie nehmen keine Notiz von uns Pahaanas. Sie kommen aus der Wüste und gehen in die Wüste, rätselhaft und scheinbar ohne Ziel …

Die **Straße 57**, die sich offenbar nicht des Wohlwollens einflußreicher Gönner erfreut, quert schließlich den *Chaco River* an der Einmündung des steinigen *Escavada Wash,* die Geländewellen werden bergiger, roter Sandstein türmt sich an den Seiten auf, wir betreten das Tal des *Chaco Canyons,* der sich über zwanzig Kilometer hin bis zum Visitor Center hinzieht, gesäumt von fünfzig bis hundert Meter hohen roten Klippen. Zunächst sind wir blind vom gleißenden Sonnenlicht der Mittagsstunde, ermüdet und zerschlagen von der Piste, und fahren bis zum Center durch. Es liegt wie ein frühes Steinfort der Pionierzeit vor den Felswänden, die Ranger bieten Kaffee an statt Vorschriften, hier ist man glücklich, wenn Besucher kommen und ein Gespräch den Tag unterbricht. Mitten im Raum steht ein altmodischer Kohleofen aus Gußeisen … er ist keine Dekoration.

Die Chaco-Kultur, deren Zeugnisse wir hier sehen, war eine der bedeutendsten der Anasazi-Zeit. An keinem Ort hat die frühe indianische Baukunst so geblüht wie hier, weisen deren Zeugnisse so deutlich nach dem Süden, nach dem aztekischen Mexiko hin. Noch gegen 1870 gab es in den Vereinigten Staaten keine höheren Wohnhäuser als die Ruinen hier im *Pueblo Bonito* oder *Chetro Ketl.*

Zunächst aber fragt man sich verunsichert, was Menschen veranlaßt haben kann, in dieser Wüstenlandschaft zu siedeln. Das Klima war damals nicht anders als heute, wie man aus dendrologischen Untersuchungen weiß. Mit Sicherheit aber war die im Grunde fruchtbare Hochfläche auf den säumenden Plateaus und die Talaue von einem die Feuchtigkeit und das Grundwasser haltenden Niederwald bedeckt. Der höhere Grundwasserspiegel ließ Bäche aus den Canyonwänden austreten, die sich im Chaco River trafen, der heute als Chaco Wash nur noch ein Trockenbett ist, in der Regenzeit allerdings zum brausenden kleinen Strom wird. Die Landschaft war wildreich, und der Ackerbau ist noch heute möglich, wie ein Großversuch in unseren Jahren unweit des Pueblo Bonito gezeigt hat. Zumindest Mais und Bohnen gedeihen in der spärlichen Nachtfeuchtigkeit.

Möglicherweise ist die Chaco-Kultur als Handelskultur groß geworden und überragte deshalb die benachbarten Anasazi-Kulturen, zu denen sie ethnologisch gehört. Auf der östlichen Mesa liegt der Pueblo Alto als Wüstenei inmitten des Sage brush. Eine Luftarchäologin mit dem schönen Namen Gretchen Obenauf machte zur Stunde der schrägen Nachmittagsschatten Aufnahmen, die viele Straßen zeigen, die in Pueblo Alto zusammenlaufen. Einer von ihnen sind wir gefolgt; sie verbanden einst den Südwesten der Anasazi mit dem toltekischen, dann dem aztekischen Mexiko. Leider hat man nicht herausgefunden, welche Güter hier gehandelt wurden. Eigenartigerweise fand man auch so gut wie kein Gold im Bereich der Anasazi, an dem Mexiko doch so reich war. Vielleicht war aber auch die Suche der spanischen Feldhauptleute zu gründlich, um den Archäologen noch etwas übrig zu lassen, wir wissen es nicht. Wir haben auch keine Idee, wozu man überhaupt Straßen benötigte. Die Indianer kannten weder Rad noch Wagen noch Lasttiere. Das einzige

Lasttier war der Mensch, der als indianischer Läufer mit großer Geschwindigkeit große Strecken zurücklegte, wie auch die Läufer der Azteken und der Inka. Dennoch sind die Straßen napoleonisch schnurgerade angelegt und gehen sternförmig vom Pueblo Alto aus.

Der Name Pueblo Bonito, ›gutes Dorf‹, hatte uns angezogen. Vor dem Steilrand des Canyons ordnet sich der Halbmond seiner Bauten. An der Talstraße steht noch das imponierende Buckelquaderwerk der hohen Mauer, die bis zu vier Stockwerke hohe Wohngebäude einband. Gegen den Fels eine ebenso hohe halbrunde Mauer, 1941 durch einen Felssturz schwer zerschlagen. Schon die Chacoyans fürchteten diesen Felsrutsch. Hinter der abgerutschten Partie fand man viele federgeschmückte Gebetsstäbe, mit denen die Schamanen der Anasazi den Geist des Felsen zu beschwören suchten.

Die halbrunde Mauer war innenseitig mit dichten Wohnwaben ›bewachsen‹; etwa sechshundert hat man gezählt, ein rechter Bienenstock. Nicht alle dienten dem Wohnen und Schlafen, manche waren Totenkammern, manche Vorratsräume. Das Mauerwerk ist sehr sorgfältig und mit sauber behauenen Steinen gesetzt, wobei eine äußere Verblendschicht die grobe Innenmauer verhüllt. Dafür gibt es keine statischen, wohl aber ästhetische Gründe. Man kann in den Anasazi-Städten der Mesa Verde und im Pueblo Bonito deutlich verschiedene Mauerstile erkennen, manche erinnern an das polygonale Mauerwerk der frühen Griechen, manche an das Opus incertum und Opus quadratum der Römer. Die alten Balken stecken noch teilweise *in situ* und erlauben die Aussage, daß der Bau 1079 oder 1080 beendet war. Damals setzte Heinrich IV. gerade Papst Gregor VII. ab, im Glauben, ein Problem für immer gelöst zu haben. Dies war eine ebenso vergebliche Hoffnung wie die Hoffnung der Anasazi, nun in Frieden ihr Werk genießen zu können. Hundert Jahre später waren sie von Pueblo Bonito verschwunden, abgewandert gen Süden oder Osten, niemand weiß es. Die Mesa-Verde-Bewohner fingen um diese Zeit gerade erst an, aus ihren, auf der offenen Mesa errichteten Pueblos, in die Felsstädte der Canyons umzuziehen. Beiden gemeinsam war, daß ihre jeweils letzten Bauten wehrhaft waren und einen leicht zu verteidigenden Eingang besaßen. So steht auch hier die These von unbekannten und die Anasazi verdrängenden Feinden gegen die Vorstellung einer verheerenden Dürre. Gegen 1200 n. Chr. fand weltweit ein deutlicher Klimawechsel statt, die Temperaturen fielen beträchtlich, Grönland, das bislang in Teilen grün war, wurde zum Eisland. Die Baumgrenze in Kanada wanderte weit nach Süden, und manche meinen, dies habe den Abzug der Anasazi beschleunigt. In der Mesa Verde baute man als letztes großes und offenbar gemeinschaftliches Werk den Sonnentempel ...

Wie sehr diese frühen Völker, deren Leben sich vom Leben eines Bauern in Europa um 1000 n. Chr. kaum unterschied, wenn wir einmal von der Metallnutzung absehen, die Beobachtung der Natur, besonders aber der Sonne schätzten, wohl wissend, daß ihr bäuerliches Leben davon abhing, zeigt der nahe dem Visitor Center aufragende Fajada Butte. Auf der Spitze dieses Felsturmes haben Amateur-Archäologen ein Sonnenobservatorium der alten Chaco-Anasazi entdeckt: Ein schmaler Felsspalt lenkte einen Lichtstrahl so in einen Hohlraum, daß eine mit konzentrischen Ringen gekerbte Steinplatte die Tage der Sommer- und Wintersonnenwende, und die Augenblicke der Tag- und Nachtgleiche, die Äquinoktien, anzeigen konnte – ein empfindliches astronomisches Instrument, fein in den glatten Stein geritzt, ferne Botschaft eines untergegangenen kurzlebigen Volkes, das einen Blick auf die Ewigkeit der Schöpfung getan hatte.

Von Pueblo Bonito führt ein steiler Pfad hinauf auf den Klippenrand. Ein großartiger Tiefblick auf das Halbrund des Pueblo und die gegenüberliegende Casa Rinconada belohnt. Wir erkennen hier erst die strenge, planmäßige Struktur des Halbrunds von Pueblo Bonito, deren Lage und Ausrichtung Rätsel aufgibt und so recht zu der Sonnenscheibe auf der Fajada Butte paßt. In der wüstenartig-chaotischen Umgebung mit ihren an Fayence-Glasuren erinnernden Farben wirkt dieses Bauwerk von ordnender Menschenhand wie ein geometrischer Fremdkörper in chaotischer Umgebung, wie einer jener rätselhaften astronomischen Kultbauten der Vorzeit, der keltischen Menhir-Ringe und Inkatempel, die heute oft nur noch aus der Vogelperspektive in ihrem Sinnzusammenhang wahrnehmbar sind.

Um über den markierten Trail auf die Höhen aufzusteigen, bedarf es aus Sicherheitsgründen einer schriftlichen Meldung bei den Rangern im Visitor Center. Der Weg ist nicht schwierig, nur sollte man zu Trinken mitnehmen, die Hitze strahlt ungemein aus den Felsen zurück. Über uns kreisen im heißen Aufwind Rabenkrähen, blitzschnell verschwinden kleine Eidechsen in den Felsspalten.

Jenseits des Tales liegt die über einen weiteren Teil bequem erreichbare *Casa Rinconada* als kreisrunde Kiwa von völlig ungewöhnlicher Größe. Da sie von kleineren Dörfern umgeben ist, war sie vielleicht eine Gemeinschaftskiwa. Auf uns wirkte sie wie eine kleine antike Arena, ein Eindruck, der infolge des heute fehlenden Daches entsteht. Entgegen indianischem Brauch war und ist die Casa Rinconada – der spanische Name bedeutet irreführend ›rechteckig‹ – oberirdisch und besaß eine kunstvolle, nicht mehr vorhandene Dachkonstruktion, die auf Säulen ruhte. Man muß sich die Wände mit freskenartigen geometrischen Malereien bedeckt vorstellen, um den Charakter dieses großen Kultraumes zu erahnen. Der Zugang war aus zeremoniellen Gründen ›unterirdisch‹, und um dies bei einem oberirdischen Bauwerk zu erreichen, fügte man einen Annex hinzu, der diese Illusion hervorrief.

Die Lage der Pueblos im Chaco an einer vermuteten Handelsstraße zwischen Mexiko und dem heutigen Südwesten der USA findet einige Stütze an aufgefundenen religiösen Schmuck- oder Kultmotiven wie der berühmten, gefiederten Schlange, dem Symbol der aztekischen Gottheit Quetzalcoatl. Im Pueblo Bonito fand man schmückende Papageienfedern und Kupfergegenstände, denen in der Mesa Verde allenfalls Schmuck aus einheimischen Vogelfedern entspricht. Wir stehen hier an einer heiklen Grenze, an der sich die indianischen Kulturen Nordamerikas von denen Süd- und Zentralamerikas scheiden: Die Weiter- und Höherentwicklung in Mexiko hatte den indianischen Glauben, wie ihn uns D.H. Lawrence bei seinem Besuch in den Hopidörfern darstellte, nämlich als eine alles durchfließende Kraft der Natur, eine animistische Religion, weg- und hingeführt zur Ausprägung personalisierter Gottheiten.

Die wachsende Absolutheit der Inka- und Aztekengötter führte zu einem bisher nicht gekannten Dreiecksverhältnis zwischen der Gottheit, der Natur und dem zwischen beiden stehenden Menschen – Abkömmling der ersteren, doch abhängig und Teil der letzteren Macht. Das führte zwangsläufig zur Ausprägung eines Gottkaisertums wie bei den Inkas, denn irgendwo muß nach menschlicher Vorstellung die Verwandtschaft zu den Göttern am nächsten sein – und wo wäre dies sinnfälliger als bei dem Herrscher. Damit aber war die ursprünglich homogene Gesellschaft der Indianer, die einen Häuptling nur zeitweise und zu besonderen Anlässen einsetzte, aufgespalten in Mächtige und Abhängige. Dies hatte soziale Konsequenzen, die den südamerikanischen Indio bis in unsere Tage prägen, dem nordamerikanischen aber stets fremd geblieben sind. Dies war aber auch – man mag es bewundern oder nicht – die Grundlage für den Bau bedeutender Staatswesen. Kein Staatswesen kann offenbar auf eine vertikale Gliederung verzichten, eine ordnende Struktur der Gesellschaft, ganz gleich, in welcher äußeren Form oder Kostümierung sie erscheint.

Die ersten europäischen Kontakte in Amerika spiegeln bereits die Ambivalenz des Verhaltens der Eroberer hinsichtlich dieses Problems. Für die Spanier waren die Azteken- und Inkafürsten im Grunde gleichrangig. Zwar standen sie ihnen im Wege und wurden vernichtet, die theokratische Herrschaftsordnung war jedoch in beiden Fällen die gleiche.

Die Engländer und Franzosen sahen den nordamerikanischen Indianer völlig verschieden hiervon. Er war der *bon sauvage,* der ›edle Wilde‹, ausgezeichnet durch eine, dem Europäer verlorengegangene totale Freiheit. Vor allem die Renaissance mit ihrer Neigung zur Bewunderung antiker Frühformen republikanischen Lebens und der Humanismus, der aus mittelalterlicher Bevormundung heraus ein freieres und edleres Menschenbild suchte, sie waren entzückt über die ersten Berichte aus Nordamerika. Dieses Bild wurde allerdings von den beginnenden Besitzkämpfen der Weißen untereinander rasch verdrängt. Als der amerikanische Maler Benjamin West in der Mitte des 18. Jahrhunderts in Rom eintraf, lief das Gerücht wie ein Lauffeuer um, West kenne Indianer. Die römische Gesellschaft war begeistert, ganze Kavalkaden herrschaftlicher Equipagen eilten zum Petersplatz. Ihre Insassen wollten miterleben, wenn Benjamin West face-en-face mit dem Apollo Belvedere stünde. Wests Ausspruch in Gegenwart des Papstes Clemens XIII., es ist der Papst, der Winckelmann zum Präsidenten der Vatikanischen Sammlungen machte, und der Kardinäle: »Mein Gott, wie ähnlich sieht er einem Krieger der Mohikaner!« begeisterte die Humanisten. So verband man, in eine Illusion verliebt, die Alte mit der Neuen Welt, das geliebte antike Rom mit der Unschuld des neuentdeckten Indianers.

Mit dem Eintritt der Indianer Zentralamerikas in eine entwicklungsgeschichtlich höher einzustufende Ebene begann aber auch jenseits theologischer Vorstellungen eine Differenzierung des politisch-wirtschaftlichen Lebens. Dahingestellt muß auch bleiben, ob die vorerwähnte Änderung des Selbstverständnisses hierzu den entscheidenden Anstoß gab oder die Entwicklung materieller und intellektueller Fähigkeiten – im Ergebnis verband sich beides.

Waren die frühen indianischen Gesellschaften offen und kannten keine Standesunterschiede, allenfalls solche, die sich aus bestimmten Fähigkeiten des Jagens und des Handwerks ergaben, der Weisheit des Alters, oder der Fähigkeit, Kinder zu gebären – so begann mit steigender Differenzierung des Lebens, seinen nun recht vielfältig werdenden Künsten und Anforderungen, auch eine deutlichere Trennung nach Begabung und schließlich nach gesellschaftlichem Rang. Das führte im Chaco – nicht aber in der Mesa Verde – auch zu einer räumlichen Trennung von Oben und Unten. In den großen D-förmigen Pueblos wohnte die hochstehende Schicht, deren Zusammensetzung wir freilich nicht kennen, und in den kleinen, einfacher gebauten Pueblos im Tal des Chaco wohnten die Bauern und Handwerker. Ob diese Entwicklung vor Ort entstand, wie auch sonst auf der Welt, oder aus den diskutierten Gründen aus Mexiko mitgebracht wurde, wo es bereits im vorkolumbischen Amerika eine ungewöhnlich schroffe Separierung der Stände gegeben hatte, ist unbekannt.

Manches mag uns im Chaco an die alten Handelsstraßen erinnern, auf denen im bronzezeitlichen Europa nicht nur Bernstein aus dem Norden in den Süden wanderte, sondern auch der Glanz griechischen und römischen Silbergeschirrs dem Norden Kunde brachte von einer höheren Kultur. Das Bild ist auch insofern passend, als die Indianer Amerikas ethnologisch ebenso einer gemeinsamen Rasse angehörten wie die Völker des indogermanischen Europas. In den nach Norden wandernden Amphoren war aber auch so mancher Gedanke verborgen, der den glücklichen Erwerbern erst spät zu Bewußtsein kam und ihre Welt verändern sollte.

Am späten Nachmittag setzt die Abendsonne im Chaco Canyon dunkle Akzente. Der Wall des Pueblo Bonito leuchtet hellrot vor den halbdunklen düsteren Felswänden des Canyons. Die dunklen Fenster, von denen manche wie romanische Biforen aussehen, hüten Geheimnisse, die wir nie erfahren werden. Ein Tor in der inneren Mauer gibt den Blick frei auf eine Reihe von bühnenreifen Türfluchten, aber niemand tritt aus ihnen heraus, kein federgeschmückter Schamane und keine Anasazi-Schönheit, die Vorstellung ist geschlossen ...

Am Rio Grande, oder: Die Träume von Taos

Spanische Landschaft

Wer Freude an der Fremde hat, sich die Lust am Schauen und Erleben bewahrt hat, wer Unerwartetes nicht ablehnt, aber auch das Gefühl des ›déjà-vu‹ genießt, das jähe frohe Wiedersehen mit Erträumtem oder Bekanntem, der wird am Rio Grande interessante Tage verbringen. Diese Landschaft zu besuchen, bringt uns erneut mit der alten spanischen und mexikanischen Geschichte in Berührung. Diese Geschichte hat die Staaten Neumexiko, Texas, Arizona und Kalifornien weit mehr geprägt als amerikanisches Selbstbewußtsein dies gelegentlich wahrhaben will.

Wir sollten den Weg möglichst nicht über Albuquerque wählen, sondern vom *Chaco Canyon* aus dem Highway 44 bis *La Jara* folgen, um dann die 96 durch die *Nacimento Berge* zu nehmen. Eine angenehme Mittelgebirgslandschaft umgibt uns, und nach den Wüsten und Halbwüsten des Chaco erfreuen uns für kurze Zeit Fichtenwälder und grünes Weideland. Unweit des zum Abiquiu-See aufgestauten Rio Chama quert erstmals der *Santa Fé Trail* unseren Weg und verliert sich, staubig, nach rechts in den Bergen, die den Rio Grande säumen.

Wir folgen dem Trail ein Stückchen, lassen den Wagen stehen und gehen zu Fuß den Hang hoch. Es ist ein Karrenweg, dem wir folgen, immer noch sind die beiden Radspuren deutlich im felsigen Grund zu sehen, in denen sich die Pferde- oder Ochsen bespannten Planwagen bergauf und bergab quälten, gelenkt meist von den Frauen, die ihre Kinder hinter sich in der schaukelnden Unsicherheit wußten, während die Männer auf ihren Pferden vorausgeschwärmt waren, um das Gelände zu erkunden. Es ist, als ob die warnenden und anfeuernden Rufe noch in der Luft hängen, das erregte Schnauben der Tiere, die den schweren Wagen auf der abschüssigen Geröllstrecke kaum zu halten vermochten, das Quietschen der heißen Holzbremsen an den Rädern, immer wieder mit Wasser begossen, das singende Geräusch abspringender Eisenreifen und das Knarren der überforderten Achsen, das Geräusch zusammenbrechender Wagen, das Fluchen und Weinen der Frauen und Kinder. Auf diesem Trail gab es kein Zurück, nur das Vorwärts oder den Untergang, wie es andere Trecks auch kannten …

Oben auf dem Hügelkamm schweift der Blick über ein weites trockenes Chaparral, dessen Name sich vom spanischen Chaparro ableitet, was soviel wie ›immergrüne Krüppeleiche‹ oder ›Gambrel Oak‹ bedeutet. Den Horizont bilden die kornblumenblauen Silhouetten der fernen Sangre-de-Cristo-Berge, bereits jenseits des im Mittagsdunst glasenden Rio-Grande-Tales. Der Trail windet sich wie ein dünner hellroter Staubpfad durch das Chaparral – eine zittrige Spur menschlicher Hoffnungen.

Die Landschaft wird im Weiterfahren karstig und kahl. Erinnerungen an die Meseta Kastiliens tauchen in uns auf, an deren ebenfalls graugrüne karge stachelige Pflanzenwelt, den rötlich staubenden Boden und den fast verletzend tiefblauen Himmel. Dann bringt uns die 84 am *Rio Chama* entlang nach *Española,* einem nicht sonderlich schönen Ort, der aber an der Straße nach *Taos* gute Motels besitzt.

Vor uns liegt nun also das berühmte Tal des *Rio Grande.* Breit zieht es sich zwischen den begleitenden Gebirgen hin, von denen die östlichen Sangre-de-Cristo-Berge vielleicht ob ihrer abendlichen Farbe so genannt wurden. Die Straße ist gesäumt von armen Gehöften und Siedlungen, immer wieder locken Stände mit orangeleuchtenden Kürbissen und ganzen Kaskaden rotglühender, getrockneter Chilis zum Kauf. Der Rio Grande windet sich stromabwärts durch eine enge Klamm, die Rio Grande Gorge, und dahinter wird die Hochebene sichtbar, die Mesa, durch die sich der junge Fluß fast unsichtbar einen tiefen Canyon gegraben hat. Weit schweift der Blick über das Land, zart sind die Farben des Sage Brush, einige gelbe Blüten setzen fast schon einen kräftigen Akzent gegen das ferne, unbestimmte Blau der Berge hinter Taos.

Wir sind hier auf dem letzten und nördlichsten Teil des berühmten *Camino Real*, des Königsweges, der, aus Mexiko kommend, die spanischen Vizekönige über Zacatecas und Santa Barbara nach El Paso am Rio Grande brachte. Flußaufwärts wälzten sich damals die Trecks der Siedler, ritten die königlichen Boten im wehenden Poncho und die Missionare nach Albuquerque, Santa Fé und schließlich nach Taos, dem nördlichsten Punkt spanischer Siedlung und Mission. Der Santa Fé Trail hingegen ist der Weg der Kaliforniensucher aus dem Osten der Vereinigten Staaten. Er kreuzt das Tal des Rio Grande del Norte, und in jenen Tagen, gegen Mitte des vergangenen Jahrhunderts, war die fast vergessene Oasenlandschaft zwischen Taos und Albuquerque plötzlich zu einem wichtigen Platz an der Western Frontier geworden, zu neuer und nicht immer erwünschter Aktivität erwacht.

Doch heute morgen sind wir noch ganz spanisch gestimmt und wollen in *Ranchos de Taos* die alte Missionskirche sehen, eine der wenigen, die sich ohne Verfall erhalten haben. Das Bild ist nun ganz mexikanisch geworden. Männer unbestimmbaren Alters reiten auf ihren Burros, ihren Eseln. Hier und da beschließt jemand, Markt zu halten. Ein uralter Dodge steht im Schatten eines Eukalyptusbaumes, auf den Kotflügeln sind einige Säcke mit Zwiebeln, ein Dutzend Chiligehänge und ein paar Kürbisse drapiert: der Markt ist eröffnet. Ob sich Kundschaft findet, scheint nebensächlich, apathisch und schweigsam sitzt man im Halbschatten. ›Come no‹ – ›Warum auch nicht?‹ Die Zeit ist hier nicht viel wert. Auch das Postamt der US-Mail erscheint als eine Mischung von amerikanischem Drugstore und mexikanischer Bodega. Unter seinen Arkaden spielt man Karten und tauscht Neuigkeiten aus – was ja schließlich auch die Aufgabe der Post ist.

1776, als man in Philadelphia eine Unabhängigkeitserklärung verfaßte, wußte man in diesem stillen Teil der Welt nichts von solchen kühnen politischen Träumen. 1776 erneuerten die Franziskaner aus Adobeziegeln die 1732 erbaute San-Francisco-de-Asís-Missionskirche. Hell gekalkt vor dem tiefblauen Himmel, wächst sie förmlich aus der Erde heraus mit ihren angeböschten Stützankern, die das in Jahrhunderten ›fließende‹ Adobegemäuer zusammenhalten sollen. Bucklig und gekrümmt, will sich das Bauwerk in einer Gebärde der Hilflosigkeit von seiner Erdenschwere trennen.

Alle diese Kirchen haben zwei Türme quadratischen Querschnitts, niedrig, auch sie geduckt. Der Hochmut gen Himmel stürmender Glockentürme ist ihnen fremd in dieser feindseligen Landschaft. Selbst die Glocken hängen trotzig in den Schallöffnungen, als wüßten sie, wie schwer sich ihre Besitzer taten, in indianische Herzen die Gestalt eines Jesus einzuprägen, der aussah wie ihre Zwangsherren. Da taten sie sich mit der Madonna leichter, die ihnen erdhaft mit dem Kind entgegentrat. Die Maler von Taos, von denen wir noch sprechen werden, haben diese und andere Missionskirchen oft gemalt. Sie schien ihnen wie ein Sinnbild dieser Landschaft, wenn die kubischen Formen und das Schildkrötenartige ihres Charakters im verzaubernden gelben Abendlicht vor dem Taubenblau der Sangre-de-Cristo-Berge standen.

Das Schönste an der Kirche waren zwei Strohblumenkränze mit zarten Farben zwischen Beige und Hellbraun, Strohgelb und Orange, die das Eingangsportal schmückten.

Hinter der Kirche beginnt das Niemandsland der aus Adobeziegeln erbauten, flachgedeckten Casas. Kein Mensch ist zu sehen, Schweigen, fast erdrückende Stille, Bananenstauden, Kakteen, abweisend weiß gekalkte Mauern, halboffene uralte Holztore, grau, gebleicht von der unbarmherzigen Sonne, verbogene handgeformte Dachziegel, Gerümpel im Hof, der sich stolz Patio nennt und in dem das Schweigen geradezu lauert. Ein Hund erkühnt sich, zu kläffen, Hühner gackern, Blech rostet vor sich hin, scheu verschwindet ein Kind um die Ecke. Alles ist anders, es liegt keine Feindseligkeit in der Luft, eher eine namenlose Traurigkeit, wie wir sie auch aus Siziliens Dörfern kennen, die Apathie des langen Wartens auf etwas, das man längst vergessen hat.

Taos ist ein kleiner Marktflecken, 1615 von den Spaniern gegründet, idyllisch und einsam vor den Taos Mountains gelegen, denen im Westen die San-Juan-Berge hinter dem Rio Grande gegenüberstehen. Es ist der nördlichste Punkt spanischer Besiedlung und Mission in Nordamerika, Endpunkt des Camino Real, des Königsweges, und ein uralter Handelsplatz der Indianer.

Als Unterkunft empfehlen sich zwischen Ranchos de Taos und Taos Motels wie das ›Sage Brush Inn‹ oder das ›Motel 66‹. Sie liegen bequem außerhalb des Städtchens, in dem ein Auto ebenso lästig wie für Touren unvermeidbar ist. In Taos selbst fand sich ein kleiner Parkplatz unweit der Kirche, bewacht von einer strickenden Studentin, die über Taos zwar nichts wußte, aber durch ein hinreißendes Lächeln entschädigte. Vielleicht war dieses Nichtwissen kein Zufall, denn Taos muß man sich erschließen. Es gibt keine großen Sehenswürdigkeiten, unsere Aufmerksamkeit gehört den kleinen Dingen, dem Herumstreifen in den Nebengassen, in denen sich noch viel Altes aus der mexikanischen Zeit erhalten hat. Wir bestaunen windschiefe Behausungen aus Adobeziegeln, schmiedeeiserne Gitter vor winzigen Fenstern, abgeschlossene Hofgevierte, umgeben von hohen Mauern, durch deren Tore man Einblick in ihr malerisches, aber unaufgeräumtes Innenleben bekommt. Die Menschen haben Zeit, das Amerikanische, das heute Santa Fé fast völlig beherrscht, hier spielt es noch eine Außenseiterrolle gegenüber dem spanisch-indianischen Ambiente, den Farben und Formen des Südens, dem Geruch nach Holzfeuer, Leder und Stall – und das rollende RRR des Spanischen verdrängt andere Idiome.

Stille, die warmen Farben der Ebene und die Harmonie der blauen Berge dahinter hatten es zu Beginn unseres Jahrhunderts einer Reihe von Malern angetan, die hier ein bestimmtes Lebensgefühl, physische Entrücktheit, Abstand von den ausgetretenen Pfaden des Akademismus suchten. In dieser Hinsicht ist Taos vielleicht mit Worpswede zu vergleichen, und nicht zufällig haben beide Flecken neben den Malern auch die Dichter angezogen. Rainer Maria Rilke verbrachte längere Zeit in Worpswede, ebenso wie D.H. Lawrence in Taos lebte. So ist es nur klug, sich zunächst einmal anzusehen und zu hören, was der Genius loci hinterlassen hat. Wir werden dann mit ganz anderen Augen Landschaft und indianische Umgebung betrachten.

D. H. Lawrences und Frieda von Richthofens mexikanischer Morgen

David Herbert Lawrence (1885-1930), von Unkundigen nur als Verfasser von ›Lady Chatterley's Lover‹ angesehen, hat wunderschöne Landschaftsschilderungen hinterlassen. In den zwanziger Jahren lebte er einige Zeit in Taos. Wilde Jahre des Aufbegehrens waren vorausgegangen, Kämpfe mit seiner besitzergreifenden Mutter; schließlich, 1912, hatte er Frieda von Richthofen geheiratet, eine der aufbegehrenden Frauen jener Zeit, die den Ausbruch wagten aus dem Ghetto männlicher Bevormundung. Das führte nicht nur zu Kämpfen mit ihrer Familie, die sich in Friedas Buch ›Not I but the wind‹ niederschlugen, sondern auch zu Problemen mit der englischen Öffentlichkeit. Frieda von Richthofen war die Cousine des berühmten deutschen Jagdfliegers Manfred von Richthofen, und 1917 schob man sie und ihren Mann ob ihrer nichtkonformen Haltung aus England ab.

In Taos fanden beide durch Dorothy Brett und Mabel Dodge Luhan Zugang zu einer kontemplativen Gesellschaft, und Lawrence begann, sich intensiv für indianische Kultur zu interessieren – einem der großen Themen der Taos-Malerschule. Lawrences Gedanken sind bei aller Zuneigung zu den Naturmenschen objektiv und realistisch geblieben, sind darum ein spannendes Zeugnis der Auseinandersetzung mit einer fremden Kultur.

In ›Mexikanischer Morgen‹ äußert Lawrence bei der Schilderung eines Ausflugs nach Huayapa:

»Ich erhebe meine Augen zu den Bergen, von wannen mir Hilfe kommt.« – Wenigstens das kann man in Mexiko immer tun. Ein Schritt, und die Stadt entläßt uns. Vor uns liegt das leuchtende Rosa-Ocker der Talebene, wild und verzückt vor Sonnenschein. Zur Linken, ganz nah, der Damm der steilgefältelten Berge, all die vorgelagerten Hügel, die savannenfarben in die Savanne des Tales drängen. Die Berge sind rauchig in ocote, *in Kiefern gekleidet, und wie eine Frau in einem* Gaze-rebozo *erheben sie sich im satten, blauen Dunst, der in den Klüften fast kornblu-*

menblau ist. Es ist für sie typisch, daß das Blau am Grat am dunkelsten ist. Wie bei einer auf dem Boden liegenden prächtigen Echse mit wallendem, königsblauen Kamm, blassem Bauch und weichen rosafarbenen Klauen ...«

Das bescheidene Haus, das Lawrence mit Frieda bewohnte, wird in der Erzählung lebendig und läßt ahnen, warum er und andere diesen Ort liebten:

»Heute ist der letzte Samstag vor Weihnachten ... Beim Morgengrauen zauste der Wind die Blätter, und die aufgehende Sonne schien unter einer gelben Wolkenbank hervor. Aber sogleich berührte sie die gelben Blüten, die sich über der Patiomauer erheben, das schwankende, glühende Magentarot der Bougainvillea und die stechend roten Ausbrüche der Poinsettie. Die Poinsettie ist prächtig, die Blüten sind sehr groß und von klarem, fleckenlosen Rot. Man nennt sie hier noche buenas, *Weihnachtsblumen. Diese Büsche leuchten scharlachfarben wie rote Vögel, die sich im Morgenwind sträuben, als wollten sie baden, jede Feder hellwach ... Weihnachten scheint einen roten Herold zu brauchen.*

Die Yucca ragt hoch, höher als das Haus. Auch sie steht in Blüte und läßt eine Armlänge weicher, sahnefarbener Glöckchen hängen wie eine meterlange Traube aus Schaum. Und die Wachsglöckchen brechen im Wind von ihren Stielen und fallen geräuschlos aus der langen Rispe ...

Die Kaffeebeeren röten sich. Die rosigen Hibiskusblüten schwanken an den Spitzen dünner Zweige, Rosetten in weichem Rot.

Im zweiten Patio steht ein hoher Baum von der zarten Akazienart. Er streckt weißliche Blütenfinger über sich empor, nackt vor dem blauen Himmel. Und im Winde schwingen diese Blütenfinger ... mit der kreiselnden Rundumbewegung von Baumwipfeln ...

Alles scheint langsam zu kreisen und einem Mittelpunkt entgegenzuschweben: die Wolken, das Gebirge rund um das Tal, der aufsteigende Staub, die großen, schönen, weißbebänderten Habichte, die gabilanes, *und sogar die schneeweißen Blütenflokken auf dem blassen* paloblanco-*Baum. Selbst der Orgelkaktus, der in stocksteifen Haufen aufragt, und der Kandelaberkaktus scheinen sich langsam um eine vorhandene Mitte zu drehen ...*

Der Staub rückt vor wie ein Geist, die Straße entlang, die Ebene des Tales herab. Die trockene Grasnarbe der Talsohle schimmert wie weiche Haut, sonnenbeschienen und von rosigem Ocker, weit sich dehnend zwischen den Gebirgen, die ihre eigene Dunkelheit ausströmen, einen transparenten dunkelblauen Dunst, der sich von den buckligen Graten abwärts verdüstert. Die vielgefältelten schweigenden Gebirge Mexikos.«

Mit dieser Schilderung im Ohr wollen wir uns zu dem kurzen Fahrweg nach Taos Pueblos aufmachen. Wo sich die spanische Missionslandschaft erhalten hat, hat sich seltsamerweise und trotz aller Kämpfe auch die Indianerkultur in unsere Tage gerettet. Es ist, als ob in diesen spanisch-katholischen Enklaven des Südens der angelsächsische Geist des Nordens nichts hineinzureden habe. Natürlich täuscht dieser Eindruck über die wirklichen Einflußverhältnisse hinweg – und doch will mir scheinen, daß hier nicht nur Rückzugsgefechte geliefert werden.

Indianisches Pueblo in Taos

Taos Pueblo. Schreiben wir 1985? Da erheben sich vor den Taos-Bergen, kiefernbewaldet, an einem kleinen erlengesäumten Bach, der von den Bergen herabeilt, auf einem staubigen Platz aus festgestampftem Lehm, dunkelockerfarbene Pueblos, dreistöckig, vierstöckig, gerundete Kanten einer ansonsten kubischen Architektur. Leitern führen auf die Dächer. Unter den zweigbedachten Stangengerüsten vor den antreppenden Wohn-Etagen sitzen Frauen und Kinder mit langem, starkem, schwarzem Haar. Tiefe Stille. Kaum Touristen im späten Herbst, welch ein Glück – obwohl man doch selbst so ein Tourist ist. Am Bach sitzen einige Indianerjungen und üben Angeln, draußen vor dem Pueblo liegt der Friedhof, den sie hier ›Pantéon‹ nennen, verwahrlost, und vielleicht ist er immer noch der Platz, an dem sich verschiedene Götter treffen.

Dennoch erhebt sich mitten im Pueblo die strahlendweiße Missionskirche *San Gerónimo de Taos* mit ihren kubisch stumpfen Türmen und dem getreppten Giebel. Sie paßt sich darin den Puebloformen ästhetisch an. Von der dunkelbraunen Holzbalustrade zwischen den Türmen der arg demolierten Vorgängerkirche mag man jene Revolte dirigiert haben, mit der sich die Mexikaner und die mit ihnen verbündeten Puebloindianer von Taos gegen die amerikanische Annexion im Zusammenhang mit dem Mexikanisch-Amerikanischen Krieg von 1846 wandten. Den neuen Gouverneur Bent skalpierten sie lebendigen Leibes, bevor sie ihn erschossen. Dann kamen die amerikanischen Truppen aus Santa Fé und schossen die Aufständischen zusammen, die sich zuletzt in der kleinen Kirche verschanzt hatten. Mehrere hundert Indianer sind damals in der Praxis des ›Indian killing‹ umgekommen. Der Platz, auf dem wir stehen, war rot von Blut.

Dennoch ist nicht dieses Ereignis dominierend. Zu viele Kämpfe hat man hier zu allen Zeiten gesehen – mit wechselnden Bundesgenossen. Es war wohl der letzte Verzweiflungsausbruch der weißen wie indianischen Siedler gegenüber der Welt, die sie einerseits vergessen, andererseits der Willkür lokaler Potentaten überlassen hatte. Weit gravierender scheint in der Erinnerung der Verlust des spanischen Erbes zu haften. Mit der mexikanischen Revolution war der Schutz, wie wirksam auch immer, der spanischen Krone verlorengegangen. Die neuen Herren hatten nichts Eiligeres zu tun, als die Franziskaner, die die Hauptstütze jenes Zugehörigkeitsgefühls waren, 1828 außer Landes zu jagen. Die neu eingesetzten Priester besaßen keine Autorität, und bald entwickelte sich ein Laienpriestertum der Penitentes, die sich in extra gebauten Moradas trafen, um ihre Flagellantenriten zu pflegen. Die Indianer quittierten dies mit Verachtung und sahen darin ein Zeichen schlechten Gewissens der Weißen.

Taos Pueblo war aber ein Ort friedlicher Begegnung. Hier fanden jährlich große Märkte statt, die in jenen einsamen Gegenden alle Welt auf die Füße brachten. Wir können vom Hauptplatz des Pueblos die Berge sehen, über die ein Paß nach den östlichen Ebenen führte, aus denen die Komantschen, Kiowas und Apatschen ihr Vieh heranführten, oft das in Texas gestohlene. Man nimmt an, daß der Pueblo in seiner heutigen Form etwa seit 1350 existiert. Das ist trotz des armselig erscheinenden Baumaterials glaubhaft, denn Adobeziegel – wenn sie gepflegt, und das heißt: jährlich mit frischem Lehmputz versehen werden – können ein hohes Lebensalter haben. Neben den Häusern stehen die rundbuckligen ›Hornos‹, vermutlich den Spaniern abgeschaute Öfen, in denen auch heute ein herzhaftes Brot gebacken wird, dessen Duft über dem Platz hing. Die Taos-Indianer treiben ein wenig nachlässig Ackerbau und Viehzucht in ihrer Reservation, zu der ganz Taos gehört, und natürlich handeln sie auch mit Silber- und Türkisschmuck. Türkise waren einst an den Four Corners häufiger anzutreffen, sie tauchen in den meisten antiken Indianerstätten als Bodenfunde auf: Vielleicht hatte der lichtblaue Stein kultische Bedeutung. Heute kommen die Rohsteine, deren Farbe von einem hellen Blau über das ›eigentliche‹ Türkis oder Blaugrün bis hin zu Gelbgrau schwankt, und die oft mit schöner Matrix geädert sind, zum großen Teil aus der Cerillos-Mine nahe Santa Fé. Als ein kupferhaltiges komplexes Aluminiumphosphat findet es sich weltweit in Trockenzonen, die einst von zirkulierenden Wassermassen bedeckt waren. Türkis, im Englischen und Französischen ›Turquoise‹, hat seinen Namen von der Türkei, und die Damen seien etwas gewarnt: Der Stein ist empfindlich gegen Feuchtigkeit, Hautschweiß und intensives Sonnenlicht. Die alten Indianerinnen, die unter dem Portikus des Gouverneurspalastes in Santa Fé sitzen und hier in Taos umgeben von Kindern sind, deren mongolische Rassenzugehörigkeit im zarten Alter viel deutlicher zu sehen ist, scheinen dies zu wissen, zeigen die Steine, die Chalchihuitl, von denen schon Aristoteles berichtet, daß sie den ›Sorgenbeladenen erfreuen‹, nur im Halbschatten, wo sie auch ausdrucksvoller leuchten. Einer der Kleinen, von schmalster Schlitzäugigkeit, hielt das lange Herumsitzen nicht mehr aus. Er nahm eine Handvoll Türkise, die seine Mutter auffädeln wollte – und warf sie den Kauflustigen verachtungsvoll ins Gesicht – ein echt indianischer Sprößling.

An Weihnachten halten die Indianer hier ihre stillen Wochen vom 10. Dezember bis zum 20. Januar, am Heiligabend unterbrochen von einer Messe, nach der alles auf den großen Platz strömt, um unter Gewehrschüssen und wildem rhythmischen Trommeln die Jungfrau Maria zu feiern, die Teil der indianischen Vorstellung von der Wiedergeburt der Mutter Erde geworden ist und überleitet zum Matachines, dem Wildtanz. So haben in Taos die Kirche des heiligen Gerónimo und die unterirdischen Kiwas, die Zeremonialplätze der Taos ihren sichtbaren Frieden geschlossen, ohne doch je völlig eins geworden zu sein.

Auch andere haben hier ihren Frieden geschlossen, etwa D.H. Lawrence mit sich selbst und seiner Frau. Beide ruhen in einer kleinen Kapelle unweit ihres Hauses bei Arroyo auf dem Weg nach Questas. Im Rückblick schließt er auch mit seiner unbequemen, unruhigen Vergangenheit Frieden:

> »*So now it is vain for the singer to burst into clamor*
> *With the black piano appassionato. The glamour*
> *Of childish days is upon me, my manhood is cast*
> *Down in the flood of remembrance, I weep like*
> *a child for the past.*«

Bei der Rückkehr nach Taos und inmitten einer trockenheißen Savanne sehen wir das Schild ›Taos Ski Area‹. Die Ankündigung, hier könne man den Mann im Mond sehen, hätte uns auch nicht mehr überrascht. In der Tat sind die hübschen Taos-Mountains ein winterliches Skiparadies, sie sind auch ein sommerliches Ausflugsziel, wenn wir die zu Recht gerühmte Rundfahrt über den *Palo Flechado Paß*, *Eagles Nest*, *Red River* und *Questa* rund um den *Wheeler Peak* (4000 m), den höchsten Gipfel in Neumexiko, unternehmen. Ganz am Anfang liegen die im Wald verborgenen Palisaden des alten Holzforts Burgwin, in dem die First Dragoons hausten, die man nach dem Aufstand von 1847 hierher verlegt hatte. Auch das demokratische Amerika hatte seine Dragonaden.

Mitten aus dem Zentrum von Taos führt eine Landstraße, die **Ranchitos Road,** zur alten und lange verkommenen Hacienda von Don Antonio Severino Martinez. 1804 wie eine kleine Festung mit rechteckigem Grundriß und völlig fensterlos erbaut, ist sie eines der letzten Bauwerke, die uns den Lebensstil jener sagenumwobenen Haciendeiros zeigen, die im Vorfeld der mexikanischen Revolution und immer mehr von Spanien abgedrängt, versuchten, der Zeit zu trotzen, um im Grunde in andalusischen oder kastilischen Formen weiterzuleben. Sie sind damit tragisch gescheitert.

Die meterdicke Adobemauer nahe dem Rio Pueblo umhüllt zwei weite Patios, in die sich die Herrschaft und das Gesinde teilten. Von Herrschaft zu sprechen, fällt mir schwer. Nicht weil mich soziale Empfindungen davon abhielten, sondern weil dieses Leben so ganz und gar nicht herrschaftlich war, nur Mühsal und Plackerei kannte. Sieht man die bescheidene *gran sala,* mit ihren groben Dielen und rohen Deckenbalken, die schlichten Kiefernmöbel, den armen Hausrat in der *cocina,* den Ochsenkarren, den uralten *carello* mit seinen dicken Holzscheiben als Rädern, dann sind wir tief im Mittelalter oder in den ärmsten Gegenden der spanischen Mancha. Man fragt sich, was einen Menschen veranlaßt haben kann, die bekannten Mühsale Spaniens gegen die unbekannten Mühsale Mexikos einzutauschen, umgeben von allzeit aufständischen Indianern. Vielleicht ist die Antwort im gesellschaftlichen Aufstieg zu einer Grund und Boden besitzenden Familie zu suchen. Die Martinez siedelten schon seit Generationen am Rio Grande, sind vermutlich erst gegen 1700 als arme Bauern aus Mexikos Chihuahua-Provinz heraufgezogen. Don Antonio wurde Alcalde von Taos, sein ältester Sohn, Don Antonio José, studierte Theologie und wurde zusammen mit seinem Bruder Don Juan Pascual das weltlich-geistliche Zweigespann im oberen Rio-Grande-Tal. Das Verantwortungsgefühl beider war ausgeprägt, vor allem gegenüber den Indianern. Don José wollte es darum nicht hinnehmen, als die Amerikaner mit dem französisch-stämmigen Erzbischof Jean Baptiste Lamy eine europäisch-zentralistisch feste Hand nach Santa Fé beriefen. Dem Lande fremd, den Spaniern suspekt, waren die Taos-Indianer seine ersten Opfer strikter Kirchenpolitik, nicht zu reden von den verhaßten Penitentes. Don José Martinez neigte zu einer liberaleren Einstellung gegenüber den Eingeborenen. Er wurde schließlich exkommuniziert.

Wir haben uns daran gewöhnt, oder man hat uns daran gewöhnt, die Spanier in Mittel- und Südamerika als rohe, brutale Eroberer zu sehen, als goldgierige Eingeborenen-Schinder und schamlose Ausbeuter christlicher Missionsmotive. Wie so oft in der Geschichte ist daran Richtiges und Falsches. Den Norden Amerikas beurteilen wir milder. Wir erblicken zahlreiche, seien es christliche, seien es philosophisch motivierte Gruppen, die den Träumen des humanistischen Zeitalters folgend, den ernsthaften Versuch unternahmen, Staaten oder Kolonien auf der Basis eines von Grund auf neu entwickelten Moralgefühls zu gründen, einer in Christentum und Humanismus wurzelnden Ethik. Ob wir dabei an die Pilgrim Fathers denken, mit ihrem rigorosen, manchmal schwer erträglichen Moralismus, ob wir an des Thomas Morus' bewegendes Werk ›Utopia‹ *(De optimo reipublicae statu, deque nova insula Utopia ...)* aus dem Jahre 1515 denken oder an Francis Bacons ›Nova Atlantis‹ von 1638, in denen die Grundlagen einer auf humanistischer Sicht gegründeten neuen Gesellschaft erblickt wurden – manches davon ist in Shakespeares ›Sturm‹ eingegangen – immer befindet sich unsere Sympathie auf der Seite dieser Versuche, die sich vordergründig so wohltuend von der inquisitorischen und menschenverachtenden Brutalität der Spanier im Süden des Kontinents abheben. Gewiß, manches im Wollen, Glauben und Verhalten der Puritaner in Neuengland und der Quäker in Pennsylvanien, zu denen sich bald auch deutsche Mennoniten gesellten, wirkt ein wenig verquer und sektiererisch. Auch in unseren Tagen können wir uns nicht immer eines Lächelns erwehren angesichts der Sektenlandschaft Nordamerikas – dennoch, der einsame ethische Kontrast zum spanischen Süden scheint unübersehbar.

Und dennoch, wir täuschen uns. Auch die spanische Welt in Süd- und Mittelamerika hatte im Zeitalter des Humanismus starke Impulse erhalten, neue ethische Forderungen, die freilich gar nicht so neu waren, in einer zeitgemäßen Form zu verwirklichen. Die alten Gedanken des Augustinus aus seinem Werk ›De civitate Dei‹, vom Gottesstaat also, waren nie untergegangen. Schwer lesbar und in 22 Bänden verteilt, aber den Großen des Humanismus und der Renaissance stets gegenwärtig, griffen sie, noch aus dem Abstand von tausend Jahren, die aristotelisch geordnete, spätmittelalterliche Weltordnung an. Es waren interessanterweise die Jesuiten, die in Südamerika, in Paraguay zumal, einen mutigen Versuch unternahmen, es nicht bei philosophischen Erörterungen zu belassen, sondern die Nagelprobe auf praktische Durchführbarkeit zu wagen. In nahezu zweihundert Jahren entwickelte

KARL BODMER (1809-1893)
Mahcksi Karehde, Krieger der Mandan-Indianer
Aquarell, 1833/34
Omaha (Nebraska), Joslyn Art Museum

Der deutsche Prinz Maximilian von Wied-Neuwied und der Schweizer Künstler Karl Bodmer bereisten mit Hilfe amerikanischer Indianerbeauftragter und Trapper 1832 den Mississippi und oberen Missouri bis in die Gegend des Yellowstone. Es war die Zeit, in der die Indianer noch nicht verketzert wurden und manche mit der Neugierde des Naturkindes Bodmer Modell saßen. Besonders beeindruckt waren sie von der Erscheinung des jungen Kriegers Mahcksi Karehde, den Bodmer mit allen Details seiner Kleidung malte: Die herrliche Büffelrobe, die mit Glasperlenstickerei verziert war, den Beinkleidern (leggings) und Mocassins, um den Hals eine Kette von Bärenklauen und in der Hand einen Fächer aus Adlerfedern. Die Wolfsschwänze, die an seinen Füßen befestigt sind, weisen darauf hin, daß er zwei Feinde im Kampf getötet hat. Nur drei Jahre, nachdem dieses Porträt entstand, waren die Mandan-Indianer praktisch ausgestorben, dahingerafft von einer Windpockenepedemie. Damit ist Bodmers ›Indianerporträt‹ zum wertvollen Dokument einer untergegangenen Welt geworden, die in den folkloristischen Darbietungen der Reservat-Indianer kaum mehr zu erleben ist. Allenfalls in den zweimal jährlich stattfindenden volksfestartigen Treffen der Powow-Indianer in den Plains, zu denen Weiße Zutritt haben, sind derartige Trachten und Gewänder noch zu sehen.

JEFFREY LUNGÉ (GEBOREN 1918)
Plaza Dance (Tanz auf dem Dorfplatz)
Aquarell, um 1960
Im Besitz des Künstlers

Im Frühjahr und Herbst werden die Dorfplätze der Pueblos in Arizona und New Mexico zu Bühnen für Tänze, in denen die Menschen um Regen und Fruchbarkeit für ihre Maisfelder bitten. Die dauernd wechselnden Himmelsstimmungen und Wolkenformationen, die Färbungen der Erosionslandschaften und Gebirge geben dazu eine eindrucksvolle Kulisse.

JEFFREY LUNGÉ (GEBOREN 1918), *The Long Walk* (Der lange Marsch)
Aquarell, 1962, Privatsammlung

Jahrhundertelang bekämpften sich im Südwesten der Vereinigten Staaten die Navajo und ihre Nachbarn, die Pueblo-Indianer der Hopi und die weißen Siedler. 1864 besiegte die amerikanische Armee endgültig die Navajo. Man schickte den größten Teil des Stammes in die Verbannung,

viele hundert Meilen von ihrer Heimat entfernt, und erwartete von ihnen, dem Volk der nomadisierenden Jäger, daß sie zu seßhaften Bauern würden. Dieses traumatische Erlebnis des ›Long Walk‹, auf dem viele der achttausend Menschen durch Krankheiten und Depression hinweggerafft wurden, wird in der Stimmung des Bildes von Lungés wiedergegeben. Der Künstler beschäftigt sich seit mehr als vierzig Jahren mit indianischen und historischen Themen des Südwestens der USA.

FREDERIC REMINGTON (1861-1909)
Sun Dance – (Sonnentanz), Ölgemälde, um 1909
Ogdensburg (New York), Remington Art Museum

Frederic Remington gehörte zu einem der letzten Maler, die das Vorwärtsschreiten der Zivilisationsgrenze nach Westen zu ihrem Thema machten, und er wurde der populärste. Erst 1861 geboren, erlebte er nur noch die Spätphase der großen amerikanischen Wildnis und der indianischen

Selbständigkeit. Der dargestellte Sonnentanz wurde von den Indianern der Plains, der großen Ebenen, in einer eigens dazu errichteten Hütte einmal im Jahr veranstaltet. Tänze und Selbstkasteiungen wechselten mehrere Nächte und Tage hintereinander ab. Besonders ausgewählte Krieger zogen sich Holzstäbe durch Haut und Muskeln, an denen mit Hilfe von Seilen, die am Dach der Hütte befestigt wurden, der Körper aufgehängt wurde. Die Schmerzen führten zu Visionen, mit denen der einzelne besondere Kräfte erlangen konnte.

sich dieser Versuch zu einem großen menschlichen, aber auch wirtschaftlich-politischen Erfolg. Aber der Erfolg paßte den spanischen und portugiesischen Haciendeiros nicht, sie sahen ihre Pfründen geschmälert, sich gehindert in der Ausnutzung der Indianer und opponierten mit Hilfe der Weltgeistlichkeit und der einflußreichen Bischöfe in Rom, Madrid und Lissabon.

Unglücklicherweise war auch in Europa zu just dieser Zeit der Jesuitenorden, einst ein Bollwerk katholischer Fürstlichkeit und des Papstes gegen aufmüpfige Zeitgedanken, in Mißkredit geraten. Die Eigenständigkeit des jesuitischen Denkens war suspekt; so etwas ist in hohen Kreisen nie gern gesehen. Der ›Pater provincial‹ der Jesuiten in Paraguay sprach gar von einem »Imperium in imperio«, vom Staat im Staat, und solches war der spanischen Welt undenkbar. 1767 löste der spanische König Carlos III. den Orden in seinen Herrschaftsgebieten diesseits und jenseits des Atlantik auf. Formal wurde dies sehr geschickt verkauft als ein Schritt zur Liberalität an der Schwelle der Aufklärung, der die Jesuiten angeblich im Wege standen. In Wahrheit war dem päpstlich und königlich gesonnenen hohen Klerus Spaniens klar geworden, daß die Gedanken der Aufklärung in gefährlicher Weise in der Denkweise der Jesuiten Wurzeln geschlagen

JEFFREY LUNGÉ (GEBOREN 1918)
Plaza Dance (Tanz auf dem Dorfplatz)
Aquarell, um 1960
Im Besitz des Künstlers

Im Frühjahr und Herbst werden die Dorfplätze der Pueblos in Arizona und New Mexico zu Bühnen für Tänze, in denen die Menschen um Regen und Fruchbarkeit für ihre Maisfelder bitten. Die dauernd wechselnden Himmelsstimmungen und Wolkenformationen, die Färbungen der Erosionslandschaften und Gebirge geben dazu eine eindrucksvolle Kulisse.

hatten, und selten hat man ein politisches Handlungsmotiv in derart täuschender Weise verpackt dargeboten.

Allerorts, selbst im bayerisch-österreichischen Kirchenleben, am Wiener und am Berliner Hof – Konfessionen spielten keine Rolle – lebte liberales und rationales Gedankengut der Aufklärung. Gelegentlich regten sich auch liberale freimaurerische Gedanken unter mancher Soutane und mancher ordensgeschmückten Brust. In merkwürdig schillernder Weise wurden aber auch hier die Jesuiten und andere Orden hinweggewischt. Standen sie nördlich der Alpen diesem neuen Liberalismus angeblich im Wege, und vielleicht ist das sogar teilweise zutreffend, so wurde ihnen südlich der Alpen und westlich der Pyrenäen der Vorwurf gemacht, denselben Liberalismus zu stützen und zu propagieren. Wie man sieht: Argumente wurden fleißig hin- und hergeschoben, irgend etwas findet sich immer, und ein Sündenbock ist in unruhigen Zeiten hochwillkommen, ja geradezu existenzfördernd.

Das ›Imperium in imperio‹ der Jesuiten in Paraguay, das heilige Experiment, wie sie selbst es nicht ohne Skepsis nannten, zerbrach 1767. Die Jesuiten wurden ausgewiesen, verhaftet oder deportiert, die Indianer blieben führungslos zurück und wurden die Beute jener ›Liberalen‹, die sich im Vorfeld der südamerikanischen Revolutionen zunächst einmal aus der lästigen geistlichen Ermahnung der Ordensleute befreiten, später dann, mit Simon Bolivar an der Spitze, aus den Fesseln der Kronen in Madrid und Lissabon. – Miranda, ihr Chefideologe, beschrieb den Sachverhalt folgendermaßen: »... daß sich niemand außer uns erhebt und nicht das gewöhnliche Volk unsere Situation in Gefahr bringt.« Wie verschieden klingt hingegen die Sprache des paraguayanischen Missionstagebuches Sepp von Seppenburgs aus dem südtirolischen Kaltern.

Zweihundert Jahre lang hatten Mut und Durchhaltevermögen ausgereicht, um im Spanischen Amerika den alten Gedanken Augustinus', auch den utopischen Gedanken des Italieners Tommasus Campanella, die jener in seiner ›Civitas solis‹, dem freilich schon recht kommunistisch wirkenden Sonnenstaate, zusammengefaßt hatte, eine reale Gestalt zu verleihen. Unternimmt man es, all diese Versuche zu bewerten, so kann man festhalten, daß dies mutiger und in echt spanischer Weise kompromißloser geschah, als im angelsächsischen Nordamerika. Dort paßten sich puritanisches und quäkerisches Gedankengut, ebenso wie protestantische Ethik mit ihrer echt angelsächsischen evolutionären Neigung sehr bald praktischen und nützlichen finanziellen Erwägungen an.

Mögen darum die aus alten utopischen Vorstellungen in Nordamerika entwickelten praktischen Staats- und Gesellschaftsideen auch andernorts vielgeschmäht sein, so haben sie letztlich doch praktikable Ordnungen von dauerhafter Wirksamkeit geschaffen, Systeme, die trotz aller Betonung von Gewinnstreben und Egoismus immer wieder regenerative Kräfte in kritischen Situationen entfalteten. Man denke etwa an Roosevelts New Deal oder den heftigen Unmut Amerikas nach Watergate. Die ebenso großmütigen wie mutigen Experimente der Jesuiten in Südamerika sind dagegen ebensosehr an ihrer eigenen Kompromißlosigkeit wie am individualistischen Egoismus der weißen Kolonisten zugrundegegangen. Was dieses negative Ergebnis des ›heiligen Experiments‹ für den Süden und den mittleren Teil Amerikas bedeuten sollte, scheint erst in unseren Tagen deutlich zu werden. Nun ist es plötzlich ein Teil der Weltgeistlichkeit, die soziale Veränderungen will, freilich fast zu spät und offenbar nicht mehr motiviert von des Augustinus hohen Gedanken, sondern höchst weltlichen Mentoren ihr Ohr leihend.

Den Leser kann ich nur um milde Nachsicht bitten, wenn ich ihn, unter dem Tor der Hacienda stehend, so weit aus Neumexiko und auf so fernliegende Gedankenpfade entführt habe. Doch ist auch Neumexiko, zusammen mit immer größeren Teilen von Texas, Florida und Kalifornien, eingewoben in diese Religions- und damit Kulturgeschichte, von der wir einen kleinen Zipfel in Form der Auseinandersetzungen zwischen Don José Martinez und dem Bischof von Santa Fé, Jean Baptist Lamy, soeben in Händen gehalten haben.

Der Rückweg führt uns erneut in das Gewirr der kleinen Gäßchen von Taos, die zusammen mit der Plaza nach der älteren Pueblo-Revolte von 1680 wieder aufgebaut worden waren. Einst besaßen die an der Plaza stehenden Gebäude neben geräumigen und meist gut erhaltenen Binnenhöfen eine Außenfront, die sich abweisend und verschlossen gegen das Land stellte, da man nie sicher sein konnte, ob das hohe *chamiza*-Gebüsch, auch Rabbit Brush genannt, heranschleichende Indianer verbarg.

In der stillen Ledoux Street finden sich die Ausstellungen von R. C. Gorman, einem indianischen Maler, berühmt für seine in geometrischer Manier komponierten Gemälde, die alte Motive der Navajomalerei beschwören.

Im Weitergehen entdecken wir ein Haus, in dessen Patio ein Tor führt mit der Aufschrift ›Blumenschein‹. Es sollte eine Überraschung bergen. Ernest Leonard Blumenschein (1874-1960), Nachfahre einer jüdischen Familie, die nach 1848 Deutschland verließ, hat in diesen Räumen zusammen mit seiner Frau Mary Green und später seiner Tochter Helen als einer der Mitbegründer der Taos-Malerschule viele Gemälde geschaffen. Einige können wir betrachten: Die ›Pueblo Mission Church‹, die ›Acoma Legend‹, Illustrationen zu Jack Londons ›Love of Life‹ und viele fein empfundene, zarte Ölporträts indianischer Frauen. Andere Bilder von Blumenschein hängen heute in der Collection of the Museum of Fine Arts in Santa Fé. Fast allen ist eine impressionistische Suche nach dem Wesen indianischer Kultur und der geheimnisvollen Wirkung des Lichtes in Taos eigen. Blumenscheins und Berninghaus' Bilder von den großen Festen in Taos Pueblo sind beeindruckende Werke, die aus dem Inneren heraus glühen, wie die alten Missionskirchen, die uns vor dunklen und düsteren Bergen und Gewitterwolken in erdigen, leuchtenden Farben entgegentreten. Ernest Blumenscheins schönstes Bild ist eine impressionistische Gartenszene unter der Loggia vor den Taos Mountains. Der Hibiscus leuchtet violett, es ist wie ein malerisches Gegen-

Fritz Scholder, *Der Perlenmacher,* 1973, Privatsammlung

stück zu Lawrences Schilderung seines Gartens, den Georgia O'Keeffe mit dem Titel ›The Lawrence Tree‹ gemalt hat. Helen Blumenschein, hoch in den Siebzigern, hat uns liebevoll durch dieses Haus geführt und uns die Verzauberung deutlich zu machen versucht, die jene Maler in den zwanziger und dreißiger Jahren an den Rio Grande geführt hatten: Gustav Baumann, George Bellows, Oscar Berninghaus, Ernest Blumenschein, Dorothy Brett, R.C. Gorman, Robert Henri, Leon Kroll, B. Nordfeldt, B. Phillips, Fritz Scholder, Joseph Henry Sharp, E. Stroh, W. Ufer, Th. van Soelen und wie sie alle hießen. Ihre Werke sollen uns noch in Santa Fé beschäftigen, sie sind ein äußerer und innerer Spiegel dieses alten Landes.

Am Abend suchten wir auf Helens Empfehlung das ›Apple Tree Restaurant‹ auf. Das Haus aus früher amerikanischer Zeit, geschmackvoll möbliert, bietet unamerikanisch gutes Essen, interessante Geschmacksnuancen mexikanischer Kochkunst und trockene Weine. Sehr überraschend trafen wir ein Ehepaar aus Los Alamos, das ganz gegen sonstige Sitte in den USA von Tisch zu Tisch ein Gespräch begann, so daß wir noch lange zusammensaßen.

Der Tanz des sprießenden Mais

Das Ergebnis dieses Abends war, daß wir anderntags nicht der *Ruta baja* nach Española folgten, dem nun schon bekannten Highway 68, sondern der *Ruta alta*, dem alten Taos-Highway oder *Camino Real*, heute **Highway 76.** An dieser malerisch durch die Berge führenden Straße hat sich das alte Mexiko der vorrevolutionären Zeit streckenweise erhalten. Langsamer fahrend und suchend findet man die alten Missionskirchen von *Las Trampas, Chimayó* und *Santa Cruz.* Wenn wir in *Española* den Highway 84 gekreuzt haben, liegen bereits auf dem nach *Los Alamos* führenden **Highway 30,** rechts die Pueblos Santa Clara und die Ruinen der alten Stadt Puye und links der recht große San Ildefonso Pueblo, den man betreten kann, sofern man die große Kiwa in der Mitte des Platzes respektiert. Da wir vermutlich nicht das Glück haben, einen der indianischen Zeremonialtänze zu erleben, bleiben uns nur die Bilder der Maler von Taos und eine besonders schöne Schilderung von D. H. Lawrence, die allerdings dem Santo-Domingo-Pueblo nahe Albuquerque gilt. Diese kultischen Tänze sind den Indianern noch heute heilig. Sie sind keine folkloristischen, kommerziellen Veranstaltungen in billig-bunten Gewändern. Kameras sind verboten wie jegliche Äußerung der weißen Zuschauer.

Der ›Tanz des sprießenden Mais‹, wie ihn Lawrence schildert, ist das Frühlings- und Fruchtbarkeitsritual und sicher über tausend Jahre hinweg nie anders gefeiert worden:

»Es wiegt sich alles wie junge elastische Bäume im Wind. Das ist der Tanz vom sprießenden Mais, und jedermann hält ein schwingendes grünes Kieferzweiglein. Poch-poch-poch macht die Trommel; schwerfällig hops- und hops- und hopsen die Männer … und der tiefe Klang des Männergesangs ist wie das Tosen und Zerren des Windes tief drinnen im Wald.

Du gewahrst die langen Reihen der Tänzer und nahe der Trommel einen gedrängten Haufen singender Männer. Du gewahrst die aufblitzende schwarz-weiße Maskerade der hopsenden Koschare, der Spaßmacher … Allmählich erreicht dich die schwarze, standfeste Massigkeit der tanzenden Frauen, die wie massive Schatten ragen, je eine Frau hinter jedem klirrenden, hüpfenden Mann. Das lange, seidige schwarze Haar der Frauen, das ihnen über den Rücken fließt, und das ebenso lange, fließende, schimmernde Haar der Männer, lose über breiten, nackten und orangebraunen Schultern.

Dann die Gesichter, die teilnahmslosen, eher fetten, goldbraunen Gesichter der Frauen, mit niedergeschlagenen Augen, gekrönt von einer grünen tableta *wie von einem flachen Diadem. Etwas Seltsames und Vornehmes ist an den teilnahmslosen, barfüßigen Frauen in den kurzen schwarzen Hemdröcken, während sie geschmeidig den Tanz treten, fast ohne sich zu bewegen …*

Wenn du die Frauen betrachtest, vergißt du die Männer … das edle, leicht unterwürfige Neigen des diadembekrönten Kopfes. Der geschmeidige Takt der bloßen, lebensvollen, vogelhaften Füße …

Wenn du die Männer betrachtest, vergißt du die Frauen. Die Männer sind nackt bis zur Hüfte und rotgolden … Sie fallen hinab, hinunter, nieder, im schweren, unaufhörlichen Tanzsprung, und die köstlichen Muschelscherbenketten hüpfen auf den nackten Brüsten, und die Halsmuschel flattert auf und ab.

Und die ganze Zeit ziehen die nackten Koschare umher … sie sind schlank und nackt, mit schwarzer und weißer Farbe beschmiert, die Haare weiß verschmiert und oben auf dem Kopf zu einem gewaltigen Knoten gerafft, aus dem ein Schopf leerer Maishülsen aufschießt. Obwohl sie außer einem kleinen Lendenschurz nichts anhaben, sehen sie nicht nackt aus, denn manche sind weiß mit schwarzen Flecken wie Leoparden, und manche haben sich breite schwarze Streifen oder Zickzackbänder auf den Leib geschmiert und alle Gesichter sind mit Dreiecken oder Strichen geschwärzt, so daß sie wie unheimliche Masken aussehen.

Danach versammeln sich die Männer und Frauen auf den Dächern. Frauen kommen mit großen Körben voll Brot und Guayava daher ... und das Geheimnis des Keimens, nicht der Schöpfung, sondern des Hervorbringens, der Auferstehung, des Lebens, das im Samen entspringt, ist vollendet ...«

Atomare Impressionen in Los Alamos, oder: Vom Kaiser-Wilhelm-Institut auf die Mesa

Kaum ein anderes Land kennt derartige Gegensätze wie Neumexiko. Schroff, überraschend und atemberaubend liegen Gestern und Heute nebeneinander. Haben wir noch die tanzenden Indianer in ihrer rituellen Bemalung vor Augen, tragen wir noch ihren monoton-rhythmischen Gesang im Ohr, so sehen wir bereits die auf Gittermasten stehenden Wachtürme der Atomstadt *Los Alamos*, Erinnerungen an Bilder von Hiroshima und Nagasaki unter dem Atomblitz tauchen auf, das erste Jahrtausend, in dem wir noch vor Minuten weilten, wechselt mit schwindelerregender Eile zum zweiten Jahrtausend und provoziert die Frage, ob es noch ein drittes Jahrtausend geben wird.

Doch zunächst zieht der **Highway 30** von *Española* langsam in vielen Schleifen den Rand der Mesa hoch, auf der Los Alamos nach 1943 entstand, damals ein kleines, halb indianisches Dorf mit einem Schulgebäude, der Keimzelle aller späteren Entwicklung. In den Nadelkurven der Straße gewinnen wir angenehme Rückblicke auf das breite Tal des *Rio Grande*. Im fernen Dunst liegen die Vorstädte von Santa Fé vor den Sangre-de-Cristo-Bergen. Ein einziger Garten Eden breitet sich aus, voller grüner Obstplantagen, durchsprenkelt von hellen Häusern. Das Rio-Grande-Tal ähnelt hier dem Jordan-Tal; biblische Landschaft vor den Toren von Los Alamos ...

Oben auf der Mesa, die wie ein mittelalterlich befestigter Bergsporn von zwei steilen Tälern bewacht wird, liegt also jene Stadt, in der von 1943 bis 1945 die ersten beiden Atombomben gebaut wurden, in atemloser Hast und mit heute kaum noch faßlichen Improvisationen, denn man lebte unter der Zwangsvorstellung, die Physiker im immer mehr angeschlagenen Deutschland Hitlers wären dem amerikanischen Team vielleicht voraus und könnten mit Atombomben noch eine Wende des Krieges erzwingen.

Die Wirklichkeit war hingegen eine ganz andere. Die Atomforschung im Rahmen des Kaiser-Wilhelm-Institutes in Berlin litt unter Mangel an Personal und Material, die Machthaber des Dritten Reiches standen dem Projekt ohne Verständnis gegenüber – welch ein Glück – und die wichtigsten Ressourcen, Uran und Schweres Wasser, waren nur äußerst begrenzt verfügbar. Eine Elektrolyse-Anlage in Norwegen zur Herstellung von Schwerem Wasser, D_2O, war einem englischen Luftangriff zum Opfer gefallen, aber die Existenz dieser Anlage hatte die Sorgen in Washington noch erhöht, desgleichen die riesigen V-Raketen, die damals auf England niederfielen.

Heute wissen wir, welch glückliche Fügung uns nicht in dieser Rolle hat agieren sehen. Die Vorstellung, daß der seelenlose Unrechts-Staat des Dritten Reiches in den Besitz einer solchen menschheitsbedrohenden Waffe gekommen wäre, ist kaum erträglich. Carl Friedrich von Weizsäcker, Otto Hahn, Heisenberg und Wirtz, die im Frühjahr 1945 mit zwei Lastwagen das Kaiser-Wilhelm-Institut für Physik nach Haigerloch am Rande der Schwäbischen Alb verlagerten, konnten den ersten deutschen Atomreaktor wenige Tage vor dem Eintreffen der Amerikaner fast kritisch machen – fast, denn es mangelte an Uran.

Steht man in Haigerloch vor dem biederen Gasthaus ›Zum Schwanen‹, in dessen in die Felsen gehauenem Bierkeller das Kaiser-Wilhelm-Institut seine Apparate und Vorräte verlagert hatte, sieht man die so ganz und gar nicht technisch beeindruckende Umgebung, so erscheinen die Sorgen der Amerikaner von 1943 absurd.

Inzwischen sind wir in die heute offen zugängliche kleine Stadt Los Alamos gefahren, die angenehme Wohngebäude, Schulen und kulturelle Einrichtungen aufzuweisen hat, Wohnsitze einer nach Tausenden zählenden Akademikergemeinde. Jenseits des Tales, auf der zweiten Mesa, liegen graue Fabrikanlagen, zur Hälfte Laboratorien, mit dem Institut für Nuklearchemie und Isotopenchemie. Hier beschäftigt man sich mit der Trennung des natürlichen neutronenbestrahlten Urans in Uran 235, Uran 238 und Plutonium, das man auch Uran 239 nennen könnte.

Hinter der Stadt führt eine Brücke zum eigentlichen Forschungskomplex hinüber, der heute der University of California angehört, was aber nicht darüber hinwegtäuschen darf, daß hier weiterhin im Auftrag der Regierung Waffenforschung neben friedlicher Anwendungsforschung betrieben wird. Neben dem Institute of Theoretical Physics finden wir den Parkplatz des Bradbury Science Museum mit einer sehr interessanten, um nicht zu sagen atemberaubenden Ausstellung der Atomtechnik und der Atomwaffen. Auf einer Schultafel werden die Grundlagen der Atomphysik auch dem Laien erläutert. Andächtig stehen die Menschen vor den Formelbildern, die ein Assistent geschwind auf eine Tafel malt. Albert Einstein (geboren 1879 in Ulm und gestorben 1955 in Princeton, N. J.) mit seiner berühmten Energieformel $E = mc^2$, wonach die Energie E der Masse m und dem Quadrat der Lichtgeschwindigkeit c proportional ist, kam erstmals zu der Erkenntnis, daß Energie und Masse in einem besonderen Verhältnis stehen. Da die Lichtgeschwindigkeit, wie jede Geschwindigkeit, einen Quotienten aus Entfernung und Zeit beschreibt (etwa Kilometer pro Stunde), wird über Einsteins unerhörte Gleichung von abenteuerlicher Einfachheit auch die Relativität der Zeit eingeführt. Relativitätstheorie und die bald sich ausbildende Quantenmechanik hoben das klassisch-mechanistische Newtonsche Bild der Physik aus den Angeln, wiewohl es für die Dinge des täglichen Lebens, auch die Technik, weiterhin Gültigkeit behielt. Die Quantenmechanik beschreibt die Physik im Bereich der Elementarteilchen und stellt einen tiefen Einblick in die eigentliche Schöpfungsmaterie dar, die, wie alles Große, ebenso einfachen wie letztlich kaum mehr begreifbaren Gesetzen folgt. Max Planck (geboren 1858 in Kiel und gestorben 1947 in Göttingen) und sein berühmtes Wirkungsquantum $h = 6{,}624 \times 10^{-27}$ erg x sec ist eng verknüpft mit Einsteins Formel, die man auch $E = h\nu$ schreiben kann. Das Wirkungsquantum h ist eine der elementarsten Naturkonstanten, gewissermaßen in der ersten Schöpfungsstunde des Weltalls erdacht, wovon uns die Bibel freilich nur in metaphorischen Umschreibungen berichtet. Es verknüpft das kleinste Energiequantum mit der Schwingungszahl ν eines schwingenden Elektrons – wieder wird Energie mit Schwingung, also Bewegung und damit mit Geschwindigkeit in eine Relation gebracht.

Einstein und Planck, jene unheimlichen ›Krauts‹, jene dem Durchschnittsamerikaner stets etwas verdächtigen Wissenschaftler mit der dünnen Goldrandbrille, machen zwar bei der Erwähnung ihrer Namen die Touristen aus Illinois und Idaho ganz andächtig, aber mit der Atombombe hatten sie nur indirekt zu tun. Einstein hatte das Projekt zwar 1939 in seinem berühmten Brief an Präsident Roosevelt empfohlen, nachdem 1938 bekannt geworden war, daß Otto Hahn und Fritz Strassmann am Berliner Kaiser-Wilhelm-Institut für Chemie mit einer heute im Deutschen Museum in München stehenden, unglaublich primitiv wirkenden Vorrichtung die erste künstliche Spaltung des Urankerns bewirkt hatten. Otto Hahn erhielt 1944 dafür den Nobelpreis und publizierte seine Ergebnisse arglos und öffentlich 1938, vielleicht aber doch nicht ohne eine gewisse Vorahnung des Kommenden, wie manche Formulierungen vermuten lassen. Nur wenige begriffen damals die Bedeutung, unter ihnen Albert Einstein.

Zwei epochale Entdeckungen waren in jenen Jahren ans Licht gekommen. Eine galt der Erkenntnis, daß aus natürlichem Uran durch Beschießen mit Neutronen ein neues Element entsteht. Man nannte es später Plutonium. Dabei wird eine große Energiemenge freigesetzt – die heutige Energiequelle aller Atomreaktoren und Kernkraftwerke. Otto Hahn, Lise Meitner und Fritz Strassmann waren allerdings

1937 noch des Glaubens, daß dieser Prozeß sich nicht selbst erhält, sondern der steten hohen Energiezufuhr bedarf. Bald jedoch erkannte man, daß durch geeignete Moderatoren, wie Graphit, die Neutronen so gebremst werden können, daß die Reaktion zu einer schier unerschöpflichen Energiequelle werden konnte. 1945, acht Tage, bevor die Amerikaner in Haigerloch einmarschierten, wäre der erste deutsche Atomreaktor beinahe in Betrieb genommen worden, wenn nicht, ja, wenn nicht noch etwas Uran gefehlt hätte.

Die zweite, aber wesentlich beunruhigendere Entdeckung Hahns folgte ein Jahr später. Die bisherigen Versuche am Kaiser-Wilhelm-Institut in Berlin-Dahlem, und im Jahr 1938 war die Fachpresse voll von ihnen, hatten nur zu geringfügigen Massenänderungen der Atome geführt. Ende 1938 bemerkte nun Hahn, daß das Uran-Isotop 239 unter bestimmten Bedingungen zu Barium und Strontium zerfällt. Dies verlieh der Sache eine völlig andere Dimension; es verhieß, wonach die Alchimisten des Mittelalters immer gesucht hatten: Einen Stoff in einen völlig anderen umzuwandeln. Hahn und Strassmann publizierten dies am 6. Januar 1939 in der Zeitschrift ›Naturwissenschaften‹ ganz offen. Ihre Mitstreiterin Lise Meitner ist nicht mehr mit von der Partie – der Wahnsinn des Dritten Reiches zwang sie als Jüdin, nach Skandinavien zu gehen. Liest man heute diese alten wissenschaftlichen Berichte, die in jeder Fachbibliothek stehen, so vermißt man ab 1939 ihren Namen in deutschen Zeitschriften. Man findet ihn wieder am 18. März 1939 – jetzt in der Londoner ›Nature‹, und es läuft einem noch heute kalt den Rücken hinunter, wenn man ihre Worte liest.

Hahn, der zierliche und feinsinnige Gentleman-Gelehrte, pflegte stets nur die zurückhaltende Sprache der Wissenschaft. Er schreibt:

»*Als der Physik nahestehende ›Kernchemiker‹ können wir uns zu diesem,* allen bisherigen Erfahrungen der Kernphysik widersprechenden, *Sprung [der Erkenntnis] noch nicht entschließen. Es könnten doch noch vielleicht eine Reihe seltsamer Zufälle unsere Ergebnisse vorgetäuscht haben ...*« Hoffte er, einer Täuschung erlegen zu sein? Und Hahn fährt fort: »*Wir werden unsere Versuche fortsetzen. An Stellen, denen starke künstliche Strahlenquellen zur Verfügung stehen, könnte dies allerdings wesentlich leichter geschehen.*«

Wenn wir uns umdrehen, so stehen wir an einer solchen von den Amerikanern buchstäblich aus dem Boden gestampften Stelle ...

Bereits der Rezensent des ›Chemischen Zentralblattes‹ schreibt deutlicher: »... da die neuen Erdalkalimetalle (der später so gefürchtete radioaktive Fallout aus Barium und Strontium) mit Barium identisch sind, könnte man ihre Entstehung ... auf einen völlig neuartigen Zerfall des Uran 239 zurückführen ...«

Lise Meitner – und Frauen sind manchmal praktischer und kommen rascher auf den Punkt – spricht in aller Deutlichkeit bereits vom ZERPLATZEN des Urankernes. Das müssen einige gelesen haben, unter ihnen Einstein. Auf der gleichen Seite des ›Chemischen Zentralblatts‹ tauchen auch bereits die Namen der weiteren Akteure auf amerikanischer und deutscher Seite auf: Enrico Fermi und Leo Szillard, aber auch Carl Friedrich von Weizsäcker und J.R. Oppenheimer.

Der eigentliche Betreiber des militärischen Projektes in Amerika war der Physiker J. Robert Oppenheimer, der mit der wissenschaftlichen Leitung des Los Alamos Laboratory im Rahmen des Projektes MANHATTAN beauftragt worden war und dem die Armee großmütig den Rang eines Leutnants verlieh. Wir sehen in der Ausstellung die Kopien der frühen Schreiben des War Departments an die Verantwortlichen. Sie sind seltsam unpräzis und unsicher in ihrer Diktion. Die Bürokraten im Pentagon hatten zwar das Sagen, aber sie wußten als Laien nicht so richtig, was sie anordnen sollten. Es klingt, als wolle ein General einem Opernsänger auf der Bühne musikalische Anweisungen geben. Wie das in solchen Fällen immer ist: Erst wird einmal verboten, denn das stärkt die Autorität. So verbot ein Brief vom 25. Februar 1943 Dr. J.R. Oppenheimer, zu fliegen oder ein Auto ohne Chauffeur zu benutzen. Das Federal Bureau of Investigation, kurz FBI genannt, ergeht sich hier in dunklen und geheimnisvollen Andeutungen über die Entwicklung in Deutschland und warnt vor Spionen. Ein Kurierbrief vom 17. Juli 1945 an Präsident Truman, der auf der Dreimächtekonferenz in Potsdam weilte, enthielt den historischen Satz: »Doctor has just returned most enthusiastic.« Unter einer fingierten Krankheitsgeschichte wurde die Einsatzbereitschaft der ersten Atombombe nach der Versuchsexplosion am 16. Juli 1945, um 5 Uhr und 29 Minuten in ›Trinity Site‹ zwischen Albuquerque und der unweit von El Paso liegenden Alamogordo-Wüste gemeldet. Ein nicht sehr bedeutender Präsident der Vereinigten Staaten von Nordamerika saß nun mit einem ungeheueren Geheimnis dem eiskalten Spieler Stalin gegenüber, Churchill war durch den unbedeutenden Attlee ersetzt worden, und niemand auf westlicher Seite war sich offenbar der Chance bewußt, bei Kriegsende weit bessere Bedingungen auszuhandeln und der Geschichte eine vernünftige Wendung zu geben. Blind gefangen im eigenen Kreuzzugsdenken gegen Deutschland und ebenso blind in der nachhallenden Rooseveltschen Hoffnung, mit den Sowjets auf Dauer friedliche Beziehungen pflegen zu können, wurden Churchills bereits aus dem Abseits kommende Warnungen in den Wind geschlagen und wurde Politik nach der Art kleiner Behördenchefs gemacht.

Oppenheimers Gestalt, wie immer wir sie werten wollen, ist sehr rasch eine tragische geworden. Schon bald hatten Einstein und andere Atomphysiker erkannt, welch ein schreckliches Instrument sie der Politik an die Hand gegeben hatten. Die Hilflosigkeit der Forscher gegenüber ihren geistigen Kindern lähmte sie fast und verdüsterte ihren Lebensabend. Oppenheimer geriet in die Intrigen des berüchtigten McCarthy, der Anfang der fünfziger Jahre in Amerika auf Hexen- und Kommunistenjagd ging. Alle diese, halb ausländischen Wissenschaftler, Juden und Intellektuelle, oft in nahen Beziehungen zu ihren alten europäischen Kollegen stehend, waren McCarthy grundverdächtig, galten als suspekt und kommunistisch gefärbt. So wurde Oppenheimer vor einen Ausschuß zitiert, um zu prüfen, ob er noch als loyaler

Geheimnisträger gelten könne. Nach einer wilden Rundfunkrede McCarthys rief noch am späten Abend Albert Einstein bei Oppenheimer an und bemerkte: »Wenn ich noch einmal zu wählen hätte, dann würde ich Klempner oder Hausierer werden, um wenigstens ein bescheidenes Maß an Unabhängigkeit genießen zu können.«

So wurden die Väter der Atombombe mit großen Zweifeln alt. Oppenheimers Mitarbeiter Hans Bethe, beide kannten sich noch aus dem Jahre 1929 in Göttingen, sagte im Verfahren gegen seinen alten Freund aus: »Wir hatten einige Jahre unter harten militärischen Bedingungen gearbeitet, und niemand von uns hatte die Folgen wirklich bedacht. Hiroshima konfrontierte uns mit diesen Folgen, und niemand konnte fernerhin an diesen Waffen arbeiten, ohne zu bedenken, daß sie auch verwendet würden.«

Friedrich Dürrenmatt hat diese Zweifel im Übergang von der alten Physik Newtons, mit der man bestenfalls Kanonen abfeuern konnte, zur Physik Einsteins in seinen ›Physikern‹ in der Gestalt zweier meditierender Irrer geschildert, von denen der eine glaubt, Newton zu sein, der andere, Einstein. Am Ende des Stückes holt man die beiden aus ihren Zellen:

Newton und Einstein kommen. Auch verklärt!

NEWTON: *Eine geheimnisvolle Nacht. Unendlich und erhaben. Durch das Gitter meines Fensters funkeln Jupiter und Saturn, offenbaren die Gesetze des Alls.*

EINSTEIN: *Eine glückliche Nacht. Tröstlich und gut. Die Rätsel schweigen, die Fragen sind verstummt. Ich möchte geigen und nie mehr enden.*

Besser kann man den Fortschrittsglauben des Newtonschen 17. Jahrhunderts und die tiefe Depression des Einsteinschen 20. Jahrhunderts nicht schildern.

Waren die amerikanischen Atomphysiker wenigstens während ihrer Zeit in Los Alamos ungefährdet, so mußte Max Planck 1945 in Göttingen erleben, daß sein Sohn als Mitglied der Widerstandsbewegung hingerichtet wurde. Wenn irgendein Krieg die Integrität der Menschen auf eine harte Probe gestellt hat, so war es der letzte, mit seiner, menschliche Kraft übersteigenden Verquickung moralischer, weltanschaulicher, politischer und militärischer Fragen. Kein Land der Welt ist seitdem zu einem in sich geschlossenen und leidlich harmonischen Welt- und Gesellschaftsbild zurückgekehrt.

Dies war es wohl, was die Griechen mit ihrer Sage von Prometheus meinten, den die Götter an einen Felsen schmiedeten, damit ihm die Adler unaufhörlich in die Leber hacken sollten, zur Strafe dafür, daß er den Menschen das Geheimnis des Feuers verraten hatte. Was der griechischen Mythologie die Martern des Prometheus, ist uns Heutigen die Angst vor dem Morgen. Das frühe Christentum hat diese Existenzfrage einfacher gesehen: Rings um das Mittelmeer wußte man noch nichts von einer Bedrohung des Menschen durch sich selbst. Aber man war sich bewußt, daß es einen Weltuntergang, einen Tag des Jüngsten Gerichts geben werde. Dieser festen Erwartung begegnete man durch Demut, indem man es Gott in seiner Weisheit überließ, das Rechte zu tun. Es war nie die Rede davon, daß solcher Ratschluß Menschen unerträglich sein könnte. Nichts beleuchtet klarer die Lage als die Antwort, die der Theologe Karl Barth dem Physiker Carl Friedrich von Weizsäcker auf dessen Zweifel und Anfechtungen gab: »Wenn Sie glauben, daß Christus wiederkommt, dann dürfen, ja müssen Sie weiter Physik treiben; sonst dürfen sie es nicht.« Wie einfach ist das für manche ...

Von Demokrits ἄτομος über des Prometheus Leichtsinn mit dem Feuer – oder seiner Menschenfreundlichkeit – bis hin zu den Pappeln von Los Alamos, nach denen die Stadt benannt ist, führt eine schwierige Straße.

Eine junge Dame hat sich unterdessen unser angenommen und schleust uns durch die Ausstellung. Sie hat mitbekommen, daß ich Naturwissenschaftler bin, und zieht den Assistenten mit den vielen Formeln als Hilfe hinzu. Wir hätten ihnen zum Schluß auch eine Waschmaschine abgekauft, um endlich allein zu sein.

Da stehen sie nun: weiß und unschuldig in einer Ecke. *Little Boy,* die Hiroshima-Bombe, und *Fat Man,* die Nagasaki-Bombe. Sie sehen aus wie andere Bomben aus dem Kriege, mit geschweißtem Bombenkörper und einem etwas schluderig genieteten Leitwerk. Sie sind auch keine Attrappen oder nachgebaute Modelle. Sie sind ganz einfach die nie benutzten Geschwister von *Little Boy* und *Fat Man*, irgendwann ausgemustert und ihres nuklearen Inhalts beraubt. Man hat ihre Radioaktivität abklingen lassen und so stehen sie nun hier. Kein Schrecken umgibt sie, eine alte Guillotine von 1789 würde uns schaudern machen; hier ist alles nur lackierte Technik, manche streichen scheu mit der Hand über diesen Lack. Ein Japaner steht lange andächtig davor. Wer kennt sein Schicksal? Die Amerikaner lassen ihn taktvoll allein, beim Weggehen ist tiefe Trauer in seinen Augen.

Wenige Meter daneben hängen die modernen Prototypen der thermonuklearen Gefechtsköpfe moderner Raketen. Wog *Fat Man* noch 10800 englische Pfund, so haben die MK 17 und 28 nur noch tausend Pfund und die modernste, der W 80 Warhead aus dem Jahre 1981, wiegt noch ganze 290 Pfund und bringt ein Vielfaches der Hiroshima-Wirkung zum Zug, wenn ... Es wird die Zeit kommen, in der jeder verrückt spielende Diktator und Revoluzzer so eine kleine Bombe im ›Cash and Carry‹ kaufen kann.

Eine hübsche junge Indianerin aus dem nahen Pueblo San Ildefonso bringt uns eine neue Dokumentationsmappe. Ihre schwarz funkelnden Augen verraten mit keiner Spur, wie sie innerhalb einer Generation den Sprung aus der Steinzeit in das Atomzeitalter bewältigte.

Doch neben dem Arsenal der Zerstörung wird auch sichtbar gemacht, welche zukünftigen und nützlichen Anwendungen die Atomenergie und die noch ferner stehende Kernverschmelzung mit sich bringen. Wir können einfach nicht vor der Tatsache die Augen verschließen, daß bei dem derzeitigen Verbrauch im Jahre 2000 eine vierzigprozentige und im Jahre 2040 eine achtzigprozentige Energielücke bestehen wird. Dagegen kommt nicht an, wer meint, durch Sparen und Einschränkung sei das Problem zu lösen. Zum einen reden zwar alle vom Sparen und vom einfachen und schönen

Leben, nur will dies im Grunde niemand ernsthaft. Zum anderen begehrt die Dritte Welt einen größeren Anteil an materiellen Gütern. Wie dies auch immer zu bewerkstelligen ist, einen erhöhten Energiebedarf an fossilen Brennstoffen wird es nach sich ziehen.

Gewiß werden die bisherigen Ressourcen sich durch geotechnologische Fortschritte erweitern lassen – in der Nordsee hat man dies vorgeführt. Die Ausstellung zeigt, wie stark radioaktive Methoden an der Auffindung neuer Quellen beteiligt sind. Aber grundsätzlich kann die Menschheit neue Energie nur durch Kernspaltung und später durch Kernfusion gewinnen. Das in den Weltmeeren reichlich vorhandene Deuterium, ein Isotop des Wasserstoffs, wird eine solche Quelle werden. Etwa 300 Billionen Tonnen Deuterium sind im Meer vorhanden, und ein Kilogramm gewöhnliches Seewasser, welches 0,154 Gramm Deuterium enthält, hat auf Grund dieses Gehaltes an Deuterium eine verfügbare Energie, die 300 Kilogramm Benzin entspricht. Es ist fast unvorstellbar, daß wir oder unsere Enkel eines Tages irgendwelche, irgendwie beschaffenen Karossen fahren werden, die letztlich mit Energie aus Meerwasser betrieben werden. Hieran zu arbeiten und zu forschen, erscheint mir für das Schicksal unserer Nachfahren wichtiger zu sein als das ewige Lamento über den Januskopf der Wissenschaft. Auch das Feuer, das irgend jemand in der Steinzeit aus Feuersteinen zu schlagen lernte, das Geschenk des gequälten Prometheus, besaß diesen Januskopf: man konnte damit friedlich seine Hütte wärmen, aber auch die Hütte des Nachbarn anzünden.

Im Hinabfahren von der Alamos Mesa sehen wir die Abzweigung zum Bandelier National Monument, einer prähistorischen Indianersiedlung, wie Mesa Verde gegen 1200 n. Chr. verlassen. Eremitenartige Felshöhlen sind in den weichen Tuff gehauen, eine andere Variante indianischer Bauweisen. Wir ertragen aber den ständigen Wechsel der Jahrtausende nicht mehr, sondern eilen geradewegs in die alte Stadt *Santa Fé*, um in städtischer Umgebung und unter Menschen wieder frei atmen zu können.

Bunte Erinnerungen an Santa Fé

Santa Fé liegt breit in einer Talerweiterung des Rio Grande, durchflossen vom Rio Santa Fé und umrahmt von fahlblauen Gebirgszügen. Wer denkt nicht bei diesem Namen an staubaufwirbelnde Trecks auf dem Santa Fé Trail, wer denkt nicht an die Züge der Santa Fé Railway. Aber die Trecks sind schon lange vergangen, und die Santa-Fé-Eisenbahn hat zum Ärger der Bürger dieser Stadt sich hier nie sehen lassen, machte einen weiten Bogen im Süden über Albuquerque. Auch der Rio Pecos meidet die Stadt, verbirgt sich hinter den Sangre-de-Cristo-Bergen und findet erst weit südlich, schon in Texas, seinen großen Bruder, den Rio Grande del Norte. Man hatte mich vor Santa Fé gewarnt, alles sei hier nur noch Attrappe und Schau, Firlefanz für Touristen.

Doch wie meist, sind solche Verallgemeinerungen töricht. Natürlich ist Santa Fé eine Touristenstadt, hat Albuquerque ihr längst den alten Rang abgelaufen. Dennoch ist Santa Fé Sitz des Gouverneurs von Neumexiko geblieben. Welches Gouverneurs, das ist die Frage, wenn man auf dem Hauptplatz von Santa Fé vor dem alten Gouverneurspalast steht, in dessen kleinem Museum das Bild des Don Diego José de Vargas Zapata y Luyan Ponce de Léon y Contrevas hängt, eines spanischen Gouverneurs aus dem Jahre 1688, dem man noch heute fast auf die lange Namensschleppe tritt. Hier finden sich auch die Bilder Antonio José Martinéz' und seines Gegners Jean Baptiste Lamy, von denen wir schon auf der Finca in Taos sprachen. 91 Gouverneure haben in diesen angenehm kühlen Lehmziegelmauern bis in unsere Zeit residiert, dem ältesten Amtssitz in den Vereinigten Staaten. Heute hat die Regierung ihren Sitz im State Capitol Building jenseits des Santa Fé Rivers.

Die Spanier hatten von Mexiko aus gegen Ende des 16. Jahrhunderts vom Rio-Grande-Tal langsam aber stetig Besitz ergriffen. Begonnen hatte es mit Vasquez de Coronado, der 1540 in Guadalajara in Mexiko ein Expeditionscorps aufgestellt hatte, um die sagenhaften, mit Türkisen, Gold und Jade geschmückten Städte von Cibola zu suchen und wenn möglich, auszuplündern. In seiner kleinen Armee von knapp tausend Mann fanden sich Portugiesen wie Spanier, Italiener wie Deutsche, kurz eine bunt zusammengewürfelte Mischung aus des Kaisers Karl v. Landen. Eine etwa gleichgroße Anzahl Indianer folgte mehr oder weniger freiwillig dem Heer, das ein noch weit größeres Heer von Schafen, Ziegen und Rindern vor sich her trieb, um in diesem kargen, trockenen Land nicht zu verhungern. Auch manches kleine Fäßchen spanischen Weines wird hinter dem Sattel verschnürt gewesen sein, denn Porca de ... in diesem Staub bekommt man Durst. Wir sollten uns, diesen Heerzug vor Augen, erinnern, daß ganze 48 Jahre seit dem Fall von Granada vergangen waren, und das in Mexiko aufbrechende Heer des fünften Karl, in Spanien Karl I., noch die Legenden der Maurenkriege, der Reconquista Ferdinands und Isabellas mit sich trug, auch die Erinnerung an das gegenüber der Alhambra aufgeschlagene Lager Santa Fé, in dem der letzte Nasride, Boabdil, abdankte. So wollte man auch im Rio-Grande-Tal mit einem neuen Santa Fé den Beginn eines neuen Säkulums ankündigen.

Nach langem Marsch gelang es Coronados kleiner Armee, das sagenhafte Cibola zu finden. Es nannte sich Hawikuh, war eine bescheidene Pueblo-Siedlung der Zuni und lag, wo es noch heute liegt, südlich von Gallup am Highway 40. Von den Edelmetallen und Edelsteinen El Dorados war keine Rede, lediglich von indianischen Pfeilen und hartem Widerstand. Der Bruder Marcos de Niza, der Coronado dies Märchen erzählt hatte, wurde mit Schimpf und Schande nach Mexiko zurückgeschickt. Von Hawikuh aus sandte Coronado nun Pedro de Tovar und Juan de Padilla als Kundschafter nach dem Nordwesten, wo sie die Hopi Pueblos auf den drei Mesas entdeckten, die wir gerade besucht haben. Garcia Lopez Cárdenas sandte er weiter nördlich. Sie gelangten bis zum Südrand des Grand Canyon. Hernando de Alvarado dagegen sandte Coronado nach dem Osten ins Tal des Rio Grande und des Pecos. Alvarado gelangte bis nach Taos, war entzückt von den freundlichen Landschaften in Flußnähe – was wir ihm nach Durchqueren der trockenen Landschaft der Mesas nachempfinden können – und empfahl Coronado als Winterlager einen Platz nahe Bernalillo, knapp nördlich von Albuquerque, wo sich heute der Coronado State Park befindet. In den nahebei liegenden Türkisminen von Cerillos, am Highway 14, entflammten Coronados Hoffnungen erneut. Die Turk-Indianer in den östlicheren, texanischen Prärien reizten ihn mit neuen Geschichten von Goldvorkommen, doch wissen wir nicht genau, was die Indianer erzählten. Viele Mißverständnisse sind denkbar, unmöglich war in jedem Fall das Benehmen Coronados, der aus Verärgerung über die angeblichen Lügen der Turks und ihren zunehmenden Widerstand einige Hundert auf einem Scheiterhaufen verbrennen ließ. Als er 1542 wieder in Mexiko eintraf, machte man ihm deshalb zwar einen Prozeß, aber der Freispruch war wohl schon vorprogrammiert.

Um 1590, nach Philipps II. Tod, war ein neues Selbstbewußtsein in Mexiko entstanden. Eine im Lande geborene weiße Generation, die sich stolz Criollos nannte – wovon unser mißverstandenes Wort Kreolen kommt –, nahm die Sache in die Hand und begann im Rio-Grande-Tal zu siedeln. Juan de Oñate hieß der neue Mann, er hatte eine halbindianische Frau, in deren Adern das Blut von Cortez' und Montezumas Clan pulste. Sie gründeten Missionssiedlungen am Rio Grande, zuerst in Chimayó, dann etwas weiter südlich in Santa Fé, von dessen Namensursprung wir bereits hörten.

Als 1608 Onate wegen vieler Übergriffe zurückgerufen wurde – in Spanien schrieb Cervantes gerade seinen ›Don Quichote‹, und Königin Isabella hatte aufgrund der Ermahnungen Las Casas, die ›Neuen Gesetze für die Tierra Nueva‹ erlassen – gründete sein Nachfolger Pedro de Peralta ›La Villa Real de Santa Fé‹ nahe der Mündung des Santa-Fé-Flusses in den Rio Grande del Norte. 1610 wurde der Gouverneurspalast als Palacio Real aus getrockneten Adobeziegeln errichtet, in dessen Museum wir gerade den Herrn mit dem unaussprechlichen Namen bewundert haben. Sonst bietet der Palast wenig, denn fleißige lokale Initiativen haben ihn mit Photographien geschmückt, die vom regen kulturellen Leben eben dieser Initiativen künden sollen. Nur im Hof stand noch ein alter Carillo, dessen Räder aus massiven Baumscheiben gesägt waren. Er war zu wackelig, um die alte Zeit zurückzubringen. Auch der Sessel der Gouverneure wackelte von Anfang an. Bereits 1613 jagten die sonst eher friedlichen Franziskaner den Gouverneur als ›Lutheraner, Ketzer und Juden‹ davon – viel Feind, viel Ehr. 1640 schlug sein Nachfolger zurück und beschimpfte die Fratres als ›Lügner, Schweine, Verräter, Ketzer und Kirchenspalter‹. Zwei Jahre später starb er unter recht ungeklärten Umständen. Es ist nichts als eine in der Neuen Welt abgewandelte Form des Investiturstreites zwischen Kaiser und Papst ...

Unter dem Säulengang des Palastes saßen einige Indianerfrauen mit ihren Kindern; sie wirkten schrecklich alt und verwittert, obwohl sie kaum über vierzig Jahre alt sein konnten. Vor ihnen waren Türkise und Silberschmuck auf Tüchern ausgebreitet, und von all der Geschichte wußten sie sicher nichts, nada ...

Erst gegen 1770 erhielt die Region eine gewisse Selbständigkeit von Mexiko und dessen Vizekönig. Juan Bautista de Anza wurde erster Gouverneur der ›Provincia interna de Chihuahua‹, wie noch heute die südlich angrenzende mexikanische Provinz heißt. Anza war ein unternehmungslustiger Mann, wir sind ihm bereits in San Francisco begegnet, wo er 1774 die kleine Mission Dolores gründete.

Indessen, das spanische Zeitalter in Mittel- und Südamerika neigte sich erkennbar seinem Ende zu. Gegen 1810 begann der Aufstand der Mexikaner gegen das Kolonialregime des Mutterlandes. Ein merkwürdiger Kampf entbrannte, der alle Züge grausamer Rassen- und Klassenkonflikte beinhaltete. Scheinbar ging es um die ersehnte Unabhängigkeit gegenüber der spanischen Krone – in Wahrheit aber wollte die herrschende Schicht nur endlich frei sein von den Bevormundungen königlicher Vizekönige und Gouverneure. Ansonsten gedachte man die zu erringende Freiheit nicht mit breiteren Schichten der Bevölkerung zu teilen. Die Indianer, Mestizen und Mulatten dagegen kühlten ihren Unwillen mit dem Blut der herrschenden weißen Schicht. 1825 verließen die letzten königstreuen Spanier Mexiko und überließen das Feld den streitenden Generalen, Haziendeiros, Bischöfen samt der Gegenpartei der Entrechteten und schließlich den Berufsrevoluzzern, die nahmen, was und von wem sie es bekommen konnten.

Kurz vor Ausrufung der Unabhängigkeit Mexikos hatte der amerikanische Präsident James Monroe am 2. Dezember 1823 verkündet, daß die USA jede weitere Einmischung europäischer Mächte in die inneren Angelegenheiten der Staaten Amerikas als gegen die Interessen der USA gerichtet empfinden würden. Diese, später Monroe-Doktrin genannte Erklärung, galt sowohl den Russen an der amerikanischen Westküste als auch den Mächten der Heiligen Allianz, worunter sich das restaurative Europa Metternichs nach dem Wiener Kongreß verstand. Das nun unabhängige Mexiko sah sich zunächst im Windschatten der Monroe-Doktrin bestärkt, doch war diese Erklärung keinesfalls gerichtet gegen Veränderung der Völker Amerikas untereinander. Das sollte Mexiko bald in den Konflikten mit dem zunehmend von Angloamerikanern besiedelten Texas erfahren, das 1848 im Frieden von Guadalupe an die Vereinigten Staaten verloren ging. Ein sehr persönliches Opfer der Monroe-Doktrin wurde der jüngste Bruder des österreichischen Kaisers Franz Joseph, der als Kaiser Maximilian dem Liebeswerben der französischen Regierung Napoléons III. nicht widerstehen konnte. Begleitet von einer bunt-uniformierten französischen Armee des Generals Bazaine, verließ er sein schönes Schloß Miramar bei Triest und zog nach Mexiko. Bald war er in die ewigen Querelen zwischen den Konservativen, den Klerikalen und den Revolutionären unter Benito Juarez verwickelt. Die USA verlangten in Anwendung der Monroe-Doktrin den Abzug der französischen Truppen, Bazaine zog mit seinen Blauroten ab und zusammen mit Napoléon III. in die Niederlagen von Metz und Sedan 1871. Wer zweimal in hohen Rängen Pech hat, den stellt man am besten vor ein Kriegsgericht, und so entkam Bazaine nur mit knapper Not seiner Erschießung durch die Flucht nach Spanien, wo man ihm, welch eine Ironie, Asyl gewährte. Maximilian aber sah sich am 19. Juni 1867, von allen verlassen, einem Erschießungs-Peloton von Benito Juarez gegenüber. Auch das in der Mannheimer Kunsthalle hängende restaurierte Gemälde dieser ›Heldentat‹, von Edouard Manet gemalt, kann mit seinem wiedergewonnenen Glanz nicht die dunklen Flecken der Geschichte aufhellen.

Wir sind der Geschichte nun vielleicht überdrüssig geworden und wollen deshalb ein wenig durch die Straßen schlendern.

Um in *Santa Fé* zu übernachten, was sich empfiehlt, kann man an den Ausfahrten des **Highway 25** die bekannten Motels der großen Ketten finden. Wer etwas vom alten spanischen Charme Santa Fés sucht, der sollte den ›Inn of the Governors‹ (F 505 982 4333) oder den ›Best Western Inn at Loretto‹ (F 505 988 5531) aufsuchen. Sie liegen beide relativ nahe der Plaza am Gouverneurspalast, und das letztere Hotel wird uns, zumal im gelben Abendlicht, recht fremdartig vorkommen, da es im mehrstöckigen lehmgerundeten Pueblostil errichtet wurde.

Da es nicht einfach ist, das alte Santa Fé aus moderner Perspektive noch zu rekonstruieren, möchte ich empfehlen, die **Interstate 25** an der **Ausfahrt 284** zu verlassen und die Stadt über den alten **Pecos Highway** (85) zu betreten. Wir vermeiden gesichtslose Vorstädte und gelangen sofort zum *Rio Santa Fé* und dem Zentrum um die Plaza. Dermaßen eingestimmt, könnte die Empfehlung nun heißen, ›La Posada‹ aufzusuchen (330 East Palace Avenue, F 505 983 6351), ein sehr renommiertes Hotel im alten mexikanischen Stil mit angenehmen Zimmern in einem schattigen Garten. Hier hatte der deutsche Einwanderer Staab gegen 1850 ein Buen Retiro erbaut, das bald der Mittelpunkt der Gesellschaft wurde. In den dekorativen Räumen jener Zeit ißt man gut zu Abend und kann dabei den Eindruck gewinnen, hier fühlten sich die Amerikaner aus Chicago und Detroit im Ausland, ein Gefühl, das man bekanntlich am besten und in Grüppchen an der viktorianischen Bar ertränkt.

Doch gehen wir zurück zur Plaza, wo sich im Hintergrund die Saint Francis Cathedral mit unvollendet stumpfen Türmen im neoromanischen Stil zeigt. Kein gelungener Bau, wurde sie 1869 von dem unbeliebten Erzbischof Jean Baptiste Lamy begonnen, von dessen sehr orthodoxem Kirchenverständnis wir bereits in Taos hörten. Im Halbdunkel der nördlichen Kapelle steht ›La Conquistadora‹, eine mexikanische, geschnitzte Holzskulptur, um 1650 entstanden. 1680 aus Angst vor den die Stadt heimsuchenden Indianern entfernt, wurde die Statue der Madonna 1692 im Triumph zurückgeführt und erhielt aus diesem Anlaß ihren kriegerischen Namen der ›Eroberin‹. Um eine wirklich alte spanische Kirche zu sehen, müssen wir südwärts den Santa-Fé-Fluß queren und dem *Old Santa Fé Trail* folgen. An der Kreuzung mit der *De-Vargas*-Straße steht die San Miguel Missionskirche, 1610 zur gleichen Zeit erbaut wie das Presidio. Innen hängen noch die Büffelhäute, auf denen die Missionare ihren indianischen Zuhörern die Bibel illustrierten, einfach, derb und anschaulich. Bemalte Holzfiguren, die Reredos, vervollständigten diese religiöse Unterweisung, die nicht immer beliebt gewesen sein mag. Manche Holzfiguren zeigen Einschußlöcher indianischer Pfeile aus der Pueblo-Revolte von 1680.

Wir gehen zurück zur Kathedrale. Unmittelbar vor ihr liegt Santa Fés Hotel ›La Fonda‹, gebaut im Pueblostil, gekreuzt mit viktorianischem, verschnitten mit andalusischem Formengut und durchquirlt von Menschen aller Nationen. Mitten in diesem großen Komplex liegt ›La Plazuela‹, das ›Plätzchen‹, auf dem sich die Eitelkeit aus Orient und Okzident vielfach widerspiegelt und unter einem jugendstilbeschwingten Glasdach zum Essen trifft. Wer keinen Platz findet, sitzt in der Hotelhalle auf Koffergebirgen, genießt die Aussicht und berichtet von den Freuden des Reisens.

Wir streifen nun durch die vor dem Gouverneurspalast ostwärts, also nach rechts führende *Palace Avenue*. Hier setzen sich die hölzern überdachten, schattenspendenden Arkaden des Presidio fort, alles sehr bescheiden und bunt bemalt, stets an die wilde Zeit des vergangenen Jahrhunderts erinnernd. Auf Höhe 125 der East Palace Avenue öffnet sich, nach engem Durchgang mit den buntesten Briefkästen der Welt, *La Casa Sena* als innerer Patio eines altmexikanischen Hauses. Ein Brunnen plätschert, ein kleines Restaurant gleichen Namens gibt sich kulinarisch-mexikanisch, eine alte spanische Bar, La Cantina, mag vor hundert Jahren schon gleich ausgesehen haben: Tapas und Rioja stehen auf dem fleckigen Tresen, und die Katze streicht uns um die Beine.

Solche kleinen, verschwiegenen Hauseingänge der stolzen Palace Avenue bieten noch andere Überraschungen: In Nummer 109 zeigt sich ein braves Reisebüro; der Hausflur daneben führt über ausgetretene Holzstufen nach oben, Kleine-Leute-Milieu. Hier bezog 1943 Robert Oppenheimer mit wenigen Mitarbeitern ein kleines obskures Büro, vorzüglich getarnt. Morgens wurden Milch und Zeitung vor die knarrende Tür gestellt, konnte das Manhattan Atomic Bomb Project beginnen …

Gehen wir nach Westen zurück und am Palast vorbei, so stoßen wir auf das Museum of New Mexico mit dem Museum of Fine Arts, das den Besuch lohnt. Hier finden sich die meisten Kunstwerke der neumexikanischen Malerschule der Cinco Pintores und der Taos-Maler, die uns bereits beschäftigt haben, die Welt von John Marin, D. H. Lawrence und Georgia O'Keeffee, gerufen von Mabel Dodge Luhan, deren reiche Herkunft und indianische Heirat ebenso belächelt wie bewundert wurde. Wenden sich die zahlreich vertretenen indianischen Künstler mehr dem spirituellen Wesen ihrer Zeremonialtänze zu, so waren die weißen Maler auf der Suche nach dem Wesen jener Landschaft der gezackten fahlblauen Berge, der schweflig gelben Savannen, der weiß und fremd vor dunklem Hintergrund auftauchenden Missionsstationen. Auf der Suche auch nach dem uns so fremden indianischen Antlitz: undurchsichtig das der Männer, halb verschlagen, halb träge und apathisch; von frühem Alter, tausend Lasten, wenig Freuden gezeichnet, runzlig das Gesicht der alten Frauen; oft angenehm und trotz der hohen asiatischen Backenknochen freundlich wirkend die Gesichter junger Mädchen mit schelmisch schwarzblitzenden Augen.

Gehen wir dann durch die vielen Galerien, in denen der Kunstkommerz blüht, so treffen wir auf die endlosen Zurschaustellungen indianischer Sandmalereien, Navajo-Webarbeiten, Keramikarbeiten der Hopi und erdfarbenen Acrylgemälde der jungen weißen ›Avantgarde‹, den Farbspielereien, die amerikanische Touristen entzücken und die sie für Kreativität halten. Auf fünfzig Touristen, die sich hier mit horrenden Preisen neppen lassen, trifft man einen, der die Schönheit im Museum für 50 c genießt.

Santa Fé und der obere Rio Grande sind in Amerika außergewöhnliche Landschaften. Sie als solche in ihrem europäischen Reiz zu empfinden, bringt uns Europäer in seltsame innere Konflikte. Haben wir uns eben an das Amerikanische gewöhnt, seine Freiheit, deren Teil auch das freie, individuelle Benützen des Autos ist, so stülpt sich unser Ego europeanus hier im mediterranen Ambiente Neu Mexikos wie ein umgedrehter Handschuh nach außen. Rudolf Hagelstange hat in seinem Buch ›*Der schielende Löwe oder How do you like America?*‹ in Taos geschrieben:

»*Ich war zu einer kleinen Party gebeten ... es wurde getrunken und geredet ... und mitten im Gespräch begann der Hausherr, seinen Plattenspieler in Gang zu setzen. Ich glaubte, nun würden sie das Gespräch einstellen. Aber nichts dergleichen. Bach und Mendelssohn hatten nur die Geräuschkulisse abzugeben (... wie so oft bei uns auch) ... Ich begann innerlich zu rebellieren ... Da legte der Gastgeber ein Violinkonzert von Saint-Saëns auf. Und enttäuscht von Taos und diesen ewig redenden Leuten, ein wenig reisemüde dazu, machte mich dieser Saint-Saëns heimwehkrank. Ich habe dieses Violinkonzert nie gehört. Sie reden, und ich höre, und mir dreht sich das Herz im Leibe herum. Ich bin sechs Wochen unterwegs, ein sentimentales europäisches Greenhorn, das immer ein bißchen fremd herumläuft und gutmütig frißt, was man ihm vorsetzt. Und nun singt da plötzlich eine süße Geigenstimme aus dem Herzen Europas ... Ich sitze abgewandt, den Kopf in die Rechte stützend, und das Wasser tropft mir aus den Augen ... Und ich genieße diesen wühlenden, bittersüßen Schmerz ... denn er läßt mich auch spüren, wo innere Freude wurzelt.*« Und später fügt Hagelstange hinzu: »*Santa Fé liegt zwar in New Mexiko, viele Meilen westlich von Boston und New York. Aber im Grunde viel näher an Europa als diese; es grenzt fast an Spanien. Es ist Ruhe, Einsamkeit,*

Schönheit, alte Kultur, Individualität. Und wenn man die Sache zu Ende denkt, fällt ihm vielleicht wirklich die Rolle einer ›Zwischenstation‹ zu. Aber nicht, wie anfangs vermutet, einer Zwischenstation nach Taos. Wer frei ist, seinen Weg wählen zu können, heißt für den die nächste Station Europa?«

Geschrieben in den sechziger Jahren, spiegelt sich in Hagelstanges Worten die besondere Sentimentalität des Europäers auf seinen Wegen in den USA: Japan ist japanisch, Indien ist indisch, wir haben keine Not, in jenen Ländern reisend, unsere eigene Identität zu wahren, wir behalten, um im Bilde zu bleiben, unsere Handschuhe an. Aber in Amerika streifen wir sie gelegentlich ab, übermannt von dem einen oder anderen Gefühl des Angesprochenseins, und bemerken plötzlich, daß wir sie falsch herum wieder übergestreift haben. Daß auch die Amerikaner mit diesem Wechselbad der Eindrücke in Europa kämpfen, erzählt uns Thomas Mann in ›Die Betrogene‹. 1953 bereits wieder in Zürich geschrieben, reflektiert er, sorgsam eine randläufige und verfremdende Geschichte für seine eigenen Gedanken nutzend, im Grunde seine eigenen Eindrücke in den Staaten: Ken Keaton, ein junger Amerikaner und nach dem Ersten Weltkrieg in Deutschland hängengeblieben, bemerkt zu seiner deutschen Bewunderin:

»... so etwas könne man lange suchen in Amerika, schon weil es dort Dörfer nicht gäbe und die Bauern gar keine Bauern seien, sondern Unternehmer wie alle anderen und keinerlei Bräuche hätten. Überhaupt ließ er, obgleich so unverwechselbar amerikanisch nach seinem ganzen Habitus, geringe Anhänglichkeit merken an sein großes Heimatland. ›He didn't care for America‹, er machte sich nichts daraus, ja fand es mit seiner Dollarjagd und Kirchengängerei, seiner Erfolgsbigotterie und kolossalen Durchschnittlichkeit, vor allem aber mit seinem Mangel an historischer Atmosphäre eigentlich greulich. Natürlich habe es eine Geschichte, aber das sei nicht ›history‹, sondern bloß eine kurze, platte success story. Gewiß habe es, außer seinen enormen Wüsten, schöne und großartige Landschaften, aber es sei ›nichts dahinter‹, während in Europa bei allem so viel dahinter sei, besonders hinter den Städten mit ihrer tiefen historischen Per-

spektive. Die amerikanischen Städte – he didn't care for them. Sie seien gestern hingestellt und könnten morgen ebensogut wieder weggenommen werden …

Die französischen Kathedralen, die italienischen Campaniles, Palazzi und Galerien, die Schweizer Ortschaften, ein Platz wie Stein am Rhein, das sei ja most delightful indeed. Und der Wein überall, die bistro's in Frankreich, die Trattorien in Italien, die gemütlichen Wirtshäuser in der Schweiz und in Deutschland. ›zum Ochsen‹, ›zum Mohren‹, ›zum Sternen‹, – wo gebe es so etwas drüben? Da gebe es gar keinen Wein, sondern nur drinks, Whisky und Rum und keinen kühlen Schoppen Elsässer oder Tiroler oder Johannisberger am eichenen Tisch in der historischen Trinkstube, oder in einer Geißblattlaube. Good heavens! Die in Amerika, die wüßten überhaupt nicht zu leben.

Deutschland! Das war sein Lieblingsland, obgleich er wenig weit darin vorgedrungen war und eigentlich nur die Ortschaften am Bodensee und dann, dies allerdings sehr genau, das Rheinland kannte! Das Rheinland mit seinen lieben, lustigen Leuten, so aimable, besonders wenn sie ein bißchen ›knüll‹ seien; mit seinen altehrwürdigen Städten voller Atmosphäre, Trier, Aachen, Koblenz, dem heiligen Köln, – man solle nur einmal versuchen, eine amerikanische Stadt ›heilig‹ zu nennen – Holy Kansas City, haha! Der Goldschatz, gehütet von den Nixen des Missouri-River, hahaha – Pardon me!«

Am Ende ahnen wir, daß Thomas Mann seine in der kalifornischen Emigration aufgestauten Sehnsüchte nach dem kulturellen Lebenshumus des alten Europa wachruft und Ken Keaton mit einem Augenzwinkern in den Mund legt.

Auch D. H. Lawrence hat dieses Gefühl in eine hintergründige Form übersetzt. Zu seiner Zeit in Taos herrschte strenge Prohibition, aber es blühte die Herstellung von schwarzgebranntem Whisky, den man, wie poetisch, ›Moonshine‹ nannte. Als Lawrence wieder einmal das Wechselbad zwischen Taos und dem Gardasee vollzogen hatte, den Polen seiner Existenz, bestellte er in Riva – in seinen Gedanken weit weg – bei Giovanni: »Un poco di chiar' di luna, con canella e limone …«

Zum Südrand des Grand Canyon

Über Albuquerque nach Flagstaff

Der Highway hat uns wieder, vierspurig oder sechsspurig führt er monoton nach dem Süden. Wir nähern uns *Albuquerque* ['ælbəkœ:ki], dem wirtschaftlichen Zentrum Neumexikos mit seinen ausufernden Wohngebieten. Wir eilen hindurch, gewinnen an einer komplizierten Ansammlung von **Highways** und **Interstates** die nach Westen führende 40. Diese *Spaghetti Junction*, kaum zu entwirren wie ein Gebirge von Spaghetti, ist eine der wichtigsten Kreuzungen im Südwesten. Hier treffen sich die große Nord-Süd-Ader im Rio-Grande-Tal, die letztlich über Nuevo Vizcaya und Nuevo León bis nach Mexiko führt, der alte Camino Real der Spanier, mit der großen Ost-West-Ader, die von Oklahoma durch die Prärien herüberzieht, sorgsam die Risiken des gefürchteten Llano Estacado ausspart, wasserlos und mit Pisten, die nur an gebleichten Gerippen kenntlich sind, und Los Angeles zum Ziel hat. Auch diese Verkehrsader ist alt und von zahllosen Siedlertrecks im vergangenen Jahrhundert benutzt worden. Mönche in der braunen Kutte der Franziskaner, und Konquistadoren im blinkenden Harnisch, fluchende Soldaten und predigende Patres zogen und ritten hier nordwärts, Trapper in Mokassins, ausgezehrte Auswanderer aus Europa, Goldhungrige, denen das Schießeisen locker saß, ritten aus dem Osten heran. Letztlich kam das aufblühende Amerika dem sterbenden Spanien an dieser Kreuzung in die Quere.

Wir sind immer noch im Indianerland, denn die Acoma haben hier ihre Reservation, mit der über die 23 erreichbaren *Acoma Mission*. Rechts von der Straße liegt auf einem flachen Hügel, deutlich sichtbar, der Laguna Pueblo mit seiner Missionskirche. Es ist die Landschaft, die einst Coronado durchstreifte, bevor er im nahen Zuni Pueblo – über die 32 südlich von *Gallup* zu erreichen – die lehmbraunen Terras-

senhäuser des angeblich türkisgeschmückten Cibola auf einer Mesa erreichte. Seine Soldaten waren halb verhungert und stürzten sich zunächst mehr auf die Töpfe mit gekochten Indianerbohnen und rohen Squash-Kürbissen als auf die ungenießbaren Türkise, bis dann zur großen Enttäuschung aller offenbar kundig wurde: von Gold, Silber und kostbaren Edelsteinen keine Spur.

Der Highway hat sich nun an *Gallup* vorbeigewunden, Halbwüsten und Trockensteppen begleiten ihn, ausgedörrte Flußbetten und magere indianische Rinderherden. Am Wegrand lag ein Stück Aas, an dem sich die Geier mit ihrem widerlichen nackten, roten Hals gütlich taten. Wir durchfuhren die *Painted Cliffs,* denen sich die *Painted Desert,* die gefärbte Wüste, anschließt, eine Dünen- und Felslandschaft, von vielen farbigen Mineralien, rötlich, gelblich, braun und lila gefärbt, die aber nicht sonderlich sehenswert ist. Dann folgt die Abzweigung zum **Petrified Forest National Park,** an deren Zugang ein ausgedehntes Visitor Center zum Aussteigen einlädt. Der ›Versteinerte Wald‹ ist der mineralisierte Überrest eines einst reichen Waldgebietes aus dem Trias. Abgesunken in anaerobe, also sauerstofffreie, Umgebung, fand kein Fäulnisprozeß statt, und die prächtig konservierten Stämme samt Rinde verkieselten, schlossen auch andere färbende Mineralien wie Eisen- und Mangansilikate ein. Versteinert als Chalcedon, Carneol, Chrysopras, Achat und Onyx bieten sie ein Farbspektrum von Braun über Gelb, Rot und Grün bis fast Schwarz. Lange ausgeplündert von Andenkenjägern, werden sie heute durch hohe Strafen vor dem ›Mitnehmen‹ geschützt. Man baute indes eine Straße, über die man die herumliegenden, durch Wind und Wetter wieder freigelegten Bäume erreichen kann. Manche zersägte man in Scheiben, so daß wir die schöne Struktur und den Farbreichtum bewundern können, die surrealistisch anmutenden Muster und Zeichnungen, die natürlich an polierten Stücken im Museum am Südende der Parkstraße am besten zu sehen sind. Der *Rainbow* und der *Jasper Forest,* die *Blue Mesa* sind vor allem bei Früh- oder Spätlicht farblich interessant. Am *Newspaper Rock,* einem gewaltigen Sand-

HUBERT SATTLER (1817-1904)
Der große Cañon des Colorado-Flusses in Nordamerika
Aquarell, 1852
Salzburger Museum Carolino Augusteum

Die meisten seiner Gemälde hat der Salzburger Maler Hubert Sattler für sein Kosmorama geschaffen, mit dem er auf ausgedehnte Schaustellerreisen durch Europa, den Orient sowie Nord- und Südamerika ging und damit seinen Unterhalt verdiente. Dem zahlenden Publikum erschienen die Landschaften durch Stereoskopgläser und bei künstlicher Beleuchtung in natürlicher Größe. Die vorgeführten Gemälde mußten deshalb nicht nur die Aufgabe erfüllen, die Natur realistisch darzustellen, sondern sie in ihrer Wirkung womöglich noch zu übertreffen. Dieses Erfordernis schlug sich naturgemäß in der Faktur der Gemälde und der Vorstudien dazu nieder, wie das Aquarell vom Grand Cañon zeigt, das auf Sattlers großer Amerikareise 1850-53 vor Ort entstanden ist. Obwohl gerade dieses Blatt längst nicht die atmosphärische Stimmung besitzt, die viele seiner sonstigen Landschaften auszeichnet, und bereits die für seine Spätzeit typischen Härten aufweist, kommt dieser Studie doch insofern ein besonderer Rang zu, da sie wohl zu den frühesten malerischen Darstellungen dieses Naturphänomens gehört. Von den Auswanderern und Siedlern als unwirtlich gemieden, rückten die Schluchten des Colorado erst in der zweiten Hälfte des 19. Jahrhunderts ins Blickfeld der Reisenden. Richtig erforscht wurde das Gebiet erst 1869-72 durch John Wesley Powell, der seine Ergebnisse 1875 veröffentlichte. Einige Illustrationen aus diesem Expeditionsbericht sind auf den Seiten 199, 343, 347 und 349 wiedergegeben.

steinfelsen, haben sich indianische Bildzeichnungen erhalten, an denen wir unsere Deutungskünste versuchen können. Und am Andenkenshop können wir schließlich doch polierte Baumstückchen kaufen, wenn auch nur grammweise.

Blick in den METEOR CRATER

Knapp hinter *Winslow* führt eine schmale Schotterstraße zum berühmten Meteoriten-Krater Arizonas, den wir nicht versäumen sollten. Aus der einsamen, mit Felsgeröll bedeckten Ebene des *Canyon Diablo*, aus der hier und da ein Navajo Hogan ragt, erhebt sich nach einigen Meilen ein niedriger, fremdartig abgeflachter Hügel. Wir müssen nun einen Augenblick in die Erdgeschichte zurückblicken. Vor etwa 22 000 Jahren hellte sich der nächtliche Himmel über dem Diablo Canyon im Südosten auf, aus dem Glimmen des Horizonts schoß mit siebzigtausend Stundenkilometern ein seltsames Phänomen auf die Erde hinab. Heller als die Sonne und alles in gleißendes Licht tauchend, schlug ein Bolide in die Ebene ein, und alles verfinsterte sich in Minutenschnelle in einem Stauborkan. Obwohl der Meteorit nur zwanzig bis dreißig Meter im Durchmesser maß, wog seine Eisen- und Nickelmasse zwischen dreißigtausend und hunderttausend Tonnen. Am verheerendsten jedoch war die wahnwitzige Geschwindigkeit, mit der diese Masse auf die Erde traf.

Sie verdampfte dabei fast ganz und fand sich als nadelförmige, kondensierte Sphäroide in der Umgebung wieder. Die Energie war so unvorstellbar, daß sich ein gewaltiger, erschreckender Krater von etwa einem Kilometer Durchmesser und hundertfünfzig Metern Tiefe bildete, in dem die Kraft von einigen Hundert Hiroshimabomben verpuffte. Über dreihundert Millionen Tonnen ausgeworfenes Gestein bilden heute den aufragenden Kraterrand, den Hügel, den wir bereits von weitem sahen, und der erst 1871 von Barringer entdeckt wurde. Es ist der größte und besterhaltene Meteoritenkrater der Welt.

Als man 1926 Bohrversuche in der Kratersole unternahm, fand man in vierhundert Metern Tiefe Reste des Meteorkernes aus 92% Eisen und 8% Nickel. Das Silikatgestein wurde unter dem Druck von zwanzigtausend Atmosphären teilweise in Coesit umgewandelt, geradezu einem Leitmineral für solche Meteoreinschläge. Auch im Nördlinger Ries fand man solchen Coesit, wie ebenfalls am Yellowstone. Dies gab Anlaß zur Vermutung, daß diese beiden kraterähnlichen Mulden keine wieder aufgefüllten Vulkancalderas seien, sondern riesige Meteorkrater.

Eine Vorstellung des Geschehens vor Jahrzehntausenden gibt uns die Schilderung vom 30. Juni 1908, an dem ein Meteorit am Tunguski-Fluß in Sibirien einschlug. Die gewaltigen Schockwellen der Detonation waren noch in 600 Kilometern Entfernung hörbar. Die Frontwelle der komprimierten Luft lief rund um die Erde, und Nomaden, etwa zwanzig Kilometer vom Einschlag entfernt, wurden samt ihren Zelten durch die Luft geschleudert. Es folgte die berühmte ›weiße Nacht‹ in Westeuropa, der Staub des Einschlags hatte sich in der Atmosphäre verteilt und warf das reflektierte Sonnenlicht in westliche Richtung, lange bevor die Sonne aufging. Doch hat der Tunguska-Bolide keinen Krater geschlagen. Auf rätselhafte Weise muß er in der Luft kurz vor dem Auftreffen auf den Erdboden zerplatzt sein.

Das hat in den sechziger Jahren die NASA veranlaßt, ihre Mondkandidaten sowohl im Nördlinger Ries als auch hier im Arizona-Krater für die speziellen Bedingungen in Mondkratern auszubilden, die ja auch Meteoreinschläge auf der Mondoberfläche sind, sie selbst mit bloßem Auge narbig erscheinen lassen. Ihre leicht angestaubte Fähre steht wie vergessen immer noch hier und bringt das Extraterrestrische, das Außerirdische, der Landschaft zu Bewußtsein. Im Museum können wir uns über geophysikalische Ergebnisse und Methoden informieren und Meteorstücke mit ihren seltsamen Widmanstättenschen Schliff-Figuren sehen, die wie sechsstrahlige Schneekristalle auf der Fensterscheibe aussehen. Im übrigen fallen auf die Erde täglich Hunderte von Tonnen Meteorite als fein verteilter Staub nieder.

Der beunruhigende Krater ist kein schönes Bild, und Arizona ist nicht irgendein Land, es ist ein besonderes Land, nah der Schöpfungsgeschichte und voller unfaßbarer Naturkräfte. Steht man auf dem Kraterrand in der Sonne, tief drunten die unheimliche schattendunkle Ausbeulung der Erde, so fallen uns Bilder der Mondkrater in unbelebten lunaren Meeren ein. Der Halleysche Komet, der uns 1986 besuchte, ist zwar nur ein ganz kleiner Meteor, aber er hat die Menschen über Jahrhunderte hinweg irritiert und geängstigt. 1972 flog ein tausend Tonnen schwerer Meteorit über die Teton-Berge, prallte an der Erdatmosphäre ab wie ein Stein, den man flach übers Wasser hüpfen läßt. Etwas von dieser menschlichen Urangst überfällt uns hier, die Indianer, denen wir beim Wegfahren begegnen, düster und verschlossen auf ihren Quarter Horses, würden darüber lächeln …

Wir nähern uns nun *Flagstaff*, einer nicht eben interessanten Stadt, die aber in sehr reizvoller Umgebung liegt. Von hier führt der **Highway 180** durch die *San Francisco Mountains*, dann über einsame Prärien und endet am *South Rim* des *Grand Canyon*, unserem nächsten Reiseziel.

Durch die San-Francisco-Berge nach Tusayan und Grand Canyon Village

Es ist ein schönes Bild, das uns die goldgelben und orangefarbenen Herbstwälder um die kegelförmig aufsteigenden alten Vulkanberge der San Francisco Mountains geben, die noch 1065 heftig ausbrachen. Nach den vielen borealen Nadelwäldern des Nordens und den bizarr verkrüppelten Utah-Wacholdern ziehen hier saftige Laubwälder aus Eschen, Pappeln und Erlen die sanften Hänge hoch, öffnen sich kleine Savannen, bestanden mit hohem Riedgras und reich an Rehwild. Weicht man von der Straße ab, um den Bergen über Forstwege näherzukommen, so gelangt man in prächtige Golden-Aspen-Alleen, deren glühende Herbstfarben vor dem tiefblauen Himmel stehen. Die Blätter dieser Zitterpappeln stehen nie still, bringen etwas Aufgeregtes in die Landschaft, die grellweiße Farbe ihrer Stämme aber gibt den Alleen eine unbeschreibliche Festlichkeit. Auf der weiten Ebene des Coconino-Plateaus blüht gelber Salbei, Giant Brush. Die Kegel der San Francisco Mountains hinter uns wirken dunkel, aber die letzten Nächte haben ihnen Schneemützen aufgesetzt, die in der Abendsonne schimmern.

Unweit von *Tusayan* fanden wir unsere Bleibe, da die Lodges am South Rim überfüllt waren, doch sei diesbezüglich auf die allgemeinen Bemerkungen zur Hotellerie am Grand Canyon auf Seite 196 und 342 verwiesen. Wir fuhren weiter, denn es drängte uns, den berühmten Sonnenuntergang über dem Canyon des Colorado zu sehen; wir kamen gegen sechs Uhr auch gerade rechtzeitig, um an *Yavapai Point* für eine gute Stunde dieses prächtige Schauspiel zu genießen. Im Westen hatte sich eine dünne Zirrus-Wolkenschicht gebildet, die das Licht brach und warm tönte. Der tiefe Canyon des Colorado und die steil unter uns abstürzenden Felswände lagen bereits grau und erloschen im Schatten. Schräg gegenüber, jenseits des Tales, ragten das Walhalla-Plateau, Wotans Thron und der Vishnu-Tempel hochrot und majestätisch empor, wie es sich einer Götterlandschaft geziemt. Noch weiter östlich erheben sich die Palisaden an der Einmündung des unsichtbaren Kleinen Colorado-Flusses. Am schönsten aber war das langsame Verglimmen des Lichtes auf den Höhen der Canyonränder im Westen und der dahinter sichtbaren, endlosen Abfolge ferner Bergzüge. War die Nähe in ein hochdramatisches Rot getaucht, in den Felskaren in dunkle, fast violette Schatten verfallend, so war die Fernsicht der den westlichen Horizont tief staffelnden Bergkulissen von sanften altrot-Nuancen bestimmt. Mit dem Sinken der Sonne dominierten die Lilatöne, unendlich vielgestaltig in den Abstufungen, hier zu einem durchsichtigen Opal, dort zu Amethyst sich wandelnd, bis die Mondsichel, fahlsilbern über den Wüsten jenseits der Palisades erschien, die Abendkühle herabfiel und der knurrende Magen daran erinnerte, daß er auch Rechte habe. In Tusayan fand sich ein rustikales Blockhaus, das dicke Steaks im Arizonaformat servierte, zusammen mit Sourcream und Idahokartoffeln; wir hatten die Entschuldigung, einen langen Tag auf den Beinen gewesen zu sein.

Am nächsten Morgen, nicht allzu früh, damit das Sonnenlicht bereits die tiefen Schluchten erwärmen kann, bietet sich ein Hubschrauberflug durch den Canyon an. Kein billiges, aber ein beeindruckendes Vergnügen. Das orangefarbene Gefährt steht genau gegenüber dem Motel in Tusayan, man muß ein wenig darauf achten, einen zum Filmen günstigen Platz zu ergattern, doch sind die kleineren Hubschrauber mit ihrer gläsernen Kanzel wesentlich besser zum Schauen geeignet als die zweimotorigen kleinen Propellermaschinen, die vom nahen Flugplatz aus starten. Es ist ein schönes und prickelndes Gefühl, wenn der surrende Hubschrauber über die Canyonkante in die Schlucht hinabschwingt, zwischen den Felskaren und uns nur eine dünne Plexiglasscheibe. Obwohl die Topographie des Grand Canyons aus der Luft nicht viel anders aussieht als von den Aussichtspunkten des South Rim aus, gewinnen wir ein räumlicheres Gefühl für die gewaltige Schleife, die der Colorado westlich der Einmündung des Little Colorado zieht, kommen wir – unterhalb des Rims fliegend – dem grünschillernden Fluß nahe mit seinen weiß schäumenden Katarakten und Stromschnellen, ragen die Türme und Felsnadeln an der Nordwand gespenstisch neben und über uns auf.

Wanderung am Rande des GRAND CANYON

Die *Grand Canyon Village* am South Rim ist eigentlich eine kleine Stadt in der Wildnis. Ein halbes Dutzend großer mehrstöckiger Hotels, teils rustikal, teils modern gebaut, sind fast immer von Touristenströmen durchpulst. ›El Tovar House‹ mit seiner Rezeption leitet diese Ströme zentral, und Coronados Hauptmann Pedro de Tovar würde heute mit dem Schwertgriff an seine Rüstung klopfen und sich das Spektakel verbitten. Wir entfernen uns folgsam und wandern den South Rim Trail, der dem Canyonrand folgt, ein Stück nach Westen bis zu *Mohave Point* entlang und dann wieder nach Osten bis *Yavapai Point*, etwa fünf Kilometer. Natürlich kann man auch fahren, wir sind ja in Amerika, aber der Rim-Trail ist so schön, daß wir nicht nur die großen

Aussichtspunkte sehen sollten. A propos fahren: Um die Jahrhundertwende fand man es chic, mit der gewaltig dampfenden und prustenden Eisenbahn über eine Nebenstrecke der Santa Fé Railway nach dem Grand Canyon zu fahren. Noch liegen die Gleise an dem kleinen Bahnhof, auf dem die Herren mit weichem Schlapphut und die Damen in phantasievollen Kreationen aus den Pullmanwagen ausstiegen und livrierte Negerboys voller Beflissenheit das üppige Gepäck ins ›Tovar‹ brachten.

Im Westen des Trails, der noch Meilen weiter führt, von *Hopi Point* aus, hat man einen besonders schönen Blick in die östliche Schleife des Colorado, der nur selten zwischen Felskanten aufblitzt. Die Dimensionen sind uns Europäern einfach fremd. Der Canyon ist 315 Kilometer lang, und der Colorado windet sich fast 450 Kilometer in zahllosen Schleifen hindurch. Auf dem Canyonboden befinden wir uns – falls wir hinabsteigen – 729 Meter über Meereshöhe, auf dem South Rim sind es 2097 Meter Seehöhe – fast 1400 Meter stürzt der Canyon in die Tiefe, steil, manchmal durch Terrassen und Felsplateaus im atemberaubenden Gefälle etwas gebremst. Es ist schwer, ein Gefühl für diese Dimension zu gewinnen, wir sehen nur die Menschen am Rim, unten im Canyon gibt es nichts, was uns einen Maßstab liefern würde, und diese Maßstablosigkeit wird zu einem Gefühl für die Maßlosigkeit in der sich hier die Natur den zu winzigen Insekten geschrumpften Menschen präsentiert, die wie Punkte auf den Aussichtskanzeln stehen.

Im Zurückgehen gewinnen wir die Stelle, an der sich an der ›Bright Angel Lodge‹ der gleichnamige Pfad an den Felswänden hinunterwindet. Bis zur Hängebrücke, der berühmten *Suspension Bridge* über den Colorado, sind es etwa 17 Kilometer in sengender Hitze. Die Felswände reflektieren unbarmherzig das Sonnenlicht, und am Talboden werden mühelos vierzig und mehr Grad Celsius gemessen. Sieht man hinunter, so hat man eher das Gefühl, in gut zwei Stunden könne man dort unten sein …

Eine etwas weniger mühevolle Art, wenigstens bis Plateau Point auf dem Bright Angel Trail hinabzukommen, ist der

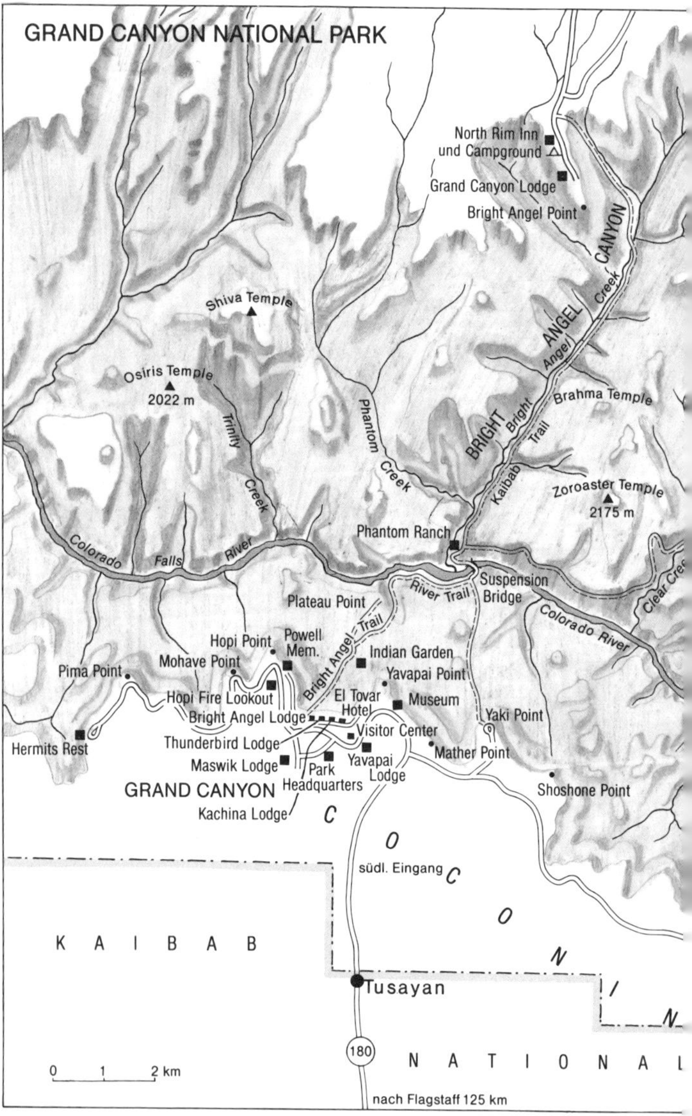
GRAND CANYON NATIONAL PARK
North Rim Inn
und Campground
Grand Canyon Lodge
Bright Angel Point
BRIGHT ANGEL CANYON
Bright Angel Creek
Shiva Temple
Osiris Temple
2022 m
Trinity Creek
Phantom Creek
Brahma Temple
Bright Kaibab Trail
Zoroaster Temple
2175 m
Phantom Ranch
Colorado Falls River
Suspension Bridge
River Trail
Plateau Point
Colorado River
Clear Cre
Hopi Point
Powell Mem.
Bright Angel Trail
Indian Garden
Mohave Point
Pima Point
Yavapai Point
Hopi Fire Lookout
El Tovar Hotel
Museum
Bright Angel Lodge
Yaki Point
Hermits Rest
Thunderbird Lodge
Visitor Center
Mather Point
Maswik Lodge
Park Headquarters
Yavapai Lodge
Shoshone Point
GRAND CANYON
Kachina Lodge
COCONINO
südl. Eingang
KAIBAB
Tusayan
180
NATIONAL
0 1 2 km
nach Flagstaff 125 km

Nankoweap Creek
GORGE
ALHALLA
PLATEAU
Little Colorado River
TEMPLE BUTTE
Chuar Creek
WALHALLA GLADES
Vista Encantadova
Jupiter Temple
2160 m
Colorado River
PAINTED DESERT
Thor Temple
Cape Royal
Freya Castle
Vishnu Temple
Unkar Creek
Wotans Throne
Vishnu Creek
CARDENAS BUTTE
GRANITE GORGE
ESCALANTE BUTTE
Navajo Point
The Watchtower
Desert View Point
2267 m
östl. Eingang
Papago Point
Zuni Point
Tusayan Ruins Museum
Grandview Point
PLATEAU
64
FOREST

Maultierritt von der Lodge aus. Im Sommer startet man meist um neun Uhr morgens und ist um vier Uhr an der Lodge zurück. Es gibt auch zweitägige Ritte zur Phantom Ranch an der Mündung des Bright Angel Creek, der vom Nordrand in den Colorado herunterströmt. Dort kann man in einer Hütte übernachten und am nächsten Tag zurückkehren. Dies kostet (2 Tage) mit Übernachtung und Essen etwa 170 $ pro Person. Nicht jeder wird hier angenommen: Ein Gewicht von mehr als 95 Kilogramm ist nicht erlaubt, und man muß sieben Stunden in einem vielleicht ungewohnten Western Saddle aushalten und ein ebenso stoisches wie störrisches Maultier mit der Trense zum Halten bringen können. Gepäck ist nicht erlaubt, für die Übernachtung bekommt man in der Ranch einen Beutel mit dem Nötigsten, auch eine Badehose, um im Angel Creek plätschern zu können. Hut ist vorgeschrieben und lange Hosen, um Sonnenbrand und Hitzschlag zu verhindern. Im übrigen haben Maultiere im Gebirge gegenüber dem Fußwanderer immer ›Vortritt‹. Im Sommer sind Reservierungen notwendig: ›Grand Canyon National Park Lodges‹, P.O. Box 699, Grand Canyon AZ 86023 (F 602 638 2401). Wir können ja zunächst einmal zusehen, wie die kleine Karawane sich im Sattel einrichtet, einige Ehrenrunden dreht und dann den steilen Saumpfad hinab wählt. Die Mulis stemmten die Vorderbeine steif nach vorn, als es bergab ging, die ersten Reiter rutschten, darauf nicht vorbereitet, nach vorn und hingen dem Maultier liebevoll um den Hals. Aber eigentlich ist dies nicht der rechte Ort, eine erste Reitstunde zu nehmen.

An der Hotelgruppe vorbeigehend, erreichen wir *Point Yavapai* mit einem kleinen Museum, aus dessen verglaster Aussichtskanzel wir einen guten Überblick gewinnen, ergänzt durch ein Reliefpanorama, das uns die interessanten und sichtbaren Punkte des Canyons benennt. Wir können deutlich den absteigenden Bright Angel Trail erkennen und unsere Maultierkarawane, wie sie langsam dem Indian Garden und Plateau Point zustrebt. Auf dieser Terrasse, die fast das ganze Tal ausfüllt, befinden sich die Reiter noch 396 Meter über dem Colorado. Der Fluß hat seine eigene, äußerst

Der ›Horse-Shoe‹ Canyon. Wie ein versteinerter Huf zwingt der Fels den Colorado zu einer Schleife

schmale Felsschlucht, die von hier oben unscheinbar wirkt. Wir sehen in der sehr dunklen Inner Gorge, der eigentlichen Klamm, gerade noch ein kleines Stückchen des in der Sonne jadegrün aufschimmernden Colorado und die Suspension Bridge als dünnen Strich darüber hinweg. Winzig erscheinen diese Spuren des Menschen in einer ansonsten dimensionslosen, gewaltigen Natur.

Aus der Plateau-Terrasse der Outer Gorge – die wir als den eigentlichen Grand Canyon empfinden – ragen einzelne Buttes empor, schieben sich langgestreckte Felsnasen vor, deren rötliche Steilwände die geologischen Abfolgen der Erdgeschichte aufzeigen. Jenseits des Canyons weisen die Felstürme, Tempel und Throne einzelner markanter Formationen nun eine ganz andere Farbpalette als gestern abend auf. Wir sind vielleicht ein wenig getäuscht worden durch allzu viele Farbaufnahmen des Grand Canyon, stets in leuchtendes Rot gehüllt. Wie dies zustande kommt, zeigen die unablässig knipsenden Amateurphotographen um uns herum, kaum einer, der nicht ein Rotfilter vor seiner Kamera hat, und jene dunkelgrauen Wolkenstimmungen mit knalligen Felsfarben einfängt. Die wahren Farben des Canyons sind feiner, heller, spielen vom Rotbraun, über Ocker, Gelborange ins fahle Violett und Lila – wobei natürlich die tiefstehende Sonne die Farben vertieft.

Nun werden wir doch wieder den Wagen nehmen und dem *East Rim Drive* etwa vierzig Kilometer weit bis zum Wachtturm an *Desert View* folgen. Ganz nahe liegt bereits *Mather Point,* wo wir ein erstes Mal aussteigen werden. Das mächtige Walhalla-Plateau auf der anderen Talseite ragt nun drohend dicht über dem Canyon. Cape Royal als vorderste Spitze, fast möchte man sagen, als Bug eines mesaförmigen Rumpfes. Hier standen wir bei unserem Ausflug an den North Rim und suchen nun erneut mühsam nach unserer, von hier winzig erscheinenden, Lodge am Bright Angel Point. Sie nistet wie ein Adlerhorst, kaum wahrnehmbar, in einem dünnen baumgrünen Rand auf einer Felsklippe. Um sie über sechzehn Kilometer Entfernung hinweg zu entdecken, sollten wir mit den Augen das Bright-Angel-Tal von der Phantom Ranch aufwärts verfolgen.

An *Mather Point* ragen einige dicht beieinander stehende Felsnadeln weit ins Tal vor. Sie sind leicht begehbar und vermitteln fern der Straße ein intimes Gefühl, im Zentrum des Canyon zu sein. Nochmals taucht ein winziges Stück des von hier aus wie ein Bach erscheinenden Colorado auf, in Wahrheit ist er 90 Meter breit, 15 Meter tief und fließt mit etwa zehn Stundenkilometern dahin. Die schütteren Cottonwoods an der Einmündung des Bright Angel Creek in den Colorado kann man von hier aus gerade noch erkennen und mit dem Fernglas die spielzeughaften Dächer der Phantom Ranch am Fuß des breit einschneidenden und die Höhe erklimmenden Bright Angel Trails.

Die strenge horizontale Gliederung der Gesteinsschichtung, vielen Gebirgen Nordamerikas eigen, und die, die Vertikale betonenden Felsabstürze und Felsnadeln geben der Grand-Canyon-Landschaft ihren besonderen Charakter. Ganz obenauf kamen aus den Meeren des Trias Kalksteinschichten zur Ablagerung; weißlich oder nur schwach elfenbeinfarben getönt, ist es vor allem der Kaibab Limestone, der den nördlichen Canyon-Rand charakterisiert. Darunter liegt am North Rim der bräunliche Coconino-Sandstein, der am niedrigeren Südrand die Kliffkante bildet, unter dem sich rötliches, stark eisenoxidhaltiges Sediment aus Meeresfossilien findet, worauf schon der Name Hermit Shale hindeutet (Schalen von Einsiedlerkrebsen). Wir sind nun bereits mit den roten Sandsteinen der Supai-Formation tief ins Perm abgerutscht, die im Übergang zum Devon von grauen und rosafarbenen Kalksteinen umlagert werden, denen im Kambrium die gelblichen, trilobitenreichen Kalke folgen. Unmittelbar vor dem Absturz in den eigentlichen engen Canyon des Colorado, die Inner Gorge, kam die grünlichgraue Bright-Angel-Shale-Formation aus dem Kambrium zu lagern, sehr fossilienreich, gefolgt von einem grob braunen Sandstein, dessen reflektierendes Licht dem inneren Canyon seinen rötlichen und berühmten Charakter verleiht. In den untersten, vom South Rim nicht mehr sichtbaren Schichten, finden sich die Gesteine der frühen, zwei Milliarden Jahre alten Erdgeschichte, dunkle Granite des Präkambriums, die durch Metamorphose unter Druck und Temperatur in Schiefer und Gneis umgewandelt wurden. Teile des Canyons heißen darum auch Granite Gorge, im Gegensatz zum sonst dominierenden roten Sandstein. In diesen Strata hat sich das Leben auf der Erde aus Einzellern zu bilden begonnen.

Abendstimmung an Navajo Point – auf dem Kaibab Trail

Der gewaltige und schwer beschreibbare Eindruck, den der Grand Canyon auf uns macht, ist Teil des Rückblicks in die uralte Erdgeschichte. Nicht firnstrahlende, kühne Gebirge heben unseren Blick empor, er wendet sich statt dessen in die Eingeweide der Erde, in jene Zeiten, in denen das Leben auf diesem Planeten entstand, im wahrsten Wortsinn unsere eigene Vergangenheit, deren kreatürliche Komponente wir nicht immer gerne wahrhaben wollen. In einer schönen Symbolik stehen wir am South Rim buchstäblich auf der jüngsten Schicht, ganz obenauf, wo wir Menschen erdgeschichtlich als Wesen des Pleistozäns und Holozäns auch hingehören. Diese Schichten des jüngsten Quartärs sind vor unseren Augen so erbärmlich dünn, sind nichts weiter als eine zarte Krume von verwittertem Gestein, in der sich spärliche Vegetation angesiedelt hat, machen ganze vierzig Zentimeter der 140000 Zentimeter der Canyontiefe aus.

Am *Yaki Point* sollten wir, mit Schuhwerk mit Profilsohlen und Knöchelschutz ausgerüstet, den Gedanken die Praxis folgen lassen und ein Stück den *Kaibab Trail* hinabgehen. Steil und gewunden schmiegt sich der teilweise ausgesetzte Saumpfad an und unter die Felswände, Serpentinen über Serpentinen, hier und da krallen sich ein paar Pinyon Pines in Felsschründe, steht eine einsame Utah Juniper an einer Wegbiegung, als ob sie schützend den Wanderer auffangen wollte, der auf dem Geröll ins Rutschen gekommen ist.

In dem Maße, in dem wir die Kliffkante über uns zurücklassen, hinabtauchen in den Canyon, gewinnen wir Einblicke in die innere Natur der kleinen Cañoncitos, der Nebencanyons, und der schützenden überhängenden Höhlungen. Erdhörnchen huschen über den Weg, tief unter uns brütet die Hitze und strömt herauf, einzelne riesig erscheinende Raben

Felspyramide mit mehreren Schichten von ›Zinnen‹, härterem stehengebliebenem Gestein

schweben in ihrem Aufwind. Zwei Backpacker kommen uns entgegen, schweißüberströmt und am Rande ihrer Kräfte. Die junge Frau als echte Amerikanerin ist sportlich besser trainiert als ihr Gefährte und schleppt die Hälfte seines Gepäcks, »it's like hell«, japst er im Vorbeigehen. Nach etwa 200 Metern Abstieg wird der Pfad flacher, mündet in ein kleines Halbplateau, das *Horse Shoe Plateau*, das sich am Rande eines Felsriegels langsam talwärts absenkt. In diesem kalkigen Stratum des Perms begannen vor 300 Millionen Jahren die ersten Fische als Reptilien aus dem Meer ans Land zu kriechen, eroberte sich das Leben die feste Erde. Sagt nicht die Genesis im 1. Kapitel Mose:

»Da ward aus Abend und Morgen der vierte Tag. Und Gott sprach: Es errege sich das Wasser mit webenden und lebendigen Tieren ... Da ward aus Abend und Morgen der fünfte Tag. Und Gott sprach: Die Erde bringe hervor lebendige Tiere, ein jegliches nach seiner Art: Vieh, Gewürm und Tiere auf Erden ...«
Wie zur Bestätigung huscht eine kleine hellgrüne Eidechse über den Pfad.

Die Sonne brennt unbarmherzig, die Felswände verdoppeln diese Hitze, kein Lüftchen weht. Schluß, wir gehen wieder bergauf, langsam, nun auch japsend ...

Die Straße windet sich nun durch den Chaparral des *Coconino Plateau*, gelegentlich zu kleinen schütteren Waldstücken verdichtet. Ponderosas, Pinyon Kiefern und Utah Junipers, von Misteln überwuchert, deren weißliche kleine Beeren an den Ästen wuchern, bestimmen das Bild. An den Steilabhängen zum Tal wachsen blaßrose Kliffrosen, darunter wahre Schönheiten in zarten Formen und Farben, die zur stacheligen Härte der Umgebung gar nicht passen wollen. Gambel Oaks leuchten jetzt im Herbst glutrot, und die Datil Yuccas säumen spitzig und scharf den Wegrand.

An *Moran Point* erinnert eine Inschrift daran, daß im September 1540 García Lopez de Cardenas, von Coronado zur Erkundung nordwärts gesandt, mit wenigen Spaniern vermutlich hier den Colorado in der Tiefe des Canyon aufblitzen sah. Es muß für die hartgesottenen Konquistadoren eine herbe Enttäuschung gewesen sein, diesen gewaltigen, felsigen und den Menschen feindlich abstoßenden Canyon zu sehen, der spanischem Vordringen in Nordamerika unwiderruflich eine Grenze setzte. Auch Cardenas erlag zunächst der Täuschung, in wenigen Stunden könnte man am Boden der Colorado-Klamm sein. Pablos de Melgosa und Juan Galeras stiegen hinab und kamen bis zur Coronado Butte, doch dann verließ sie der Mut. Nach drei Tagen kehrte Cardenas mit der neugewonnenen Einsicht um, daß mit ihren Mitteln eine Querung des Canyons nicht möglich sei.

An *Navajo Point* erhebt sich ein aus Felsstein roh erbauter Wachtturm, der in dieser menschenleeren Landschaft fremdartig wirkt. Erbaut in den dreißiger Jahren auf den Resten eines Lugaus der Navajo, ist er mit indianischen Ornamenten geschmückt. Von hier aus haben wir zwei bedeutende Ausblicke: Nach Westen schweift der Blick durch die ganze Tiefe des Grand Canyon, bis er sich in der Ferne in einer großen Schleife wieder nach Südwesten wendet. Dieser Blick ist bei Sonnenuntergang im Gegenlicht besonders schön. Gegen Osten zu erblicken wir den Colorado, wie er sich

An Toroweap Point, westlich des Havasu Creek, liegt eine der gefürchtetsten Passagen an den scharfkantigen Klippen des Lava Falls.

hinter dem Walhalla Plateau nach Norden wendet. Der Fluß und seine Stromschnellen sind hier sehr deutlich zu sehen, auch die Mündung des warmen, dunkelbraunen Kleinen Colorado in den viel kälteren silbergrünen Großen Bruder, der einst, ohne die heutigen Staudämme im Norden, gleich ersterem rotbraun war, was ihm den Namen der ›Rotgefärbte‹ eingetragen hat. Der Grand Canyon geht hier abrupt aus dem Marble Canyon hervor, von dem wir schon sprachen, und dessen Plateau weithin den nördlichen Horizont beherrscht. Eine gewaltige Anhebung hat, an der Bruchstelle beider, das Kaibab Plateau des North Rims, in den Vermilion

Cliffs mehr als 900 Meter über das Marble Plateau angehoben. Obwohl die Schichtung des Sedimentgesteins genau diesselbe ist, tritt durch die Anhebung das uralte Gestein der Erdfrühzeit als Gneis am Canyon-Boden zutage und hat zur großartigen, tiefen Einfressung des Colorados geführt.

Gegen Osten schimmert, fahlfarben und in undeutlichen Tönen oszillierend, die Painted Desert mit der großen Navajo-Reservation, die wir auf dem Weg zum Monument Valley bereits durchquert haben, begrenzt, schon sehr fern von den Navajo Mountains am Rande endloser Wüsteneien.

Im Vordergrund brechen die Palisades steil, schroff und gewaltsam weit über 1000 Meter tief hinab bis an die Gestade des reißenden Colorado, der dicht an ihren Füßen vorbeifließt, während die andere Talseite mit sanfter ansteigenden Halbplateaus mit zahllosen Buttes und Felsbastionen geschmückt ist. Es ist dieser Teil des Canyons, in den wir von der Vista Encantadora hineingeblickt haben. Durch die großen Entfernungen zwischen den Wänden des Grand Canyons, auch durch ihren Höhenunterschied, werden in Wahrheit zwei Welten geschieden. Die im Norden ist eine boreale Waldlandschaft, die von den Botanikern noch zur kanadischen Zone gerechnet wird. Die im Süden ist die Mexiko nahestehende, trocken-heiße Zone der Chaparrals mit karger Sagebrush-Vegetation und zunehmendem Bewuchs durch Kakteen – war es symbolisch, daß die mediterranen Spanier die Barriere nicht überwinden konnten?

Als wir auf den Klippen von Navajo Point saßen, hatten wir mit etwas Sorge bemerkt, daß von Westen her Dunst und Nebel den Canyon füllten; die ferneren Hurricane Cliffs schwammen bereits in einem Dunstmeer, aus dem nur noch die Bergspitzen herausragten.

Als die Sonne im Westen tiefer sank, wurde dieser Nebel transparent silbrig, tönte sich elfenbeinfarben und gelblich, füllte als Lichtwolke die tiefen Täler und Schluchten mit geheimnisvollem Wallen und Wabern. Die Rims, Kanten, Felsabbrüche der Buttes, Türme und Bastionen standen in hartem Kontrast zum milden, dunstigen Licht, ungeahnte Formen drangen aus dem Nebel, phantastische Gebilde bedrängten die Landschaft, gelegentlich schoß ein letzter klarer Lichtstrahl aus einem Wolkenloch und wanderte wie ein Suchscheinwerfer durch die Felswände, tastete die roten Throne der Götter, die violetten Tempel Zoroasters und Vishnus ab. Neben uns saßen einige Navajofrauen, eingehüllt in ihre Ponchos, unbewegten Gesichtes, wir waren für sie wie ausgelöscht …

Dies bringt uns in Erinnerung, daß der Grand Canyon einst von Indianern bewohnt und genutzt wurde, zum Teil auch heute noch. Unweit des *Watchtowers* liegen die *Tusayan Ruins* mit Resten indianischer Pueblos. Der Wartturm an *Desert View* gehörte sicher zu dieser kleinen Siedlung. Schon gestern auf dem Rim Trail an der ›Bright Angel Lodge‹ hatten wir in einem der Felskare unter uns, sichtbar von einer Wegbiegung aus, neben einigen sich anklammernden Pinyon Pines den Eingang einer Höhle gesehen, auch einige aufgemauerte Steine einer Talbrüstung. Der ganze Canyon ist voll von solchen kleinen und kleinsten eremitenartigen Behausungen. Unmittelbar unter dem Watchtower an Desert View gewannen die Indianer Salz aus Gesteinsauslaugungen. Weiter im Westen wohnen immer noch die Havasupai im gleichnamigen Seitental des Colorado, wir sprachen bereits von ihnen.

Zu den Kandelaberkakteen und durch die Yumawüste an der mexikanischen Grenze

Indianerlandschaft im Oak Creek Valley

Über *Flagstaff* könnte man auf die **Interstate 40** zurückkehren und auf dem kürzesten Wege durch die Sacramento-Berge Los Angeles zustreben. Von *Kingman* an der Interstate bietet sich zusätzlich über den **Highway 93** ein Abstecher nach *Las Vegas* an, bei dem man über den *Hoover Dam* den Colorado quert. Lohnt ein Abstecher nach Las Vegas? Die Stadt ist eine Ansammlung neonbunter Reklame und normativer Langeweile. Die Spielsalons enthüllen Großspurigkeit, aber auch Verbissenheit, Charakterzüge, von denen manche glauben, sie seien Teil des großen Erbes des Wilden Westens. Die Shows können allenfalls prüde Neuengländer oder gelangweilte Menschen aus tristen Kleinstädten in den Plains aufregen. Hier knistert keine Erotik nach Pariser Art, hier ist nicht der direkte und manchmal zu direkte Sex der Reeperbahn zu finden – hier wird eine Schau demonstriert, die allenfalls nach Geldscheinen knistert.

Wer etwas Zeit aufwenden kann, dem sei empfohlen, von *Flagstaff* über *Casa Grande* oder *Gila Bend* dem Grenzort *Yuma* zuzustreben und hart an der mexikanischen Grenze die *Muchacho-Berge* zu queren, die südkalifornischen Wüsten mit ihren Oasen zu durchqueren und schließlich über die *Coyote-Berge* nach *San Diego* am *Golf von Santa Catalina* zu fahren, wo wir das lange vermißte blaue Meer begrüßen und uns ihm in die Arme werfen werden.

Doch zunächst führt uns der bekannte Weg des **Highway 180** nach *Flagstaff* zurück. Wir queren die Interstate 40 und nehmen den ebenso altbekannten **Highway 89 Alt,** um durch das *Oak Creek Valley* nach *Sedona* und dann mittels der 179 nach dem **Montezuma Castle National Monument** zu fahren.

Das Eichenbachtal stellt nach all den Halbwüsten eine kurze Erfrischung in sommergrünen oder herbstbunten Wäldern dar, entlang dem plätschernden Eichenbach, verborgen in einer felsgesäumten Klamm, deren rote Sandsteinfelsen malerisch den Weg säumen und Teil des Mogollon Rim sind. Der Western-Regisseur Zane Grey hat hier ›The Call of the Canyon‹ gedreht, den Kontrast felsiger Indianerlandschaft zum Dickicht der Cottonwoods und den Gruppen großblättriger Ahornbäume am schattigen Bach ins Bild gesetzt. Die Bewohner Flagstaffs lieben es, hier an Wochenenden zu campen, zu fischen und im nahen Sedona, einem winzigen, aus dem Nichts emporgeschossenen Ort mexikanischen Einschlags, zu speisen. Amerikaner sind nicht eben kritisch in solchen Dingen, und ›a perfect imitation‹ hat keinen negativen Beigeschmack. Prompt siedeln an solchen Orten ›to-be-artists‹ (Möchtegern-Künstler) und reichern die Buntheit des Ortsbildes mit ihren Erzeugnissen an, umschwärmt von Gruppen von Damen aller Altersstufen, die alles ›quite enchanting and awfully interesting‹ finden. Ihre Männer hingegen blicken eher mürrisch drein und verstauen das Angelgerät im Kofferraum.

An der nächsten Kreuzung großer Stop. Aus den Bergen und durch eine elegant geschnittene Kurve rollen ebenso elegante, phantastisch herausgeputzte Oldtimer heran. Nie habe ich so schöne Lacke gesehen, dunkles Russisch-Grün, edles Bordeaux-Rot, königliches Dunkelblau, noble Beigetöne, elegantes Silbergrau mit all den chromglänzenden Accessoirs der Automobiltechnik, phantasievollen Kühlergrills und gewaltigen Hupen. Selbst die Scheinwerfer sind noch exquisit gestylt. Die Künstler, die jene Kavalkade stolzer Karrossen des beginnenden Jahrhunderts aufgeputzt hatten, verstanden jedenfalls weit mehr von Farben und Formen als die Landschaftsmaler von Sedona. Auch die Insassen hatten sich fein gemacht, die Herren in grauen Cuts, die Damen in fließenden Gewändern mit gewaltigen Hüten und Schleiern, und selbst die am Wegrand Stehenden, in ihren verwaschenen Jeans, die Hände in den Gesäßtaschen, waren nicht wie jene dummen Bauern, die einst der Prunkkarosse Seiner

Hoheit nachgafften. In Amerika sieht man diese Dinge viel gelassener, fern allen Besitzneides winkt man den Damen zu, die Herren halten mit den durchlöcherten Glacéhandschuhen das Volant und tippen nur huldvoll an den Zylinderrand.

Montezuma Castle

Wieder auf der **Interstate 17** nach *Phoenix,* nehmen wir die Abzweigung zum *Montezuma Castle National Monument,* einem etwas irreführenden Namen. Der große Aztekenfürst, dem Friedrich der Große eine Oper gewidmet hat, zu der er das Textbuch schrieb, verirrte sich niemals hierher (er war größere Pracht gewohnt). Wohl aber 1583 Antonio de Espejo.

An und in einer Felswand über dem Verde-Fluß hatte sich ein befestigter Pueblo der südlichen Anasazi vom Stamme der Sinaguan eingenistet. Fünf Stockwerke hoch sind die ineinandergebauten Wohnungen in den weichen Kalkstein hineingehauen und von außen mit Mauern geschlossen worden. Manche Nebengebäude lassen die Vermutung zu, daß – wie im Chaco – der ›Hauptpalast‹ einer Oberschicht gehörte, während die einfachen Anasazi, die Dienenden, in nahen und wesentlich einfacheren Kliffwohnungen ohne Lüftung und Heizungseinrichtungen hausten. Leider konnten wir *Montezuma Castle* nicht auf dem *Sycamore Trail* über Leitern besteigen.

Etwa 1125 zogen die ersten Sinaguan-Indianer im fruchtbaren Verde-Tal zu, legten Bewässerungssysteme an, die eine gewisse Vertrautheit mit den Methoden der Azteken in Mexiko vermuten lassen, und verlegten gegen 1250 ihre Wohnungen in die Felsen, ähnlich den Anasazi auf der Mesa Verde. Gegen 1400 sind sie ebenso spurlos verschwunden wie ihre nördlicheren Nachbarn. Die geheimnisumwitterten Sinaguan hatten ein Monopol auf Salz, das sie in bescheidenem Stollenbergbau nahebei gewannen. Dieses Salz und die Lage der Sinaguan an der Handelsstraße zwischen Mexiko, dem Norden Arizonas und Colorados, dem Chaco, den Chelly-Tälern und der Mesa Verde, mochte ihnen Bedeutung verliehen und schließlich zu ihrem Untergang beigetragen haben. Am nahen Montezuma Well hat sich im Kalkstein ein oasenartiges Wasserreservoir der Sinaguan erhalten, ebenso wie ihr kompliziertes Bewässerungssystem, das sich durch Verkalkung konserviert hat.

Von Kakteen und Mezkalindrogen

Kleine, abflußlose Ebenen, sogenannte Playas, fangen im Winter das Regenwasser und seine aus dem Fels gelösten Mineralien auf, der Boden versalzt; der Creosot Bush *(Larrea divarilata)* und der Jod- oder Jodine Bush *(Allenvolfea occidentalis)* samt der silbergrauen Gray Molly *(Kodua americana)* finden dort ihr Habitat. Sie nehmen das Salz aus dem Boden auf und schwitzen es auf den Blattoberflächen als weißlichen Belag wieder aus. Was eine Stoffwechselnotwendigkeit zu sein scheint, ist in Wahrheit ein Verdunstungsschutz und schattenspendender Belag.

Die Berge steigen nun wieder an, wir fahren entlang der *Aqua Fria* auf den Paß zwischen den *New River* und *Wickenburg Mountains* zu. Die Landschaft wird felsig und kahl, die Erde manganbraun, und plötzlich sehen wir die ersten Saguaros, jene beeindruckenden Kandelaber-Kakteen des südlichen Arizona und Neumexikos. Meist drei bis fünf Meter hoch und schenkelstark, bilden sie in halber Höhe mehrere Verzweigungen aus, die sich aufrichten und parallel zum Hauptstamm weiterwachsen, einem Kandelaber ähnelnd. Saguaros *(Cereus* oder *Carnegiea giganteus)* sind überaus malerische Gewächse. Majestätisch erheben sie sich auf den Geröllhängen, verstreut inmitten der Halbwüsten, individualistisch und bizarr verleihen sie der Landschaft des südlichen Arizona ein unverwechselbares Gesicht. Aus der Nähe betrachtet, erinnern ihre Dimensionen an Tempelsäulen, ragen bis zu zehn Metern auf, ihre fingerlangen Stacheln, botanisch den Blättern entsprechend, halten uns auf Distanz. Das machte es auch den Indianern so schwer, die roten eßbaren Früchte der Saguaros zu ernten, wohlschmeckend und tückischerweise meist an der Spitze zu finden.

Obwohl es in diesen Halbwüsten im Frühjahr sturzbachartig regnen kann, ist doch die größte Zeit des Jahres von unbarmherziger Trockenheit. Auch die Saguaros haben sich im Laufe von Jahrmillionen angepaßt, die Blätter zu verdunstungsarmen und schützenden Stacheln umgeformt, den Rumpf oder Stamm der Kakteen mit ihren Längsfalten wie einen Faltkoffer zu wechselnden Bedürfnissen geformt. Regnet es, so kann der Saguaro bis zu einer Tonne Wasser in kurzer Zeit aufnehmen, pumpt dabei seine zieharmonikaartigen Längsrillen zu einer faltenlosen, straffen Form auf. Davon muß der bis zu acht Tonnen schwere Koloß einen langen Sommer überleben. Wo man keine, die Photosynthese vollziehenden, Blätter hat, muß der grüne, chlorophylhaltige Stamm diese Funktion übernehmen. Unerhört ist die Anpassung, die Wüsten ihren Geschöpfen abverlangen, sagenhaft der Erfindungsreichtum der Arten, die Körperformen und Funktionen frei abwandelnd. Die Wüsten Neumexikos, Arizonas, Kaliforniens, nicht minder wie die Wüsten Nordafrikas und Asiens sind ein einziges Experimentierlabor der Natur, das uns weit mehr ins Auge sticht als etwa die Evolutionsvorgänge in dichten, unübersichtlichen Wäldern. Die Wüste mit ihrem klaren, scharf konturierenden Licht bringt die Dinge ›zutage‹, nichts kann sich verbergen, alles enthüllt seinen Sinn und Bauplan. So darf uns nicht wundern, daß es die Wüsten waren, die den Menschen das Prinzip von Ursache und Wirkung lehrten, die gnadenlosen Folgen des kleinsten Fehlers, aber auch die Barmherzigkeit Gottes, der seinen Geschöpfen in der Vielfalt der Erscheinungen Überlebenschancen bietet. Die großen monotheistischen Religionen der Welt: die jüdische, die christliche und der Islam, sind nur zu verstehen aus dem Lebensweg von Wüstenvölkern, den Erfahrungen Arabiens, Syriens, Palästinas und Ägyptens.

Die ungewöhnliche Kakteenwelt der Staaten im Südwesten der USA und in Mexiko ist aber nicht nur ein landschaftliches Phänomen. Der seltsame Chor der Staghornchollas *(Opuntia versicolor)*, wir könnten sie Geweihkakteen nennen, der Orgelpfeifenkakteen, der majestätischen Saguaros, der rundlichen, rot und aprikosenfarben blühenden Prickle

Pears und der abenteuerlich wirkenden Joshua Trees *(Yucca brevifolia)* mit ihren vielstämmigen Verzweigungen, an deren Spitze ein zierliches palmartiges Blattbüschel sitzt, der Faß- oder Barrelkakteen *(Ferocactus wislizeni)* und der Mezquitabüsche *(Prosopis chilensis et juliflora)* mit ihren johannisbrotartigen Früchten, der Agaven und Säulenkakteen – sie alle ergeben eine Fülle von Formen, von denen manche die Landschaft prägen, manche im Verborgenen unter einem Felsen ihre zarte und scheue Schönheit entfalten.

Die Agaven der südlichen USA und Mexikos liefern den Einheimischen in einem dem Weinbau nicht günstigen Klima Pulque und Mezcal oder Tequila. Vor allem Tequila erfreut sich auch bei uns für Mixgetränke einer gewissen Beliebtheit, so sollten wir einen Moment dabei verweilen. Die Blätter der *Agave wislizeni engelmannii,* auch *Mezcal* genannt, werden abgeschlagen, zerquetscht und der zuckerhaltige Saft vergoren. Filtriert dient er unter der Bezeichnung Pulque mit etwa acht Prozent Alkohol als Getränk, scherzhaft ›vino del pais‹ genannt – aber die Ostfriesen sprechen ja auch vom Korn als ostfriesischem Landwein. In Mexiko trinkt man ihn in den Pulcherias, sein etwas fauliger Geschmack ist nicht jedermanns Sache.

Zur Bereitung der Tequila oder des Mezcalschnapses wird dieselbe Pflanze geerntet, aber nur die Kakteenherzen nach einem Röstverfahren vergoren und destilliert. Aus Pulque, so hat man mir berichtet, könne man nicht durch Brennen einen Tequila gewinnen. Der reine Tequila ist streng im Geschmack, vielleicht ein wenig an den italienischen Grappa erinnernd. Meist nimmt man ihn zu Longdrinks unter Zusatz von Limonensaft und mit einem Schuß Champagner, wobei er ein reizvoll herbes Aroma entfaltet. Mit dem Alkaloid Mezkalin, das Farbenräusche verursacht, hat der Mezkalschnaps nichts zu tun, doch davon gleich mehr.

Unter den Kakteen des Südwestens, aber auch Mexikos, findet sich eine seltsame, kleine und halb im Boden verborgene Art, die die Indianer *Peyotl* nennen. Diese unscheinbare Pflanze ist für manchen der Schlüssel zum Verständnis der indianischen und der von ihr stark beeinflußten mexikanischen und südamerikanischen Welt mit ihrer Neigung zu fließenden Übergängen zwischen der wirklichen und der übernatürlichen Sphäre – und damit unvermeidbar dem Umgang mit sogenannten bewußtseinserweiternden Drogen.

Peyotl kommt aus der Inkasprache, doch findet sich der kleine, halb im Sand verborgene Kaktus *(Lopophora williamsii)* mit dem weißen wolligen Filz an der Spitze heute meist längs des Rio Grande del Norte. Er gehört zur Gruppe der *Anhalonium-Cactaceen,* die nach dem Berliner Toxikologen Lewin und seinem dortigen Kollegen, dem Botaniker Hennings, 1888 *Anhalonium-Lewinii-Hennings* genannt wurden. Peyotl enthält das äußerst wirkungsvolle Alkaloid Mezkalin, das die Indianer nutzten, um sich in einen Farbenrausch zu versetzen. Die Medizinmänner der nord- und südamerikanischen Indianerstämme hatten eine ganz ungewöhnliche Kenntnis der Heilkräfte, aber auch der berauschenden Eigenschaften vieler Pflanzensäfte. Manches davon ist auch unserer Medizin zum Nutzen geworden, doch das meiste ging verloren. Bereits Anfang des 17. Jahrhunderts hat der Toledaner Arzt Francisco Hernandez den Gebrauch des Peyotl beschrieben, dessen getrocknete obere Teile, die Mezcal buttons, ähnlich den Cocablättern gekaut wurden. Die Wirkung hat uns Heffter nach einem Selbstversuch beschrieben:

»Es zeigten sich … eine Reihe farbenprächtiger Bilder, die teils Teppichmuster und Mosaiken darstellten, teils aus verschlungenen und sich blitzschnell bewegenden farbigen Bändern bestanden. Es schossen ferner farbige Strahlen von großer Helligkeit im Bogen über das dunkle Gesichtsfeld, ungefähr wie Feuerwerkskörper …«

Auch in unseren Tagen wurde von Versuchen Weißer mit Peyotl berichtet. In ihren Berichten ist weniger von Farbräuschen die Rede, als von einem tiefen Integrationsgefühl gegenüber der umgebenden und von uns Europäern zunächst als feindselig empfundenen Natur. Offen bleibt in diesen jüngeren Schilderungen, ob es sich nur um eine quasi-narkotische Wirkung handelt, die Ängste und Widerstand abbaut, wie dies auch jedes andere Narkotikum leistet, oder ob es sich um eine spezifische Steigerung der Wahrnehmungsqualitäten – vor allem im Bereich des Unterbewußten – handelt.

Letztgenannte Wirkung war wohl die Ursache des zunächst seltsam anmutenden *Peyotismus,* einer Naturreligion, die von den Indianern Amerikas zwischen Neumexiko und Mexiko gepflogen wurde. In Gruppen im zeltartigen Tipi oder in der Kiwa zusammensitzend, wurde Peyotl gekaut, bis die erwünschte Wirkung eintrat und die Mezkalin-Halluzinationen die Schamanen des Stammes zu Visionen führte. Aus den alten Zeiten vor der spanischen Conquista weiß man darüber recht wenig, zumal in den südamerikanischen Inkastaaten, vielleicht auch bei den Azteken Mexikos, die mächtige Priesterkaste kein Interesse daran hatte, daß sich überall in kleinen Gruppen ›Auserwählte‹ fanden. So ist der Gebrauch von Peyotl zum Beispiel unter den Navajos, Kiowas und Komantschen der USA erst in den Reservationen während des 19. und 20. Jahrhunderts üblich geworden. Die Droge galt und gilt als Symbol der Geister, die man verehrt und als eine Art Sakrament.

Interessant ist ein Vergleich indianischer und frühchristlich-griechischer Weltanschauung. Was in den griechischen Texten des Neuen Testaments Pneuma genannt wird, was wir den Heiligen Geist nennen, jene unsichtbare, unfaßbare ›Geistgestalt‹ Gottes, die als Pneuma, als heilige Luft, alles durchdringt, das bedeutet den Indianern des Peyotl-Kultes das Wort Macht oder Kraft, welches sie als Peyotl bezeichnen. Diese Kraft durchdringt alles, kann sich in jederlei Form manifestieren, und wer von ihr durchdrungen ist, wird zu ihrem Sprecher. So wird auch verständlich, warum die Peyotl-Kulte und das Christentum an manchen Stellen keine unüberbrückbare Kluft kennen, sich in indianischen Augen in manchem ergänzen und nicht unähnliche ethische Forderungen aufgestellt haben: brüderliche Liebe, Sorge für die Familie, ruhige Verläßlichkeit und eheliche Treue. So wie der Indianer im Peyotl jenes Allheilmittel, Catholicon oder Panacaeum sieht, das auf dem Wege über die menschliche Seele bewirkt, daß der Körper in seinen gesunden Normalzustand zurückkehrt, so hat auch das Christentum nie aufgehört, die Basis körperlicher Gesundheit in der seelischen Gesundheit zu sehen, wenn man so will: *Corpus sanum ex mente sana.*

Die griechisch-antike Vorstellung, zu Turnvater Jahns Zeit wieder belebt: *Mens sana in corpore sano* – gesunder Geist im gesunden Körper – ist die Umkehrung dieser Vorstellung in der Betonung des körperlichen Wohlbefindens als Basis geistig-seelischer Gesundheit. Dabei sollte man aber nicht vergessen, daß Juvenal (60 bis 140 n.Chr.), dem dieser Ausspruch zugeschrieben wird, ursprünglich darunter nur eine Anrufung der Götter verstanden hatte, einem Kinde sowohl einen gesunden Körper als auch eine gesunde Seele zu verleihen. Die aufgeklärte Neuzeit, in vielem ohnehin viel schlauer, hat Juvenal in die naturwissenschaftliche, moderne Welt vereinnahmt, in der, wie jeder weiß und täglich sehen kann, ein gesund ernährter und sportlich trainierter Körper notwendigerweise eine schöne und heile Seele beherbergt ...

Südlich von Phoenix im Saguaro National Monument

In einer weiten Ebene zwischen Estrella-, Picacho- und Mazatzal Mountains gelegen, ist *Phoenix* [f'i:niks] eine wahre Oasenstadt in der Halbwüste. Die Highways, die es durcheilen, werden von Palmen gesäumt und den wunderschön rosafarben blühenden Crape Myrtle Bäumen und Büschen *(Lagerstroemia speciosa)*, einer aus Indien zugewanderten Schönheit, die ihren Sarong verschwenderisch über das Grün der Blätter breitet. Zum Bild des aus der heißen Wüstenasche (wieder)erstandenen Vogels Phoenix bildet dies eine glaubhafte Kulisse. Doch scheint die Stadt darüber hinaus dem flüchtigen Auge wenig zu bieten, eher Vorurteile zu bestätigen, wenn wir das abenteuerliche Gewirr und Geschlinge der Stromkabel auf den Masten der Vorstädte sehen, die Schilder der Elektrizitätswerke: »America is the light that will keep going on civilization«, ein offenbar stark sturmgefährdetes Licht, und dennoch: wir täuschen uns und Phoenix ist ein Beispiel dafür. Amerika ist ein Land und ein Geisteszustand, der von Herausforderungen lebt, nicht vom konservierten und, bitte, nicht zu beunruhigenden Status quo Europas. Was tut's, wenn die Leitungen reißen, die Holzhäuser verrotten, kommt der nächste Boom in Erdöl oder Elektronik, dann wird es einen neuen Rush geben, die ganze Lethargie des klein- und vorstädtischen Amerikas wird in einen carthesianischen Wirbel verwandelt, wie schon Humboldt angemerkt hat: was scheren uns da Haus und flaue Immobilienrenditen, sagen sich die Amerikaner, laß sinken und flattern dahin, das Morgen gehört einem neuen Tag, einer neuen amerikanischen Hoffnung.

Angesichts dieser Mentalität können wir uns nur wundern über die Ansammlung anspruchsvoller Museen in Phoenix, wie das der Indianerkultur gewidmete Heardmuseum und das Phoenix Art Museum. Phoenix hat ein ständiges Symphonieorchester mit einer Gesellschaft für Kammermusik, die mit anderen konkurriert, ein vom Herbst bis Frühjahr bespieltes Opernhaus und viele elegante Hotels, von denen das ›Arizona Biltmore‹ und ›The Pointe‹ königliche Hoheiten wie milliardenschwere Arizonians zu beherbergen gewohnt sind. In Phoenix für eine Nacht zu bleiben, ist vor allem erwägenswert, wenn man dem ewigen Einerlei der Motels in und an den Nationalparks entfliehen möchte, die Zahl der ›Hiltons‹, ›Hyatts‹, ›Sheratons‹ ist Legion. Wir sollten auch nicht überrascht sein, braungebrannten Offizieren der deutschen Luftwaffe in der Lobby zu begegnen, die in der nahen Williams Air Force Base zusammen mit Amerikanern, Dänen und Holländern üben und ihre Damen am Weekend zum Tanze führen.

Von *Phoenix* gelangen wir auf dem kürzesten Wege über den **Highway 8** nach *San Diego* an Kaliforniens Küste. Wenn die Zeit es uns erlaubt, so empfehlen sich einige Abstecher. Einer führt über das südlichere *Casa Grande* nach *Tucson* [t'u:sən] mit dem **Saguaro National Monument,** einem Naturpark mit ungewöhnlich schönen Kandelaberkakteen, die kleine, sonnendurchflutete Wäldchen bilden. Dabei kommen wir bei Casa Grande an den Ruinen der indianischen Bewässerungssysteme der Hohokam-Indianer vorbei, die den Wasserreichtum der Frühjahrsüberschwemmungen des Gila-Flusses nutzten, um ein weitverzweigtes, noch immer sichtbares Grabensystem gegen 1350 n. Chr. zu bauen. Ihrem Pueblo, aus handgeformten Lehmsteinen ungewöhnlicher Größe erbaut, haben die Spanier des 16. Jahrhunderts nach Durchquerung des ausgedehnten Saguarowaldes westlich von Tucson den Namen Casa Grande gegeben.

Wer tiefer eindringen will in diese Welt früher indianischer Siedlungen und abenteuerlicher Kakteenwüsten, dem sei empfohlen den *Cactus Forest Drive* innerhalb des *Saguaro National Monument* westlich von Tucson zu besuchen und diese Fahrt mit einem Abstecher ins *Arizona Sonora Desert Museum* am Südrand des Parks zu verbinden. Wir werden dort eine uralte Spezies von Archäologen und ihre Sammlungen kennenlernen: die Packratte. Daß Ratten alles auf Nahrung durchwühlen, ist nicht neu, doch die Packratte sammelt ihr interessant erscheinende Beutestücke in tiefen Bauten, die man heute öffnet, um auf indianische Fundstücke zu stoßen, die bis zu vierzehntausend Jahre alt sind. Die sonstigen Exponate von Klapperschlangen, Skorpionen, großen unsympathischen Tausendfüßlern und ekelhaften Taranteln werden uns im Gelände etwas vorsichtig machen.

Die Sonora-Wüste leitet bereits hinüber ins nahe Mexiko und dessen gleichnamige Provinz und auf den Straßen, die wir fahren, dürfen wir uns jene Spanier vorstellen, die unter Cardenas 1540 zum Südrand des Grand Canyon fanden.

Die *Sonora-Wüste* ist wie die westlichere *Gila-Wüste* keineswegs tot. Im Juni blühen die Kandelaberkakteen mit großen cremegelben Blüten, im Herbst leuchten an den Kakteenspitzen die roten, eßbaren Früchte der Saguaros, eine Labsal für die Vögel der Umgebung. An Plätzen, an denen die baumhohen Säulen und Kandelaber zusammenstehen, bildet sich etwas, was man einen Kakteenwald nennen könnte, ein Habitat auch der Tierwelt. Der Gilaspecht *(Gila woodpecker),* dessen Männchen einen roten Fleck wie ein Käppi auf dem Kopf hat, baut seine Nisthöhlen in den Saguaros, er höhlt sie aus wie einen Baum, und wenn der Kaktus nach hundert Jahren abstirbt, sein graues fasriges

›Holz‹ zur einzigen Brennstoffquelle für die Indianer und frühen Siedler wurde, dann findet man die Spechtschuhe, die verholzte Innenauskleidung solcher Höhlen.

In den Gabeln der Kandelaber nisten weit sichtbar Großvögel, wie der Rotschwanzbussard *(Red tailed hawk)* und hier und da ein Geier als örtlicher Vertreter der Gesundheitsbehörde. Die gebänderte Strumpfbandnatter *(Garter Snake)* findet man hier ebenso wie die abenteuerlich aussehende Krötenechse mit ihrem stachligen Drachenkopf und selten das Gila Monster, eine gelbschwarze halbmeterlange Krustenechse mit perligen Schuppen, deren Biß tödlich sein kann. Um diese zu sehen, müssen wir Geduld haben, auf einer der staubigen Nebenstraßen einen kleinen Kakteenwald suchen. Dann können wir auch Kolibris beobachten, wie sie schwirrend in der Luft stehen und aus den Prickle Pearblüten Nektar schlürfen. Rings um uns die große Stille der Sonora-Wüste, nur die Zikaden lärmen penetrant, fern stehen die fahlblauen Berge der Santa Rosa und Sierrita Mountains. Man sagt, daß es hier auch Wüstenschildkröten gibt. Ich habe sie nicht gesehen, vielleicht hat man im Frühjahr mehr Glück, wenn die Paloverdebüsche in aufreizender Eleganz ihr gelbes Blütenkleid anlegen.

Vom *Saguaro Naturpark* inmitten der *Sonora-Wüste* bietet sich an, statt über *Tucson* nach *Casa Grande* auf dem schnellen **Highway 10** zurückzukehren, über die **86** zum **Organ Pipe National Monument** zu fahren, einem interessanten natürlichen Habitat der Orgelpfeifenkakteen unmittelbar an der mexikanischen Grenze. Von hier führt die **85** nach Norden zurück nach *Gila Bend* am **Highway 8**. Mitnahme von 2-3 Colabüchsen pro Kopf ist dabei unerläßlich, der Wasserverlust des Körpers enorm.

Auf dem Weg durch die Gila-Wüste nach Fort Yuma

Endgültig zurückgekehrt auf den **Highway 8** bei *Gila Bend*, fahren wir in westlicher Richtung nach Kaliforniens Süden. Es ist eine höchst eigenartige flache Landschaft, die wir nun entlang dem fast ausgetrockneten *Gila-Fluß* durchfahren.

Die Horizonte sind begrenzt von zahlreichen Gebirgen: den Palomas-Bergen und der Gila Bend im Norden, dem Sierra-Pinta-Gebirge und seinen Vorbergen im Süden, dessen Gipfel teilweise schon in Mexikos Provinz Sonora liegen. Die Papago-Indianer südlich Casa Grande sind stammesmäßig nur noch sehr entfernt mit den Stämmen an den Four Corners verwandt, gehören den südlichen Apachen an. Es ist eigentlich eine Wüste, durch die wir fahren, hier und da von dürftigen Sagebrushes, gelegentlichen Saguaros und einigen wirr-steifen Orgelkakteen, den Organos, bewachsen. Und dann kommt die Überraschung, sobald das an sich reichlich vorhandene Grundwasser gefördert und zur Bewässerung genutzt wird, explodiert förmlich ein Garten Eden. Links und rechts der Straße grünen Reisfelder und Mais, dehnen sich endlose gelbe Flächen aus Sonnenblumen, und plötzlich wirbelt es weiß wie Schnee von ebenso horizontweiten Baumwollfeldern. Der hier angebaute Reis ist sogenannter Trockenreis, eine Züchtung, die zum Keimen keine wasserüberfluteten Flächen braucht und über einen Meter hoch wird, seine Rispen wehen hübsch silbern im Wind. Der Reis ist eine Kulturpflanze, die die Menschheit seit undenklichen Zeiten begleitet hat. Alexander der Große hat ihn aus Indien nach dem Mittelmeerraum gebracht, die englischen Kolonisten haben ihn 1647 als Saatgut auf ihren Nußschalen nach Virginia mitgenommen und im alten längst vergangenen Jamestown angebaut.

Der hier angebaute Trockenreis, ebenso wie der naß angebaute Wasserreis des Fernen Ostens, der Länder am Mississippi und der Carolinastaaten *(Oryza sativa)* ist nicht zu verwechseln mit dem sogenannten Indianer- oder Wildreis, einer Grasart *(Zizania aquatica),* die gewisse Ähnlichkeiten mit dem Wasserreis hat und, wie der Name sagt, von Kanada bis zum Mississippi seit undenklichen Zeiten wild in nassen Auen wächst und den Indianern Nahrungsmittel war – heute der feinen Küche.

Fast schlagartig hört die bewässerte grüne Zone auf. Die Natur fällt zurück in eine hitzeflimmernde, bergumstandene Wüstenei, die *Gila-* oder *Yuma-Wüste,* als westlicher Ausläufer der großen *Sonora-Wüste.* Der Creosot-Busch *(Larrea tridentata),* der Bur-Sage-Busch *(Franseria deltoidea)* beherrschen die lichtflimmernde Ebene. Hier und da erscheint am Horizont, wie eine Fata Morgana, eine Oase. In den Luftspiegelungen zittern Palmen im dunstigen Glast, doch dann entpuppt sich die Fata Morgana als palmumstandene Wirklichkeit vor der Sierra Pinta. Das Tafilalet am Fuß des nordafrikanischen Atlasgebirges kommt in den Sinn, die im Winde sanft sich wiegenden Blätter der Dattelpalmen vor den gezackten, blaudunklen Bergkonturen des Atlas. Auch hier in Kalifornien und Arizona hat sich ein bemerkenswerter Dattelanbau entwickelt, schwer hängen die Dattelgehänge unter der in der Sonne glitzernden und raschelnden Krone. Wohlschmeckend und fruchtig frisch munden die aromatischen, nur schwach getrockneten Datteln weit besser als die abgelagerten und gepreßten Früchte des Orients. Zusammen mit den ebenfalls nur leicht getrockneten Dörrpflaumen stellen sie einen in mehrfacher Hinsicht angenehmen und gesunden Reiseproviant dar. So gesellt sich zur Désert, der Wüste, der Desért, der Nachtisch, was man im englischen Akzent tunlichst auseinanderhält.

Die Marines in Fort Yuma

Yuma mit dem alten Fort Yuma ist das Zentrum eines bedeutenden Zitrusfruchtanbaus und liegt an einer strategisch wichtigen Furt über den unteren Colorado unweit des Dreiländerecks Kalifornien, Arizona und Mexiko. Wohin ist aber unser guter alter Colorado gekommen, der Schrecken der Kanuten und Flößer, wo ist seine stürmische Jugendkraft geblieben, so werden wir uns fragen, angesichts der müde und wasserarm zum nahen Kalifornischen Golfes sich dahinschleppenden dürftigen Rinnsale? Seine Kraft ist erschöpft von den vielen Staudämmen, in denen er die Wasserräder der Turbinen treten mußte, sein Wasser wurde zu Bewässerungszwecken nach Kalifornien gepumpt, und schließlich war der Colorado früher ein sehr unstetig fließender Strom. In der regenreichen Zeit schoß er über die Ufer und schuf jene breiten Trockenbetten, die wir hier sehen – und dann war er wieder nur ein sommerliches Rinnsal. Heute ist der Wasserlauf durch die Dämme reguliert und gleichmäßig.

Man vermutet, daß der Spanier Alarcon gegen 1540 erstmals in Yuma war, aber es dauerte bis 1854, ehe eine kleine Stadt um das Fort erwuchs, von dem aus die berühmten Colorado-Expeditionen mit dem damals neuen Dampfboot starteten, wie wir aus dem Bericht Möllhausens bereits wissen. Alexander von Humboldt hat Möllhausen in einem Brief auf seine 1811 in Paris erschienene Karte hingewiesen:

»Da ich vermuthe, daß Sie meine zwei großen Karten aus dem, 1811 in Paris erschienenen Atlas: de la Nouvelle Espagne, nicht bei sich haben, so mache ich Ihnen ein wildes Croquis von meinem Rio Colorado, wie ich die Völkerstämme nach den, in den Archiven von Mexico aufgefundenen Itinerarien des Padre Escalante von 1772, in meine Karte habe eintragen können.«

Wer in dieser flachen Wüste an Bord ging, der konnte keine Ahnung haben, in welche Gebirge, Schluchten und Canyons er aufbrach und wie hilflos sein Dampfboot in den Stromschnellen sein würde. Als offenkundig wurde, daß von hier aus kein schiffbarer Weg durch den Kontinent führte, versank der Ort in Vergessenheit, war nur noch Militärposten an der unruhigen Grenze zu Mexiko. Das ist er noch heute. Die US-Marines unterhalten hier ihre größte Garnison samt eigener Luftstreitmacht. Diese Zersplitterung der US-Streitkräfte in eifersüchtig ihre Unabhängigkeit bewahrende Teilstreitkräfte ist ein Problem jeder großen Armee. So gibt es die US-Air Force, die Air Force der US-Navy, der US-Army und schließlich der US-Marines. Wozu dieses alles führt, hat sich bei dem gründlich mißglückten Versuch der Amerikaner, ihre Geiseln in Teheran herauszuholen, leider gezeigt, einem Abenteuer, bei dem die einen die Maschinen, die anderen die Piloten, die dritten die Kampftruppe und die vierten die Logistik stellten.

Sitzt man im abendlichen Yuma, in dem es viele gute Motels gibt, darunter das hübsche ›Ramada Inn‹, inmitten von Palmen, geht zum Essen in den ›Stag and Hound‹ –

›Zum Hirschen und zum Jagdhund‹ – so sieht man, nach der Lektüre von Humboldts liebenswürdigen Briefen, die jungen Marines um sich herum, auch kesse Mädchen darunter, jeden Tag gewärtig, in ein fernes Spannungsgebiet geworfen zu werden. Was es bedeutet, in einem reichen Land, mitten im Frieden, plötzlich in Kampfhandlungen verwickelt zu werden; welche psychische Last es für einen jungen Menschen darstellt, zu sehen, wie alle ihrem Job, den Freuden der Liebe und des guten Lebens nachgehen, man selbst aber nie weiß, ob man den nächsten drohenden Einsatz überlebt, ist schwer nachzuvollziehen. Die Marines im ›Stag and Hound‹, Offiziere und Mannschaften, amerikanisch bunt gemischt, wirkten nicht aggressiv oder ›Hoppla, jetzt kommen wir‹. Sie waren ausgesprochen höflich gegenüber den Frauen, starrten nicht nach Westernmanier mundfaul in ihr Glas, sie waren ganz einfach frisch und aufgeweckt und sympathisch.

Aus der Glut des Teufels-Canyon in die Schneestürme der Sierra de Juarez

An der Grenze zu Kalifornien wartete eine Überraschung. Staatsgrenzen nimmt man in den USA kaum wahr, allenfalls wird man durch ein Schild begrüßt: »This State, the greatest one, invites you.« Hier aber wurde man wie am Brenner zur Kontrolle durch eine Art Zollstation geschleust. Die Agricultural Division des Staates Kalifornien begehrte mit strengem Blick in den Wagenfond und Kofferraum zu erfahren, welche Früchte man mit sich führe: Äpfel, Birnen, Orangen oder sonstige Konterbande. Es wurde mir erst allmählich klar, daß es die Sorge um die Einnistung von Pflanzenschädlingen, Insekten und Pilzen war, die das landwirtschaftlich stark entwickelte Kalifornien zu verhindern sucht.

Dann weitet sich wieder die Wüste, nach links führt der *mexikanische Highway 5* nach *Mexikali* und *San Felipe.* Noch immer geistern die spanischen Felipes hier herum, der zweite und dritte zumal, die Heinrich Heine so schön die Philippen genannt hat.

Auch die Santa Fé Eisenbahn kommt uns hier wieder nahe, die dumpf rumpelnden, langsamen, endlosen Frachtzüge, selten ein aluminiumfarbener Pullmanzug.

Links erheben sich nun gewaltige Sanddünen, die der Sahara Ehre machen würden. Aber keine Karawane träger Kamele schaukelt herab – wiewohl in Kalifornien solche gehalten werden –, sondern Rudel von Motorradfahrern mit übergroßen Rädern und ›Cross-country‹-Reifen stürzten die Hänge hinab, Staubfahnen aufwirbelnd.

Aber wer dachte, nun seien wir endlich im gelobten Land Kalifornien, der irrt sich. Im völlig wasserlosen *Coyoten-Gebirge* quälten wir unseren halb kochenden Motor hoch. Am Wegrand standen Wassertonnen für den Fall, das Wasser des Kühlers würde verdampfen, und Schilder mahnten ›low gear‹, kleinen Gang.

Zyklopische Felsblöcke von Hausgröße säumten die Serpentinen mit dunkel basaltischem Vulkangestein. Basalte und Granite, von Schockwellen zu Millionen von tonnenschweren Blöcken zerborsten, apokalyptische Landschaft. Die Straße stieg ungemein steil aus der Yuma-Wüste an, eben waren wir noch unter Meereshöhe, gleich danach in tausend Meter Höhe. Die Hitze war erdrückend, erneut mahnten uns Schilder ›No A/C‹, keine Klimaanlage im Wagen zu benutzen. Im *Devils Canyon,* der uns die Fahrt durch das Tal des Todes nordöstlich von Los Angeles erspart, fegte ein enormer Wind die Canyons hinab, auf den Brücken drückte er uns auf die Seite. An der *Tecate Divide* (1251 m) in der *Sierra de Juárez* schienen wir den letzten von vielen Pässen unserer Reise bezwungen zu haben. Einsam hing ein Observatorium in den Felsen. Doch nun bedeckte sich der Himmel, und blitzartig fegte ein Schneesturm über den Paß. Eben erst waren wir der heißen Wüste entronnen.

Vom Charme und der Schönheit San Diegos

Franziskanische Erinnerungen

Die Straße wand sich hinter dem *Tecate-Paß* durch grüne Almmatten, sie war glatt von Eis und Schnee und wir rutschten langsam zu Tal. Letzte Indianerreservationen der Manzanite. Der Pacific Crest Trail, den wir tausend Meilen nördlich verlassen hatten, kreuzt bei *La Posta*. Bald erlebten wir die dritte und letzte Überraschung dieser Fahrt durch Wüstenglut und Schneesturm. Irgendwo tauchten am Westrand der Sierra in einem Tal urplötzlich mediterrane Häuser auf, grüßten die geliebten Zypressen Italiens, barocke Kapellen mit schlankem Campanile lachten von den Hängen, Oleander blühte an den Wegen und in den Gärten. Selten ist mir die Schönheit europäischer Landschaft mit solcher Heftigkeit bewußt geworden wie hier. Wir hielten an, schauten, und waren bewegt.

Von den Hügeln kann man das fern schimmernde Meer sehen, die Straße senkt sich weiter ab, mildgrüne Täler nach all der Trockenheit der Wüsten und Gebirge. Angenehme Vororte breiten sich aus, Wohlstand. An der Kreuzung mit der **Interstate 15** nehmen wir diese nordwärts und verlassen sie wieder an der nächsten östlichen Ausfahrt zur **San Diego Mission Road,** wo uns spärliche Schilder zur *Mission San Diego de Alcalá* führen.

Hier hatten die Spanier erstmals in Kalifornien Fuß gefaßt, von Anfang an mit großen Schwierigkeiten belastet und nach hundert Jahren zum Aufgeben gezwungen. Auf einem kleinen Hügel liegt in parkartiger Umgebung die weiße Missionskirche mit ihrem barock auftreppenden Scheingiebel, hinter dem sich nur ein Garten befindet, während das eigentliche Kirchenschiff mit leicht geschwungenem und flacheren Volutengiebel daneben liegt – eine für die Architektur der Franziskaner in Kalifornien typische Anordnung. Erbaut aus

Adobeziegeln, trägt der Scheingiebel mit seinen fünf Schallöffnungen, in denen die 1796 vor Ort gegossenen Glocken hängen, einen starken Akzent in die Landschaft. Sie begannen just ihr melodisches Geläut, als wir eintrafen – doch wäre es vermessen gewesen, anzunehmen, diese Ehre hätte uns gegolten. Man schrieb Sonntag, den 6. Oktober 1985, und feierte in der Messe das Fest des Heiligen Franziskus, dessen Missionen in Kalifornien eine sehr große Bedeutung erlangt haben, deren auch kulturelles Erbe, heute als spanisches Erbe verstanden, diesen Staat mitgeformt hat.

Der Protestant in mir zögerte einen Augenblick, aber der heilige Franziskus ist eine solch verehrenswürdige Gestalt, daß ich erfahren wollte, was er den Menschen hier immer noch bedeutet. Die alte Adobe-Kirche mit dicken verwitterten Holzbalken an der Decke, schweren Mauern und ganz schlicht, so wie sie 1774 wohl errichtet und 1931 nach der Säkularisierung durch die mexikanische Revolutionsregierung (1833) und dem folgenden Verfall wieder restauriert worden war, war überfüllt, und obwohl die Mehrzahl der Anwesenden von spanischer oder indianischer Abstammung war, wurde die Predigt in Englisch gehalten; eigentlich sehr protestantisch und durchaus amerikanisch gestimmt. Liturgie und Gesang aber waren lateinisch, in die sich – ein ungewohntes Bild – ein Pfarrer und eine junge Äbtissin eines nahen Klosters teilten. Spanische Cembalomusik, das rauh Kehlige, mit dem die lateinischen Responsorien gesungen wurden, kündeten unüberhörbar von einem neuen Selbstbewußtsein, in das überraschenderweise auch die Indianer eingeschlossen sind. Beide sind die Verlierer der Geschichte im Südwesten und beide sind entschlossen, wenigstens ihre kulturelle Identität zu bewahren, was der Farbigkeit Amerikas nur gut tun kann, seine nationale Identität aber nicht stören wird.

Vor der Kirche versammelte sich nach der Messe eine große Gemeinde zum Kirchenschwatz. Es wäre ein Irrtum, anzunehmen, hier träfen sich die Spanier und Indianer als Arme und Underdogs von San Diego. Hier traf sich eher eine wohlhabende und selbstbewußte Gesellschaft, in deren

Gesichtern sich kastilisches, andalusisches und indianisches Erbe widerspiegelt, und fast alle fuhren, erstaunlich, in einem Mercedes, Polo oder BMW davon.

Wir blieben noch kurze Zeit, um mehr von der Gründung des Padre Junípero Serra zu erfahren, mit der die Geschichte Kaliforniens beginnt. Als er zusammen mit Don Gaspar de Portolá am 1. Juli 1769 in den großen Naturhafen der Bucht eingelaufen war, hielten sie den Platz für günstig, eine erste Relaisstation zur Gewinnung von California Alta zu errichten, denn dies war der Auftrag, den Karl III. von Spanien erteilt hatte, um die beunruhigenden Versuche der Russen, sich im Nordwesten und selbst unweit des späteren San Franciscos festzusetzen, zu vereiteln. Es war freilich bereits ein sehr später Zeitpunkt, den die spanische Krone gewählt hatte, ihre Macht war im Sinken, England zur beherrschenden Seemacht geworden und am Horizont dämmerte bereits die amerikanische Revolution, die 1776 völlig neue Verhältnisse auf dem nordamerikanischen Halbkontinent schaffen sollte.

Die erste Gründung in San Diego fand auf dem Presidio-Hügel im heutigen Downtown statt, und erst 1774 verlegte man die Missionskirche, die wir heute sehen, in das Mission Valley, in dem ein gesünderes Klima herrschte und eine landwirtschaftliche Versorgung möglich war. Im neben der Kirche liegenden alten Kreuzgang der Mönche sind manche Artefakte jener Zeit ausgestellt, die von der mühseligen Arbeit mit unzulänglichen Mitteln künden, dem fast hoffnungslosen Mühen um die Zuneigung der Indianer, deren Lebenswege und Ziele völlig andere waren. Bereits 1775 stürmten die Yuma-Indianer die Mission und brannten sie teilweise ab. 1801 brachte ein Erdbeben Mauern zum Einstürzen und 1833 stürzte auch die staatliche Autorität der spanischen Krone ein, und die neue, sich liberal und modern dünkende Regierung in Mexico City säkularisierte alle Orden und Kirchen »im Namen des Volkes«. Was das Volk wirklich will, ist, allen Demoskopen zum Trotz, den einstigen wie den heutigen, schwer feststellbar. Als die jungen Vereinigten Staaten California Alta Mexiko abgenommen hatten, wurde 1862 auch das Kircheneigentum zurückgegeben. So ist das Verhältnis der Katholiken Kaliforniens seltsam gespalten – das angelsächsische Amerika hat ihre Verbindung zur mexikanischen Heimat, in der sie seit mehr als zweihundert Jahren lebten, unterbrochen, aber die Verbindung zur Kirche wieder hergestellt, einer Kirche, die selbst einen wichtigen Teil ihrer Hispanität ausmacht.

Hafenleben in San Diego

Die **Interstate 8** folgt, nachdem wir auf sie zurückgekehrt sind, nicht den links und rechts liegenden Tälern des Sweetwater- und des San-Diego-Flusses, sondern verläuft auf einem zur See führenden Hügel. Wir sehen die Stadt links und haben das Gefühl, langsam an ihr vorbeizufahren. Dann kreuzt die **Interstate 8** die 15, dann die 395/163 (manche Highways führen streckenweise zwei Routen zusammen) und schließlich, nun doch nahe dem *Rio San Diego*, die Interstate 5. Hier verlassen wir endlich den Highway und sind damit bereits der spanischen Altstadt am Presidio Park sehr nahe, um Taylor und Juan Street gelegen, und über den Pacific Highway im Geschlinge der auf- und abführenden Rampen der Interstates nach einigem Suchen zu finden.

Um über Nacht zu bleiben, hätte sich angeboten, von der **Interstate 8** am *Hotel Circle Exit* abzubiegen und in einem der dortigen zahlreichen Motels eine Bleibe zu suchen; zum Beispiel im ›The Fabulous Inn‹ (F 619 291 7700) und ›Motel 6‹ (F 619 297 4871). Lassen Sie mich bei dieser Gelegenheit anmerken, daß neben manchmal unvermeidbar teuren Hotels oder Motels, auch sehr preiswerte und dennoch empfehlenswerte zu finden sind. So bot die Motelkette ›Motel 6‹ im Jahre 1985 für zweiundzwanzig Dollar Einheitspreis Doppelzimmer an, eine Motelkette, die zumal in Kalifornien sehr dicht vertreten ist und von einem Haus zum anderen kostenlos weiterreserviert (Verzeichnis der Motels: ›Motel 6‹, 51 Hitchcock Way, Santa Barbara, CA 93 105). Da Motels ohnehin eine gewisse zwangsläufige Uniformität aufweisen, kann man das Ersparte besser in einem interessanten Restaurant ausgeben.

Eine der Altstadt nähere Möglichkeit bietet das ›Padre Trail Inn‹ (4200 Taylor Street, F 619 297 3291, etwa 40 $). Von hier aus sind es nur wenige Fahrminuten über die *Juan Street* in die Altstadt und, sehr leicht zu finden, über den *Pacific Highway* am Flughafen vorbei zum Hafenviertel am schönen *Harbor Drive,* der seeseitigen Parallelstraße zum Pacific Highway.

Am späten Nachmittag ankommend, empfiehlt sich zunächst ein Autobummel entlang dem hübschen Hafen von *San Diego*. Über eine Meile zieht sich der Embarcadero hin, alte Segler liegen vertäut am Kai, die ›Star of India‹ etwa, 1863 als Passagiersegler für die Auswanderer nach Neuseeland gebaut, dann als Lachstransporter in Alaska dienend. 1926 von den Bürgern San Diegos erworben, ist sie heute eine unverändert erhaltene Dreimastbark, die zuletzt 1976 aus Anlaß des Bicentennials die Segel hißte und, ihre alten Kanonen lösend, in die San Diego Bay hinausfuhr. Nahebei liegt die ›Medea‹, eine der letzten Dampf-Yachten der Jahrhundertwende, 1904 in Schottland erbaut, schnittig, elegant und luxuriös mit edlen Hölzern ausgestattet.

Die ›Berkeley‹ dagegen, ein alter Paddlewheeler – also ein Schiff mit Seitenschaufelrädern – hat man den San Franciscans abgenommen, sie diente seit 1898 als Fährschiff zwischen Oakland und San Francisco, hat beim großen Erdbeben sicher ganz schön auf dem Wasser gezittert und zeigt heute ihre blitzblank renovierte Maschine, messingglänzend, mit blitzendem Stahl und rot ausgemalten Ölzonen. Auf Deck ist ein kleines maritimes Museum mit alten Schiffsmodellen eingerichtet.

Zum Unterschied vom Paddlewheeler liegt nahebei ein Sternwheeler mit Heckschaufeln nach Art der alten Mississippidampfer. ›Showboat‹ ist – kaum zu glauben – 1941 von der Armee als Dienstfahrzeug auf dem Sacramento Fluß erbaut worden. Heute dient das Schiff den Touristen. Für eine Rundfahrt durch den Hafen empfiehlt sich aber eher die ein- oder zweistündige Tour der Harbor Excursion, deren Schiffe nahe dem Pier der US-Navy an der Kreuzung Harbor Drive und Broadway abfahren.

Die pazifische Flotte vor Anker

Wir nahmen die 16-Uhr-Tour und tuckerten die Skyline San Diegos am Embarcadero entlang. San Diego ist, zumindest vom Wasser gesehen, eine hübsche Stadt, deren vielfältige und nicht allzu hohe Wolkenkratzer das Gelb der tiefstehenden Sonne widerspiegelten, bevor uns das Dröhnen eines landenden Flugzeuges aufschreckte. Der Lindbergh International Airport von San Diego liegt, eingeklemmt zwischen zwei Stadtteile, unmittelbar am Wasser der Bay und die Maschinen streifen beunruhigend dicht über die Häuser, bevor sie neben den Schiffen fast im Wasser landen. Es ist hier wie in Genua, wo man auch das Gefühl nicht los wird, gleich lande der Captain zwischen dem Ladegeschirr der Frachter.

Am folgenden Yachthafen tummeln sich wie stets in Amerika unzählige, schmucke weiße Boote, deren Besitzer schon seit längerem verschollen zu sein scheinen. Selbst heute, am Sonntag, war hier friedlichste Stille. An der Spitze der langgestreckten Halbinsel, die wie schützend ihren Arm um die Bucht legt, erhebt sich das Monument für Juan Cabrillo, der 1542 als Portugiese in spanischen Diensten die Bucht von San Diego entdeckte. Dann wendet das Schiff und kreuzt entlang Coronado Island mit seinen großen Anlagen der US-Navy. Zwei riesige Flugzeugträger der ›Forrestal‹ Klasse lagen hier am Ausrüstungsdock, denn San Diego ist der größte amerikanische Kriegshafen am Pazifik. Gewaltig ragt die Bay Bridge auf hohen Stelzen auf und quert das Inlet zwischen Coronado Insel und der Stadt, im Rückblick gegen die Sonne ein schwarzer Scherenschnitt vor den golden aufleuchtenden Wassern der Bucht.

Im Innersten der tief verborgenen Bucht, – denn Coronado Island mit seinem luxuriösen ›Hotel del Coronado‹, in dem angeblich eine bekannte Amerikanerin einen englischen König um den Finger gewickelt haben soll, ist im Grunde nur eine Halbinsel – liegt die amerikanische Pazifikflotte vor Anker. Ein großes und interessantes Bild, an Norfolk in Virginia mit der Atlantikflotte erinnernd. Seemacht wird uns hier beeindruckend demonstriert, da liegen nicht hier und da ein paar Schiffe, da liegen Zerstörer im Paket zu zwanzig nebeneinander, Rudel von Kommandoschiffen, meist umgebaute schwere Kreuzer der ›Albany‹- und ›Boston‹-Klasse aus dem Zweiten Weltkrieg mit unschierigen und mit Radar vollgepackten Aufbauten. Daneben wieder neuere Kreuzer mit den Kennungen CG und Zerstörer mit der Kennung DG, wobei C für Cruiser, D für Destroyer und G für Guided Missiles steht – den üblichen NATO-Bezeichnungen. Der fast völlige Wegfall der alten imposanten Schiffsartillerie, der riesigen Drehtürme mit ihren Zwillings- und Drillingsgeschützen, ist auffallend. Sie sind den unscheinbaren Startrampen oder Rocket Launchers für Seezielraketen gewichen. Auch sind heute die einst kleineren Zerstörer fast zur Größe von Kreuzern angewachsen, auch sie vollgepackt mit Elektronik bis unter die Toppen. Wer weltweit seine Flagge zeigen will oder muß, bedarf eines riesigen Trosses von Hilfsschiffen, von denen gleich ein halbes Hundert hier an der Kette hängen. Wohin auch unser Blick schweift, er schweift an einem Rundhorizont von grauen Schiffsleibern entlang, deren Finanzhaushalt sicher den der Kaufleute von San Diego in den Schatten stellt.

Von Shrimps und Abalones

Auf der Rückfahrt, nun schon bei beginnender Dunkelheit und an den Kais aufflammenden Lichtern, kommen wir stadtnah an angenehmen Uferpromenaden mit hübschen Restaurants vorbei. Hier sehen wir vermutlich einen Großteil der Bootsbesitzer aus der menschenleeren Marina, wie sie zur Cocktailstunde dem Abend entgegendämmern und einen guten Platz unter den Sonnensegeln der offenen Terrassen suchen.

Wir haben ähnliche Ambitionen, auch wenn uns der sportlich weiße Chic fehlt. Nahe der Landestelle liegt, bequem zu erreichen und preiswert, ›Anthony's Fish Grotto‹. Die ganzen Piers sind nun voller Sailors und ihren ›Sailorinnen‹; Fröhlichkeit liegt in der Luft, Matrosenmützen fliegen umher, aus dem breitverglasten Restaurant haben wir einen schönen Blick auf den Hafen im Moment der untergehenden Sonne und eine reiche Auswahl an ganz frischem Fisch erwartet uns: Yellow Tail, Red Snapper und Bass als vorzügliche Seefische, gekocht oder frittiert serviert; Schwertfisch und Haisteak (Swordfish und Shark), Clams aller Sorten und Arten, Abalonemuscheln, kleine Bayshrimps, größere Gulfshrimps, Spiny Lobsters, also Langusten, und was das Herz noch begehrt. Nach all den zahllosen Steaks des Landesinneren eine willkommene Abwechslung. Falls das Restaurant voll ist – und es wird voll sein – lassen wir einen Tisch reservieren und setzen uns solange auf die Terrasse über dem Wasser, wo die Jugend sitzt und frittierte Shrimps aus der Hand ißt, ein Glas Chablis auf den Knien schaukelnd. Wir können ja mitschaukeln, und ein paar köstliche, in Teig gebackene, saftige Shrimps vor dem Essen, nach Art der spanischen Tapas, sind ja wohl noch erlaubt. Unter uns wird gerade eine Yacht zum Auslaufen klariert, die Hotelküche liefert alles frei Bord, und Madame kontrolliert kritischen Blickes.

Am anderen Morgen fahren wir durch die Altstadt. Es ist nicht mehr allzu viel aus spanischer Zeit vorhanden, der *Presidio Park* bietet einen schönen Blick auf den darunter liegenden Hafen – aber das Presidio ist längst verschwunden. Am Hang liegt die weiße *Junípero-Serra-Gedächtniskirche* in barockem Stil. Sie erinnert an die erste Gründung vor nahezu zweihundert Jahren und das ist hier eine lange Zeit. In Downtown liegen auch einige Zeilen viktorianischer Häuser, die man nun wieder instandsetzt – aber so etwas Rechtes ist das Ganze nicht. Wir fahren den Hügel hoch und rollen durch die hübsche Villengegend der *Inspiration Heights*, auf denen sich ein wenig Spanisches mit viel Britischem mischt, überglänzt von amerikanischem Wohlstand.

San Diego besitzt ein bedeutendes See-Aquarium, das Sea World Aquatic Museum, das wir jenseits des Rio San Diego finden. Die Meinung von der kulturellen Öde amerikanischer Städte mag das Programm ›San Diego This Week‹ der Woche unseres Besuchs widerlegen – Brecht: Galileo Galilei; Tennessee Williams: Die Katze auf dem heißen Blechdach;

Harold Pinter: The Hothouse; Hispanic-Mexican Ballet; Hoffmanns Erzählungen; The Academy of St. Martin-in-the Fields; Ausstellung niederländischer Malerei aus Wiener Museen; Zeichnungen von Gericault; Richard-Wagner-Film mit Richard Burton. San Diego ist in der Tat eine kulturell reiche Stadt mit guten Museen, einer Oper im Civic Theater, einem exquisiten und berühmten Zoo und dem Reuben H. Fleet Space Theater sowie einer Mischung aus einem braven europäischen Planetarium und einer gigantischen, technisch-elektronischen Ausrüstung, um Fahrten unter Wasser und im Weltraum zu simulieren. Jeder findet hier, was er sucht.

Interessant ist die auch dem Anfänger gegebene Möglichkeit, an H&M Landing am *Point Loma* – auf der Halbinsel zum *Cabrillo Monument* – halb- oder ganztägige Angelfahrten vor die Küste zu unternehmen (Emerson Street, Point Loma). Barsch, Barracuda, Bonito, Heilbutt und Seebarsch sind hier die beliebtesten Sportfische – oder besser die Opfer der Sportfischer. Auch nördlich des Rio San Diego, am *Mission Beach State Park,* finden sich neben schönen Stränden eine Auswahl an Angeltouren bei der ›Islandia Sportfishing‹ (1551 West Mission Bay Drive). Das Meer ist durch die vom Norden kommende kalte Kuro-Schio-Drift überreich an Fisch und in willkommener Weise vermischen sich hier die Fische nördlicher mit denen südlicher Meere.

Ausflug ins mexikanische Tijuana

Alle Highways südlich von *San Diego* bündeln sich an der Grenze zur mexikanischen 1 D. Grenznah liegt das Städtchen *Tijuana*, in dem vom ersten Blick an die Uhren anders gehen. Der deutsche Paß genügt, und amerikanisches Geld wird gerne genommen. Den Wagen lassen wir besser auf einem Parkplatz vor der Grenze und nehmen den Bus für eine Meile. Die Avenida Revolución birst zwar von Geschäften aller Art, macht uns in ihrem Namen aber bereits mit einer gewissen Aufsässigkeit gegen Monarchen, Kirchen aber auch Gringos bekannt, wie man die Amerikaner hier gerne etwas geringschätzig nennt – ihr Geld aber um so mehr schätzt.

Das Beste in Tijuana ist das mexikanische Essen. In ›La Costa‹ (150 Calle 7) kann man sich sattessen an interessanten mittelmeerischen Hors d'œuvres aus Fischen und Muscheln, dann kommt eine Bouillabaisse von exquisiter Beschaffenheit und schließlich gebackene Shrimps, in Schinken gerollt, mit Reis und Tomatensalat. Dafür zahlte man 1985 ganze zehn Dollar. Schöner sitzt man in ›Pedrins‹ (1115 Avenida Revolución), und das Publikum ist eine umwerfende Mischung kalifornischer Lässigkeit und mexikanisch-spanischer *dignidad*.

Den Fuß über die mexikanische Grenze zu setzen, löst einen Prozeß der Nachdenklichkeit aus, der im Grunde bereits in Neumexiko in Gang gekommen ist. Das on dit fällt uns ein, vom »Armen Mexiko, das so weit weg vom lieben Gott und so nah an den Vereinigten Staaten ist«. Die Schwierigkeiten der Mexikaner mit ihrer eigenen Identität, ihr angeschlagenes Selbstbewußtsein und die seismographisch empfindliche Übererregbarkeit machen uns zu schaffen. Im Grunde ist der Mexikaner, wie alle seine süd- und mittelamerikanischen Nachbarn, das Geschöpf spanischer Individualität. Eine nahezu vollständige Ichbezogenheit wird nur in der Familie von Banden der Verantwortung eingegrenzt – mas ciertamente: ohne an die hervorragende Rolle des männlichen Geschlechts zu rühren.

Öffentliche Verantwortung, common sense, jenes Minimum an Konsens der den Staat tragenden Bürger, kommt kaum zustande; ihre Abwesenheit wird allenfalls von einem wilden irrationalen Nationalismus übertüncht, der freilich wenig Gutes bewirkt. Daher rührt die fast phobische Abneigung gegen die Amerikaner, die Gringos, deren Wurzeln einem angeschlagenen Selbstbewußtsein, einer mimosenhaften Empfindlichkeit gegenüber der eigenen Geschichte entspringen.

Die Geschichte Neuspaniens, der Hispania Nueva im allgemeinen, Tejas, von Nueva Vizcaya, dem heutigen Nordmexiko, Alta y Baja California und schließlich Nueva Mejico, dem heutigen New Mexico, diese Geschichte ist eigentlich in sich selbst zerrissen. Das spanische Erbe, das sich in den südlichen Staaten der USA, von Florida bis Kalifornien, wieder deutlicher zu Wort meldet, hat im Kerngebiet spanischer Kolonisation, also in Mexiko selbst, noch immer nicht den Konflikt zwischen dem weißen Spanien und der farbigen Welt der Indios überwunden. Es gibt Stimmen, die im weißen Mexiko, modern und technokratisch orientiert, keine Zukunft sehen wollen, eher im alten, dem indianischen Mexiko mit seiner Kapitalismus wie Christentum gleich fremden Tradition. Der Verfall der Bedeutung von Bodenschätzen, insbesondere des Erdöls, hat den Staat Mexiko in eine tiefe finanzielle Krise getrieben. Er wird mit dem riesigen Zustrom armer Campesinos in die Beton- und Wellblechstädte einfach nicht mehr fertig. Dabei ist dieser Zustrom im Grunde eine einzige Widerlegung der These, daß die Zukunft einem indianisch bestimmten Mexiko gehöre. Wäre es so, so könnte man nicht verstehen, was diese zu neuem Selbstbewußtsein gekommene Schicht in den Abfallhalden und Slums westlicher Zivilisation eigentlich sucht. Immerhin ist Tenochtitlan, von Hernàn Cortèz als phantastische Hauptstadt der Azteken geschildert, juwelenglänzend und goldschimmernd mit seinen Tempelpyramiden aus den schimmernden Wassern der Laguna herauswachsend, heute mit fünfzehn Millionen Menschen die größte Stadt der Welt geworden. Wie kunstvoll Statistiker das auch hin und her wenden wollen, eine bedrohliche Fruchtbarkeitsrate schwemmt diesen Staat immer weiter ins Elend, verstärkt auch sein indianisches Element. Die agilen Hispanics in den amerikanischen Südstaaten wirken dagegen bereits wie die Asylanten aus einem Land, in dem zwar noch Präsidenten herrschen, gleichzeitig aber auch vierzig Prozent Inflation. Aus den farbenreichen Fresken des großartigen Museums in Mexico City scheinen die bunten Bilder aztekischer Götter, und von ihnen oder wer weiß wem abhängiger Mestizen, wieder herabzusteigen.

Der wirtschaftliche Erfolg des kühlen, protestantischen Nordens mit seinem kritischen, extrovertierten und pragmatischen Denken findet sein Pendant im spekulativen, introvertierten und teilweise mystischen Denken und Empfinden des hispanisch-indianischen Zentralamerikas. In einem seltsam schizophrenen Prozeß sucht der einzelne Hispanic persönlichen und wirtschaftlichen Rekurs beim reichen Nachbarn im Norden – in seiner Seele entfernt er sich ihm aber immer mehr und bekämpft ihn.

In den Straßen Tijuanas und ein wenig auch in Santa Fé wird unsere Irritation gemindert und geglättet durch die Unbefangenheit, mit der die Rassen miteinander umgehen. Herablassende Äußerungen über die Hautfarbe eines Menschen gelten in Mexiko als ungehörig und als Zeichen schlechten Geschmacks, und darin unterscheidet sich Mexiko von seinen südamerikanischen Bruderstaaten. Ansonsten gleichen sich ausnahmsweise der Norden und der Süden Amerikas: der wirtschaftliche Erfolg entscheidet über den gesellschaftlichen Rang. Dies macht den Ausgang des olympischen Ringens zwischen den Götzen der Börse, neureich und laut, und den alten Göttern der Azteken, die so unheimlich von ihren Steinfriesen herabsehen, ungewiß. Ob der Gott des Alten und Neuen Testaments, ich bitte um Verzeihung, hier noch mitmischt, ist nur schwer auszumachen.

Die Kalifornische Riviera zwischen San Diego und Los Angeles

La Jolla und Torrey Pines im Reigen der Seebäder

Zwei große Abschnitte der kalifornischen Küste erwarten uns, die *Riviera* zwischen *San Diego* und *Los Angeles* und der nördlich anschließende Abschnitt von *Big Sur, Carmel* und *Monterey,* der uns nach *San Francisco* führt. Beide Küstenstrecken sind nicht minder großartig als die Nationalparks im Inneren des Landes. Es sind Küstenlandschaften die vom Meer geprägt sind, das eine heftige Bläue annehmen kann, konturiert von den ockergelben Gebirgen der Santa Ynez und Santa Lucia Ranges. Daß der Stille oder Pazifische Ozean, den seine Entdecker wegen seiner langen Windflauten so nannten, alles andere als still und friedlich sein kann, den als wild verschrienen Atlantik spielend in den Schatten stellt, das verrät uns schon die heftig aufsteilende Brandung, der Surf der heranlaufenden Dünung.

Der gewaltige Bogen, um den die Wüste zwischen San Diego und Santa Barbara zurückspringt, birgt, weit draußen im Meer, die Channel Islands und jenseits der Outer Santa Barbara Passage noch die Inseln San Clemente und San Nicolas. Dieses ungewöhnliche Gewirr von Inseln verdankt seine Entstehung einem Grabeneinbruch vor der Küste, der wiederum mit dem nördlicheren San-Joaquin-Tal zusammenhängt, und sich in den Seekarten in zahllosen unterseeischen Erhebungen kundtut.

Zwischen San Diego und Los Angeles liegt eine Landschaft, die in manchem an die Riviera erinnert, freilich mehr an die Riviera di Levante als an die nach Frankreich hinziehende Riviera de Ponente. Die Küste bildet ein Steilufer, an dessen Fuß, vor allem aber an Flußmündungen, breite und schöne Sandstrände locken, zahllose Ferienorte mit ungezwungenem kalifornischem Flair, gelegentlich ein größerer Ort, schön auf dem Küstensockel gelegen und mit weiten

Ausblicken über sanft geschwungene Buchten. Da in dieser südlichen Breite der kühle Kalifornische Meeresstrom, der von Norden die ganze Küste Kaliforniens und Oregons herabströmt und aus der kalten Kuro-Schio-Drift stammt, sich allmählich erwärmt, bessern sich die Badebedingungen im Vergleich zur Küste an Big Sur erheblich. Aber auch aus der Tiefe des Meeres steigt kaltes Wasser am Festlandsockel, dem Schelf, hoch und sorgt für Überraschungen in den Strömungen und Temperaturen. Dieses Auftriebswasser nimmt das aus Flüssen und Städten stammende unreine Wasser rasch hinweg und treibt es meerwärts. Ein sehr blaues und sauberes Meer ist die angenehme Folge.

Aus *San Diego* führt uns der **Mission Bay Drive** über den *Rio San Diego* nordwärts und entlang den Stränden an der gleichnamigen Bay, von denen wir schon sprachen. Im weiteren Verlauf **La Jolla Boulevard** genannt, führt er hoch über der Steilküste nach dem schönen Badeort *La Jolla* und schließlich als **Pacific Highway** zum **Torrey Pines State Park,** hinter dem die Küste sich herabsenkt zum Strand von *Del Mar.* Es ist eine schöne Fahrt, stets nahe dem blauen Meer – die Interstate 5 sollten wir den Eiligen überlassen.

In *La Jolla* liegt das *Scripps Institute of Oceanography,* ein renommiertes Forschungsinstitut (8602 La Jolla Shores), an dem Jacques Cousteau beteiligt ist und dessen Aquarium kostenlos Einblicke in das maritime Leben des Pazifik und des Golfes von Kalifornien gewährt. La Jolla – eigentlich La Joya, das Juwel – könnte uns zu einem mehrtägigen Badeaufenthalt verlocken. Vielleicht in ›La Valencia‹ (1132 Prospect Street, F 6194540771, ca. 90 $ Doppelzimmer). Das sehr europäisch wirkende Haus liegt mit allem Komfort auf einem Kliff, den Ozean überschauend. Ein Säulengang suggeriert mediterranes Flair, das dieser Küste in hohem Maße eigen ist. Unterhalb der Klippen haben sich Höhlen ausgebildet, in denen Pelikane und Kormorane ihren Brutplatz gefunden haben.

Hinter La Jolla liegt ein kleiner **State Park** mit den letzten Beständen der Torrey Pines *(Pinus torreyana),* einer besonderen Kieferart des südlichen Kalifornien mit schönen langen

Nadeln und kräftiger, dem Seewind standhaltender, runder Baumkrone.

Nach der Mündung eines kleinen Flusses öffnet sich das große Seebad *Del Mar* mit seinen charakteristischen, zum Strand ablaufenden Sackgassen. Ein Ort der Ferienhäuser und Bed-and-breakfast-Pensionen, aber auch angenehmer Motels, mit sehr schönem hellem Sandstrand und unprätentiösen Lokalen. Die hügelige Bebauung quillt über von blühenden Bougainvilleas, Hibiskus, Kokospalmen, Fishtail Palms *(Caryota mitis)* mit gefiederten Palmblättern und schön hängenden Kaskaden von braunen Früchten, der philippinischen Merill Palme *(Veitchia merillii)* mit ihren elegant bogenförmigen Zweigen und roten Früchten. Überall zwischen den Häusern lugt das ultramarinblaue Meer hervor, zum Horizont hin von tiefdunkler Bläue.

Auf einem der Hügel werden gerade neue Villen erbaut, es sind Villeggiaturen italienischer Art, erbaut am Meer und zur Sommerfrische. Die Holzbauweise Kaliforniens kommt der phantasievollen Architektur entgegen, bei uns wäre dieser Formenreichtum an Erkern, Loggien und Veranden unerschwinglich: Rotzeder-Dielen werden in geschicktem Kreuzverband versteift, sie dienen zur Innen- und Außenverschalung, als Böden und Decken, eine Schicht Glaswolle wird dazwischengeschoben, Installationen aus Kunststoff und Kupfer dazugepackt, Fenster eingesetzt und in vierzehn Tagen ist alles einzugsbereit. An der Straße wird ein Holzmast errichtet, ein fliegender Trupp kraxelt mit Steigeisen hinauf und montiert in einer kurzen Stunde das Kabel vom E-Werk, ein kleiner Transformator wird oben auf den Mast ›genagelt‹ und schon schwingt sich der Anschluß samt Telefon ins Haus; ein paar Minuten später brennt das Licht. Welch mühsame Maschinerie in Geld und Gütern, in Verwaltungsakten, Vorschriften, Bebauungsplänen, Ortssatzungen, Statik und Genehmigungen muß dagegen bei uns in Bewegung gesetzt werden – und wie langweilig sieht oft das Ergebnis aus, verglichen mit dem phantasievollen Schwung Kaliforniens. Für die Ewigkeit wird hier zwar nicht gebaut, das verlangt auch niemand, aber passend zum jeweiligen Geldbeutel. Mietwohnungen sind seltene Ausnahmen in den Stadtzentren.

Ein Seebad folgt nun dem anderen: *Cardiff-by-the Sea, Encintas, Leucadia, San Clemente* und *Carlsbad* – jedes Land Europas hat sich an dieser begnadeten Küste verewigt, seine Gewohnheiten mitgebracht. Immer noch meiden wir die Interstate 5 und folgen dem **Highway** 1 durch die seenahen Ortschaften, immer wieder locken Aussichtspunkte auf kleinen Felsbastionen, sehen wir Gruppen von Malern an ihrer Staffelei, wie sie die Schönheit dieser Riviera einzufangen suchen. Nicht immer ist das Ergebnis ein bedeutendes, aber es macht einfach Spaß; Gleichgesinnte treffen sich und gelegentlich ist ein Könner darunter, der die von Seelöwen bewohnten Felsen des Meeres, die grauschwarzen Senkrechten der Steilabstürze und die sanft geschwungenen ockerfarbenen Hügel des Hinterlandes mit glücklicher Hand einfängt.

Das Kloster San Juan de Capistrano

Bei *Capistrano Beach* verlassen wir den Pacific Highway 1, folgen ein Stück der **Interstate** 5 zur Mission *San Juan de Capistrano,* eine jener 21 Missionsstationen, mit denen der spanische Vizekönig in Mexiko und mit ihm die Franziskaner dieses Land gegen Ende des 18. Jahrhunderts erschlossen. Meist legte man eine solche Station im Abstand einer Tagesstrecke an. So hat man hier am 30. Oktober 1775 den langen Weg zwischen San Diego und Los Angeles durch den Bau eines Klosters zu teilen gesucht. Immer wieder von Indianerüberfällen unterbrochen, entstand eine erste kleine Kirche, deren Glocken mehrfach vergraben wurden, da sie als Fluchtgepäck nicht sehr geeignet waren. Schließlich hatte man 1806 eine große franziskanische Basilika in den Formen des Barock errichtet. Eines Morgens im Dezember 1812, als zwei Indianerjungen die Glocken der Frühmesse läuteten, erbebte das Gebäude und ein Erdbeben stürzte die gewölbte Decke auf die Gemeinde, zumeist Indianer, von denen vierzig umkamen. Wir sehen heute die Ruinen dieser Basilika, das Adobeziegel-Mauerwerk, die kunstvollen Gewölbeschlüsse und schön gemeißelten Kapitelle, und haben das Gefühl, einen Rückblick in eine uralte Zeit zu tun. Für die Zeitmaßstäbe dieses Landes sind dic niedergebrochenen Mauern so beeindruckend wie die Ruinen auf dem römischen Palatin, mit denen sie auch noch die Ziegeltechnik teilen. Die Mönche begruben ihre Toten, ließen die Ruinen unberührt und benutzten wieder ihre kleine Kapelle, die noch heute dem Gottesdienst dient, dunkel, um den Altar erhellt von Hunderten von Votivkerzen. Das alte vergoldete Retabel, eine Arbeit aus dem Barcelona des 17. Jahrhunderts, wurde 1906 vom spanischen Mutterland Erzbischof Cantwell von Los Angeles für die unvergessenen Missionen in Kalifornien geschenkt und kam 1922 nach San Juan de Capistrano. Der Kreuzgang des großen Klosters hat sich erhalten, wir können unter ihm wandeln und über die Vergänglichkeit menschlichen Tuns nachsinnen. Vor der erhaltenen Apsis der eingestürzten Basilika breitet sich ein Klostergarten mit Springbrunnen und seltenen Pflanzen aus und an Pfeilern des Kreuzganges ranken sich Bougainvilleen hoch. Ihr tiefes Violett schmiegt sich versöhnlich an die dunkelbraun verwitterte Balkendecke aus Redwoods, die einst die Küste bedeckten.

Die Glocken aus dem eingestürzten, vierzig Meter hohen Campanile hängen heute in den Schall-Luken einer dicken Mauer, hinter der sich in einem schmalen Durchgang der stimmungsvollste Teil der Klosteranlage verbirgt. Schöne Natursteinlaibungen schmücken Türen, manche tragen das Symbol der Jakobsmuschel, die zwischen dem alten Spanien Santiago de Compostelas und dem jungen, muschelreichen Kalifornien zu vermitteln scheint. Die Mauerschwalben, die auf den Tag genau an St. Josephi, dem 19. März, aus dem Süden kommend, hier einfallen, haben ihre Nester unter die Dachziegel gebaut. Ebenso pünktlich verlassen sie am 23. Oktober wieder das Kloster. Auch die Säkularisation hat sie nicht vertrieben und ihr Vertrauen hat sie nicht enttäuscht. Als 1922 Father John O'Sullivan die kleine Kirche unter Ruinen als Heustadel wiederentdeckte, war er sich auch als Ire der geschichtlichen Verantwortung bewußt. Heute ist das Kloster Junipero Serras wieder eine blühende

Schule, deren Kinder in den Kreuzgängen herumtoben können, und neben der nahen neuen Basilika, wiewohl sie natürlich keine Basilika im strengen Sinne ist, hat sich ein baulich sehr modern wirkendes Seminar angesiedelt.

Mount Palomar oder Blicke ins All

Der an Astronomie Interessierte wird höchstwahrscheinlich in *Oceanside* über die 76 den *Mount Palomar* ansteuern, in dessen Einsamkeit, inmitten indianischer Reservationen der einst an der Küste lebenden Stämme, der gewaltige weiße Pilz des Mount-Palomar-Observatoriums mit seinem berühmten Spiegelteleskop steht.

Auf 1871 Meter Seehöhe hat hier 1948 das California Institute of Technology neben dem bereits in den dreißiger Jahren erbauten Observatorium auf dem Mount Wilson, unmittelbar am nördlichen Stadtrand von Los Angeles, in den San Gabriel Mountains, in ungewöhnlich klarer Atmosphäre und nach den Vorstellungen des berühmten Astronomen George Ellery Hale ein Riesenteleskop erbaut. Mit einer Brennweite von 16,5 Metern und einem Spiegeldurchmesser von fünf Metern erlaubt das Instrument mit seinen gewichtigen Ausbalanciereinrichtungen zur ruhigen Nachführung die Beobachtung selbst entferntester Himmelskörper.

Bei den klassischen Keplerschen Teleskopen, die mit Glaslinsen arbeiten, ist die Größe der Linsen im Gegensatz zum Hohlspiegel, der in seinem Brennpunkt abbildet, durch das enorme Gewicht der sich durchbiegenden, sich ausdehnenden und zusammenziehenden und damit unruhigen Linsen beschränkt. Die in Palomar zusätzlich vorhandenen Linsenteleskope nach dem System, das Bernhard Woldemar Schmidt von der Sternwarte in Hamburg-Bergedorf gegen 1930 erfand, besonders der Big Schmidt mit seiner 122 Zentimeter weiten Öffnung, haben den Kaliforniern erlaubt, einen Palomar Sky Atlas zu schaffen, der seinesgleichen sucht. Kein Geringerer als der skeptische Albert Einstein hat 1930, bei einem Besuch auf dem Mount-Wilson-Observatorium, sich Beweise für die schwer verstehbare Konsequenz seiner

Relativitätstheorie geholt, wonach das Weltall sich mit der fabelhaften Geschwindigkeit des Lichts, also mit 300 000 Kilometern in der Sekunde, ausdehnt und seit dem Urknall, der Geburtsstunde des Weltalls vor einer Milliarde von Jahren, auf mehr als eine Trilliarde Kilometer ausgedehnt hat.

Der amerikanische Astronom Edwin Hubble hatte durch seine Messung der Rotverschiebung des Lichtes, die von sich entfernenden astronomischen Nebeln ausgeht, diesen Beweis geführt und einen nachdenklichen Einstein durch sein Observatorium auf dem Mount Wilson geleitet. Sieht man diese weißen Pilze auf den Bergen, gewaltige Drehkuppeln mit einem sich zur Beobachtung öffnenden Spalt, so erinnern sie als große Brüder an die vielen anderen Pilze, die wir auf den seenahen Bergen der Coastal Ranges in Kalifornien sahen, etwa auf dem Mount Tamalpais nördlich von San Francisco, die die Radaranlagen des US-Fernwarnsystems vor der Witterung schützen. Dieser Planet blickt bereits tief in den Weltraum, tiefer, als manche wahrhaben wollen.

Catalina Island und Channel Islands National Park

Bevor wir *Newport Beach* erreichen, besuchen wir die Inseln vor der kalifornischen Küste. *Catalina Island* zumal liegt, unerwartet groß, taubenblau und gebirgig, fünfzig Kilometer querab der Küste vor Newport Beach und ist von hier mittels der ›Catalina Passenger Service Line‹ (F 714 673 5245) zu erreichen. Andere Fährverbindungen führen von *San Pedro* bei Los Angeles mit der ›Catalina Express‹ (F 213 519 1212) neben dem Liegeplatz der hübschen ›Princess Louise‹ – genannt, man wußte es nicht genau zu sagen, nach der späteren Königin Luise von Preußen oder ihrer Tante, der schwedischen Königin Luise Ulrika – nach *Avalon* auf Catalina Island. Die Bucht von Avalon verdankt ihren Namen Tennysons ›Idylls of Kings‹ und so hat sich auf Catalina Island zumindest eine feudale, unamerikanische Noblesse erhalten.

Die etwa zwanzig Kilometer langgestreckte Insel Santa Catalina wurde von Sebastián Vizcaíno am Katharinentag 1602 entdeckt und nach der heiligen Katharina benannt. Bewohnt von Indianern einer steinzeitlichen Kultur, wurde sie vergessen und wiederentdeckt von den Russen, die hier dem Seeotterfang nachgingen. Weder die Ottern noch die Indianer haben überlebt. Erneut vergessen und manchem Piraten auf seinen Raubzügen entlang der kalifornischen Küste dienend, war sie den Bewohnern Kaliforniens ein Dorn im Auge. Auch das seenahe Kloster von San Juan de Capistrano wurde von den wenig zimperlichen Piraten von hier aus geplündert. Aber diesen Barbaresken des amerikanischen Westens beizukommen, war gar nicht einfach. Zu groß war die Insel und zu gering die maritime Präsenz der Amerikaner. Wilde kommerzielle Entreprisen machten sich vor dem Zweiten Weltkrieg breit, doch dann drohten die Japaner und die Angst ging um, sie könnten hier vor der Küste einen Stützpunkt errichten.

Heute ist Catalina Island, ein wenig in Stellvertretung für den kaum zugänglichen Nationalpark in den nahen *Channel Islands*, eine dem Lärm von Los Angeles völlig entzogene Inseloase mitten im Pazifik. Der sehenswerte Skyline Drive und Rundfahrten werden von Avalons Visitors Information Center am Green Pleasure Pier veranstaltet und vermitteln das Bild einer idyllisch im Meer träumenden Insel nach der Art Sardiniens. Ein Ausflug mit Glasbodenbooten führt in die reichen Fischgebiete der Riffe und Kelpgärten der Avalon Gardens, wo man an schönen, sonnigen Tagen tief in das klare Wasser hinabsehen kann, die steilen Abschwünge des Meeresbodens im Bereich des Küstenschelfs. Der Reichtum der farbigen Fischwelt, der Yellow Tails und Red Snappers, die fast allen subtropischen Meeren Amerikas eigen sind, der Barracudas, Copper Rockfishes, der California Spiny Lobsters oder Langusten, ungewöhnlich großer Octopodi oder Kraken, die an alte Schauergeschichten erinnern, und sicher auch einiger Delphine, ist sehenswert. Am Meeresboden liegen die großen Red Abalones, deren weißes delikates Fleisch wir in Restaurants sicherlich oft gegessen haben. Es sind eigentlich keine Muscheln, sondern Seeschnecken der Gattung Haliotis, deren großes Gehäuse eine Muschel vortäuscht. Einst die Beute der Seeottern und Indianer, haben sie sich nach deren Verschwinden enorm vermehrt. Daß die Inseln ein Refugium der braunen Pelikane sind, der schwarzen Brandt's Kormorane und der Sandpiper, darf nicht überraschen. Wer noch nie mit einem Hubschrauber geflogen ist, findet in San Pedro auch einen Helicopter Service nach Catalina, der wunderschöne und nahe Blicke auf diese malerische Küste und ihr tintig blaues und durchsichtiges Meer schenkt – um die Lichtspiegelung auf dem Meer zu vermeiden, vorzugsweise um die Mittagszeit.

Der **Channel Islands National Park** besteht aus den Inseln *San Miguel, Santa Rosa, Santa Cruz, Anacapa* und *Santa Barbara*; er ist ein in Entstehung befindlicher Park und das bedeutet Kämpfe mit privaten Interessengruppen, denen zum Beispiel Catalina Island gehört. Einst eine von Russen und Spaniern wegen der Jagd auf Seeottern umkämpfte Inselgruppe, waren die Chumash-Indianer bald die eigentlichen Opfer. Die Russen brachten aleutische Pelzjäger mit sich, die, an härteres Klima gewohnt, hier in ihren Kajaks aus Seehundfell und Walbeinrippen zu jagen, fast als eine Art Sport ansahen und prompt die Seeottern nahezu ausrotteten. Wer Seeottern in einem der großen Seaquarien beobachtet hat, vergißt nie die ungemein spielerische und menschliche Art dieser Meeressäuger. Meist in Gruppen auf der Oberfläche treibend, sind sie voller Charme und voll neckischen Spielgeistes. Sie umarmen sich, geben sich – aus menschlicher Sicht – so etwas wie Küßchen, nehmen einen Stein auf den Bauch und zerschlagen darauf, auf dem Rücken treibend, harte Muscheln, um sie – wie ein Gourmet seine Austern – auszuschlürfen. Erst in unseren Tagen hat sich der Bestand wieder so vermehrt, daß man die possierlichen Tiere in küstennahen Buchten zusammen mit Seehunden – Harbor Seals – beobachten kann. Die Felsen der Channel und Catalina Islands sind voller Seelöwen, doch haben wir diese bereits an vielen anderen Stellen der kalifornischen Festlandküste sehen können. Seltener sind die Elefantenrobben, mit ihren komisch wirkenden rüsselartigen Schnauzen und die Seelöwen der Stellerschen Varietät mit einer dichten gelben Mähne.

Auch die Pflanzenwelt der Channel Islands verdient einen Ausflug. In *Ventura,* südlich von Santa Barbara, wird man uns im Visitor Center der Channel Islands nach Möglichkeit Auskunft geben. Auf *Anacapa,* die ihren Namen den Indianern und George Vancouver verdankt, ›der ewig Wechselnden‹, blüht im Frühjahr die gigantische Coreopsis oder Seedahlie, eine mehrere Meter hohe starkstämmige Baumart, die den Joshua Trees im südlichen Kalifornien ähnelt und deren gelbe Blütenpracht weit über die blaue See leuchtet.

Der ständig wehende starke Nordwestwind läßt immer neue Baumstämme aus Alaska und Britisch Kolumbien an den Küsten der Inseln anlanden, sie verkalken und verkieseln an den Stränden zu Geisterwäldern und es ist eine seltsame Erscheinung: im Norden entwurzelt der Sturm die Wälder und pflanzt sie im Süden versteinert wieder an. Auf diese Weise haben wir uns auch die Entstehung einiger der fossilen Wälder vorzustellen, die wir in Arizona sahen.

Die steilen Berge und Klippen dieser Inseln, im Frühjahr in strahlendem Gelb aus den Nebeln der See auftauchend, verdienten einige Tage – aber was alles in diesem wundersamen Land verdiente nicht auch einige Tage?

Auf *San Miguel* hat der in spanischen Diensten stehende portugiesische Seefahrer Juan Rodriguez Cabrillo sein Grab gefunden. Im September 1542 hatte er Acapulco in der Hoffnung verlassen, endlich die sagenumwobene Passage zwischen Pazifik und Atlantik zu finden. Die tief ins Land schneidende Meeresbucht, die California Baja vom Festland trennt, hatte schon lange die Hoffnung genährt, dies sei die Straße von Anian, die in alten Karten als ein solcher Weg angedeutet war. Doch alles war vergebens, Cabrillo kam zwar bis zur Höhe von San Francisco, ohne freilich die Bay und das Golden Gate zu sehen, aber mit dem Nebel dort haben wir ja schon unsere eigenen Erfahrungen gemacht. Von einer Meeresstraße keine Spur. Zurückgekehrt nach San Miguel, welches er ursprünglich Isla de Posesion nannte, starb er hier am Wundbrand einer Beinverletzung und die Insel nahm ihn auf. 1602 folgte ihm Sebastián Vizcaíno und gab den Inseln ihre heutigen Namen. Auch ihm blieb nur die enttäuschende Erfahrung, unverrichteter Dinge umkehren zu müssen, auch ihn narrten die Nebel, die plötzlich aus der See aufstiegen. Das Enträtseln der Bucht von San Francisco gelang 167 Jahre später erst Gaspar de Portola, kurz danach gefolgt von George Vancouver. Dies veranschaulicht, mit welcher Langsamkeit sich die Dinge über Jahrhunderte hinweg hier entwickelten.

Von den Inseln vor der kalifornischen Küste kann man den Vorbeizug der Beluga-Wale und der Grauen Wale im Winter besonders gut erleben. Sie waren einst die Beute der kalifornischen Walfänger, deren Haupthäfen San Pedro und San Francisco waren. Vor allem die Grauwale mit ihrer grindigen und von allen möglichen Parasiten bedeckten Haut, die wie ein von Algen und Flechten bewachsener Fels aussieht, sind wahre Kosmopoliten, ziehen mit den jahreszeitlichen Strömungen die Westküsten Amerikas auf und ab, ernähren sich als Bartenwale von Krill, von Kleinkrebsen, die sie mit ihrem Maul einsaugen und mit den Barten im Rachen aus dem Wasser filtern.

Los Angeles –
manche sagen Los Diablos

Die Yachthäfen von Newport Beach

Wenn man mit Menschen spricht, die Los Angeles kennen, so gerät man in Zweifel, welche der beiden Bezeichnungen zutreffend ist. Die Stadt, so werden wir belehrt, sei eine Steinwüste, eine quadratisch regelmäßige, zu Tode langweilende Häuserwüste, ein Schachbrett aus Beton und Asphalt, durchzogen von achtspurigen Freeways, in der trotz der Bemühung von hundert Jahren sich nie so etwas wie ein urbanes Zentrum entwickeln konnte – geschweige denn ein urbanes Gefühl.

Ich kann dieser Sehweise nicht widersprechen, sie mag ihre Berechtigung haben. Ich kann sie auch nicht bestätigen, denn kein vernünftiger Mensch wird eine Urlaubsreise dazu nutzen, künstliche Steinwüsten zu erkunden. Geht man aber an Los Angeles gelassen heran und sucht, einer alten Reiseerfahrung folgend, zunächst einmal seinen maritimen Rand, sein Gestade am Meer, seinen Hafen – so wird man angenehm überrascht sein.

Von *Newport Beach* zieht der **Highway** 1 durch dichter besiedelte Vorstädte zur *San Pedro Bay,* in der Los Angeles seinen Hafen hat. Von Newport Beach wird uns wohl nur der riesige Yachthafen in Erinnerung bleiben, an dem Mariott und Sheraton große Hotelpaläste errichtet haben. Sieht man diese Massierung der teuersten und schönsten Segler und Motoryachten – nur ein kleines Vorspiel zu Los Angeles –, so erscheinen die Yachthäfen in Kiel und Hamburg, in Holland und Genua äußerst bescheiden. Seltsamerweise sieht man an diesen endlosen amerikanischen Marinen kaum je Menschen, offenbar sind diese viel zu sehr mit dem ›Moneymaking‹ beschäftigt, um ihr teures Boot unterhalten zu können.

An *Huntington Beach* vermengen sich vollends Straße, Wohnbebauung, Kanäle, Inlets und Yachten. Wir wähnen uns manchmal in der venezianischen Lagune. Die Boote liegen vor dem Haus, das Groß-Segel dient auch als Sonnensegel für die Terrasse, unübersichtliche Seitenbuchten der *Bolsa Bay* ziehen sich meilenweit ins Land, und bei *Seal Beach* sollten wir den **Ocean Boulevard** nehmen, der die *Alamitos Bay* mit ihrem feinen Yachtclub kreuzt und an der modernen und beeindruckenden Skyline Los Angeles vorbei auf *Long Beach* zusteuert. In der Abendsonne verschmelzen goldschimmernde glasspiegelnde Hochhäuser, Banken und Büros mit den im Blau des Meeres sanft vor sich hin dümpelnden weißen Seglern, umrahmt vom bizarren Grün der Palmen an der Küstenpromenade.

Marina del Rey vor der Skyline von Los Angeles

Unseren Fahrweg stets zum Wasser hin korrigierend, gelangen wir endlich zum riesigsten aller je gesehenen Yachthäfen der Welt, der *Marina del Rey:* Zehntausende Segler liegen an den Piers, ein Gewirr von Masten und Spanten verdeckt fast die nahe See, die Sonne blinzelt in den spärlichen offenen Wasserflächen. Mit dem Wagen können wir über eine Privatstraße bis zur Spitze der kleinen Halbinsel fahren, die den Yachthafen einrahmt. Hier bieten sich zwei atemberaubend schöne Blicke: uns zurückwendend, sehen wir das sanft ansteigende Häusergewirr der City of Los Angeles, schier unendlich in der Ausdehnung, am Hafen begrenzt von einer prächtigen Skyline, deren ausnehmend originelle moderne Hochhäuser von dem im Wind leise klingelnden Vorhang der Takelagen und der raschelnden Palmen der Marina del Rey verschönt werden. Vor uns liegt nur wenige hundert Meter entfernt die gewaltige und stolze ›Queen Mary‹ jenseits eines schmalen Wasserarmes, als wollte sie sagen: »Wir hatten auch unsere große Zeit.«

Der Cunard-Liner ›Queen Mary‹ mit seiner circa 300 m langen tiefschwarzen Bordwand, sechs Stockwerke hoch über ihrer schmalen roten Wasserlinie aufragend, den weißen Galerien der eleganten Salons und Speiseräume auf den Oberdecks, den altmodisch erscheinenden und darum von vielen so geliebten drei roten Schornsteinen – vergegenwärtigt die Aura einer längst vergangenen Zeit, ihres Reichtums, ihres *savoir vivre* und ihrer ungezwungenen Sicht auf ein Weltreich vom Deck eines imposanten Musikdampfers. 1936, als die ›Queen Mary‹ der ›Bremen‹ das Blaue Band abnahm, die Auszeichnung für den schnellsten Transatlantikdampfer, dampfte sie selbst noch mit dreißig Knoten oder 52 Stundenkilometern zwischen Southampton und New York durch den Atlantik. Während des Krieges dienten die ›Queen Mary‹ und ihr Schwesterschiff ›Queen Elisabeth‹ als Truppentransporter. Obwohl ein so großes Schiff ein leichtes Ziel für U-Boote zu sein scheint, ermöglichte doch die hohe Geschwindigkeit – ein getauchtes U-Boot kam damals auf maximal zehn Knoten – die Chance, mit hoher Fahrt Zick-Zack-Kurs laufend, allem Unheil auszuweichen. Bei der anfänglich noch bescheidenen Luftaufklärung über dem Atlantik hatte nach Kriegsbeginn ja auch die ›Bremen‹ eine Chance, aus dem Hafen von New York unerkannt nach Deutschland zurückzukehren. Auch solch ein Schiffsriese ist nur ein winziger Punkt in den Wellenbergen des winterlichen Atlantik und ohne Radar einstens kaum zu finden.

Doch sollten wir der stattlichen Königin, die als Queen Mary (1867-1953), geboren als Tochter des Herzogs von Teck in Württemberg, die Gemahlin Georgs V. und die Mutter Eduards VIII. und Georgs VI. war, unsere Reverenz erweisen. Vom Ende des *Long Beach Freeways,* wie von unserem derzeitigen Standpunkt aus leicht erreichbar, kann die ›Queen Mary‹ in allen Decks, den eleganten Speisesalons erster, zweiter und den bescheidenen dritter Klasse, samt Luxuskabinen, Maschinenräumen, Turbinen und Kesseln besichtigt werden. Ein tagesfüllendes Programm für sechs Dollar; bei beginnender Erschöpfung kann man sich bei ›Lady Hamilton‹ oder ›Lord Nelson‹ im Restaurant im wahrsten Sinne restaurieren, und wenn die Füße nicht mehr die Gangway hinuntertragen, so bietet die ›Queen Mary‹ luxuriöse

Kabinen in Teakholz und mit dem Charme der dreißiger Jahre (F 213 435 3511, ca. 80 $ pro Doppelkabine). Die teuren Hotels in Los Angeles können nur ärgerlich auf die königliche Konkurrenz herabblicken.

Neben dem Liner liegt ein Vogel, der hoch hinaus wollte, aber dann doch nicht richtig fliegen konnte. Der moderne Ikarus ist von Howard Hughes erbaut worden und ›Spruce Goose‹ getauft worden. Als Truppentransportflugzeug sollte das schwere Flugboot 750 Mann tragen können, kam aber schon beim leeren Testflug kaum hoch und erinnert an die Dornier Do x und die alten britischen Sunderland-Flugboote, die das Fliegen aber weit besser konnten.

Brücken über weite Häfen, maritimes Treiben in San Pedro

Im Weiterfahren halten wir beharrlich die Wasserlinie – nicht unter, aber neben uns. Trotz vieler Ablenkungsmanöver gelingt es uns, über den **Seaside Freeway** die Mautbrücke über den *Angeles Creek* zu finden, die hoch über den Hafen von *San Pedro* führt, der der Port of Call von Los Angeles ist. So erreichen wir das Promontorio von *Rancho Palos Verdes*. Links unter uns der Long Beach Naval Shipyard, eine der großen Werften der US-Navy am Pazifik. Gewaltig und grau abweisend, lag die Masse des Schlachtschiffes ›New Jersey‹ mit seinen 57 000 Tonnen Wasserverdrängung und den riesigen Drillingstürmen vom Kaliber 40,6 cm im Dock. Das 1943 in Philadelphia fertiggestellte Schiff wurde hier umgebaut und modernisiert, um 1985 wieder in Dienst gestellt zu werden. Die Philosophie, daß große und verwundbare Flugzeugträger bei entsprechender Unterwasserelektronik von Geleitschiffen geschützt werden können, hat offenbar auch dem Schlachtschiff wieder eine Chance eingeräumt.

Friedlich hingegen fährt den Angeles Creek ein schmuckes weißes Kreuzfahrtschiff hinab, erinnert uns daran, daß San Pedro an der Flußmündung den Franziskanern, die noch nichts von Schlachtschiffen wußten, Hafen für ihre zerbrechlichen Galeonen war, mit denen sie den Nachschub aus San

Diego und südlicher aus Acapulco, besorgten. Folgerichtig liegt am Oberlauf des Angeles Creek, wo das Flüßchen im Dschungel der Großstadt fast verloren zu gehen droht, der Pueblo de los Angeles, den wir noch besuchen wollen.

Ports O'Call Village ist eine kleine touristische Enklave im Gewühl des Hafens westlich des Angeles Creek. Über **Harbor Freeway** und **Harbor Boulevard** wird der an Schiffen näher Interessierte einen kleinen Ort finden, dessen Pflastersteinstraßen viele Geschäfte mit maritimem Bedarf säumen. Draußen im Strom zieht eine endlose Kette von Seglern, Frachtern und Passagierschiffen vorbei, spanisch empfundene Architektur und die Atmosphäre neuenglischer Walfanghäfen vermischen sich, denn Ende des vergangenen Jahrhunderts war Los Angeles noch ein wichtiger Walfangplatz, wovon uns Jack London in seinen Seeromanen, zum Beispiel dem ›Seawolf‹, erzählt. An *Whalers Wharf* verdichtet sich das Bild von englischen Brickbauten und buntbemalten Tavernenschildern, auf denen sich die Ungeheuer des Atlantik mit den Schönheiten des Fernen Ostens und Polynesiens zu vermählen scheinen. Bananenstauden, Bougainvilleas, rote Laternen, die Verruchtheit und Laster andeuten wollen, aber nur in harmlose Pubs führen, und umherziehende Musikanten vermischen sich und geben sich im Sommer bis neun Uhr ein Stelldichein, dann ist puritanischer Kehraus. An der vor Anker liegenden roten chinesischen Dschunke lädt das ›Ports O'Call Restaurant‹ zu scharfen indonesischen Delikatessen ein, in Konkurrenz zum ›Yankee Whaler Inn‹ an *Berth* (Dock) 75, in dessen geschindelter Behausung mehr der Geist von Melville's ›Moby Dick‹ umgeht.

Der **Palos Verdes Drive** umrundet nun die gleichnamige Halbinsel mit den Rolling Hills Estates, die unendlich fern der Riesenstadt Los Angeles zu sein scheint. Die im Meer versinkende Sonne vor den schönen schwarzen Palmsilhouetten gemahnt uns, an eine Unterkunft für die Nacht zu denken. Bei den Pinguinen, Seelöwen und Mörderwalen der Marinelands of the Pacific wollten wir nicht bleiben. Doch am nahen *Redondo Beach* fanden sich Unterkünfte, unter denen das ›Portofino Inn‹ seinem Namen nach Lage und

Preis Ehre machte (direkt am Yachthafen, F 213 379 8481, ca. 80 $ pro Doppelzimmer). Doch sollten wir bedenken, daß im Umfeld von Los Angeles keine preiswerten Motels erwartet werden können und wir in der Zwischenzeit ›auf dem Lande‹ ja viel Geld gespart haben ...

Kleine Münze am Pueblo de los Angeles

Am Morgen wehte ein wunderbarer milder Wind von See durch die offene Balkontür, ein unbeschreiblicher Duft nach Weite und Meer. Wir nahmen den Kaffee auf dem Balkon und beratschlagten, was wir von dieser Stadt Los Angeles noch zu sehen wünschten.

Da gab es Hollywood – aber wollten wir dies wirklich sehen: stundenlang durch Studios und Pappmaché-Welten geführt zu werden, Omnibusse, bitte einsteigen, bitte aussteigen. In den Universal City Studios die Entertainment Tram, angegriffen von Riesenhaien, geschüttelt von Erdbeben, verschüttet in Lawinen? Oder die NBC Television Studios, wo der letzte Rest von Illusion verlorengeht.

Nein, aber wir wollten doch Beverly Hills sehen, den Sunset Boulevard und Old Los Angeles, Santa Monica mit den Erinnerungen an Thomas Mann.

So nahmen wir in *Redondo Beach* aus alter Gewohnheit den **Highway 1**, fuhren am lärmenden und häßlichen Flughafen vorbei, gelangten über die **42** bis *Florence*, wo der **Harbor Freeway 11** kreuzt. Er führte uns nach Norden, nannte sich nun **Pasadena Freeway** und entließ uns, über die **101** rechts abbiegend, im alten *Pueblo de los Angeles*. 130 Paseo de la Plaza findet sich das Visitors Center, wo zwischen zehn und ein Uhr stündlich kostenlose Touren zu Fuß angeboten werden, die uns manches Herumirren ersparen.

1769 gründeten vierundvierzig Mexikaner im Auftrag des spanischen Vizekönigs unter dem Gouverneur Felipe de Neve ›El Pueblo de Nuestra Señora la Reina de los Angeles de Porciuncula‹. – Der Pueblo war nicht halb so groß wie sein Name, und es war keine Missionsgründung wie die einundzwanzig Missionsstationen am Wege zwischen San

Diego und Sonoma, sondern eine weltlich-administrative Gründung an der Plaza und um die 1812 erbaute Plaza Church herum. Vor allem in *Olvera Street* werden wir in bescheidenem Umfang ein Stück des alten Mexiko mitten im modernen Los Angeles sehen. Läden geben sich spanisch, Bodegas schenken Rotwein aus, bieten Tapas, Tacos und Enchiladas an. Manche Häuser, freilich erst gegen Ende des 19. Jahrhunderts erbaut, als die Prunkvillen und Miethäuser der wilhelminischen Ära unsere Städte zu füllen begannen – versuchen ein wenig alte Atmosphäre zu schaffen: Pico House, Pelanconi House und die 1818 erbaute Avila Adobe. Aber eigentlich ist der Versuch von 1930, den letzten Rest einer gar nicht so alten Stadt zu konservieren, in der Unrast von Los Angeles und dem Gedränge der Touristen untergegangen.

Nun drängt es uns nach *Hollywood.* 1887 gegründet als ›Buen Retiro‹ für Ostküstenmüde, etablierten sich bereits 1910 die ersten Filmstudios. Manche ihrer Gründer waren über das kinematographische Patentmonopol von Thomas Edison verärgert, suchten die Freiheit des Westens und die nahe Grenze Mexikos, wenn es denn mal notwendig sein sollte. Es war gelegentlich notwendig. Hollywoods Gründungserlebnis und seine Kolportage sprechen für sein Selbstverständnis: Moses legte man in ein Körbchen, Jesus in eine Krippe und Hollywood entstand in einer Scheune …

Wo die Mythologie nahe ist, sind auch die Göttinnen nahe: Mary Pickford, Gloria Swanson, die große Garbo, Marlene und ganze Heerscharen von Diven. Schon der alte und trockene Stowasser der Altphilologen findet das richtige Ambiente: *diva* = die Göttin und *sub divo* = unter freiem Himmel, dann gar *sub divum* = ans Licht! Und das wollte Hollywood: ans photographisch so scharfzeichnende und die Welt erregende Licht Kaliforniens.

Als der Stummfilm zu Ende war, der Hörfunk sich durchsetzte, setzten auch die fast bankrotten Warner Brothers auf die schmale, zitternde Tonschrift am Rande des Zelluloidstreifens ›The Jazz Singers‹. Sie siegten. Selzniks ›Gone with the wind‹ setzte 1939 ein Signal, einen Höhepunkt. Nach

1950 hatte Hollywood den Kampf gegen den neuen Gegner Fernsehen endgültig verloren. Vier Gründe mögen diese Niederlage verursacht haben: Die Intellektuellenjagd McCarthys dünnte Hollywood aus, Gerichtsbeschlüsse engten das Management zugunsten der Gewerkschaften ein – im künstlerischen Bereich ein besonders folgenschwerer Eingriff, organisierte Streiks schwächten die Finanzkraft und schließlich dominierte der Zeitgeschmack, der es liebte, Filme an Originalschauplätzen spielen zu lassen – ohnehin billiger und weniger eingeengt.

Bert Brecht mit seiner bitteren Aussage: »Am Morgen gehe ich auf den Markt, wo Lügen verkauft werden ...« Werden woanders keine Lügen verkauft? Hollywood hat große Filme gemacht, manche kann man in ihrer oberflächlichen Scheidung von Gut und Böse nicht mehr sehen, aber einige davon haben den Menschen, auch und gerade den Bescheidenen, mehr gebracht als manche heutige Seelengründelei.

Als Goebbels 1938, nach dem Anschluß Österreichs, in Wien das neue Renaissancezeitalter der Künste ausrief, da waren die meisten Künstler dieses ›Zeitalters‹ bereits im Ausland, zumal in Hollywood; geblieben waren neben wenigen Optimisten und Hoffenden die Barden des Untergangs. »I can't help you«, hängt immer noch das dunkle Timbre Marlene Dietrichs in den Straßen von Beverly Hills.

Am Nordrand des *Pueblo Parks* suchen wir, westwärts fahrend, die Kreuzung mit dem **Highway 11**. Es ist die Stelle, an der der **Sunset Boulevard** ›entspringt‹, der von *Beverly Hills* als grüngesäumter Asphaltfluß zum Strand des Pazifik hinabströmt. Wir fahren durch Teile von Hollywood, die nicht anders aussehen als andere amerikanischen Städte auch, vielleicht ein bißchen mehr Bohème auf den Straßen, doch Glanz und Elend liegen nahe beieinander. Wird hier ein chromglitzernder Bürobau hochgezogen, so liegt unmittelbar daneben eine triste Gasse mit elenden Buden, streunenden Hunden und gelangweilt herumstehenden Schwarzen oder Hispanics. Hält man an einer Kreuzung, so versuchen Jungs uns Karten zu verkaufen ›How to see the Star Homes‹. Sechs von zehn dieser Stars kennen wir noch nicht einmal mit Namen und mindestens drei unter diesen zehn haben ihr ›home‹ längst auf dem Friedhof – auch Hollywood lebt von der Vergangenheit.

Der **Rodeo Drive** dagegen, zu dessen Kreuzung wir bald gelangen, ist die große Einkaufsadresse. Hier wimmelt es von Luxusangeboten: Tiffany, van Cleef & Arpels, Valentino und Pierre Deux sind nur wenige Monate innerhalb der Saison geöffnet und nur am Samstag. Wie könnte Einkaufen auch Spaß machen, wenn man nicht vorausberechnen könnte, wen man trifft. Dazwischen tummeln sich pfeilschnelle Porsches, elegante Lamborghinis, Rolls Royces in majestätischer Langsamkeit. Im ›Café Rodeo‹ sitzt man an offenen Fenstertüren und genießt das Schauspiel von Macht, Reichtum und Glamour, bis respektlos einige Skateboards durch das Bild rauschen. Chrom, Palmen, kühle Springbrunnen, ein Hauch von Hermès und Nina Ricci liegt in der Luft. In feinstem Understatement wird die Siamkatze in einer diskreten Tasche mit der Aufschrift ›Luis Vuitton‹ auf ein Stühlchen gestellt. Auch in Amerika zeigen nur noch die Newcomer Reichtum – Geld, so würde der betuchte Münchner sagen, »Dös hat ma halt«.

Erinnerungen an das alte Beverly Hills

Sobald man aus dem Gewirr der dichten Bebauung herauskommt, ändert sich das Bild schlagartig. Weite Parkanlagen mit schönem Baumbestand, Palmen und Blumen nehmen uns auf. Das hügelige Gelände, einst eine karstige Zone von kleinen Canyons, gliedert sich heute in sanft hinauf und hinunter führende Villenstraßen, eine schöner als die andere. Luxuriöse Häuser säumen die Wege hinter dichten blühenden Hecken, das ›Beverly Hills Hotel‹ taucht rechts an der Kreuzung zum **Rodeo Drive** auf, berühmt aus vielen Erzählungen, aber seine imponierende Autoauffahrt, der casinoartige Stil, der an Monte Carlo erinnert, sagen uns zunächst wenig. Wir müssen jene erzählen lassen, die das frühe Hollywood und die Jahre des Krieges dort erlebt haben, Carl Zuckmayer zum Beispiel. In seinen Lebenserinnerungen:

»Als wär's ein Stück von mir – Horen der Freundschaft« gedenkt er dieser Jahre.

»Freunde erwarteten und umarmten mich in Hollywood, es war des Wiedersehens kein Ende. Albrecht Joseph, Liesel Franz, die Tochter von Fritzi Massary, Marlene Dietrich mit ihrer prachtvollen warmherzigen Cameraderie. Remarque hatte im Park des Beverly Hill's Hotels, in dem ich ein Zimmer bezog, einen hübschen Bungalow gemietet, wir saßen da nächtelang zusammen – ... Mich machte Hollywood, trotz der Checks, trotz des Wohlwollens von Frauen und Freunden, nicht ›happy‹. Nie habe ich so sehr die Nebel der Depression kennengelernt wie in diesem Reich des ewigen Frühlings, in dessen künstlich bewässerten Gärten mit ihren gechlorten Swimming-Pools und neohispanischen Schlössern, an den Hängen der höher gelegenen Canyons angesiedelt, wo das kurzlebige Glück zu Hause ist, während in der Tiefe eine trostlose, mörderische Häuserwüste gähnt: die Stadt Los Angeles, eine der brutalsten und häßlichsten Großstädte der Welt.«

Wir lehnen uns wieder in die Polster unseres schönen klimatisierten Wagens zurück, der Fensterheber trennt uns von der schwül brütenden, süßlich duftenden Hitze außerhalb. Während im Autoradio das Los Angeles Philharmonic Orchestra, in der nahen Hollywood Bowl konzertierend, Brahms erste Symphonie aufführt, können wir Zuckmayer nicht ganz folgen. Gewiß, das Schicksal eines Heimatlosen lastet nicht auf uns, das mittellose Geworfensein in die Fremde. Es war ein Zufall, daß es ausgerechnet jene erste Symphonie von Brahms war, die ich Ende 1945 und achtzehn Jahre alt, als ersten Gruß eines heimatlichen Senders aus dem Äther hörte. Im Halbdunkel eines Zeltes, in der Hoffnungslosigkeit eines Kriegsgefangenenlagers in fremdem Land, sah ich alte Soldaten ihr Gesicht in die Decke pressen und schluchzen. Dies hatte ich unerwartet wieder vor Augen und konnte Zuckmayers Worten des Heimwehs plötzlich folgen.

Nicht alle aber haben seine Gefühle über Hollywood geteilt. Manche waren robust und anpassungsfähig, vielleicht auch nicht unangenehm berührt von der Leichtigkeit des

Lebens, der elitären Abgeschlossenheit – wir werden davon in Santa Monica noch sprechen. Nur die sonst so robuste Gertrude Stein sagte: »When you get there, there's no there.«

Santa Monica oder Signora Genovese findet Thomas Mann wieder

Der **Sunset Boulevard** windet sich durch die in die *Pacific Palisades* auslaufenden Hänge der *San Vicente Mountains. Santa Monica* als liebenswertes, kleines Nest taucht auf. Bog da nicht gerade Frau Katja Mann um die Ecke, um in den angenehmen Geschäften unter schattigen Bäumen einzukaufen? Oder ließen die Manns schicken? Die Gäste der kleinen europäisch wirkenden Straßencafés berührt diese Frage wenig. Thomas Manns Tagebücher und Katja Manns Memoiren geben sehr wenig Aufschluß über ihre Empfindungen in jener Zeit. Die weite Aussicht über das Meer bis hin zum fernen Catalina Island wird beschrieben, spärlich sind die Notizen über ihre Kontakte. Thomas Mann hatte das Glück, als Nobelpreisträger berühmt zu sein, auf Vortragsreisen in den USA nicht unbedeutende Einnahmen zu haben, ganz zu schweigen von den Einnahmen durch seine Bücher, die der Fischer-Verlag nun in Stockholm herausgab.

Wir fragen in einem gut sortierten Buchladen nach Thomas Mann – »Where did he live?« – »We don't know, did he live here?« – »But you know him certainly.« – »Yes, he was a Nobel Prize winner, something about the Magic Mountain.« – In diesem Stil mühten wir uns eine Stunde durch Buchläden, die Chamber of Commerce: »What business was he in?« Schließlich entdeckten wir eine lutherische Kirche. Luther, so dachten wir, da sind wir Deutschland nah. Der junge Pastor war unglaublich bemüht, ließ alles liegen und stehen, setzte seine Sekretärin in Bewegung, er hatte eine dumpfe Ahnung, daß die Manns hier gelebt haben mußten. Die Historical Society wurde bemüht – Fehlanzeige. Aber deren Präsidentin erinnerte sich an eine ältere italienische Dame, die ein Buch über die berühmten Literaten Santa Monicas verlegt hatte. Schließlich landeten wir bei dieser

Dame mit dem schönen Namen Genovese. In ihrer kleinen Druckerei wuselte sie eine Weile und fand das Buch, kopierte mir die nötigen Seiten mit jener liebenswürdigen Hilfsbereitschaft, die Amerika so auszeichnet. So fand Signora Genovese Thomas Mann, aber man könnte auch sagen: *Sic transit gloria mundi.*

Der **San Remo Drive** windet sich am oberen Ende des tief eingeschnittenen *Santa Monica Canyons* als Seitenstraße des *Sunset Boulevard* die Hänge empor. Die Monica Mountains als Teil der San-Vicenzo-Berge sind stark zerklüftet. Lockerer Sandstein und Mergel rutschen oft ab, aber hinter dem *Mandeville Canyon* zieht ein sanfter Hügel bergan, der zum Bauen einlädt. Die Namen sind *European flavored:* Capri Drive, D'Este Drive, Lucca ..., Sorrento ..., Amalfi Drive. Hübsche Häuser säumen die sich emporwindende Straße. Fährt man langsam, ist gleich ein Patrol Car einer Security Company hinter einem her und beäugt mißtrauisch das Geschehen. Am besten wird man die Kameraden los, indem man aussteigt und ihnen erklärt, man käme aus dem fernen Germany und sei an einem Grundstück interessiert. Hier irgendwo wohnt Hildegard Knef, weiter unten, jenseits des Santa Ynez Canyons am Paseo Miramar, liegt das Haus Lion Feuchtwangers.

Das Haus der Manns ist heute in anderem Besitz. 1941 von Davidson, einem Bauhausschüler, für Thomas Mann und seine Familie errichtet, ist es der Entstehungsort der ›Josephslegende‹, deren vierten Band man als eine Huldigung an F.D. Roosevelts Amerika des New Deal, eine Welt aufgeklärten, pragmatischen und sozialen Glücksstrebens – strive to be happy – interpretiert hat. Dennoch ist, wie Joachim Fest angemerkt hat, auch die ›Josephslegende‹ eine den ›Buddenbrooks‹ nicht unähnliche Verfalls- und Verfeinerungsgeschichte, eines jener Sujets also, die der kalifornischen Seelenlandschaft gar nicht so fern sind. Auch ›Dr. Faustus‹ entstand hier. Katja Mann hat ihren Mann treffend in ihren ›Ungeschriebenen Memoiren‹ charakterisiert – wenn er seinen Spaziergang machte, liefen alle Hunde der

Nachbarschaft mit ihm, denn er hatte Hunde gerne, deren einer, ›Bauschan‹, von ihm liebevoll porträtiert, in die Literatur eingegangen ist.

Arnold Schönberg wohnte jenseits des Mandeville Canyon in Rockingham Drive, Otto Klemperer war hier zu Gast, Hubertus von Löwenstein, Ernst Toch, Heinrich Mann, Bertolt Brecht, Aldous Huxley. Nach Pearl Harbour wurden an der Westküste alle Japaner, selbst solche mit amerikanischer Staatsbürgerschaft, interniert. Die Angst vor Spionen war ungeheuer. Auch die Deutschen wurden in ihrer Bewegungsfreiheit durch eine Ausgangssperre nach acht Uhr abends eingeschränkt, immerhin glimpflicher behandelt. Mann und Einstein liefen dagegen Sturm, denn an der Ostküste galt diese Einschränkung nicht, was auch ein kleines Schlaglicht auf die Verteilung der Freiheiten in Amerika wirft.

Auch nach dem Krieg und in der unseligen Ära McCarthys gab es wenig verständliche behördliche Maßnahmen. 1949 wandte sich Thomas Mann verärgert ab und ging in die Schweiz zurück, wo er 1955 starb. Litt Heinrich Mann mit tödlichem Ausgang an der Emigration, gelang Zuckmayer gerade noch der Sprung in die ihm vertrauteren Wälder und Berge Vermonts, waren die Feuchtwangers gar nicht so unglücklich mit der offenen, kosmopolitischen Umgebung von Santa Monica, dem raschen Werden und Vergehen von Freundschaften, wie sie für Amerika typisch sind – ein Thomas Mann konnte damit nur leben aufgrund seiner finanziellen Mittel, die ihm erlaubten, die Distanz des Grandseigneurs den verschiedenen Fronten gegenüber zu wahren. Wir können nur ahnen, daß seine Frau Katja dabei die stille Dulderin war, die ihn abschirmte, auch in der Familie mit den nicht unkomplizierten Kindern vermittelte, unter denen vor allem Erika Mann ihren Vater heftig attackiert hat. Thomas Manns ›Offener Brief‹, am 3. Februar 1936 in der ›Neuen Zürcher Zeitung‹ an die Machthaber des Dritten Reiches gerichtet, sein Bruch mit diesem Deutschland, sein Exil in den USA, sind ohne die harte Entschlußkraft dieser Tochter kaum denkbar. Ihr Vater wäre zu gern der Verfasser der ›Betrachtungen eines Unpolitischen‹ geblieben, vornehm die Geschichte aus der Ferne beurteilend. Die Zeitumstände forderten von ihm mehr, mehr als er als ›Homme des lettres‹ geben konnte. Erika Manns kurze Ehe mit Gustaf Gründgens, Klaus Manns Aversionen gegen den allzu glatten Schwager, der Verfall der großbürgerlichen Welt, zu der Thomas Mann stets eine ambivalente Beziehung des Sich-Hingezogen-Fühlens, aber auch der kritischen, scharfsinnig-analytischen Abneigung hatte, all dies hat ihn widersprüchlich belastet.

Manche der Unfreundlichkeiten auf amerikanischer Seite sind schlicht die Folge der ghettoartigen, erzwungenen Isoliertheit in Pacific Palisades gewesen, auch des Unverständnisses der damals noch wenig an Kultur interessierten Amerikaner gegenüber einer elitären, ihnen suspekten Gruppe von Europäern, deren Lebenserfahrung und Denken dem ihren meilenweit überlegen waren. Insofern haben Kalifornien und ganz Amerika in den letzten Jahrzehnten einen großen Fortschritt zu verzeichnen.

Dennoch, Pacific Palisades ist, ungeachtet aller mißlichen Zeitumstände, ein bedeutender Teil der deutschsprachigen literarischen Landschaft geworden, war eine Oase in einer Wüste von blindem Haß. Wir sollten die Straßen von Santa Monica nicht befahren, ohne ein Gefühl der Dankbarkeit gegenüber Amerika zu haben, das unseren Landsleuten, gleich welcher Rasse und welcher Überzeugung, in schwerer Zeit so etwas wie eine Heimstatt gewährt hat, eine Heimat konnte es nicht sein.

Huntington Library und Kakteengarten

Kehren wir nochmals zum *Mission Park* im Herzen des alten Los Angeles zurück. Von hier führt der **Highway 101** ostwärts, und hinter dem Trockenbett des *Los Angeles Creek* biegt links die **Mission Road** ab, bald in den **Huntington Drive** übergehend. Im Ortsteil *San Marino* finden wir *Huntington Library,* Art Gallery und Botanical Garden, eine Stätte, die sich der Eisenbahn-Tycoon Henry E. Huntington um die Jahrhundertwende als ›Buen Retiro‹ angelegt hatte – und ein solches ist sie geblieben.

Dienstags bis Sonntags von 13 Uhr bis 16.30 Uhr können wir hier kostenlos (Reservierung F 818 405 2100) Gainsboroughs ›Blue Boy‹, Rembrandts ›Dame mit der Feder‹, Gilbert Stuarts ›George Washington‹ und Reynolds ›Sarah Siddons‹, umgeben von kostbaren Beauvais-Tapisserien, bewundern. Diese kleine Einstimmung kostbarer Kunst macht uns aufnahmefähig für die viel größeren Kunstwerke der Natur im *Desert Garden* und im *Australian and Japanese Garden*.

Die Welt der Kakteen und anderer Sukkulenten, also wasserspeichernder Pflanzen aus den Familien der Euphorbien, Agaven und Yuccas aus den Wüstenregionen der ganzen Welt, besonders aber der Wüsten des amerikanischen Südwestens, finden sich in einem zwar natürlichen, aber dennoch kunstvollen Arrangement, das ihre Schönheit, die bizarren Formen, die verwegenen biologischen Konstruktionsprinzipien, den Blütenrausch mancher Riesenkakteen vor Augen führt. Manche offene Frage aus dem Verlauf unserer Reise durch die Wüsten Arizonas und Neu Mexikos wird hier ihre Antwort finden; ungeahnte Baum- und Sukkulentenvarianten aus Mexiko kommen hinzu, so der sich an seinem Stammfuß aufblähende Baucarnia-Baum, ein gigantischer Wasserspeicher inmitten phantastischer Yoshua Trees und eleganter Fächerpalmen. Mitten im Ödland östlich von Pasadena aus dem Nichts gezaubert, ist dieser Palmen-, Dschungel- und Wüstengarten nicht zu vergleichen mit den künstlichen Glashallen unserer Palmengärten.

Im Verlassen von *Santa Monica* stehen wir vor einer Routenentscheidung: **Yosemite** und **Sequoia Park** oder *Big Sur* und *Monterey* –, was wählen wir, ist die Frage. Man könnte jedoch einen Kompromiß schließen. Die Küste nördlich von Los Angeles führt zwar an schönen Stränden entlang – über *Malibu* und *Santa Barbara* nach *San Luis Obispo*, doch haben wir in der südlichen Riviera zwischen San Diego und Los Angeles zumindest Gleichwertiges bereits gesehen. So bietet sich also an, von *Santa Monica* über die **405**, dann die **5** und ab *Wheelers Ridge* die **99**, auf schnellen Autobahnen *Visalia* anzusteuern und damit die sehr sehenswerte

Route 198 und **180** durch den **Sequoia National Park.** Über die **41** finden wir auch Anschluß an den **Yosemite National Park.** Wir können dann, über *Fresno* und die **41** zurückkehrend, zur pazifischen Küste fahren und haben *Big Sur* und *Monterey* noch vor uns. Im folgenden wird zunächst die empfohlene Route Sequoia/Yosemite beschrieben und anschließend die Alternative über Santa Barbara entlang der Küste.

Sequoia National Park und Kings Canyon

Im San-Joaquin-Tal

Auf dem Wege zum Sequoia Park queren wir das breite und fruchtbare Tal des *San Joaquin,* das größte Obst- und Gemüseanbaugebiet Kaliforniens, gewissermaßen die südliche Fortsetzung des Sacramento-Tales und Teil des geologischen Grabensystems der San Andreas Fault. Wir queren hier nochmals einen Teil des Colorado, der, in einem dicken Aquädukt abgeleitet, San Francisco mit Wasser versorgt. Die Farbkasten-bunten Felder und Plantagen fliegen an uns vorbei, tomatenrot, broccoligrün, silbergrün wie Porree, maisgelb, rotgepunktetes Apfelgrün wie in Südtirol, das Blau von Rotkohl, Violett von Auberginen, Gelbgrün von Cantaloupes (Honigmelonen) und gespickt mit kugelig orangefarbenen Riesenkürbissen und Squashes, die in ganzen Gebirgen am Straßenrand liegen.

Der **Sequoia National Park,** zu dem auch **Kings Canyon** gehört, ist Teil eines weit größeren bewaldeten Gebirgsmassivs innerhalb der Sierra Nevada. Seine höchsten Erhebungen, die Mounts Brewer mit 4125 Metern und Whitney mit 4418 Metern, bleiben uns verborgen, da wir nur die westlichen Teile berühren, die im Süden in den **Sequoia National Forest** übergehen. Alles in allem ein Gebiet von der Größe des Schwarzwaldes.

Auf den Höhen der Sierra Nevada

Hinter dem vielbuchtigen *Lake Kaweah* treten die dicht bewaldeten Berge nahe heran, die Täler verengen sich, und im Park Headquarter hinter *Three Rivers* können wir uns erst einmal mit den Unterschieden der verschiedenen Arten von Big Trees vertraut machen, wie die Amerikaner die Riesenzedern des Westens nennen. Haben wir in den Küsten-

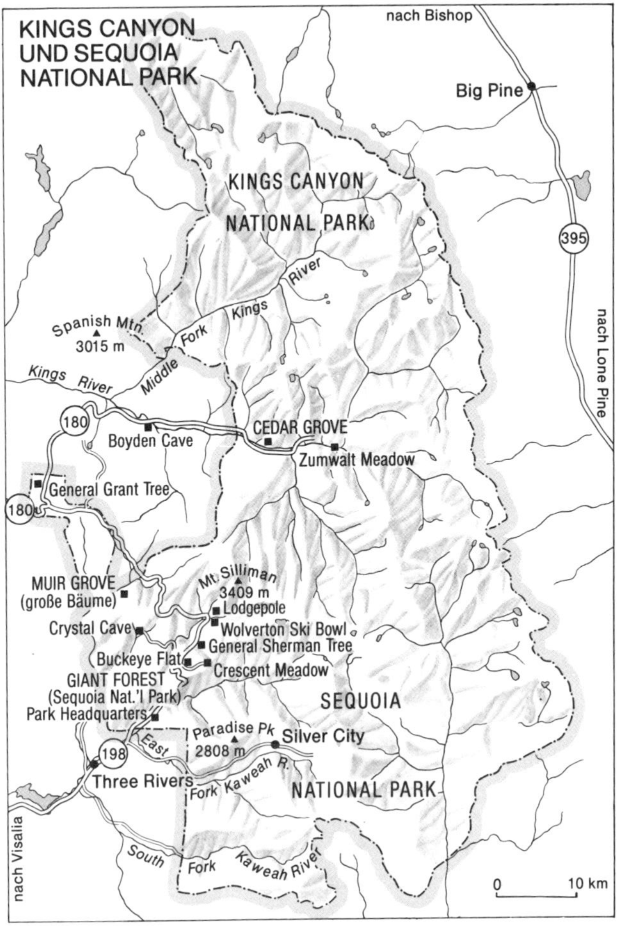

wäldern Kaliforniens und Oregons vornehmlich die Coast Redwoods gesehen *(Sequoia sempervirens)*, so wachsen auf den Höhen der Sierra Nevada die Sierra Big Trees (*Sequoia giganteum*, und von einigen offenbar unmusikalischen Botanikern *Sequoiadendron giganteum* genannt), deren Stamm mit siebzig Metern etwas niedriger ist, im Umfang aber weit gewaltiger als der der Küstensequoien. Dreitausend bis viertausend Jahre alt, sind die Sierra Big Trees die ältesten Lebewesen dieser Erde. Es ist ein merkwürdiges Phänomen, daß wir diese Methusaleme der Erde in einer geologisch so jungen Umgebung sehen. Zur Zeit ihrer Aussaat aus den eigroßen Zapfen waren Bronzewerkzeuge in Europa gerade große Mode, ließen sich keltische Fürsten in prunkvollen Gräbern bestatten und lebten die Germanen noch weit im Norden Deutschlands und Skandinaviens und träumten von einem wärmeren Klima. Ob in den Wäldern der Sierra Nevada vor viertausend Jahren auch Menschen träumten, ist ungewiß. Es gibt keine Anhaltspunkte für einen Aufenthalt der Indianer jener Zeit in diesen dunklen Wäldern.

Fußdick umschließt eine faserige, hitze-isolierende Borke den Stamm der Riesen, gibt ihm eine Chance bei den unzähligen Waldfeuern, die der Blitz in viertausend Jahren gelegt haben mag. Das ebenfalls faserige Holz, dessen Zellstruktur eine völlig andere ist als bei uns bekannteren Koniferen und Laubhölzern, ist ungemein reich an harzigen Bestandteilen, die der Verrottung entgegenstehen. Auch die üblichen holzbohrenden und waldschädlichen Insekten, wie die Borkenkäfer und Buchdrucker, meiden dieses Holz mit seinen bitteren Bestandteilen. Wenn nicht die Menschen im vergangenen Jahrhundert in unvorstellbarem Vandalismus in diesen Wäldern gehaust hätten, wären auch heute noch große Teile Kaliforniens von einem Pantheon der Baumriesen bedeckt. Auf der Weltausstellung 1893 in Chicago hatte man einen solchen Götterbaum aus Blöcken wieder zusammengesetzt – bestaunt und für einen Scherz gehalten von den Besuchern aus dem Osten, zumal denen aus Europa. Um solch einen Riesen zu fällen, mußte ein haushohes Gerüst um ihn herum erbaut werden, dann trug man ihn wie im oberirdischen Bergbau etagenweise ab, wobei die Holzfäller auf mehreren Stockwerken gleichzeitig holzten.

Bei der Namensfindung der Sequoien haben die Indianer und die Österreicher zusammengewirkt. Der Cherokesen-Häuptling Sequoyah (1760-1843) hatte seinen Stammesbrüdern ein Alphabet von 86 Charakteren erfunden, um sie

allmählich an eine modernere Zeit heranzuführen. Der österreichische Botaniker Thomas Hartweg war von diesem Indianerhäuptling so beeindruckt, daß er die Riesenkonifere seiner Waldheimat nach ihm benannte. Andere nannten sie einfach Big Trees oder Sierra Redwood nach der roten Farbe des Holzes, die Engländer bevorzugten den Namen Wellingtonia – aber so groß war Wellington nun auch wieder nicht.

Die Geheimnisse der dunklen Sequoienwälder

Zwischen *Buckeye Flat* und *Lodgepole* windet sich die Straße zwischen Zweitausendern empor. Im *Giant Forest* steht der General Sherman Tree mit 96 Metern Höhe, zehn Metern im Durchmesser und 1200 t schwer, der größte Baum der Erde. Benannt ist er nach einem General, der sich bei der Verwüstung der Südstaaten im Sezessionskrieg nicht eben rühmlich hervorgetan hat. Dies ficht die Bewunderer des Baumes nicht an, ihn zu preisen. Doch muß ich gestehen, daß es etwas schwierig ist, diese dimensionslosen Riesen mit den Sinnen zu erfassen. Am ehesten werden sie uns beeindrucken in einem lichten Grove, am besten mit Waldesgrund zu übersetzen, aus dem die hausumfassenden Stämme sich mit unfaßbarer Majestät im Frühlicht aus dem Morgennebel erheben. In diesen dunklen Wäldern, zu denen der sonst so blaue Himmel kaum Zutritt hat, stehen die Sequoias der Sierra so dicht, daß keinerlei Unterholz Licht zum Gedeihen findet, allenfalls hier und da ein paar Farne in ihrem schönen Blattschnitt. Sieht man einige Kinder in bunten Wettermänteln durch die Farne um ihren Fuß huschen und scheu die rissige rote Borke berühren, so sind es Zwerge in einem Zauberwald. Gelegentlich hat der Sturm oder Blitz einen der alten Tyrannen gefällt, die in diesem Wald in Strenge herrschen und nichts unter sich dulden. Sein Fall hat eine wahre Straßenschlucht in das Dunkel gehauen, die Borkenschrunden sind so stark wie bei uns ein alter Eichenstamm, knorzige Verwachsungen bedecken seine Seiten, Burls genannt, es sind krebsartige Entartungen des normalen Zellgewebes, die bei nicht so alt werdenden Baumarten

ALBERT BIERSTADT (1830-1912)
Storm in the Mountains
Ölgemälde, 1870
Privatsammlung

Die Eindrücke der Rocky Mountains, die Albert Bierstadt bei seinen Reisen in den Westen der Vereinigten Staaten gesammelt hatte, inspirierten ihn zu immer neuen, phantastischen Landschaften. Sie erscheinen unter jeweils ganz anderen atmosphärischen Bedingungen, vermischt mit Natureindrücken aus anderen Bereichen, die er zu einer bezwingenden, die Wirklichkeit übersteigenden Komposition zusammenfügt.

kaum zu finden sind. Ist ein solcher Stamm zersägt, so können wir uns einige Zeit damit beschäftigen, seine Jahresringe zu zählen. Ein mühsames Geschäft, bei dem man hungrig wird. Der älteste Stamm, den man fand, zeigte fünftausend Jahresringe. Nun wachsen bei uns Bäume, die sehr alt werden, relativ langsam, etwa Eichen oder Eiben. Die Sierra Sequoien dagegen sind nicht nur die ältesten Lebewesen der Erde, sondern auch die am schnellsten wachsenden und die das größte Körpervolumen erreichenden. Gemessen an der Höhe von etwa achtzig Metern, wurzeln sie extrem flach, nur etwa einen Meter tief, stehen also gegen den Winddruck sehr labil, doch bedecken die Wurzeln einen Kreis von fünfzig Metern im Durchmesser, verbinden sich dabei organisch mit den Nachbarwurzeln zu einem biologischen System, so daß nur schwer von einem Individuum gesprochen werden kann – einem Pilzmyzel vergleichbar. Was ist Leben in einem solchen System, in dem sich die Generationen vermengen, Geburt und Tod ineinander verschlungen sind? Die Biologen nennen dies ein ›offenes‹ im Gegensatz zum ›geschlossenen‹ System der Tiere und des Menschen. Offenbar hat die Schöpfung bei der Differenzierung der Zellen sich hier zwei Optionen offengehalten.

Östlich des *Lodgepole* Parkplatzes öffnen sich einige sehr schöne Wanderwege in einem Hochtal vor dem *Alta Peak* (3406 Meter). Sie führen über etwa zehn Kilometer zu *Aster, Heather* und *Pear Lake*, die unbeschreiblich schön, unberührt und blaugrün vor den Bergen liegen. Die Landschaft, die wir durchwandern, ist von der Höhe her charakterisiert durch immergrüne Koniferen und winterfesten Laubwald, doch sind es nicht so sehr die Temperaturen, die sie prägen, als die verfügbare Feuchtigkeit, die dem Zyklus des Winters und Sommers folgt. Gelegentlich werden wir auch hier weite aride Chaparalls finden, die einen interessanten Kontrast setzen zu der auch im Sommer noch tief verschneiten Gipfelkette, die die Spanier so zutreffend Sierra Nevada, die ›Verschneite Gebirgskette‹, nannten. Die Höhen sind das Habitat von Pumas, Waschbären, Rotwild, Bären und Stinktieren und in den Baumwipfeln Adler, Geier und Eulen.

Am Stony Creek

Unsere Straße hat sich inzwischen wieder nach Westen gewandt, läuft am *Stony Creek* entlang und gewinnt den *Redwood Canyon* mit dem Grant Tree. Solange die Straßen im Herbst noch offen sind, kann man nun über das *Indian Basin* beziehungsweise den *Hume Lake* nach dem *Kings River* fahren, nach dem der **Kings Canyon Park** benannt ist, berühmt für seine tiefen Schluchten, Wasserfälle und Almwiesen.

Es waren die Spanier unter Moraga, die ihn auf der Suche nach einem Klosterplatz auf dem umstrittenen Weg nach Santa Fé, ›Rio del Reyes Santos‹ nannten, Fluß der Heiligen Könige, an dessen *South Fork*, also dem südlichen Zufluß, die Straße sich hochwindet zu *Cedar Grove* in 1409 Metern Höhe. Dabei kommen wir durch *Zumwalt Meadow*, ein flaches Hochgebirgstal, das in manchem an Almlandschaften der Zentralalpen erinnert, doch nie vom Menschen als Weide genutzt wurde und darum eine Vorstellung davon vermittelt, wie unsere Hochtäler in den Alpen vor Einführung der Almwirtschaft vielleicht ausgesehen haben.

Groß ist der Wildreichtum in diesen stillen Landschaften, die weit weniger vom Tourismus überflutet sind als der nördlichere Yosemite Park. In dem freien Almengürtel der Zumwalt Meadows dominiert als unbeschränkter Herrscher der Puma oder Berglöwe, der dem Menschen eher aus dem Wege geht, ihn höchstens, wenn er überrascht wird, attakkiert. Seine Beute sind die Mule Deers, die auf diesen Almmatten in großer Anzahl grasen und deren Fleisch auch dem Menschen mundet, leider kaum auf einer Speisekarte Amerikas zu finden ist. Vielleicht liegt das daran, daß nicht nur die Indianer, sondern auch die weißen Amerikaner die Jagd als ein Recht des freien Mannes betrachten, wenig einengen, allenfalls durch Schutzzeiten. Die Vorstellung von Jagdpächtern und Reglementierung ist ihnen ein Greuel und Jagdgesellschaften mit Hörnerklang und ›Hirsch tot‹ stellen ein aus ihrer Sicht wenig liebenswertes Relikt einer feudalen Zeit dar. Der Amerikaner, sofern er eine Büchse und Lust zur Jagd hat, tut dies eher allein oder in kleinen Gruppen und die Beute wird wohl im heimischen Kochtopf landen, jedenfalls nicht oder nur selten im Restaurant – was wir nur zutiefst bedauern können.

Die Sierra Nevada im Bereich der Bergwälder des Sequoia Parkes kennt keine die Kammhöhe übersteigende Paßstraße, auf der wir uns vom Osten dem Yosemite Park nähern könnten und so eine Rundreise genießen könnten.

Maultierhirsche im zimtfarbenen Tann

Auf dem Rückweg ist die Dämmerung herabgefallen. An *Grants Grove* füllt Dunst die Lichtungen, Nebel kriecht zwischen den Baumriesen aus der Tiefe des Waldes. Hoch oben in den Wipfeln liegt letztes Licht, dessen matter Schein herabfällt, an den roten Borken der Sequoien reflektiert, und dem hin und herwallender Dunst einen rötlichwarmen, zimtfarbenen und unwirklichen Hauch verleiht. Aus den halbdunklen Hallen des Waldes treten Maultierhirsche in großer Zahl hervor. Mit hochgespitzten langen Ohren sichern die Hirschkühe, an einer Lichtung steht der Herr des Rudels in der Dämmerung, einsam und respektheischend, denn die Brunftzeit ist nahe. Langsam suchen wir unseren Weg zum westlichen *Big Stump Entrance*, wir sind die letzten Besucher, die Ranger sind schon weg und die uralten Waldgötter sind wieder mit den Riesen unter sich.

In diesem ausgedehnten Gebiet gibt es nur knapp außerhalb des Parks, am **Stony Creek** eine Lodge, dann wieder in *Fresno* an der **99**. Von Fresno aus, dem Geburtsort von William Saroyan, der hier 1908 als Sohn armer armenischer Einwanderer zur Welt kam, ist der Yosemite National Park über die **41** rasch zu erreichen.

Yosemite National Park

Blütenreiche Auen des Sommers
und bunte Herbstwälder im Wasserschleier der Fälle

Sind Sequoia Park und Kings Canyon, das Gefilde der Baumriesen auf der Höhe der Sierra Nevada und relativ wenig besucht, so ähnelt der **Yosemite Park** [A: jous'emïti] in seinen sehr stark besuchten Teilen am Westhang der Sierra gelegen, in mancher Hinsicht den Parks in den europäischen Urgesteinsalpen. Welchem der beiden Parks man bei Zeitknappheit den Vorzug geben will, hängt davon ab, welche sonstigen Parks wir im Westen der USA bereits gesehen haben. Ist unser Interesse an Felsformationen gesättigt, aber haben wir die Redwoodparks im Norden nicht gesehen, so empfehle ich den **Sequoia National Park**. Für einen kurzen Aufenthalt in San Francisco ist wegen der größeren Nähe eher der Yosemite empfehlenswert.

Der fast kreisrunde große Park wird vom Grand Canyon des Touloumne River durchschnitten, auf dessen Nordseite praktisch unzugängliche Wildnis liegt. Es ist eine ausgesprochene Politik der National Parks, nur kleine Teile eines Parks der Öffentlichkeit mit dem Auto zugänglich zu machen, größere Teile dem Wanderer, den größten Teil aber als unberührte Wildnis zu belassen, aus der sich der Park immer wieder regenerieren kann und jenen besonderen Hauch des Unberührten nicht verliert. Der Südeingang bei *Mariposa Grove* und der Westeingang bei *Big Oak Flat* sind durch eine Straße verbunden, aus deren Mitte die Fahrstraße in das eigentliche Yosemite Valley abzweigt. Eine weitere Autostraße durchquert, nahe am Westeingang abzweigend, den ganzen Park in West-Ost-Richtung und führt über den *Tioga Paß* hinaus und am schönen *Ellery Lake* vorbei auf den **Highway 395** und die 190, die durch das *Tal des Todes* nach *Las Vegas* führt, einem der stark verkürzten Anmarschwege zum Grand Canyon.

Die Masse der Besucher, und im Sommer sind es Massen, strömt in das Yosemite-Tal mit seinen berühmten Wasserfällen. Inmitten des Tales steht *Yosemite Village* mit dem Visitor Center, das uns aber in dieser allgemein verständlichen Landschaft nicht viel bringt und sehr überlaufen ist.

An *Mariposa Grove*, wohin uns die 41 geführt hat, begegnen uns nochmals die Big Sierra Trees, doch wird ihr Eindruck durch den starken Autoverkehr gestört, die Ursprünglichkeit der Waldlandschaft geht hier verloren.

Sehr viel schönere Eindrücke gewinnen wir, wenn wir an *Chinquapin* zur Straße nach dem *Glacier Point* abbiegen, die über den *Badger-Paß* durch Wald und Almen in recht einsame und hohe Alpenregionen führt. Am Glacier Point bietet sich ein großartiger Blick über einen weiten Halbkreis von schnee- und eisgekrönten Berggipfeln der Sierra Nevada. Wir stehen hier auf etwa tausend Meter Meereshöhe und blicken tief in das unter uns liegende Tal des Merced River.

Die Schönheit des *Yosemite-Tales*, vor allem am frühen Morgen, wenn der große Run noch nicht eingesetzt hat, liegt in seinem Kontrast zwischen den milden, blumenreichen Flußauen und den steilen begleitenden Bergmassiven aus hellen Graniten, die unvermittelt und steil ansteigen und über die einige Wasserfälle imposant herabstürzen. Der *Brideveil Fall* und der *Ribbon Fall*, die sich fast gegenüberliegen, spielen die Ouvertüre und mit gewaltigem Brautschleier schießen die Wasser über die Felskanten nahe dem berühmten *El Capitan*, einem abweisend glatten granitenen Kletterberg, an dem die Alpinisten ihr von unten bewundertes ›free Solo‹ spielen. Es ist auch hier der *Merced River*, der die Talaue entwässert, nachdem er sich bei Glacier Point in das noch enge Tal hineingewunden hat, wohin ihm die Straße nicht folgen kann.

Fast eben und ziemlich breit ist die Aue des Merced, eine Augenweide am murmelnden Fluß, locker bestanden von Fichten. Hier und da blitzt das Wasser in der Sonne, an steinbeengten Schnellen springen die Forellen, auch jetzt im Herbst schmücken die Blumen den Wiesengrund, an zerfallende Baumstämme schmiegen sich violette Lupinen-

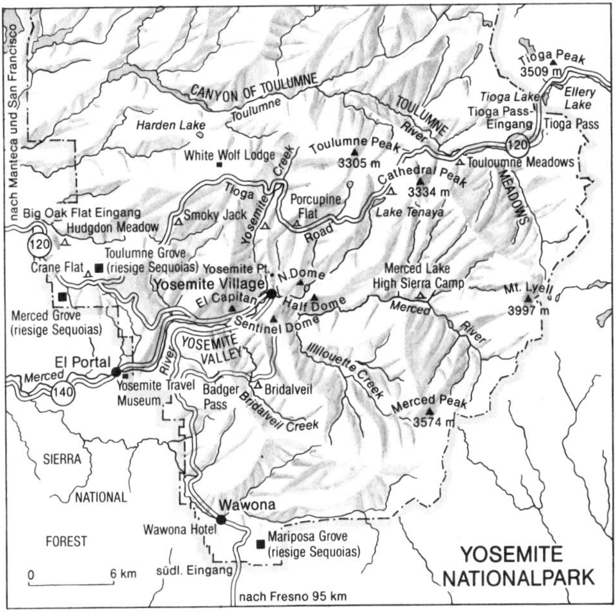

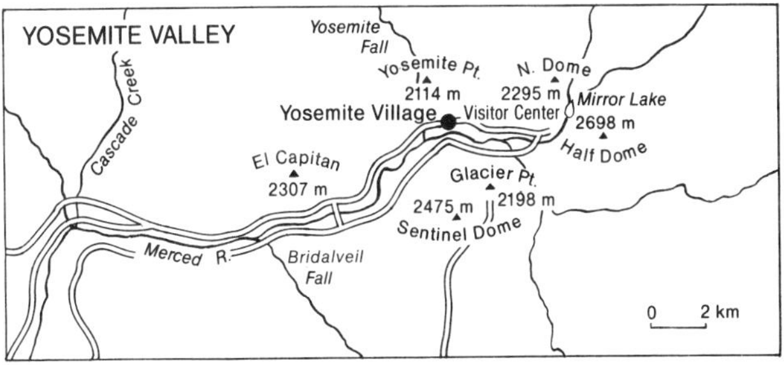

stände, Buttercups und lilafarbene Monkey Flowers wachsen am Ufer, an sumpfigen Stellen säumt Schilf und hohes Riedgras den Merced.

Im Zentrum des Tales liegt das berühmte, holzverkleidete und aus Granit erbaute ›Ahwahnee Hotel‹ (ca. 130 $ pro Doppelzimmer) und die preiswertere, aber auch schön gele-

ALBERT BIERSTADT (1830-1912)
Valley of the Yosemite
Ölgemälde, 1866
Boston, Museum of Fine Arts

Das Yosemite-Tal liegt im gleichnamigen Nationalpark, überragt von mehr als tausend Meter hohen Granitwänden. Bierstadts Bild ist eine freie romantisch gesteigerte Komposition nach der Natur und erinnert an Bilder der Düsseldorfer Malschule, besonders an Landschaften von Johann Wilhelm Schirmer, dessen Einflüsse er bei seinem Deutschlandaufenthalt aufgenommen hatte. Albert Bierstadt kam mit seinen Eltern 1831/32 in die Walfangstadt New Bedford in Massachusetts. 1853 kehrte er nach Deutschland zurück und studierte an der Düsseldorfer Akademie. Er blieb bis 1857 in Europa, reiste viel, besonders nach Italien. Nach seiner Rückkehr in die Vereinigten Staaten nahm er 1859 unter General F. W. Lander an einer Landvermessungsexpedition in den Westen teil. Es war die erste von vier Reisen in die neu erschlossenen Gebiete. Bierstadt entdeckte dabei die Ausdruckskraft der Weite der amerikanischen Landschaft und blieb von ihr fasziniert bis zum Ende seines Schaffens.

gene ›Yosemite Lodge‹ (ca. 70 $); beide sind zusammen mit dem am Südeingang liegenden ›Wawona Hotel‹ (ca. 60 $) über die Yosemite Park and Curry Co. zu reservieren (F 209 352 4848).

Talaufwärts schießt der *Yosemite Creek* als gleichnamiger Wasserfall 739 Meter tief zu Tal, ein gewaltiges Bild, und *Hald Dome* und *North Dome* werden als mächtige Granitrümpfe sichtbar. Es sind beeindruckende Reste eiszeitlich abgeschliffener Granitriesen. Dort ist gelegentlich ein seltsamer lindgrüner Lindwurm zu sehen, ein Trailer, der sich ›Valley Floor Tour‹ nennt, auf dessen Anhänger hundert T-Shirt-gewandete Touristen, Popcorn kauend und Lolly lutschend, sitzen, einen Kopfhörer auf den Ohren und nach einem unerfindlichen Signal, ungemein komisch wirkend, ihre Hälse mal links, mal rechts drehen. Irgend jemand wird diese zoologische Rarität, den *Salamandra yosemitii,* gewiß auch nach Europa einschleppen.

Albert Bierstadt als Maler des YOSEMITE PARKS

Yosemite Valley hat wiederholt berühmte Maler angelockt, unter ihnen den vielleicht bedeutendsten Landschafter des amerikanischen Westens, Albert Bierstadt. 1830 in Solingen geboren, wanderten seine Eltern mit ihm nach Amerika aus, doch kehrte er als Dreiundzwanzigjähriger nochmals zurück, studierte an der Akademie in Düsseldorf bei Schadow. Seine Werke sind jedem amerikanischen Schulkind bekannt, etwa das berühmte Bild ›Washington crossing the Delaware‹, heute im Metropolitan Museum in New York, oder ›The Settlement of California‹ im Washingtoner Capitol.

Künstlerisch bedeutender, wenn auch nicht frei von einer gewissen Pathetik, die seiner Zeit, der Spätromantik, anhaftete, sind Bierstadts topographisch sehr genaue Gemälde, die aus seiner Reise durch die Rocky Mountains stammen, einer Reise, die er auf Wunsch offizieller Stellen unternahm und die ihn ungemein fesselte. Seine Bilder ›The Rocky Mountains‹, ebenfalls im New Yorker Metropolitan, oder

›Sunrise, Yosemite Valley‹ im Amon Carter Museum in Fort Worth, Texas, bringen uns das Faszinosum des gewaltigen Einfalls des Lichtes in eine eher braundüstere herbstliche Talaue vor den sich auftürmenden Gebirgen nahe. Wie auch immer maltechnische Einflüsse der Düsseldorfer Schule oder der Hudson River School durchschimmern oder das Gedankengut Thoreaus in seinen heiteren, an Eichendorff erinnernden Naturbeschreibungen – Bierstadt war tief erschüttert von der urtümlichen, durch keine Menschenhand zu bändigenden Gewalt dieser Bergwelt.

Vom Wandern im Park, aber auch von ökologischen und menschlichen Konflikten

Einzigartig ist der Park für den rucksackbeladenen Wanderer. Kaum hat er die nächste Ecke umrundet, so umgibt ihn eine wunderbare Einsamkeit, die er allenfalls mit wenigen Gleichgesinnten und den Tieren teilt – andererseits doch stets in relativer Nähe zu menschlichen Ressourcen. An *Touloumne Meadows*, einst ein Stelldichein eiszeitlicher Gletscher aus Nord und Ost, übersät mit glattgeschliffenen Granitfindlingen und Jagdplatz der Indianer, treffen auch heute viele Wege zur Freude der Wanderer aufeinander: Die *Tioga Road* als einstiger Indianerpfad quert hier den Park, wir sprachen schon davon; der *Pacific Crest Trail* kreuzt die Straße und von Südwesten, aus dem Yosemite Tal stößt der *John Muir Trail* hinzu, benannt nach dem verdienstvollen Naturalisten, dem wir zusammen mit Theodore Roosevelt diesen Park verdanken. Naturalist, was ist das, wird mancher Leser fragen. Als ich ein kleiner Junge war, kehrten meine Eltern und ihre Freunde gerne nach ausgedehnten Wanderungen beim ›Naturalisten‹ in Hirschhorn am Neckar ein. Naturalisten bei uns und in Amerika waren Naturliebhaber, die ohne den heute so Mode gewordenen, ideologischen Ballast und ohne die ständige Angst um das angeblich unwiederbringlich Verlorene die Natur liebten, auch bewahrten und schonten und auch damals ärgerlich werden konnten, wenn manche den Wald für einen Müllplatz hielten.

Die Geschichte des Yosemite-Tales ist nicht ohne Tragik. Als gegen 1849 Goldsucher an Mariposa Grove zu schürfen begannen, hatten die Ahwahneechee-Indianer davon zunächst keine Notiz genommen. Aber die Goldhungrigen wurden immer mehr und auch ihr Appetit wuchs, und so kam es zu Konflikten mit den Indianern, die um das Wild fürchteten. Einer der Prospektoren mit dem Namen Savage – *nomen est omen* – ernannte sich zum Major und Kommandeur eines Milizbataillons und jagte die Indianer, die bis dahin im paradiesischen Yosemite-Tal ein friedliches und weltabgeschiedenes Dasein gehabt hatten. Wie dies ausging, muß nicht erzählt werden. Nur ein Arzt unter den Goldgräbern, Dr. Lafayette Bunell, hatte ein Auge für die Schönheit der Landschaft und nannte sie nach dem indianischen Namen für die damals hier noch existenten Grizzlies ›Uzámatí‹, was nach allerlei Verballhornungen zu Yosémité wurde. Die heutige Tioga Road folgt immer noch dem alten Pfad der Ahwahneechee über die Sierra Nevada.

Im Herbst, wenn sich die Touristenströme verlaufen haben, wird uns das Yosemite-Tal besonders erfreuen. Das Liebliche der Talauen ist einer geheimnisvollen Stimmung gewichen. Blickt man von Osten auf die im Abendlicht violett schimmernde, diesig verhangene steile Abbruchkante des Capitan, umsprüht von den Wassernebeln des Horsetail Fall, sieht man unten, am Ufer des breit und träge dahinziehenden Merced Flusses, die hart skandierenden schwarzdunklen Fichtenwände, die nordisch-kanadischen Charakter haben, aber im Vordergrund abgemildert werden durch die im Sonnenlicht trunkenen, gelb, rot, orange glühenden Ahorne, Eichen und Erlen, so steht das Yosemite-Tal an der Grenze von Nord und Süd, aber auch zwischen dem maritim-mediterranen Kalifornien und den kontinentalen Bergwäldern der Rocky Mountains.

Von Santa Monica über Santa Barbara nach San Luis Obispo

Pompejanische Impressionen vor Capri-blauem Meer in Paul Gettys Antikenmuseum

Bevor wir Malibu erreichen, führt uns bereits kurz nach der Einmündung des **Sunset Boulevards** in die **Number One** eine kleine Nebenstraße zum J. Paul Getty Museum, das im Gegensatz zum verrückten Hearst Castle bei San Simeon keinen Eintritt erhebt (Parkvoranmeldung unter F 213 459 8402 empfohlen) und in wohltuend maßvoller Klassik der römischen ›Villa dei Papiri‹ in Herculaneum nachgebaut wurde. Inmitten schöner Eukalyptusbestände erhebt sich der weißschimmernde, säulenumstandene Peristyl, an den sich die Räume mit der J.-Paul-Getty-Sammlung anschließen. Fast ausschließlich der griechischen und römischen Skulptur gewidmet, finden sich hier Repliken römischer und griechischer Originale in Marmor und Bronze und manche vorzüglich reproduzierte Wandfresken aus Pompeji und Herculaneum. Sind die Museen vor Ort und das Nationalmuseum in Neapel den tatsächlichen Funden und Fakten gewidmet, so sehen wir hier eine reiche römische Villa, deren Statuen sich im hellblauen Wasser der Piscina des Atriums spiegeln – ein Bild aus ferner Zeit und ferner Landschaft, aber kongenial zum kalifornischen way of life passend. Getty ließ die in der verschütteten Villa dei Papiri geborgenen Bronzestatuen, heute im napolitanischen Nationalmuseum zu sehen, nachgießen. Er konnte sich dabei auf erlauchte Vorbilder berufen. So hatte Kardinal Albani, Winckelmanns Mäzen in Rom, für seine Antikensammlung eine Villa nach den Schilderungen Plinius' des Jüngeren erbaut.

Aber auch zahlreiche Originale hohen Ranges erfreuen uns: der ›Olympische Sieger‹, vermutlich von Lysippos im späten 4. Jahrhundert v. Chr. zur Zeit Alexanders des Großen geschaffen, lächelt uns an, die ›Venus Mazarin‹ und der ›Herakles Landsdowne‹, auch manche Skulpturen der Akropolis aus dem Besitz von Lord Elgin erfreuen uns, schöne Terrakotten, deren eine Orpheus zwischen den Sirenen zeigt und die zugleich die letzte Erwerbung Gettys vor seinem Tod darstellt, sind zu besichtigen. Der Ölmagnat J. Paul Getty war ein kundiger Sammler, er liebte die Vesuvstädte. Nicht spendierfreudige Laune trieb ihn, sondern disziplinierter Sammlerwille.

Vom Obergeschoß aus blickt man weit hinaus auf das blaue Meer, belebt von den schön konturierten Inseln der Channel Islands im Golf von Santa Barbara. Sind es nicht Capri und Ischia im Golf von Neapel die, zum genius loci passend, mit taubenblauen Umrissen zu sehen sind? Ein Restaurant lädt uns zwischen Säulen und Pergolen ein. Doch J. Paul Getty hat sein Museum nie besucht, römische Geste eines Ölmagnaten ...

Es ist symptomatisch, daß in Gettys Museum kein Gedränge herrscht, sondern beschauliche Stille. Ein wohltuender Gegensatz zu einem anderen, sehr problematischen Museum – dem Hearst Castle bei San Simeon, das von Junkfood-kauenden Touristen heimgesucht wird, die kichernd vor antiken Ringern und fassungslosen Aphroditen stehen. Ohne Kenntnisse und Disziplin, aber mit unendlich viel Geld zusammengetragen, wollte diese neoneronische und amerikanische ›Domus aurea‹ nach Hearsts Tod niemand haben. Amerika teilt auch hier mit der Antike das weite Spektrum menschlicher Reife, das Spiel der Maßlosigkeit eines Hearst, den man den Nero der Medienpolitik genannt hat, einem Marcus Licinius Crassus zu vergleichen, den schon seine Zeitgenossen ›Dives‹, den Reichen, nannten und fürchteten, und eines Getty, der auch ein Dives war, aber weder Geld noch Leben vergeudete.

Der **Highway Number One** erreicht bald *Malibu*, ein kleines Städtchen von typisch kalifornischem Charakter. Malibu, dieser verrückte Name, war mir immer wie ein Synonym für Sonne, Meer und einen etwas exzentrischen Lebensstil erschienen. ›The Great Gatsby‹ war das Vorbild, dem man hier lange nacheiferte, bevor geänderte Umstände dazu rieten, ›to keep a low profile‹, also sich etwas bescheidener darzustellen. In der ›Casa Malibu‹ (F 213 456 72219, circa 80 $ Doppelzimmer) hat sich etwas von diesem Stil erhalten, von einer Hacienda und einem üppigen Atrium mit Palmen und südlichen Gewächsen. Yul Brynner und Lana Turner bewohnten hier jahrelang eine Suite. Sonstige Motels hat man in Malibu stets auf Distanz gehalten.

Santa Barbara

Die spanische Gewohnheit, Orte nach dem Heiligen des Gründungstages zu benennen, hat dieser Küstenstraße eigentlich erst in jüngster Zeit den Namen *Spanish Mission Trail*, Spanischer Missionspfad, vermacht.

Santa Barbara, so sagen die Einheimischen, hatte großes Glück: Das Erdbeben vom Juni 1925 wischte damals die wuchernde, häßliche Architektur des Geschäftsviertels der Gründerjahre auf einen Schlag hinweg.

Malerisch vor den olivgrünen Santa-Ynez-Bergen gelegen, hat der Wiederaufbau in warmen Erdfarben unter Verwendung der alten Adobe- und Terrakotta-Techniken eine schöne Stadt erstehen lassen, weitgestreckt freilich und inmitten einer üppigen, subtropischen Vegetation. Unser erster Blick sollte, wie in Los Angeles, dem Hafen gelten, der ganz in mittelmeerischer Manier von einem breiten Paseo gesäumt wird, an dem sich viele hübsche Restaurants und Motels mit Blick auf den bunten Yachthafen finden. Im nahen Stadtteil *Montecito* liegt auch das ›Mariotts Biltmore Hotel‹ (F 805 969 2261, ca. 140 $ für das Doppelzimmer), ein altrenommiertes, erstklassiges Haus, bei dessen Betreten man das Gefühl hat, der würdevolle Chef de Réception könnte fragen, wo wir den Diener zu logieren wünschen – europäische Grand-Hotels wirken fast formlos dagegen. Der Blick auf Berge und Meer aus dem palmengesäumten Hotelpark, in dem die adobe- und terrakottageprägten Cottages liegen, ist wunderschön.

Im alten spanischen Zentrum haben der *Camino Cielo* und *Los Olivos Street*, weinüberwachsen, alten Charme bewahren können, und das nach dem Erdbeben von 1925 von William Mooser erbaute County Courthouse in der *Anacapa Street* führt uns vor Augen, was möglich ist, wenn eine Stadt ihre alten spanisch-mexikanischen Wurzeln bewahren will. An den Hang der lavendelfarbenen Berghänge lehnen sich die weißen Villen mit den karmesinroten Dächern und blaßvioletten Glyziniengehängen des noblen Vorortes Montecito an, von dem man sagt, »hier wohne das alte Geld«. In einer merkwürdigen Weise hat sich die heutige amerikanische Oberschicht das spanische Flair einer vergangenen Epoche zu eigen gemacht. Flair, das heißt ja eigentlich im Französischen soviel wie Spürsinn, Witterung – und an diesem Spürsinn mangelt es hier nicht. So soll selbst ein in den nahen Santa-Ynez-Bergen auf seiner Rancho del Cielo weilender Präsident der Vereinigten Staaten seine Einladungen an benachbarte Rancher unterschreiben mit: »Vaya con Dios, Rancheros. Ron.« Allerdings kannte auch und gerade das Spanische kategorische Unterschiede zwischen den Ständen, wie sie Amerika in dieser Form fremd sind. Es bleibt ein interessantes Experiment, abzuwarten wie sich mexikanische und amerikanische, reiche und arme, angelsächsisch-puritanische und spanisch-katholische Mentalität hier einigen werden.

Weiter unten, wo das Rauschen der Brandung in den Straßenlärm dringt, flitzen Skateboards zwischen den kratzerempfindlichen Jaguars, den italienisch gestylten Ferraris und Bugattis umher, ganz zu schweigen von den zahllosen Mercedes-Cabriolets, deren Geburtsjahre bis in die Vorkriegszeit zurückreichen. Die Skater und Jogger tragen durchgeschwitzte T-Shirts mit der Aufschrift »Again a lousy day in paradise«. Das ist keine soziale Anklage, Gott bewahre, das ist eher Überdruß an paradiesisch erscheinenden und offenbar schwer zu ertragenden Umständen, der verbal heruntergespielt wird. Die *Snowbirds*, die Schneevögel, sind nicht gerne gesehen, sie sind wie die *Saccopelisti*, die Schlafsacktouristen, in Italien ein Problem geworden.

Wie ein Mönch in Amerika ein Buch Vitruvs fand und eine Basilika baute

Am Hang der Santa-Ynez-Berge, weit über die Stadt blikkend, liegt die Mission Santa Barbara, 1786 gegründet, deren Kirche noch heute die Pfarrkirche der Stadt ist, eine imponierende, 1820 fertiggestellte mediterrane Anlage auf großem, freien Platz mit sich anschließenden, laubengeschmückten Klostergebäuden. Die Fassade der Kirche, flankiert von zwei wuchtigen Glockentürmen mit roter maurischer Steinkuppel, folgt einem Entwurf Marcus Vitruvius Pollios, ist seinen ›Decem Libri de Architectura‹, um 25 v. Chr., entnommen. Padre Antonio Ripoll fand die ›Decem Libri‹, die zehn Bücher Vitruvs, als humanistisches Standardwerk der Zeit in der Klosterbibliothek, und so ist diese schöne Fassade mit dem Dreieckgiebel über je drei flankierenden Halbsäulen ein legitimes Kind des europäischen Klassizismus, aber keines, das über den Atlantik gereist ist, sondern, wenn man so sagen darf, ein im Lande gezeugtes.

Die Chumash-Indianer jener Zeit bevölkerten im 18. Jahrhundert die Küste zwischen Ventura und Lompoc, man schätzt ihre Zahl auf Zehntausend. Ihr Leben war fern jeglichen kulturellen Fortschrittes, wie ihn in den Rockies bereits die Anasazi erreicht hatten. Heiteres, warmes Klima, unbeschränkte Mengen von Fischen und Muscheln aus dem Meer, Seehundfelle für die koketten Indianerinnen – die Männer gingen nackt – und Gras, aus dem sie ihre Lager unter freiem Himmel aufschlugen. Kurz, wo keine, durch Mangel und Klima hervorgerufenen Zwänge herrschen, gibt es wenig Anlaß, über Veränderungen nachzudenken. War dies der Zustand im Garten Eden bevor die Menschen vom Baume der Erkenntnis kosteten? Wir wissen es nicht, aber es mag den Spaniern schwergefallen sein, solche Naturmenschen zu Bedürfnissen zu erziehen, die sie gar nicht hatten. Tausenden von Indianern standen einige hundert Spanier gegenüber, ein mühsam ausbalanciertes Gleichgewicht, doch gelang es den Padres in Santa Barbara, den Frieden zu bewahren und auch das mexikanische Militär im Zaum zu halten.

Hinter *Gaviota* trennt sich die **Number One** von der 101, wir nehmen die erstere. Ein Stück landeinwärts ziehend, folgt hinter *Lompoc* eine Abzweigung zu der in großer Einsamkeit liegenden Mission ›La purísima Concepción‹. Gegründet 1787, hat sie das Schicksal der anderen Missionen miterlitten und wurde, auch von der Kirche aufgegeben, 1937 vom kalifornischen Staat restauriert. Als wir in der Abenddämmerung ankamen, stieg der bewachende Ranger in sein Auto und meinte: »See with your eyes and feet.« In der abendlichen Stille der Campagna hatten die Viehweiden ein saftiges Gelbgrün angenommen, die Rinder standen an den Gattern und schauten ob der unerwarteten Abwechslung, als wir darüberstiegen, das Blöken der Schafe erfüllte die sanfte Talaue, in deren Mitte die verlassenen Missionsgebäude und ein gedrungener Glockenturm der Zeit trotzen.

Von Mönchen und argentinischen Piraten im Santa-Ynez-Tal

So bukolisch das Bild im Santa-Ynez-Tal anmutet, es trügt. 1812 hatte der berüchtigte argentinische Pirat Hippolyte Bouchard die Missionsstation von See her heimgesucht. Hundert zur Verstärkung geschickte mexikanische Soldaten verstärkten nur die Zahl der Esser, kaum die militärische Präsenz. Die weltlichen Presidios, bereits weitgehend abgeschnitten von Nachschub, stellten Forderungen an die geringe wirtschaftliche Substanz, und 1824 brach infolge der Unvernunft und Arroganz der Militärs eine indianische Revolte aus. Es gelang den Indianern, die Mission in die Hand zu bekommen, zu verbarrikadieren und zwei Wochen Belagerung zu überstehen. Dann sandte der Gobernador von Monterey Kavallerie und Geschütze, und es war an Padre Rodriguez, die Familien der miteingeschlossenen Soldaten gleichermaßen vor den Indianern und den Belagerern zu schützen – die Klosterväter hatten zu allen Zeiten ihre Last zwischen den Fronten.

Die Sierre Madre Mountains zur Rechten gehen langsam in die Ebene über, die sie von der Santa-Lucia-Kette trennt.

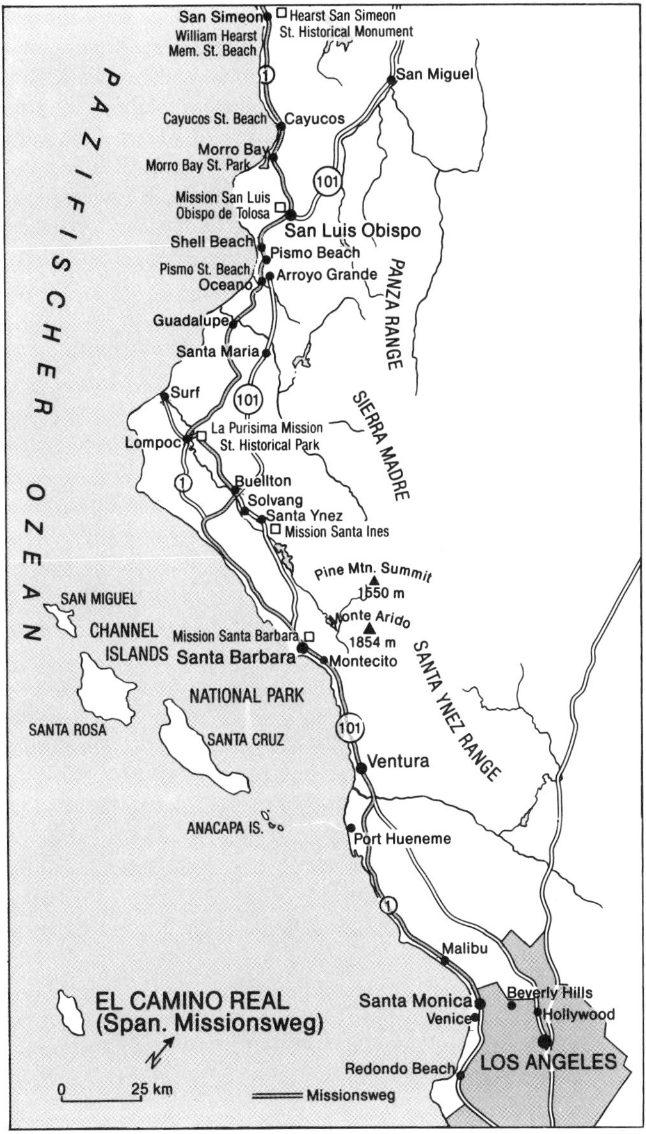

San Simeon
Hearst San Simeon St. Historical Monument
William Hearst Mem. St. Beach
San Miguel
PAZIFISCHER OZEAN
Cayucos St. Beach
Cayucos
Morro Bay
Morro Bay St. Park
101
Mission San Luis Obispo de Tolosa
San Luis Obispo
Shell Beach
Pismo Beach
Pismo St. Beach
Arroyo Grande
Oceano
PANZA RANGE
Guadalupe
Santa Maria
Surf
101
SIERRA MADRE
La Purisima Mission St. Historical Park
Lompoc
1
Buellton
Solvang
Santa Ynez
Mission Santa Ines
Pine Mtn. Summit
1550 m
Monte Arido
1854 m
SAN MIGUEL
CHANNEL ISLANDS
Mission Santa Barbara
Santa Barbara
Montecito
SANTA YNEZ RANGE
NATIONAL PARK
SANTA ROSA
SANTA CRUZ
101
Ventura
ANACAPA IS.
Port Hueneme
1
Malibu
EL CAMINO REAL
(Span. Missionsweg)
Santa Monica
Beverly Hills
Venice
Hollywood
LOS ANGELES
Redondo Beach
N
0
25 km
Missionsweg

An *Pismo Beach* können wir mit etwas Glück die Sandwagen-Freaks bewundern, wie sie mit offenen und knallbunten Autofahrgestellen, donnernden Motoren und riesigen Reifen auf den Antriebsrädern mit gewaltigen Staubfahnen die Dünenhänge herauf und herunter rasen. In *Morro Bay* stößt die Route, **Highway 41**, aus der Sierra Nevada, dem *Sequoia* und *Yosemite National Park* wieder auf die **Küstenstraße 1**, so daß wir gemeinsam unsere Fahrt zu *Big Sur* fortsetzen können.

Big Sur und Monterey – der Bogen schließt sich

Das Nichterlebnis von Hearst Castle

Zwei Namen in Kalifornien sind elektrisierend: die wilde Küste von Big Sur und die zypressenbewachsenen Felsen der Halbinsel Monterey.

Zurückgekehrt aus den Bergwäldern der *Sierra Nevada* nach *San Luis Obispo* an der See, führt unsere Reise zu einem letzten Höhepunkt. Firnglänzende Bergketten, dunkle, zimtfarbene Sequoienforste und klare, blauäugige Bergseen wechseln binnen weniger Stunden mit dem im Abendlicht veilchenblau schimmernden Pazifik. Nicht die alte Mission San Luis de Obispo de Tolosa suchen wir hier, sondern folgen, an der Einmündung der von Fresno heranführenden **41**, dem alten **Highway Number One,** der eng an der Küste entlanglaufend, legendären Ruf genießt, seinem eigenen Höhepunkt zustrebt.

Über *Cambria* kommen wir nach *San Simeon* und seinen eukalyptusumstandenen Strand, an dem sich die Fülle der südlicheren felsigen Rivierastrände verläuft, ausläuft in weiten und menschenleeren Sandstränden. Ungemein hell ist diese Landschaft, ägäisch trunken von Licht. Fast blendend werfen die Felskonturen der Santa Lucia Range von kahlen Hängen das Licht zurück, grell reflektierend gleichermaßen der Sandstrand, die Eukalypten duften streng und balsamisch zugleich, und hoch droben auf dem nahen Gipfel der *Cuesta Encantada* hat William Randolph Hearst seiner Egozentrik ein Denkmal gesetzt: Hearst Castle.

Was für Ludwig II. von Bayern Neuschwanstein bedeutete und kostete, war offenbar auch einem amerikanischen Zeitungsmagnaten angemessen. Hatte der bayerische Märchenkönig noch leidlich unter den Stilen gewählt und bei aller Stilmixtur aus Schöpfungen von Dollmann, Riedel und Hoffmann ein Bauwerk errichten lassen, das sich der Landschaft nicht verweigerte, so stand einem Hearst eine Welt von Stilen zur kritiklosen Auswahl – entsprechend ist das Ergebnis. Kann man sich Neuschwanstein noch als Kulisse zu Richard Wagners ›Tristan und Isolde‹ vorstellen, so klingelt hier nur die Registrierkasse zu barocker Hintergrundmusik.

Auf dem Parkplatz des nach Hearsts Tod von einer Gesellschaft ›gemanagten‹ Konglomerats aus Neugotik, maurischen Impressionen, kastilischer Weltabgewandtheit, dogenhafter Attitüde, griechischer Tempelarchitektur und französischem Flair, nach dem Motto ›Le Roi c'est Randolph‹, standen noch im späten Herbst Hunderte von Autos und Omnibussen Schlange. Ein Schild verkündete, daß man für acht Dollar drei Stunden warten müsse, ehe man bei seiner Hoheit dem verblichenen Pressezaren zugelassen werde. Wir haben uns das nicht zweimal sagen lassen, ließen Randolphs marmor-, intarsien- und mosaikgeschmückte Memorabilien auf seinem ›Rocher de bronce‹ sitzen und fuhren, fast befreit von einem neurotischen Zwang, weiter nach *Big Sur*.

Mit Hearst ging eine Ära des amerikanischen Pressewesens zu Ende. Sahen die Journalisten ursprünglich gerade in den USA ihre Aufgabe im Kampf gegen Behördenwillkür, Übermut der Ämter und Machtzusammenballung, so war dieses Credo, erprobt in den Tagen, als die jungen Kolonien sich gegen die englische Krone zur Wehr zu setzen begannen, im 19. Jahrhundert und erst recht im 20., in Zweifel und Zwielicht geraten. So ist es auch kein Zufall, daß der ›Citizen Kane‹ 1941 entstand, als erste Tendenzen sich rührten, den nahezu hemmungslosen Machtmißbrauch von Männern wie Hearst zu bremsen. Orson Welles läßt im ›Bürger Kane‹, der niemand anderes als Hearst selbst ist, den Pressegewaltigen ein Telegramm an seinen Korrespondenten irgendwo in der Karibik senden. Der Unglückliche und Wahrheitsliebende hatte seiner Zeitung mitgeteilt, es werde hier wohl keinen Krieg geben, worauf Kane erbost zurückdepeschiert: »Sie sorgen für Prosagedichte, ich werde für den Krieg sorgen!«

Licht über den Santa-Lucia-Bergen, Strände und Straßen in odysseischer Landschaft

Die nahe an die See herantretenden Santa-Lucia-Berge, okkerfarben gewellt wie das Fell eines ganz jungen Welpen, olivgetönt in den Schatten, karstig und lichtflimmernd, bedrängen die Straße und zwingen sie zu endlosen Kurven über steil abfallende Vorgebirge, pressen sie in schmale aus den Felsen hervorbrechende Canyons, in denen eine überraschende Vegetation grünt. Von den Kurven aus, an denen der sattgelbe kalifornische Mohn blüht (*Eschscholtzia californica Cham.* – von Adelbert von Chamisso in San Francisco erstmals beschrieben), schwingt sich der Blick weit über den einsamen Pazifik. Seine Dünung läuft von weither aus der offenen See heran, bricht sich in gewaltiger Brandung an den Felsklippen, Türme von weißer Gischt ins Blau werfend. Ufernah blühen kornblumenblaue Stranddisteln, Agaven recken ihre seltsamen Blütenrispen empor, Kakteen und Sukkulenten wie die rotgrüne Wolfsmilch wuchern im Sand, bedecken ihn mit wahren Teppichen, Bibernellrosen von sanftem Rosa nisten in den Dünenmulden, was uns an Sylt erinnert, Braunalgen und Meersalat bedecken den Strand, Kelp aus den küstennahen Meergärten. Manchmal schwimmen in den stilleren Zonen, von Felsen der Brandung entzogen, Seehunde zwischen dem Tang und schauen aus ihren putzig treuen Augen von den Bänken herunter.

Am *Bixby Creek* spannt sich eine Brücke hoch über den engen Canyon; von den begrenzenden Vorgebirgen aus gesehen, bringt sie einen ungewohnt technischen Aspekt in die natürliche Wildheit der Landschaft. Zierlich und elegant, ist es kein Widerspruch, wie sie sich aus einem der urplötzlich emporquellenden Meeresnebel über einer jadegrünen Bucht enthüllt.

Die Schönheit dieser Küste liegt in ihren kühn vorspringenden kleinen Promontorien. Von den Aussichtspunkten erscheint die Landschaft als reizvoller, kulissenartiger Wechsel von Land und Meer. Blau, Ocker und Gelb im rhythmischen Spiel, nicht zu sprechen vom blendenden Weiß des tief aus der See anlaufenen Surfs, der Brandung. Zum **Big Pfeiffer State Park** führt die schmale **Sycamore Canyon Road** von der 1 hinab. In wilder felsiger Umgebung preßt die Dünung das Wasser in schmale Inlets hinein, basaltische Inselchen vor der Küste führen die Wogen in torartige Höhlungen und brausend, gischtend und gurgelnd treibt es das Meer wieder heraus. Sturm müßte man hier einmal erleben. Es ist eine homerische Landschaft, die Sirenen auf den Klippen, wie sie den unglücklichen Schiffer herbeilocken, der Strudel der Charybdis, der das Boot tanzen läßt und Scylla, wie sie von den Felsen herab des Odysseus Mannen gierig greift.

Gelegentlich kommen uns auf der Straße kühne Fahrzeuge entgegen, Karosserien, die aus dem Cockpit eines Flugzeuges bestehen, bringen uns das Fürchten und den Blick auf den Höhenmesser bei. Kaum haben wir dies überstanden, dröhnen hinter uns gewaltige Motorräder auf und donnern wie Wotans wilde Jagd an uns Verschüchterten vorbei, die Männer im ledernen Machismo-Look, die Mädchen, Sirenen unserer Zeit, in Slip und BH und mit rotgefärbten Haaren, das in den Kurven die Schräglage anzeigt.

Gelegentlich sieht man Surfer an felsfreien Stränden, wie sie auf ihren Brettern in der Brandung zu reiten versuchen. Es sind kühne Bilder, wenn ein Könner auf der inneren Hohlkehle einer drei Meter hohen Welle dahinflitzt, fast noch im Wellentunnel der sich überstürzenden Woge, hinter sich die gläsern blaue Wand von Wasser, die sich zu schließen droht.

Waldesduft und Meeresatmen an BIG SUR

Big Sur heißt eigentlich Großer Süden, denn Sur ist im Spanischen das Wort für Süden oder Südwind. Die Amerikaner sprechen es spanisch, also mit einem offenen U aus und rollen dabei das End-R ein wenig, wie es die Spanier ja auch tun. In die Einsamkeit der höchst individualistischen Strände setzt die Natur gelegentlich den Kontrast eines unerwarteten Waldstücks aus Redwoods, die sich in einem Seitental der

Lucia-Berge gehalten haben. Ich bin nicht sicher, ob dies letzte Reste eines einst größeren seenahen Bestandes sind, oder ob diese Küste wegen ihrer karstigen Beschaffenheit schon immer so aussah. Bei *Julia Pfeiffer Burns* und *Pfeiffer Big Sur* wird der Wald dichter, mischt sich der in der Hitze ausströmende aromatische Fichten- und Moosduft des Waldes mit dem Salz- und Tanggeruch der See, stürzen kleine frische Bäche dem Meere zu. Dem Tourismus werden hier keine Konzessionen gemacht, keine Stadt, keine Motelsiedlung, keine Reklame, keine Schickeria, keine mit dem Brotmesser Farbe spachtelnden Künstlerkolonien.

Wenige rustikale, aber wunderschön gelegene Hotels, teils teuer, teils preiswert und einfach, liegen auf Felsvorsprüngen oder im Wald eines Seitencanyons: ganz im Süden ›Deetjens Big Sur Inn‹, braungebranntes Blockhaus im Tann an kühler Felsschlucht, im Norden der ›River Inn‹; dazwischen liegt der renommierte ›Ventana Inn‹ in einer üppigen Fels- und Waldszenerie, die sich im Englischen *luxurious wilderness* nennt. Neben dem Swimmingpool gibt es heiße japanische Freiluftbäder für Männlein und Weiblein, auch gemischt, ›s'il vous plait‹, und das will selbst in Kalifornien etwas heißen. In der ›Big Sur Lodge‹ in ›Pfeiffers Big Sur State Park‹ (F 408 667 2172) werden hübsche und wohleingerichtete Cabins angeboten mit all den Annehmlichkeiten, die eine Familie auf langer Reise braucht: Waschautomaten, Kitchenette.

Henry Miller auf der Suche nach dem Geheimnis des Lichts

Es war Henry Miller, der mit ›Big Sur and the Oranges of Hieronymus Bosch‹ dieser Küste ein literarisches Denkmal gesetzt hat. Es ist eigentümlich, daß die beiden großen Erotophilen unseres Jahrhunderts, David Herbert Lawrence und Henry Miller, denen wir auf unserer Reise begegnen, zugleich große und unerreichte Landschaftsschilderer waren. Zufall? Ich glaube kaum. Beiden war es Bedürfnis, die Landschaften des menschlichen Körpers in seiner Lust zu schildern; da ist der Weg zur Schönheit der den Menschen umgebenden Landschaften nicht weit. Aber es gibt noch einen anderen Grund. Lawrence wie Miller flohen über lange Jahre ihres Lebens hinweg aus der Zivilisation, die sie für krank machend hielten. Fliehen kann ein flüchtiger Fluchtreflex sein, wir alle empfinden ihn zuweilen. Flucht, sofern sie einer endgültigen Sehnsucht zu einer anderen Welt entspringt, muß aber eine Stätte der Stille suchen. Einst war dies oft ein Kloster, Lawrence fand diese Stätte am Gardasee und später in Taos. Miller in Big Sur. So schreibt er im Epilog zu ›Big Sur und die Orangen des Hieronymus Bosch‹ 1956:

»Frieden und Einsamkeit. Ich habe einen Vorgeschmack davon bekommen, selbst hier in Amerika. Ach, diese erste Zeit auf Partington Ridge. Wenn ich die Tür öffnete, sah ich die samtenen, weithin rollenden Berge, und ein solches Gefühl der Zufriedenheit, der Dankbarkeit ergriff mich, daß ich segnend die Hand hob.«

Miller mit einer Segensgebärde, wird mancher Leser erstaunt fragen? Manches läßt vermuten, daß Henry Miller, durch Fraengers Buch über das ›Tausendjährige Reich des Hieronymus Bosch‹, 1947 geschrieben, in nähere Beziehung zur okkulten Sekte der Rosenkreutzer trat, die heute in Kalifornien und einst in Europa große Bedeutung hat oder hatte und einem pansophistischen Mystizismus huldigte. Eigentlich eine Gegenbewegung durchaus christlichen Charakters gegen den in den offiziellen Kirchen verlorengegangenen Mystizismus des Mittelalters, gewannen die Rosenkreutzer in England und am preußischen Hof Friedrich Wilhelms II., später in Amerika, Bedeutung, stehen in ihren Gedanken auch den Anthroposophen nahe. Auch Bosch selbst (1450 bis 1516) wird unterstellt, daß er einer solchen Geheimsekte nahestand, und höchst seltsam ist das Phänomen, daß Philipp II. von Spanien ein großer Bewunderer von Hieronymus Bosch war, der eigentlich van Aken s'Hertogenbosch hieß und vor dessen Bild ›Der Garten der Lüste‹ Philipp II. im Escorial oft gesehen wurde. Philipp II., die Inquisition, der Garten der Lüste ... ein weites Feld. In diesem Garten reiften auch die Orangen von Big Sur, deren farbiger Glanz Miller bezaubert hatte.

Den Zauber dieser Lichtküste, mediterran, ägäisch, in manchem transzendental, beschreibt der Dichter unübertrefflich:

»Hier in Big Sur durchdringt zu einer bestimmten Jahreszeit und nur zu einer bestimmten Tageszeit ein bleiches Blau-Grün die fernen Berge. Es ist eine alte, Heimweh weckende Farbschattierung, die man nur in den Werken der alten flämischen und italienischen Meister sieht. Es ist nicht nur die, durch die Entfernung bewirkte, und durch den magischen Lichteinfall verstärkte Farbtönung, sondern ein mystisches Phänomen ... entstanden aus einer gewissen Art, die Welt anzuschauen ... Gegen Sonnenuntergang, wenn die Berge hinter uns in dem anderen ›wahren Licht‹ stehen, bekommen Bäume und Büsche in den Canyons ein ganz anderes Aussehen. Alles sprüht von Licht. Die Blätter, Zweige und Stämme treten scharf umrissen hervor, als wären sie vom Schöpfer selbst mit der Radiernadel herausgearbeitet.«

Am schönsten und ganz absichtslos schildert Henry Miller Big Sur mit dem Blick seiner beiden Kinder, angesichts des sich im Pazifik spiegelnden Mondes:

»Oh, Papa, komm doch schnell, sieh nur den Mond, er liegt unten im Teich.« Und weiter: »Sie hatten nicht nur ihre Spiele ... sie hatten auch Himmelsweiten von reinstem Blau, Nebelschwaden, die auf unsichtbaren Füßen aus Schluchten stiegen, Berge, die im Winter smaragdgrün und im Sommer rot wie Gold waren. Sie hatten noch mehr. Die unergründliche Stille des Waldes, die glitzernde Unendlichkeit des Ozeans, von Sonnenlicht ausgedörrte Tage und funkelnde Sterne bei Nacht.«

Die Lichtküste von Big Sur ist keine Landschaft der schnellen Eindrücke, man muß sich an die himmelweiten Horizonte gewöhnen, die Durchsichtigkeit der Luft, die Transzendenz der Wirkung. Aber diese Landschaft wird lange in uns nachwirken, lange Zeit ...

Hinter Point Sur sank die Sonne rasch im Westen. Im Blick gen Süden erschien die Küste auf fünfzig Meilen als vor- und zurückschwingende Girlande geraffter dunkler Konturen vor der silbern schmelzenden See. Kaps, Vorgebirge, Felsabstürze verkürzen sich in der Perspektive zu schattenhaften Kulissen von südlich-antiker Szenerie und Größe. Und doch – etwas nördlich-herbes blieb ihnen unverwechselbar, als ob diese lichtüberflutete Küste teil habe an den Götterlandschaften des Südens und Nordens.

Die schmale Straße, kühn gebaut, sich an den Felshängen dahin mogelnd und dann wieder den Sporn eines Vorgebirges kühn reitend, an manche Straßenabschnitte der amalfitanischen Küste erinnernd, wird nun flacher, wir nähern uns der milden Landschaft *Carmels,* denn die Mönche haben zu allen Zeiten nicht nur das Nützliche bedacht sondern auch einen ausgeprägten Sinn für das Schöne gehabt.

Bach und Big Sur als Synkopen im barocken Carmelkloster

Die heitere Schönheit des hügeligen und durch die nahen Santa-Lucia-Berge von der Hitze des Landesinneren abgeschirmten *Carmels* geht in die so ganz andere Schönheit der nahen, der See ausgesetzten Halbinsel von *Monterey* über. Beide verdanken ihr Entstehen spanischen und franziskanischen Gründungen gegen Ende des 18. Jahrhunderts.

Junípero Serra, geboren 1713 in Mallorca, dem wir nun schon oft in Kalifornien begegnet sind, kam am 3. Juni 1770 zu Schiff in Monterey an, dort, wo sich heute die Cannery erstreckt, und gründete die Mission San Carlos. Es war keine gute Wahl, der Boden war schlecht, die Stürme wehten vom Pazifik, und vom nahen Presidio wurde aller weltlicher Ärger ins Kloster gebracht. Man zog um in das stille Hügeltal von Carmel und baute 1771 eine bescheidene Holzkirche, 1793 durch die heutige steinerne Barockkirche ersetzt, in der Padre Serra 1784 seine Grabstätte fand.

Geht man auf diese Kirche zu, hinter einer hohen Mauer inmitten eines subtropischen Gartens gelegen, so überraschen Größe und Steinmetztechnik. Erbaut von angelernten indianischen Maurern mitten in der Wildnis, zehntausend

Kilometer von Spanien entfernt, ist hier ein anderes Wollen zu erkennen als in den schlichten Blockhäusern, die lange das angelsächsische Amerika beherrschten. Waren die einen nur interessiert an Wetterschutz und der nötigsten Versorgung, bereit, übers Jahr weiterzuziehen und nach Gold und Geld zu gehen, so kündigten die anderen einen Anspruch an, der aus dem Jenseitigen kam und dem Diesseitigen, wenigstens nach menschlichem Ermessen, auch eine dauerhafte Stätte bieten wollte.

Gegen 1800 stand das Kloster in Blüte, lebten etwa tausend Indianer in seiner Umgebung, und auch das spanische Presidio in Monterey wiegte sich in der Hoffnung, bleibend Fuß gefaßt zu haben. Ein kurzer Traum. Die Spanier in Kalifornien gerieten in dem Maße in eine schwere Krise, in dem die politischen Kräfte in Mexiko des spanischen Vizekönigs überdrüssig wurden und die Audiencias als parlamentarische Gremien stärker wurden. Dabei waren Texas und California bereits 1776 als Provincias Internas der Aufsicht des Vizekönigs weitgehend entzogen und der Audiencia in Guadalajara im nördlichen Mexiko unterstellt worden. Die schrittweise Ablösung der California Alta von Mexiko, und der spanischen Provinzen der Neuen Welt von Madrid, war bereits vorgezeichnet.

Aber auch die religiösen Strukturen in ihrer sehr spanischen Vermischung von Geistlichkeit und Weltlichkeit schufen Probleme. Bereits 1644 bat das Ayuntamiento, der besorgte Stadtrat von Mexiko City – eine Hälfte allen Grunds und Bodens gehörte damals nämlich bereits der Kirche und es gab mehr als sechstausend unbeschäftigte Kleriker in der Neuen Welt –, König Philipp IV. von Spanien, er möge neue Orden und Ordinierungen von Geistlichen unterbinden. Kurioserweise geriet die Kirche aber auch in die Schußlinie der Haciendeiros, die sich beklagten, daß jede Woche zwei Arbeitstage durch kirchliche Feste verlorengingen.

In diese politische Landschaft fiel nun der Auftrag Karls III. von Spanien, dem russischen und vielleicht auch dem englischen Einfluß nördlich von Mexiko entgegenzutreten und California Alta, das heutige Kalifornien, vorsorglich in Besitz zu nehmen. Junípero Serras einundzwanzig franziskanische Missionen in Kalifornien dienten also einem doppelten Zweck. Sie flankierten die militärischen Operationen der schwachen spanischen Milizen, aber zugleich boten sie auch vielen, wie wir hörten, unbeschäftigten Geistlichen und Ordensbrüdern eine Betätigung. Kritiker verschiedener Richtungen werden heute anmerken, die Mönche hätten sich auch anderweitig, etwa mit Hacke und Schaufel, nützlich machen können. Doch verkennt solche Meinung zweierlei: Man kann nicht eine ältere Zeit und ihre Wertmaßstäbe mit unserer Elle messen. Zum anderen würde ich keinem Kritiker raten, den Rest seines Lebens in einer kalifornischen Mission in brütender Hitze, winterlicher Kälte, in zerrendem Wind und bei härtester Arbeit in Feld und Werkstatt verbracht zu haben und morgens zur Matutin zu einer Zeit aufzustehen, in der die Offiziere des Presidios sich gerade noch mal auf die andere Seite drehten. Angetan mit einer härenen Kutte und indianischen Sandalen, dürftig ernährt von den Produkten eigener Arbeit, dem Hungertod nahe, wenn die Felder nichts gaben oder die Indianer sie abgebrannt hatten und ein Versorgungsschiff seit Monaten vergeblich erwartet wurde, hatte dies alles wenig gemein mit dem kontemplativen Leben eines europäischen Benediktiners in einem reichen Kloster Burgunds oder Frankens.

Der weltweite Verfall spanischer Macht gab den Audiencias in Mexiko schließlich die Chance, der spanischen Krone Adieu zu sagen. Doch war dies kein demokratisches Aufbegehren unter dem Motto: Wir sind feudaler Bevormundung leid. Es ging einfach um den Tausch der Macht zwischen den königlichen und von Madrid aus gesteuerten Beamten und der örtlichen Junta von inzwischen reich und mächtig gewordenen Gruppen. Doch so einfach war auch das in einem höchst individualistischen Volk nicht möglich – und ein solches waren die Mexikaner unstreitig geworden. Über hundert Jahre fanden nahezu hundert Revolten und Revolutionen statt, kämpften konservative Royalisten gegen jakobinische Aufrührer, Vizekönige um ihre Macht, Gouverneure um einen raschen Aufstieg, die Kirche schließlich um die nackte Existenz, manche ihrer Geistlichen aber auch als Wortführer sozialer Gruppierungen. Schließlich mischte Napoleon III. mit und meinte, die Zeit für ein unabhängiges Mexikanisches Kaiserreich sei reif, fand den törichten Erzherzog Maximilian als Strohmann, und der fand zu guter Letzt die Gewehrmündungen eines Exekutionspeletons auf sich gerichtet. – Am Ende machte sich dann Benito Júarez, unterstützt vom amerikanischen Kongreß, der zu allen Zeiten die Neigung hatte, eigene und auch gesunde Wertvorstellungen allzu blindlings auf fremde Länder zu übertragen, zum Präsidenten. Es gibt kaum eine politische Geschichte eines Landes der Neuzeit, die derart komplex und unübersichtlich ist, verworren bis zum äußersten und ohne klare Fronten, wer was will. Eindeutig ist immer nur, wer wen wann erschoß.

Daß in diesem Durcheinander eine so entfernte Provinz wie California Alta einfach ›abgehängt‹ wurde, ist naheliegend. Doch zunächst einmal wurde die Kirche 1833 säkularisiert. Das war ein großer Fehler, denn wenn es irgendeine Kraft gab, die dem seltsamen Rassengemisch Neuspaniens Gemeinsamkeit und Kontur verlieh, dann die Kirche, welche Fehler sie auch sonst haben mochte. Die Neger und Indianer hatten seit etwa 1800 aufgehört, besondere Rassen darzustellen, die Sklaverei war aufgehoben worden und der Mangel an weißen Spanierinnen – auf zehn Spanier kam eine Frau – führte zu einem buntschillernden Rassengemisch, an dem Herr Mendel seine Freude gehabt hätte, seine Lehren von rezessiver und dominanter Vererbung vorzuexerzieren. So gab es die Mestizen aus indianischem und europäischem Blut, die Sambos aus indianischem und negroiden Blut und die Mulatten aus negroidem und europäischem Blut – suum cuique.

Auch das wirtschaftliche System hatte seine kolonialen Eigenheiten. Schon Hernan Córtez führte das System der Encomienda ein. Der Encomendero war eine Art Mündel seines Herrn, seine Arbeitskraft gehörte dem Herrn, der seinerseits wieder für Schutz, Ernährung, Ausbildung und religiöse Unterweisung, Kranken- und Altersfürsorge zu sorgen hatte. Manches erinnert hierbei an die Leibeigenschaft, doch waren Leibeigene und Sklaven nicht der vollen physischen Gewalt ihres Herren ausgeliefert – zumindest nicht in der Theorie. Und an dieser Stelle hat die Kirche gemeinsam mit der spanischen Krone unablässig für eine vernünftige Besserung der Verhältnisse in der Neuen Welt gearbeitet. Die Säkularisation dieser Kirche, zusammen mit dem Herauswurf der königlichen Beamten führte dementsprechend nicht zu einer Besserstellung der einfachen Menschen, sondern zu einer völligen Willkürherrschaft, die nicht von Gesetz und Glauben, sondern ausschließlich vom Profit bestimmt wurde. Es darf uns also nicht wundern, wenn viele Mestizen, Indianer und Indios, zumal in Südamerika und Mexiko, lange und erbittert gegen ihre sogenannten Befreier vom Schlage Benito Júarez' und Simon Bolivars gekämpft haben. Miranda, der Vertraute des großen ›Libertadors‹ Bolivar hat dies sehr klar ausgedrückt: »Erheben wir uns gegen Spanien, aber unter solchen Bedingungen, daß sich niemand außer uns erhebt und nicht das gewöhnliche Volk unsere Situation in Gefahr bringt!«

Bereits seit 1850 verfiel die Mission von Carmel. Erst 1924 wurden die Gebäude unter amerikanischer Ägide wieder restauriert, und der deutschstämmige Bischof Scher beauftragte irische Pastoren mit der Betreuung. 1960 hat Papst Johannes XXIII. die Carmel Mission in den Rang einer Basilika Minora erhoben.

In der Basilika liegt vor dem großen hochroten Retabel, spanisch Retablo, Junípero Serra bestattet. Daneben erzählt eine Grabplatte vom GOBERNADOR DE CALIFORNIA DON JOSÉ ANTONIO ROMEAU – MURIO EL AÑO 1792, und neben dem Langhaus, 1771 von Manuel Ruiz erbaut, liegt der alte Friedhof der Mission mit mehr als dreitausend Gräbern, indianischen, mit einer Seemuschel geschmückt, spanischen, mit dem Kreuz, und irischen, mit dem Shamrock, dem Kleeblatt. Verläßt man die Basilika zur Linken, so betritt man den sehr schönen alten Kreuzgang der Mission, deren Säulen und Kapitelle aus dem Sandstein der nahen Santa-Lucia-Berge gehauen sind. Auch hier sind die balkengedeckten Kreuzgänge voller Schulkinder, die in den sich anschließenden Klassenzimmern unterrichtet werden. Auf dem Gang, einem der ältesten Schulhöfe der Vereinigten Staaten, haben die Kinder Malarbeiten ausgestellt, auch kalligraphische Versuche. Einer dieser Texte lautete:

»*Prometo fidelidad a la bandera de los Estados Unidos de America y a la republica que se representa, una nacion, bajo Dios, con libertad y justicia para todos.*«

Spanisches Fühlen, amerikanische Verfassungstreue und Gott. Die junge Nonne mit ihren klaren Gesichtszügen und dunkelblauem Habit, Lehrerin dieser Klosterschule, gerade aus dem Klassenzimmer kommend, schien in Einklang mit diesen Worten und Werten.

Der Garten des Kreuzgangs ist eine Augenweide. Vom östlichen Turm der Basilika mit seiner grauverwitterten maurischen Kuppel fällt ein Wasserfall von violetten und glühend roten Bougainvilleen über das warmtonige Sandsteinmauerwerk herab. Indische Cannae blühen rot, Kakteen tragen tropische Akzente in das Säulenrund, und Our Lord's Candle *(Yucca whipplei)* ist eine Schönheit der Subtropen mit ihrer elfenbeinfarbenen Blütenstaude, aus einem stachligen Yuccablattbüschel emporschießend.

Die kleine Sakramentskapelle vereint christliches mit indianischem Dekor, vor allem den farbigen Mäander- und Zickzackbändern des geometrischen Stils, den wir schon in den Pueblos der Hopi bewundert haben. Nahe dem Kreuzgang liegt auch der Kenotaph von Serra, den Jo Mora 1924 geschaffen hat. Eine ungewöhnliche Darstellung für Amerika. In der Art einer mittelalterlichen Tumba ruht Serra, umgeben von den knienden Padres Crespi, Lasuén und Lopez – seinen Nachfolgern. Im Travertin des Sarkophages sind Darstellungen von Indianern mit Pfeil und Bogen und spanischen Söldnern mit Arkebusen eingehauen. Zu Serras Füßen liegt der Bär, Kaliforniens Wappentier, und das ›Carlos III. Dei gratia Hispaniae et Indiae Rex‹ ist der Ruf einer lange vergangenen Zeit. Von der menschlichen Bescheidenheit Serras und dem franziskanischen Armutsgelübde zeugen seine Klause mit dem spartanischen Feldbett, einer dünnen Wolldecke und dem Kreuz an der Wand; das ›Dei gratia‹ gewinnt eine andere Bedeutung. Die Person Karls III. von Spanien ist wie ein letzter Kulminationspunkt eines untergehenden Weltreiches. Der König gilt als aufgeklärt, folgte auf die unglückliche Regierungszeit der Philippen, wie sie Heinrich Heine spöttisch genannt hat, unter denen die letzten, aus dem Hause Bourbon stammend, zwar die Grausamkeit ihrer Vorgänger, aber nicht deren Weitblick geerbt hatten. Unter Philipp V. wurden noch 1782 Autodafés abgehalten und 14000 Urteile der Inquisition vollstreckt – ein grauenhaftes Erbe.

Karl III., Sohn Philipps V., 1738 zunächst als König der beiden Sizilien in Neapel herrschend, ab 1759 in Spanien selbst, hatte durch seine italienischen Ratgeber eine mildere Betrachtungsweise in religiösen Dingen angenommen. 1767 hatte er den Orden der Jesuiten im Einvernehmen mit Papst Clemens XIII. aufgehoben, weil er ihm grundlegend mißtraute, hatte die Erziehung aus dem kirchlichen Bann erlöst und dem Offizium der Inquisition das Prozeßrecht entzogen und 1773 die ›dignidad del trabajo‹, ›die Würde der Arbeit‹ proklamiert – ein in Spanien ganz neuer Ton, denn physische Arbeit war in den Augen des Hofes und des hohen Klerus schlechthin etwas Verächtliches gewesen.

Der Siebenjährige Krieg, 1756-1763, brachte Spanien und Karl III. ein kurzes Atemholen, da England und Frankreich auf dem europäischen Kontinent engagiert waren und auf dem amerikanischen Kontinent sich im Osten, zwischen St. Lorenz und Hudson, in den Haaren lagen. So suchte Karl III. Verlorenes aufzuholen und, wenn wir wollen, dürfen wir die spanische Missionsstraße, den Camino Real in Kalifornien, 1767 begonnen, als eine Frucht dieses Siebenjährigen Krieges ansehen, der in Wahrheit der erste aller Weltkriege war, im Pazifik ebenso wie in Indien, in Amerika wie in Europa ausgefochten. 1763 und dann nochmals 1783, in den beiden Friedenschlüssen von Paris und am Ende des amerikanischen Unabhängigkeitskrieges, gelang es Karl, Florida und Minorca einem etwas lädierten England wieder zu entreißen; aber es war ein Pyrrhussieg. Für die amerikanische Freiheit zu optieren, hieß, eben diesen Freiheitsdurst auch in den eigenen amerikanischen Kolonialreichen zuzulassen. 1780 begannen prompt die ersten Aufstände der Indianer und der im Lande geborenen Spanier, der Kreolen, gegen die Krone.

Am Beispiel der historischen Figur Karl III. werden wir gewahr, wie schwer es ist, ein Land der Zeit anzupassen, wenn Versäumnisse von Jahrhunderten, Fehler einer unfähigen und arroganten Monarchie, auf dem Lande lasten. Das ist der Schatten eines erblichen Amtes. Karl III. ist, wiewohl persönlich zum Besten entschlossen, daran gescheitert. Erst zweihundert Jahre später hat Spanien in seinem jungen König Juan Carlos einen würdigen Nachfolger gefunden, einem Manne von Charakter und Klarblick, von Verstand und Anstand.

Solche Gedanken am Kenotaph Junípero Serras sind gerade in einem demokratischen Land wie Amerika am Platz, bewegen sie doch die Frage nach dem besten Regierungssystem: der Demokratie mit ihrem raschen, opportunistischen Wechsel; der Monarchie mit ihrem starren, biologisch offenbar anfälligen Erbsystem. Die Verfassungsväter der Vereinigten Staaten waren nicht blind gegen die Vorzüge eines über dem Parteienzank stehenden konstitutionellen Monarchen – auch wenn sie eben einen solchen in die Knie gezwungen hatten. Sie hatten, humanistisch im europäischen Sinne gebildet und der Geschichte antiker Könige und Republiken kundig, hohen Respekt vor einem königlichen Amt, und sie kannten Platons Bemerkung in den ›Nomoi‹:

»Es gibt zwei Urformen des Staates ... und eine von ihnen mag Monarchie und die andere Demokratie genannt werden. Nun, wenn ihr Freiheit wollt und die Verbindung von Freundschaft und Weisheit, so müßt ihr an beiden Formen Anteil haben ... kein Staat kann wohl regiert werden, der nicht aus beidem geschaffen ist.«

Es war John Adams, der dem Verfassungskonvent in Philadelphia 1787 aus London diese Mahnung wörtlich übermittelte, Adams, der heftige und gelegentlich polemische Republikaner und Feuerkopf der Revolution ...

Die Amerikaner haben diese alte Weisheit unerhört direkt umgesetzt, in dem sie das starke und machtvolle Amt eines Präsidenten institutionalisiert haben; kontrolliert zwar von einem das Geld bewilligenden demokratischen Kongreß, ansonsten aber souverän in seinen Rechten, unabhängig von Ministern, die er nach Belieben einsetzt oder absetzt. Kein Monarch der letzten zweihundert Jahre kann oder konnte von einer ähnlichen Macht auch nur träumen. Ein Georg III. von England oder ein König von Preußen hätten vor der Macht eines Washington und seiner Nachfolgern nur den Dreispitz lüften können. Aber fast allen Präsidenten unseres Jahrhunderts blieb das Manko, daß sie von Parteien auf den Schild gehoben wurden, oft aus ihren Kadern hervorgingen und mit deren Vorgeschichte belastet waren. Über den Parteien zu stehen, ist damit ein nur selten zu realisierendes Ziel. Der blinde Glaube, die rechte Staatsform allein löse das Problem, ist heute vergangen. Unfähige Monarchen wie Präsidenten haben die Geschichte belastet, gekrönte Mörder ebenso wie gewählte Massenmörder und korrupte Diktatoren, aber immer haben die Völker gehofft, in dem Mann an der Spitze eine charismatische Gestalt zu sehen. Interessanterweise sind gelegentlich schwache, aber wohlmeinende Monarchen, die englische Königin Anne und einige der Georgs aus dem Hause Hannover etwa, ihren Völkern zum Glücksfall geworden. Schwache Präsidenten dagegen waren stets der Spielball von Interessengruppen, und die amerikanische Geschichte ist reich daran. Wie sagte John Adams mit Platons ›Nomoi‹ unterm Arm: »Ihr müßt Anteil haben an beiden … Monarchie und Demokratie.«

Gehen wir nochmals in den Klostergarten des Kreuzgangs. Zur Rechten liegt ein kleiner Brunnen, umgeben von mit Azulejos geschmückten Mauern. Eine Gedenktafel in der Wand berichtet uns, daß 1984 »all of the Bishops of ALTA & BAJA CALIFORNIA assembled«, um die gemeinsame Tradition zu pflegen. Irgendwo gibt es hier ältere Ringe, die Kulturen und Gemeinsamkeiten zusammenketten; sie stehen keineswegs im Widerspruch zu geltenden politischen Strukturen, sondern sind eher Hoffnung auf eine bessere, offenere Zukunft.

Im spätnachmittäglichem Licht leuchtet der gelbliche Sandstein der Basilika ungemein warm. Unter dem Fünf-Uhr-Läuten erschauern die rot brennenden Bougainvilleen in dem schwachen Wind, der von den Türmen streicht. Der unter Protestanten nicht unumstrittene Carlo Borromeo (1538-1584) ist ihr Namenspatron, Kardinal-Erzbischof von Mailand und Initiator des Zweiten Tridentiner Konzils, aber auch, in seinen ›Acta ecclesiae Mediolanensis‹, Erneuerer einer wieder den Glauben und nicht die Macht suchenden katholischen Welt. Persönlich hat er sich heftig mit dem spanischen Vizekönig von Mailand angelegt, das hatte man ihm in der Mission San Carlos Borromeo del Rio Carmelo offenbar längst vergeben. Da muß es Johann Sebastian Bach besonders befriedigen, daß man hier im Juli jeden Jahres ein glänzendes Bach-Festival abhält, zu dem die Liebhaber barocker und geistlicher Musik zwischen Los Angeles und San Francisco zusammenströmen. Bach und Big Sur – welch ein Zusammenklang – doch dann sahen wir ein Schild: »In town music by living people not allowed« – das hätte Johann Sebastian nicht gemocht.

In *Carmel* wohnt man sehr schön im ›Carmel Inn‹ (F 408 624 3851, ca. 70 $ pro Doppelzimmer) an 250 Ocean Avenue und etwa zum gleichen Preis im ›Cypress Inn‹ (F 408 624 3871) an der Kreuzung von Lincoln und Seventh Avenue. In beiden Häusern muß man im voraus reservieren, aber es lohnt sich in Anbetracht der sonst herrschenden Preise. Es wäre ein Fehler, nicht hier oder in Monterey zu bleiben und dann auf die Trostlosigkeit der Motels, die sich nördlich zwischen Monterey und Santa Cruz an Billigstrände anschließen, angewiesen zu sein.

Die einsamen Zypressen von MONTEREY

Die *Halbinsel Monterey* oder ›Königsfels‹ ragt weit hinein in den Pazifik. Felsig und zerrissen sind ihre Gestade, brandungsumtost, bewachsen von den berühmten und höchst individualistischen Monterey-Zypressen *(Cupressus macrocarpa)*, die auf einsamen, vor der Küste liegenden Felsen ihre wild-zerbrechliche Schönheit entfalten.

In privatem Besitz, können wir *Monterey* über das südliche **Carmel Gate**, das nordwestliche **Pacific Grove Gate** oder das östliche **Highway 1 Gate** auf dem mautpflichtigen **Seventeen Mile Drive** befahren, ein lohnenswertes Vergnügen. Schon vor dem Carmel Gate winden sich viele kleine Seitenstraßen hinab zum weißen Sandstrand, blendend im Licht, beschirmt von weit ausladenden Monterey-Kiefern und -Zypressen. Vor der sonst heftigen pazifischen Brandung geschützt, liegen hier an *Carmel Bay* um die Mündung des *Carmel-Flusses* paradiesische Badestrände an blaufriedlichem Meer. An der Ocean Avenue liegen die besten Hotels von Carmel, das ›Normandy Inn‹ (F 408 624 3825, ca. 70 $ Doppelzimmer) und ›Lamp Lighters Inn‹ (F 408 624 7372, ca. 100 $) sowie das ›Carriage House‹ an Junipero Drive (F 408 625 2528, ca. 90 $). Preiswerter ist das ›Village Inn‹ in San Antonio Street (F 408 624 3846, ca. 60 $). Diese sind Hotels im Unterschied zu den weiter vorn genannten Pensionen mit etwas familiärerem Charakter.

Cocktails an Pebble Beach

Der 17 **Mile Scenic Drive** windet sich durch den unerwartet dichten Del Monte Kiefern- und Zypressenforst an *Stillwater Cove* vorbei nach *Pebble Beach*, wo eine Privatstraße zur Lodge mit ihren Golfplätzen führt. Hier ist das wohlhabende Amerika am Kieselstrand unter sich, *›the happy few‹*, jeder scheint jeden zu kennen, an der Lodge mit ihren klassizistischen Säulengängen und exquisiten Restaurants war gerade großer Andrang zu irgendeinem Empfang. Wir wollten im Cypress Room unseren Lunch nehmen, aber im kontaktfreudigen Amerika, sofern man korrekt angezogen ist, wird man unversehens und in aller Unschuld unter die freudig erregte Menge eingeordnet. Wir standen bald mit einem Cocktail in der Hand und plauderten angeregt über Gott und die Welt und wissen heute noch nicht, worum es eigentlich ging. Die

Restaurants ›Cypress Room‹, ›The Gallery‹ und ›The Tap Room‹ stehen allen offen, und die Stores, wie es im schönsten altmodischen Englisch heißt, bieten den teuren Tand der großen Welt und geben sich mit ihren nach außen gewölbten Baywindows noch englischer als ihre Namen: ›Quail and Thistle‹, ›Talbott Ties‹ und ›Club XIX.‹. Das nahe ›Del Monte Hyatt‹ ist mit 200 Dollar pro Nacht und Doppelzimmer dennoch erheblich überteuert.

Durch sanft geschwungene Golfplätze windet sich die Straße nach *Pescadero Point*. Aufsehenerregende Häuser begleiten uns, Elisabethan Style, Tudor, spanisches Barock, dänischer Klassizismus, italienische Renaissance, alles findet sich unter den Kiefern inmitten großer Lawns und mit imponierenden Zufahrten. So sehr man lästern mag, es sind Häuser von großer architektonischer Schönheit darunter, an einer wunderschönen Küste behutsam eingepflanzt.

Zwischen der *Lonely Cypress* und *Cypress Point* an *Crocker Grove* findet sich eine unberührte Landschaft gewaltiger, unvergleichlicher Bäume: Auf den Granitklippen der steil ins Meer abfallenden Küste wachsen aus den Felsspalten prachtvolle Exemplare der vom Wind krumm gezogenen Monterey-Zypressen, ausgesetzt, der Stamm bereits in Bodennähe, fast waagrecht den pazifischen Stürmen und dem stetigen Winddruck trotzend. Kühn und flach streben die pinienähnlichen Zweige über die Klippen, alles ahmt das Horizontale des gebietenden Meeres nach. Schon die mannsgroßen kleinen Zpyressen mit ihren charakteristischen, seltsam spitzigen Zweigen fliehen das Vertikale ihres steifen Jugendwuchses, lernen es, sich in die Klüfte zu ducken.

The Lonely Cypress, die einsame Zypresse, ein weltberühmter Baum, erhebt sich mit pinienförmig breit gefächerter Krone einsam auf einem zerborstenen Felsen mitten in der Brandung. Im Gegenlicht des gelblichlila getönten seidigen Abendhimmels von kühner schwarzer Silhouette, gehört sie schon dem Fernen Osten an, eine Tuschmalerei auf pazifischem Reispapier.

Im Weiterfahren kommen wir zu *Bird and Seal Rock*, wo Tausende von Seemöwen und Kormorane nisten, die kleinen

Harbour Seals und die größeren Leopard Seals als Seehunde ihren Lebensraum gefunden haben und uns erfreuen. Das Kap von *Point Joe* an der Nordwestecke fürchteten einst die kleinen Küstensegler. Hier treffen mehrere heftige Strömungen aufeinander: Der Auftrieb kalter Wasser aus der Tiefe des Pazifischen Grabens und der von Norden kommende Kuro-Schio-Strom, der von unterseeischen Felsen blockiert wird und heftig nach Westen ausweicht. Die hinter Point Joe liegende Spanish Bay wurde oft mit der viel größeren und tief ins Land schneidenden Monterey Bay verwechselt, so von Juan Portola, der 1769 hier vergebens ein Lager aufschlug, bis er im folgenden Frühjahr Monterey Bay erkannte. Heute, mit dem Auto an dieser Küste unterwegs, kann man das alles nicht verstehen, er hätte doch nur ... aber damals schob die mächtige Nordströmung alle Schiffe mit solcher Gewalt von Monterey Bay hinweg und auf die Klippen von Point Joe zu, so daß man sich vorsah, nahe ans Land heran zu gehen. Der Wald, durch den heute die grünen und gepflegten Golfbahnen des Country Clubs laufen, war eine dichte, mit stacheligem Unterholz verfilzte Masse, durch die man sich mühsam mit der Machete einen Weg zu bahnen hatte. An Point Joe lohnt es, auf die Klippen hinaus zu gehen und eine Stunde der Brandung zuzusehen, ein nie ermüdendes Schauspiel. Hier ist es besonders schön und nah zu erleben, das phantastische Aufsteilen der gläsern durchsichtigen Wogen, drei, vier Meter hoch, fast aus dem Stand aus der kaum bewegt erscheinenden See sich erhebend. Gelegentlich springen Fische aus dieser Glaswand heraus, wie aus einem zerbrochenen Aquarium, auch sie offenbar überrascht, denn im nächsten Moment donnert die Woge zersplitternd und schier explodierend auf die Granitfelsen, sprüht die Gischt viele Meter hoch empor.

Hinter den Stränden öffnet sich die weite Bucht von Monterey, deren Küstenlinie wir auf dem **Ocean View Boulevard** folgen. 1542 von Cabrillo entdeckt, gab Vizcaíno ihr 1602 den Namen des spanischen Vizekönigs in Mexiko, des Grafen von Monterey. Nahezu zweihundert Jahre fast vergessen, kamen erst 1770 Portola und Serra, um Mission und Presidio zu gründen. Dies mag uns eine Relation dafür geben, wie lange Zeit zwar der spanische Einfluß in dieser Landschaft wirkte, wie sparsam aber dennoch dieses Wirken war.

So sind die Erinnerungen im **State Historical Park** mit dem, was vom spanischen Presidio geblieben ist, nicht allzu aufregend. In diesem Presidio regierte zunächst der Gobernador de California Alta, dann – 1821 bis 1846 – der fast machtlose mexikanische Gouverneur, und schließlich hißte im nahen Custom House Commodore John Drake Sloat 1846 erstmals die Flagge der Vereinigten Staaten, aus Versehen sozusagen, wie wir an anderer Stelle schon hörten. Er mußte sie unter vielen Entschuldigungen wieder einziehen – man wird sich doch mal irren dürfen! Daß er sich nur um Tage geirrt hatte, war allen klar und schließlich übernahmen die USA im Frieden von Guadalajara California Alta.

John Steinbeck und die Paisanos als Kontrast

Monterey ist wie Big Sur auch literarische Landschaft. Schon Robert Louis Stevenson (1850-1894), der Verfasser der ›Schatzinsel‹ und von ›Dr. Jekyll and Mr. Hyde‹, wohnte im Herbst 1879 im ›Stevenson House‹, 530 Houston Street als Gast bei einer französischen Familie. Er hatte gerade eine anstrengende Reise nach Schottland hinter sich, um Fanny Osbourne, eine von ihrem Mann verlassene, zehn Jahre ältere Amerikanerin mit drei Kindern zu überzeugen, daß sie beide glücklich miteinander werden könnten. Sie wurden es. Mit Mrs. Osbourne nach Kalifornien gekommen, schrieb er hier ›The Old Pacific Capital‹ – womit Monterey gemeint war.

In den vierziger Jahren unseres Jahrhunderts lebte ein ganz anderer Schriftsteller, John Steinbeck († 1968), eine Zeitlang in Monterey und schrieb 1935 ›Tortilla Flat‹, in dem er das Leben der *Paisanos* in den Hügeln der Santa-Lucia-Berge oberhalb Montereys beschreibt. Es ist ein Teil seines eigenen Lebens, das ihn 1902 im nahen Salinas zur Welt kommen ließ.

1944 hatte ihn die Faszination Kaliforniens nach Monterey und zu den *Paisanos* zurückgebracht. Doch in ›Cannery Row‹ schreibt er enttäuscht:

»*The beaches are clean where they once festered with fish guts and flies. The canneries which once put up a sickening stench are gone, their places filled with restaurants, antique shops, and the like. They fish for tourists today, now, not pilchards, and that species they are not likely to wipe out.*«

»Die Strände sind heute sauber, wo einst Fischeingeweide verwesten und Fliegen schwärmten. Die Fischkonservenfabriken, die einst einen krankmachenden Gestank verbreiteten, sind vergangen, ihren Platz haben Restaurants, Antiquitätenläden und ähnliches eingenommen. Sie fischen heute nach Touristen, und nicht mehr nach Sardinen – und diese Spezies werden sie nicht so schnell ausrotten.«

Da sind offenbar wir gemeint. Die ganze Nostalgie der Nachkriegszeit, die in Amerika schon früher begann, hier liegt sie vor uns, ein wenig kritiklos, denn wer hat schon Freude an stinkenden Fischresten. Aber diese ›stenching guts‹ sind nur das Symbol für eine Gesellschaft, die farbiger war, ihre guten und schlechten, individualistischen Qualitäten zeigte, in der das Leben noch kreatürlicher war – nicht so konform, geglättet und desinfiziert wie heute. Die Gefahr ist nur, daß wir in diese gute, alte Zeit Dinge hineinprojizieren, die man einst gar nicht wahrgenommen hat.

Zu diesem Bild gehört ein Besuch in der *Cannery Row,* etwa im ›Whaling Station Inn‹, wo wir uns, Artischocken zupfend, – sie sind köstlich und wachsen keine paar Meilen entfernt – auf Shrimps Sautée oder Mussels au Lyonnais vorbereiten können. An *Fisherman's Wharf,* nahe dem ›Custom House‹, werden wir dann herumschlendern, die Fischerboote besichtigen und des Morgens das Anlanden der nächtlichen Beute und am Nachmittag das Anlanden der mittäglichen Beute beobachten. Die mittägliche Beute, das sind eben die Touristen, die ihr Glück auf Tuna, Mackerel and Brass versucht haben und diese stolz präsentieren. »Who is the prey of whom?«

In Monterey gibt es entlang der Zufahrt zum Highway 1 viele gute, aber in ihrer Massierung monotone und nicht billige Motels, von denen die Sage geht, die Frauen von Marineoffizieren seien die Besitzerinnen, teils um der Langeweile zu entgehen, teils um sich auf den Ruhestand ihrer Männer vorzubereiten, kalifornische Lebensziele … Steinbeck lag nicht so falsch.

An 500 Martin Street liegt der ›Old Monterey Inn‹ (F 408 375 8284, ca. 170 $) und an 643 Light House Ave der ›Gosby House Inn‹ (F 408 375 1287, ca. 70 $), die um vieles angenehmer sind und uns auch in näheren Kontakt mit amerikanischen Gästen bringen, denn das ist ein Mangel der sonst so praktischen Motels: man bezahlt bereits beim Einchecken am Nachmittag, sieht niemand, spricht mit niemand, hört allenfalls den Fernseher oder den Ehestreit im Nachbarzimmer – die Texte sind ohnehin die gleichen.

Die Number One führt uns zurück nach San Francisco

Bevor wir uns am frühen Morgen zur Rückfahrt nach San Francisco entschlossen – von Entschluß kann eigentlich keine Rede sein, allenfalls von Zwang – kehrten wir nochmals zur Halbinsel Monterey zurück, um die Lonely Cypress im Frühlicht zu sehen. Ein großartiges Bild. Die flach über die Santa-Lucia-Berge hinwegstreifende Sonne ließ das Meer noch grau und unberührt. Nebelteppiche lagen auf der See, wallend, hin und herziehend. Der westliche Horizont, unendlich weit und wie in die Ewigkeit gedehnt, ging fast übergangslos in das matte Meer über, silberne Grautöne von feinsten Valeurs und keinem Pinsel zugänglich. Und mitten aus diesen fließend über das Meer flutenden Nebelbänken erhob sich wie eine Offenbarung der schwarze Fels mit der einsamen Zypresse, Symbol des Lebens in abstrakter Landschaft.

Am nördlichen Ende der Bucht von Monterey liegt *Santa Cruz*. Bereits im Einzugsgebiet von San Francisco, ist es eine quirlige Stadt. Wir haben ohnehin einige Mühe, aus den stillen Landschaften des Westens auftauchend, uns nach langer Reise in stillen Gegenden der Welt, wieder an den heimischen, hafennahen Lärm anzupassen. Für einen halben Tag wollen wir uns dieser Akklimatisierung jedoch noch entziehen, nehmen nicht die 17 nach San José und Sunnyvale, Palo Alto Etcetera Alto, sondern folgen unbelehrbar der **Number One,** hier **Cabrillo Highway** genannt. Santa Cruz Mission liegt am Wege, 1791 gegründet, dann folgen kleine Fischer- und Badeorte der San-Matéo-Küste. Es wird ganz unerwartet still und einsam, denn alles Leben hier sucht die Nähe der San Francisco Bay, nistet wie die Frösche um sie herum, wie einst die Griechen ums Mittelmeer. Hier draußen weht der Wind, kämmt die Redwoods und Monterey-Kiefern, die vom Big Basin Redwood Park bis zur See herabziehen.

Abschiedsgedanken bewegen uns. Was war dies für eine Reise? Sightseeing würden unsere amerikanischen Freunde dies nennen und manche verstehen darunter nur ein Sideseeing – aber war es nur ein ›zur Seite sehen‹? Und haben nur die Sehenswürdigkeiten unseren Blick gelenkt oder auch das so ganz anders geartete Lebensgefühl eines jungen Kontinents?

Der weite Bogen, das riesige Oval, das wir durchfahren haben, tritt uns nochmals vor Augen: die Wälder des Nordens, die Kraterseen und Indianerlandschaften der Kaskaden, die von Bisons durchstreiften Einsamkeiten des von Geysiren dampfenden Yellowstone, die alpine Großartigkeit der Tetons vor ihren stillen Seen, der silberglänzende Große Salzsee, die farbglühenden Canyons des Bryce, seine rotschimmernden Felstürme, die Gletscherschrunden des Zion, wundersame Blicke von der Vista Encantadora auf den Grand Canyon, die Seenlandschaft des Glen Canyons, Halbwüsten und Buttes auf dem Wege durch die Indianerreservationen der Navajos, die staubumhüllte Diagonale durch Monument Valley, in den Schluchten des Canyon de Chelly und auf den Adlerhorsten der Hopi, die Geheimnisse der verschwiegenen Felsstädte der Anasazi im Mesa Verde, die Schönheiten des Rio-Grande-Tales, die Indianer und die Maler in Taos Pueblo, der alte Glanz von Santa Fé, die schicksalhaften Fragen von Los Alamos, der Flug durch den Grand Canyon, seine Aussichtsbalkone auf Jahrmillionen, Sedona und Phoenix, die südkalifornischen Kakteenwüsten, Saguaros und Baumwolle, Schneesturm in der Sierra vor San Diego, die mittelmeerische Heiterkeit Südkaliforniens, die Küste der Palmenriviera des Westens, Los Angeles' Skyline vor Yachthäfen, weiße spanische Missionskirchen vor ockerfarbenen Sierren, durch die Wälder der Sequoienparks auf die Höhe der Sierra Nevada, Yosemites Wasserfälle und die Küstenschönheit von Big Sur, Carmels heitere Landschaft und Montereys bizarre Zypressenfelsen – es ist fast zuviel an Eindrücken, die wir in unserem Gedächtnis zunächst nur wie belichtete Filme mit nach Hause bringen, Filme, deren Reihenfolge wir zudem ständig verwechseln, und es wird lange dauern, bis alle diese Momentaufnahmen in unserer Seele sich zu einem fertigen und farbigen Bild entwickelt haben.

Eine große Reise geht ihrem Ende zu, eine von Jugend an erträumte Reise. Hat sich der Traum in irgendeiner Form bewahrheitet? Meine sehr persönliche Antwort lautet: Ja; natürlich war manches nicht so beeindruckend wie gedacht, manchmal dominierten in der Erwartung zu sehr die konfektionierten Vorstellungen, die Dritte aus kommerziellen Interessen uns ständig zu vermitteln müssen meinen, aber oft übertrafen unerwartete Erlebnisse die kühnsten Erwartungen.

Am Horizont tauchen die ersten Vororte von *San Francisco* auf, nach einigem Hin und Her biegen wir von der 1 ab und kommen an der Küste genau am *Cliff House* heraus, wo unsere Reise vor Wochen begann und wir die Seelöwen bewundert hatten, doch sie nehmen unverdientermaßen keine Notiz von uns. Wir aber können es nicht lassen, nochmals auf den Presidiohügel zu fahren, den Blick auf die rotleuchtende Golden-Gate-Brücke über der blauschimmernden Bay zu werfen, uns an unsere Bootstouren in der Bucht erinnernd, den herrlichen meeresfrischen Wind ein letztes Mal einatmend, der ein Symbol der Frische dieser jungen Stadt ist, dann drängt die Zeit und wir eilen, um über die 101 den *Flughafen* zu erreichen.

Abstecher nach San Antonio, oder: Von Santa Fé nach Texas

Texanische Eindrücke

Üblicherweise wird man nach einem Besuch der Nationalparks in den Rocky Mountains oder dem Südwesten der Vereinigten Staaten über Los Angeles oder San Francisco nach Europa zurückfliegen. Für diejenigen, die aus geschäftlichen oder privaten Gründen das wirtschaftlich aufblühende und von vielen Deutschsprachigen bewohnte Texas in ihre Reiseroute miteinplanen wollen oder müssen, sei das folgende Kapitel hinzugefügt.

Von *Santa Fé, Albuquerque* oder vom Ostrand der Rocky Mountains aus führen schnelle Straßen nach *Dallas/Fort Worth* und *Houston*. Beide Städte sind über viele Fluglinien, darunter die Lufthansa, mit Zentraleuropa verbunden. Beide texanischen Städte sind entgegen mancher Meinung sehenswert, wenn man Freude an gelungener moderner Architektur hat. Sie sind auch gemeinsam mit Denver in Colorado weitaus liebenswerter als manches Vorurteil es wahrhaben will. Freilich sind es keine Städte für den Einzelreisenden oder Individualtouristen. Man muß in einer größeren und wohltemperierten Gruppe sein, Kontakte zum Land haben, um die ungeheuere Freiheit und Großzügigkeit des Lebens in und um diese Städte zu genießen. Hier hat sich nach dem Exodus aus den alten Städten des Ostens, nach der endgültigen, auch geistigen Abtrennung vom alten Europa, eine neue Pionier-Mentalität entwickelt, nicht mehr mit Planwagen und Scouts, sondern mit chromblitzenden Luxuslimousinen und wirbelnden Helicoptern, einer Hotellerie, die ihresgleichen an Aufwand in der Welt sucht, einem ungemein gesunden trocken-warmen Klima – im Süden lockt der mexikanische Golf, im Westen Neumexiko und die Sierren der Rockies. Denver ist eine bedeutende Stadt des Wintersports, Dallas ein Mekka des Geschäfts mit dem größten Flughafen

Nordamerikas, Houston eine schon sehr südliche Stadt mit wiegenden Palmen und üppigen Gärten nahe der zum Segeln einladenden Bucht von Galveston.

Für den Touristen ist *San Antonio* das wohl dankbarste texanische Ziel, das im folgenden beschrieben sei. San Antonio ist von Albuquerque, dem südöstlichsten Zipfel unserer Reise, bequem mit Eastern Airlines zu erreichen. Eastern Airlines verbindet auch mit Houston Intercontinental Airport, so daß man das große Gepäck von Albuquerque aus nach Europa durchchecken kann und nur das Nötigste für San Antonio oder ein spezielles Ziel in Texas mit sich führt.

Um ein Land wie Texas zu verstehen, sollten wir uns einen Augenblick den Gründen für diese Binnenwanderung zuwenden, auch einen Blick auf die für Amerika ungewöhnliche Geschichte von Texas werfen.

Gelegentlich ›Lone Star State‹ genannt, will man damit auf den unabhängigen Staat Texas anspielen, der am 2. März 1836 von angloamerikanischen Siedlern gegen den Widerstand Mexikos gegründet worden war. Obwohl von einigen europäischen Mächten anerkannt, war dieser Staat wirtschaftlich nicht lebensfähig und wurde am 29. Dezember 1845 von den Vereinigten Staaten nach Anerkennung seiner Schulden annektiert. Im Gegensatz zur Annexion Neumexikos oder Floridas als Staaten spanischer Zunge oder Louisianas als ehemals französischem Besitz, stellt diese Annexion eines angelsächsischen Landes eben etwas Besonderes dar und erklärt das gebliebene Selbstbewußtsein der Texaner, darin dem partikularen Selbstverständnis des Freisstaates Bayern nicht unähnlich.

Von Haudegen und Steuern

Die Geschichte von Texas hat vier Perioden starker Einflußnahme erfahren. Die nomadisierenden und teilweise in Pueblos wohnenden Indianer der Comanchen und Apachenstämme haben zwar im Lichte der modernen Archäologie mehr Spuren hinterlassen als lange angenommen wurde, aber ihr Einfluß auf das heutige Gebilde Texas ist dennoch sehr gering. Aufgesplittert in rivalisierende und um kargen Lebensraum kämpfende Gruppen, wurden die Indianer allenfalls hineingerissen in die Auseinandersetzungen anderer Mächte. Teils aufgeschlossen gegenüber den spanischen Missionsversuchen, wovon wir in San Antonio noch hören werden, teils erbitterten Widerstand leistend, haben sie die Entwicklung nicht mitbestimmen können.

In der folgenden Periode der spanischen Herrschaft, bis etwa 1820, sind Kolonisten, Beamte und Mönche von Mexiko und Florida aus in das texanische Gebiet vorgedrungen und haben küstennah prosperierende Siedlungen angelegt. Doch sollten wir diesen Teil der Geschichte von Texas besser vor Ort und mittels erhaltener Dokumente und Zeugnisse kennenlernen.

Mit der mexikanischen Revolution, gegen 1824, verlor die machtlose spanische Krone ihren letzten Stützpunkt im kontinentalen Amerika, und Texas wurde Teil der mexikanischen Republik. Aber auch dieser neue Staat Mexiko war von sozialen Wirren erschüttert – im Vorfeld der törichten Versuche Napoléons III., ein mexikanisches Kaiserreich von Seinen Gnaden und mit Maximilian aus dem Hause Habsburg als Kaiser zu gründen.

Die politische Kraftlosigkeit Mexikos, die riesigen Entfernungen, die Konflikte mit den Franzosen in Louisiana und das so völlig andere Lebensgefühl der angelsächsischen Kolonisten in Texas mußten zum Bruch führen, der sich in erbitterten Kämpfen entlud. Die Namen Alamo und San Jacinto umschreiben das Schlachtfeld, auf dem Sam Houston die Unabhängigkeit von Texas erstritt.

Das Schicksal der kurzlebigen Republik Texas kennzeichnet die dritte Periode des Landes, hin- und hergerissen zwischen den Annexionswünschen der Vereinigten Staaten, dem am Boden liegenden Mexiko und allerlei europäischen Kabalen. Der Besuch des Alamo in San Antonio wird uns Gelegenheit geben, hierauf näher einzugehen.

Die vierte Periode des Staates Texas, in der wir leben, kannte die schwere Last des amerikanischen Sezessionskrieges. Texas war vier Jahre lang Mitglied des konföderierten

Bundes der Südstaaten und hatte lange an den Folgen der Niederlage zu tragen.

Bedenkt man, daß dieser junge Staat, ohne gefestigtes Selbstbewußtsein, in Kämpfen mit Spaniern und Mexikanern entstand, aus finanziellen Zwängen von den ebenfalls jungen USA annektiert und ganze zwanzig Jahre danach bereits wieder in einen blutigen Bürgerkrieg mit dem Norden der USA hineingerissen wurde, so versteht man texanisches Lebensgefühl und Andersseinwollen etwas besser.

Wenn wir damit ein Gefühl umrissen haben, so noch lange nicht die Gründe für die Prosperität des heutigen Texas, dessen Bevölkerung ein Durchschnittsalter von 28 Jahren aufweist, darunter zwölf Prozent Schwarze, einundzwanzig Prozent spanischblütige Mexikaner und acht Prozent Deutsche. Ungewöhnlich für amerikanische Verhältnisse ist auch, daß die Katholiken die Religionsmehrheit stellen.

Texas hat, gegründet auf seinen Ölreichtum, wie andere Südstaaten der USA ein System steuerlicher Anreize zur Ansiedlung von Firmen und Privatpersonen geschaffen, das wie ein Magnet die Menschen anzieht. Die Vereinigten Staaten kennen wie wir eine Einkommen- oder Körperschaftssteuer, die sogenannte Federal Income Tax. Dieser gesellt sich eine lokale State Income Tax hinzu, die von der Federal Tax abgezogen werden kann. Die Staaten an der Ostküste verlangen eine hohe State Tax – Texas kennt überhaupt keine State Tax. Bei hohem aktiven Einkommen ist das wegen der Abzugsfähigkeit belanglos. Sinkt aber aus Altersgründen oder schlechtem Konjunkturgang die Federal Tax, so bleibt eine hohe State Income Tax, die weit mehr den Charakter einer kommunalen Kopfsteuer hat und einkommensunabhängiger ist, – in Texas ist sie Null.

Viel durchschlagender aber ist in Texas die Dynamik des Wirtschaftens, die Ungeniertheit und schöne Ungezwungenheit, mit der dort das Wort Gewinn noch benützt werden darf. Beeindruckend ist der Verwaltungsstil in einem Staat, der behördliche Eingriffe und Administration auf ein Mindestmaß begrenzt, das alte Wort von Thomas Paine aus dessen Traktat ›Common Sense‹ beherzigt: »Gesellschaft ist in jedem Zustand ein Gut; Regierung ist, selbst in ihrem besten Zustand, nur ein notwendiges, in ihrem schlimmsten Zustand aber ein unerträgliches Übel!«

Klöster, Kirchen und Geschichte in San Antonio

Im Winkel zwischen Rio Grande und dem Golf von Mexiko, von beiden etwa hundertfünfzig Kilometer entfernt, liegt die alte Stadt *San Antonio*. In Deutschland kaum bekannt, birgt sie in ihrem alten spanischen Kern, umrundet von einer äußerst malerischen Schleife des San-Antonio-Flusses, mit ihren franziskanischen Missionsstationen, dem kleinen spanischen Gouverneurspalast, der die Zeit hinter Bananenstauden verschlafen hat, der San-Fernando-Kathedrale und dem Alamo ein ungewöhnlich intaktes Bild der Jahre vom Ende des 17. Jahrhunderts bis zum 18. Jahrhundert, als die spanische Krone und ihr Vizekönig in Mexiko letztmals versuchten, sich gegen die Franzosen in Louisiana zu wehren. Auch das 19. Jahrhundert hat seine geschichtlichen Spuren deutlich hinterlassen, als die ins Land drängenden angelsächsischen Siedler sich zunehmend als texanisch und dann amerikanisch verstanden und ihre Konflikte mit dem inzwischen republikanischen Mexiko austrugen. Über all dem wird vergessen, daß Texas und mit ihm San Antonio gegen 1850 einen starken Zuzug pfälzischer Einwanderer hatte, die unter Protektion des 1842 gegründeten Mainzer Adelsvereins hier Land nahmen. Man schätzt den Anteil der mehr oder weniger Deutschblütigen in San Antonio auf etwa vierzig Prozent.

Wir haben uns inzwischen in ›The Gunter Hotel‹ (205 E. Houston Street) eine Bleibe gesucht, überrascht von der deutschsprachigen Dame an der Rezeption. Von hier aus sind es nur wenige hundert Meter auf der *Houston-Straße* ostwärts, bis wir auf *The Alamo* stoßen. Etwas verwirrend im Karree neuzeitlicher Geschäftshäuser öffnet sich ein Park, an dessen Frontseite in warmtonig verwittertem Kalkstein breit die Fassade der Missionsstation von San Antonio de Valero lagert. Der antreppende Steinfirst birgt zu seinen

Füßen ein prächtiges, dreigeteiltes Renaissance-Portal, 1724 am Ostufer des Rio San Antonio errichtet. Da die Spanier die Neigung hatten, entdeckte Orte, Inseln und Flüsse, wenn möglich, nach dem Namenstag eines Heiligen zu nennen, so fiel am 13. Juni 1691 hier ihre Wahl auf den heiligen Antonius von Padua.

In Europa war inzwischen das Barock in Mode gekommen, doch im fernen Hispania Nova waren die Franziskaner glücklich, mit Hilfe angelernter Indianer jene hübsch kannelierten Säulen und das reich im *plateresken* Stil geschmückte Rundbogentor zu vollenden.

Der texanische Teil Neuspaniens bestand ja großenteils nur auf dem Papier, in Wahrheit war es mehr eine Terra incognita, Tejas genannt, also ›Dachziegel‹, eine Pufferzone zwischen den spanischen und französischen Ansprüchen an der Nordküste des Golfes von Mexiko und beiderseits des Mündungsdeltas des Mississippi. Erstmals gegen 1519 war Alonso Alvarez de Pineda diese Küste entlanggesegelt und hier und da ohne Folgen an Land gegangen. Alvar Nunez Cabeza de Vaca hatte nach dem Untergang der von Panfílo de Narvaez in Kuba begonnenen Expedition entlang der Westküste Floridas, von 1528 bis 1534, jenen berüchtigten Todesmarsch durch Louisiana und Texas angetreten, der ihn und wenige seiner Begleiter an die Baja California führte. Dabei querte er den Küstensaum von Südtexas und den Llano Estacado. Seine aus dem Gedächtnis geschriebene Aufzeichnung ›Relación‹ ist ein großes Dokument menschlichen Durchhaltens und persönlicher Bescheidenheit. Viele Indianer hatten sich ihm angeschlossen auf dem letzten Teil seines Weges, und als die ersten Spanier seiner ansichtig wurden, erschraken sie vor der geisterhaften, ausgemergelten und zu allem Überfluß auch noch spanisch sprechenden Erscheinung. Die Indianer dagegen erschienen dem spanischen Capitano in seiner stolzen Rüstung als eine willkommene und zu versklavende Beute. Cabeza de Vaca war es, der, nach sechs Jahren unvorstellbarer Leiden, die Größe und Autorität hatte, seinen Willen durchzusetzen und die Indianer in Frieden ziehen zu lassen.

Erst die bereits genannten Streifzüge der Franzosen René Robert Cavalier de la Salle und Louis Juchereau de Saint Denis ließen den spanischen Vizekönig in Mexiko die Gefahr erkennen, die seiner offenen Flanke drohte. Die Folge war die Errichtung der Presidios und Missionsstationen San Antonio de Valero, Concepción, San José und La Bahia um die Wende zum 18. Jahrhundert. Alonso de León, begleitet von dem Franziskaner Damian Massanet, war diese Aufgabe übertragen worden, unzulänglich waren die Mittel für das gewaltige Vakuum zwischen dem Rio Grande und dem Mississippi. Es war auch nur ein bedingter Trost, 1689 zu sehen, daß das französische Fort St. Louis an Matagorda Bay durch Hunger, Pocken und Indianer ausgelöscht worden war.

León und Massanet hielten den Unterlauf des Yanaguana-Flusses geeignet für die Gründung von San Antonio und einer Kette von Missionsstationen. Beim Abschied von dieser Stadt werden wir dies nachempfinden können.

Beim Betreten der alten Mission San Antonio de Valero, heute aus unerfindlichen Gründen Alamo genannt, was auf Spanisch Pappel bedeutet, sollten wir einen Augenblick die jüngere Geschichte dieser Gebäude, ihre Bedeutung für den Freiheitskampf der Texaner zunächst auf die Seite rücken, auch wenn uns dies ärgerliche Blicke der eifersüchtig über den Alamo wachenden ›Daughters of the Republic of Texas‹ einträgt. Zunächst sollten wir uns ein Bild der älteren spanischen Kultur machen. Wie so oft wird man bemerken, daß jüngere Ereignisse mit viel unsinnigem Pulverdampf uns nur das Bild auf immer noch mittragende Fundamente eines Landes verhüllen.

Festungsartig ist der Eindruck, mehrere Fuß dicke Wände aus dem sandig-porigen Kalkstein der Landschaft, dem Tufa. Leicht zu brechen, ist er frisch gut zu bearbeiten und härtet an der Luft nach. Wir haben uns die Coahuiltecan-Indianer vorzustellen, wie sie unter Anleitung den Meißel führen lernten, denn, anders als ihre aztekischen Verwandten, kannten sie keine Steinbauten. Sie lernten mexikanisches Roheisen zu kunstvollen Gittern zu schmieden und Eichenbalken aus dem langlebigen Holz der Live Oaks zu verarbeiten.

Manches im Dekor läßt ahnen, daß indianisches Formgefühl sich mit dem an europäischen Vorbildern geschulten Wollen der Franziskaner vermischte.

Neben dem Convento mit Zellen für die Mönche gab es einen teilweise erhaltenen Kreuzgang neben der Kirche, einen Brunnen, der, zu neuem Leben erweckt, im Innenhof plätschert, gespeist von einer Flußwasser herbeiführenden Acequia, die immer noch den Park bewässert, strotzend von subtropischer Baumflora, Palmen, Bambusgras und botanisch für den Interessierten gut beschriftet.

Mit der Zeit kamen kleine Patios hinzu, bestimmt für einzelne spanische und indianische Familien, die das Leben des Konvents teilten. Das Verhältnis zu den freiheitsliebenden Indianern war nicht spannungsfrei – wer wollte dies auch erwarten. Der Freiheitsbegriff der Indianer meinte ganz einfach die Ungebundenheit eines Nomaden-Daseins, der Begriff einer politischen Freiheit war ihnen fremd, weil abstrakt. Die Franziskaner versuchten auch weniger Zwang auszuüben, als den Indianern die Vorteile einer auf Planmäßigkeit und Vorratswirtschaft aufgebauten Lebensweise klarzumachen. Die Küstenstämme von Texas litten unbeschreiblich unter Dürren und Hungersnöten und waren häufig genug das Opfer unberechenbarer Angriffe der nördlicher siedelnden Apachen, die ihnen mit schöner Regelmäßigkeit die wenigen Herden wegführten. Gegen 1760 muß es eine von Verstand und Nutzen geprägte Interessengemeinschaft zwischen Indianern und Spaniern gegeben haben.

Leider, so ist man versucht zu sagen, ist dieses Kloster später Schauplatz eines ganz anderen Ereignisses geworden, der Schlacht von Alamo, und die Erinnerung hieran hat eine Zeitlang das Spanische fast verdrängt. Die Statue des heiligen Antonius wurde aus der Kirche ausquartiert, dafür hielten bravouröse Helden Einzug, und wenn wir ein wenig die komplizierte Geschichte von Texas verstehen wollen, seine besondere Stellung im Rahmen der Vereinigten Staaten, sein Selbstbewußtsein, aber auch das Selbstbewußtsein der stillen Rückeroberung durch einwandernde Hispanos, dann erbitte ich ein wenig des Lesers Geduld:

Gegen 1722 trennten sich kirchliche und zivil-militärische Verwaltung. Der spanische Gouverneurspalast, das Presidio mit dem Fort Béjar, wurde nun das Zentrum des Städtchens und der Provincia de Tejas. Am 6. März 1731 bekam die kleine Gemeinde Auftrieb durch den Zuzug von Siedlern von den Kanarischen Inseln, der letzten spanischen Einwanderungswelle aus der Alten Welt. 1793 wurde die Mission im Vorfeld tiefgreifender Veränderungen im alten und neuen Spanien säkularisiert. Das in den Wirren der napoleonischen Zeit vom Untergang bedrohte Spanische Königreich verlor jeden Einfluß in Amerika. Mexiko entstand als eine unabhängige Republik spanischer Provenienz; die unabhängig gewordenen Vereinigten Staaten von Nordamerika gewannen Florida von den Spaniern und Louisiana von den Franzosen. Unversehens wurde die nun mexikanische Provinz Tejas die Frontlinie erbitterter Auseinandersetzungen mit den angelsächsischen Siedlern, die nach und nach in das Vakuum dieses Landes eingedrungen waren.

1820 überschritt der legendäre Moses Austin den Sabina-Fluß und erbat von der – noch spanischen – Regierung in Mexiko City Land für eine Ansiedlung im Raum von San Antonio. Die angelsächsischen Siedler waren angetan von den prächtigen Wäldern, reichen Weidegründen, schiffbaren Strömen, dem milden Klima und den wenigen hier lebenden Menschen. Dem letzten Punkt gedachten sie abzuhelfen. San Antonio de Béjar, wie es nun hieß, hatte damals ganze achthundert Einwohner, doch gegen 1830 war die Zahl der Zuwanderer auf etwa zehntausend angestiegen. Die inzwischen unabhängig gewordenen republikanischen Mexikaner, die den Zuzug aus dem Osten zunächst als einen wirksamen Schutzwall gegen die nomadisierenden und angriffslustigen Komanchen und Apachen betrachtet hatten, bekamen langsam Bedenken, wohin dies führe. Mochten die beiden Austin, Vater und Sohn, noch loyal gegenüber Mexiko sein, so war Samuel Houston von anderem Schlag und suchte die Regierung in Mexiko abzuschütteln.

Das war dem mexikanischen Präsidenten Antonio Lopez de Santa Ana zu bunt, und der General de Còs bekam Order,

San Antonio zu besetzen und zu halten. Vergeblich, die Texaner verjagten seine schwachen Kräfte. Nun kam der Herr Präsident selbst mit großer Streitmacht, und die Belagerung und Schlacht von Alamo – wie das Kloster San Antonio de Valero nun hieß – wurde zu einem Angelpunkt der texanischen Geschichte. Am 6. März 1836 fand sich eine kleine Truppe von 180 Texanern im Alamo von weit überlegenen mexikanischen Truppen angegriffen. Colonel William B. Travis und seine Männer verweigerten die Übergabe und fielen bis zum letzten Mann. Eine Legende war geboren, die Legende von ›The Alamo‹.

Kurz darauf schlug Sam Houston die Mexikaner am San Jacinto und am 21. April 1836 wurde der unabhängige Staat Texas ausgerufen – 1845 bereits in den Vereinigten Staaten aufgehend, wie wir schon gehört haben. Es mußte wohl so kommen, angesichts der steil ansteigenden Bevölkerung in den USA, des großen Zuges nach dem Westen: »Ho West«. Wir müssen uns auch hüten, dies alles unter bürgerlichen Rechtsaspekten zu sehen – die eigentlichen Besitzer des Landes, die Indianer, galten beiden Seiten nach dem Weggang der Franziskaner als auszurottende Spezies.

Was ist geblieben? Ein starkes Ressentiment und ein immer noch gestörtes Verhältnis zwischen Mexiko und den USA. Diese Störung wird aber in Washington deutlicher empfunden als auf den Straßen von San Antonio, wovon wir uns rasch überzeugen können. Die Legende von Alamo wird in wenigen Generationen vergessen sein – bleiben wird das wiedererwachte spanische Bewußtsein. Amerika wird farbiger werden, kulturell interessanter. Mit der Hinwendung zum Süden wird die puritanische Strenge des Nordens verblassen, die gelegentliche Eintönigkeit des American Way der ethnischen Vielfalt weichen. Wir hatten den Eindruck, daß auch die angelsächsischen und deutschen Bewohner San Antonios dies eher mit freundlicher Erwartung sehen.

Aus den Parkanlagen schweift unser Blick durch das hübsche geometrische Gefieder der Sabal Palmettos und Washingtonias auf das dämmrige Dunkel der alten Klostermau-

ALBERT BIERSTADT (1830-1912)
Emigrants Crossing the Plains
(Auswanderer zogen durch die Große Ebene)
Ölgemälde, 1868
Oklahoma City, National Cowboy Hall of Fame
and Western Heritage Center

1863 unternahm Bierstadt seine zweite Reise in den Westen. Zusammen mit seinem Freund Fritz Hugh Ludlow traf er einen Wagenzug von Deutschen, die auf dem Weg nach Oregon waren. Sie boten einen erfreulichen Anblick, verglichen mit den meist ärmlichen und schlecht ausgerüsteten Auswanderern, die damals in großer Zahl auf dem Weg in den Westen waren. Auf der Route, die Pelzjäger und frühe Entdecker ausgekundschaftet hatten, führte der fast 4000 Kilometer lange Oregon Trail von Independence, Missouri, zur pazifischen Küste. Bleichende Tiergerippe und frische Gräber markierten auf weite Strecken seinen Verlauf.

ern, Bogengänge und vergitterten Alkovenfenster. Darüber, hell in den blauen Himmel gezeichnet, stehen die Silhouetten moderner Hochhäuser – wir sind unsicher, ob die Mission von San Antonio nicht heute wieder eine Mission hat.

Der ›Canale Grande‹ von San Antonio und seine nächtlichen Verlockungen

Beim Verlassen des Hauptportals sehen wir zur Rechten das etwas zuckrige neogotische ›Emily Morgan Hotel‹, genannt nach der texanischen Mata Hari, die sich als Geliebte dem spanischen Gouverneur Santa Ana hingab und seine geheimen Pläne Sam Houston hinterbrachte. Die ›Daughters of Texas‹ neiden der schönen Mulattin zwar den Mut, mit dem sie sich dem Feind entgegenwarf, aber sie bemängelten ihre ›Sittsamkeit‹ und fanden es unpassend, ein Hotel nach ihr zu nennen. Dafür hatten die Töchter Texas' ihrerseits den Mut, sich einem anderen Feind entgegenzuwerfen: den Betonkippern, die ihre Stadt und die bezaubernden Kanäle zubetonieren wollten. Um dies zu verstehen, wenden wir uns links und gelangen zur *Commerce Street*. Eine Brücke quert den *Rio San Antonio* und wir sollten dort eine Treppe hinabsteigen zu einem der schönsten Riverwalks in Amerika. Herrscht oben der Lärm des Verkehrs, hier unten ist Stille, und ein bezaubernder Nachmittag, eine unterhaltsame Cocktailstunde und ein unvergeßlicher Abend erwarteten uns.

Der heilige Antonius von Padua ist mancher Verführung, wie Wilhelm Busch lehrt, nur mit Mühe entgangen. Hier an seinem eigenen Fluß hat er sich willig verführen lassen von der Schönheit der Lage, entstanden durch eine Flußschleife, die sich unregelmäßig durch die Altstadt windet. Dem Heiligen hätte auch sicher die vertraute europäische Atmosphäre gefallen, die Erinnerung an das Padua so nahe Venedig. So schlängelt sich das Flüßchen malerisch im Schatten überhängender Palmen, immergrüner, dunkler und würdevoller Magnolien mit ihren großen cremefarbenen Blüten, im durchscheinenden Sonnenlicht bezaubernd gefiederten Sumpfzypressen, überquert von vielen Brücken, deren Last seltsam weit entfernt scheint, gesäumt von alten malerischen südstaatlichen Häusern, aber auch von sehr modernen, die sich geschmackvoll in das romantische Geflecht aus Flora und Fluß einordnen. Zahlreiche Trattorias, Bistros und luftige Tavernen säumen die langen Uferwege, die man von beiden Richtungen her gehen sollte. Auf dem dunklen, die Sonne reflektierenden Wasser bewegen sich Barken, rechteckig und mit gedrechselten Holzgeländern, ein fröhliches Publikum winkt und lacht, an einer Uferbiegung hat sich ein spanisches Orchester etabliert und feuert mit mexikanischen Rhythmen an. Gegenüber liegt *La Villita* – das ›Städtchen‹ – eine restaurierte Zone alter Häuser in vielen Stilen, eben jenes Ambiente, das wir in Amerika nicht allzu häufig finden. Zwischen *La Villita* und *Nueva Street* kommen auch die Damen zu ihrem Recht, wenn sie beim Windowshopping der ewigen Mainstreets müde sind.

Folgen wir dem *Paseo del Rio* oder Riverwalk und erklimmen kurz vor dem Hauptfluß die Straßenebene, so stoßen wir nach wenigen Schritten auf die *San Fernando Catedral.* Sie wirkt mit ihren beiden abweisenden quadratischen Türmen wie im Protest gegen ihre Umgebung erbaut. Wenige Schritte weiter öffnet sich an einer unscheinbaren Mauer der Eingang zum *Presidio,* dem spanischen Gouverneurspalast. Dunkel und kühl empfängt uns die Eingangspforte. Klein sind die Räume, Kapelle, Speisesaal, ein kleiner Ballsaal, winziges Amtszimmer des Gouverneurs von Tejas und gleich daneben die Schlafräume der Gouverneursfamilie mit dem großen, wassergefüllten Kupferbecken, Heizbecken für kühle Nächte und Warmwasserversorgung in einem. 1722 befahl der Marquès de San Miguel de Aguayo die Erbauung des Presidio zwischen dem Antonio- und dem Pedrofluß, doch sind weite Teile der ehemaligen Anlage mit ihren Warenhäusern, Kasernen und Kontoren untergegangen. Nur die eigentliche Residenz ist uns in ihrer Bescheidenheit erhalten geblieben. Nach 1830 heruntergekommen wie alles spanische Erbe, wurde der schlichte Palast gegen 1930 restauriert und mit Mobiliar aus der Zeit ausgestattet. Auch die Fronttüre ist aus Walnußholz nach alten Stichen wiedererstanden, sie zeigt auf der linken Seite Szenen indianischen Lebens.

Heraustretend aus der niedrigen Hoftüre, den weißgekalkten Rundbögen und dem intensiven Holzgeruch des alten Hauses, erblicken wir den kleinen und intimen Garten, einen steingefaßten Ziehbrunnen und im Rückblick gewinnt die geduckte Baumasse unter den fruchttragenden Bananenstauden fast tropisches Ambiente. Das Spanische wird uns hier wie sonst in Amerika in stenographischen Kürzeln begegnen: weißverputzte, unregelmäßige Wandflächen, schwarze vorkragende Eisengitter, dunkelbraungrau verwitterte, uralte Eichenbalken, gelbes Licht in schmiedeeisernen Gehängen an den Wänden. Im Hinausgehen blicken wir nochmals zum Schlußstein des Portals hoch: »Año 1749 – se acabó«, lesen wir, der doppelköpfige Adler des Hauses Habsburg sieht hier wie ein fremder verirrter Vogel aus.

Zurückkehrend zum Paseo wird es Zeit zu einem kühlen Drink in einer der ufernahen, baumbeschatteten Bodegas. Vielleicht wählen wir ein Gemisch von Tequila, (Agavenschnaps), Limoneneis, das Ganze aufgefüllt mit Sekt. Entsprechend angeregt scheint das Publikum am späten Nachmittag zu sein. Überall führen schmale Treppchen zu den Geschäften an der Straße hoch, oft über einen Hintereingang, alles ist in der unkonventionellsten Weise ineinandergebaut. Ein Buchhändler breitet seine Schätze auf einer verglasten Balustrade aus, einige Herren stehen gedankenvoll mit einem Buch in der Hand, aber vielleicht beobachten sie auch nur über den Buchrand, ob endlich die erwartete Schöne im darunterliegenden Café eingetroffen ist.

Wir unterwandern *Commerce Bridge*, steiler werden die Hochhäuser, blinken in Chrom und Glas und spiegeln sich im dunklen Fluß, doch ist die Moderne nie störend. Auf irgendeine Weise haben die Architekten taktvoll und charmant die verschwiegenen Alkoven der spanischen Häuser in ihrem älteren Recht belassen. Neben den Tischen und Sonnenschirmen eines Uferbistros bricht plötzlich sprudelndes Wasser aus der gläsernen Halle eines Hochhauses. Im schrägen Licht der untergehenden Sonne zeigt sich ein kleiner Wasserfall, tropisch umgrünt, der diese ganze Halle einnimmt, überbaut von den vielen Gästeetagen des Hyatt-Regency-Hotels, zu denen ein gläserner Fahrstuhl zwischen Palmwipfeln hinauffährt.

Folgen wir dem Laufe des Wassers, das ein kleiner natürlicher Nebenarm des Rio San Antonio ist, langsam aufwärts und wieder ins Freie, so stehen wir knapp vor dem Alamo. Wo gelingt es, Altes und Neues so nahtlos und ästhetisch zu verbinden?

Noch im Oktober ist es recht warm in San Antonio. Man begrüßt den Abend, Glühwürmchen schwirren umher, die jungen Damen des Südens haben die Grandezza des breitrandigen Strohhutes neu entdeckt, die Tavernen entlang des nur zehn Meter breiten Flusses füllen sich und es wäre nun Zeit, in dieser Umgebung entweder die Langusten und Shrimps des Golfes von Mexiko oder ein herzhaftes texanisches Steak zu verspeisen. Inzwischen sinkt die Nacht herein, diskret angebrachte Scheinwerfer lassen eine bühnenreife Szenerie aufleuchten. Das Licht wird gefiltert durch die grünen hellen Vorhänge der Sumpfzypressen, die Architektur und Kanal in ein grottenartiges, tropisches Grün verwandeln, aus dem die mexikanischen Gitarren schluchzen.

Nach dem Essen kann man mit einer der Barken durch die Wasserwege der nächtlichen Stadt fahren. Beinahe hätte ich gesagt ›gondeln‹, und in der Tat, die Erinnerung an Venedig begleitet uns hier auf Schritt und Tritt. Gelegentlich wünschten wir, Venedig sei so sauber und großzügig wie San Antonio. Obwohl diese Barkenfahrten jedermann offenstehen, will ich doch von einer besonderen erzählen, die 1983 im Zusammenhang mit der 300-Jahr-Feier deutscher Einwanderer in die USA stattfand.

Auf zwei der prahmartigen Barken hatte man runde Tische gesetzt, beladen mit den Köstlichkeiten des Landes zum Essen und Trinken. Eine fröhliche Gesellschaft, deren Gespräche spanisch, englisch und deutsch durcheinanderschwirrten, festlich gekleidet, hatte Platz genommen und langsam glitten die Boote durch die Kanäle. In der Enge der

Biegungen kamen uns andere Barken mit üppig Tafelnden entgegen, das Ufer war voll fröhlicher Menschen, alles prostete sich zu, es war gleichgültig, ob man einen verbeulten Sombrero oder einen ›Tuxedo‹, wie man hier den Smoking nennt, trug, alle waren im Umkreis weniger Meter dicht beieinander. Musik lag in der Luft und in der Erinnerung tauchte das Teatro la Fenice in Venedig vor uns auf, die Atmosphäre, wenn in der Pause die Menschen auf den winzigen Platz vor dem Theater strömen, der Duft von Espresso und Parfum, das seidene Rauschen der Roben und die gutturale Volltönigkeit des Italienischen sich mischen. Diese Melange von Sinneseindrücken überfiel uns auch hier, zum ersten Mal in Amerika. In einer Seitenschlinge des Flusses kehrten wir vor dem neuen Theater von San Antonio die Fahrtrichtung, unbeschwerte Jugend in phantastisch bunten Roben winkte aus dem Foyer, dessen Lüster sich im dunklen Wasser spiegelten. Wie lebensfroh ist dieses Land, ohne Steifheit und biederen Ernst.

Wenig später legten wir an einer stillen und dunklen Stelle an, der Weg führte durch Gebüsch und altes Gemäuer und die Damen hatten ihre Not mit den langen Kleidern. Einige der übermütigen amerikanischen Offiziere zogen prompt ihre Degen und hieben die Gasse frei – der Geist von Alamo lebt also noch, auch wenn die Herren aus El Paso sonst einen Düsenjäger fliegen sollten.

Im ›Giraud Club‹ war das Dekor zurückhaltend spanisch, nichts Nachgeäfftes, einfache stilvolle Formen. Die runden Tische waren mit altem Silber gedeckt, von den ebenso alten Familien der Stadt ausgeliehen, die großen Fenstertüren öffneten sich zum Fluß, erlesenes Essen, erlesene kalifornische Weine. Viele der Gastgeber trugen deutsche Namen, die ihnen in zwei Weltkriegen und danach manche Schmähung eingetragen hatten. An diesem Abend war es wie eine Last von ihren Schultern gefallen. Ein Quartett junger Musikstudenten spielte barocke Tafelmusik, um Mitternacht wurde es still, durch die offenen Türen hörte man die Glocken der San Fernando Catedral und als ihr Klang verebbt war, ertönte Haydns Kaiserquartett – dem Gastgeber und Gäste stehend und mit sichtlicher Bewegung lauschten.

Die wiedererstandene Pilgerstraße

Die alten europäischen Pilgerstraßen, im besonderen die nach dem spanischen Santiago de Compostela, mögen den franziskanischen Patres bei der Erschließung der Neuen Welt ein Vorbild gewesen sein. In der Umgebung von San Antonio können wir ihren Spuren folgen. Auch der religiösen Dingen Fernstehende kann auf diesem Mission Trail den Weg verfolgen, mit und auf dem europäischer Geist die Neue Welt zu gewinnen suchte. Die militärischen Spuren spanischen Wollens sind nicht mehr allzu stark sichtbar, sind verblichen, nur einige düstere Festungen haben sich in Florida, Mexiko und Puerto Rico erhalten, wenig genug. Durchblättert man die Geschichte der Hispañia Nova, so mag man erkennen, daß die brutalen Ausbeutungsfeldzüge eines Cortéz oder Pizarro, mühsam bemäntelt von christlichen Bekehrungsversuchen, hundert Jahre später bereits von der Geistlichkeit Spaniens kritisch beurteilt wurden. Es ist nicht nur Las Casas dramatischer Bericht ›Brevissima relación de la destrución de las Indias« von 1539, der die Gewissen aufrüttelte, es sind auch die Versuche eines Anton Sepp von Seppenburg aus dem südtirolischen Kaltern oder die aufrichtigen Bemühungen Cabeza de Vacas, der nach seinem schrecklichen Marsch durch die Einöden Floridas und Louisianas mit den La-Plata-Provinzen von Kaiser Karl v. betraut wurde, um schließlich an der Habgier seiner Landsleute zu scheitern.

Südlich von San Antonio liegt in einem sich 35 Kilometer lang hinziehenden **National Historic Park** eine Pilgerstraße, die von der Mission San Antonio de Valero im Norden über die Mission Concepción nach San José, San Juan und Espada führt. Die Amerikaner haben lange gezögert, diesen National Park auch zu ihrem Erbe zu erklären, doch 1978 unterzeichnete Präsident Carter das Dekret, vorbereitet von den Patres Leutenegger und Grahmann, nach dem schon in den zwanziger Jahren der Ingenieur Schuchard erste technische Sicherungen am Gebäudebestand durchgeführt hatte. Der Zuweg führt über **St. Mary's Parkway, Mission Parkway** und **Espada Road**. Am besten besorgt man sich im Visitor Center am

Alamo eine Spezialkarte. Es ist ein Weg in ein sehr altes Spanien, fast unwirklich in der heutigen Umgebung und architektonisch sehr reizvoll.

Da ist zunächst die *Mission Concepción*. Gegen 1740 erbaut, ist sie die älteste unveränderte und nicht restaurierte Kirche des spanischen Tejas. Ihrer haben sich die ›Daughters of the Republic of Texas‹ angenommen, wie generell die Frauen das Erbe der Südstaaten in der Nachfolge von Margret Mitchells Romanfigur Scarlett O'Hara besonders intensiv pflegen. Die zweitürmige machtvolle Kirche hat ein merkwürdiges Eingangsportal, fast schon klassizistisch und doch voller aztektisch wirkender Ornamentik. Vor dieser Türe haben die Indianer an Weihnachten ihre Mitotes getanzt, heidnische Tänze, die die Franziskaner an den heimischen Fandango erinnert haben. Im Inneren findet sich im Aufgang zur Krankenstube ein maurischer Bogen, den plateresken Stil beschwörend, seltsamer Berührungspunkt der islamischen Welt mit der indianischen.

Südlicher liegt die Mission *San José y San Miguel de Aguayo*. 1720 erbaut, ist sie architektonisch die Interessanteste. Eine solche Mission, wir sollten Kloster sagen, war ein auf sich selbst gestelltes Gebilde. Die nahe gelegene El Atascosa Ranch faßte tausend Rinder, und einige hundert Coahuiltecan-Indianer lebten mit und von dem Kloster. Die ökonomische Seite besaß großes Gewicht, wie auch in unseren mittelalterlichen Klöstern. Wöchentlich wurden sieben Rinder geschlachtet, zwanzig Schafe, und den Indianern Mais und Tabak zugeteilt. Die Missions-Indianer waren bewaffnet und beritten, deutlich geschieden von den elenden Sklaven, zu denen Cortéz die Azteken gemacht hatte. Sie waren die Cowboys jener Tage, um die Herden vor den aus den Plains und den nahen Gebirgen auftauchenden Apachen zu schützen. Die Frauen woben, und manche dieser hübschen und farbenfrohen Gewänder haben sich erhalten. Die Alten machten sich beim Fischfang nützlich. Die Coahuiltecans galten als musikalisch, und ihre Zupf- und Streichinstrumente sind überliefert. Leider ist nichts in Notenschrift auf uns gekommen. Die Gartengewächse jener Zeit: Mais, Bohnen, Linsen, Melonen und Süßkartoffeln, aber auch wilder Wein, der als Klosterwein vergoren wurde, runden das Bild.

Hübsch ist der Eingang zur Sakristei mit seinem breiten Stichbogen, unter den sich die noch fast romanisch wirkende Türe und zwei Steinbänke kauern. Überall sehen wir das Motiv der Jakobsmuschel, des Symbols der Santiago-Pilger. Gemessen an den Umständen, überrascht der reiche Bauschmuck, verblüffen die Skulpturen und Ornamente, prächtige Balkone, Rosettenfenster und die Marienfigur Nostra Senora de Guadalupe, Patronin Amerikas.

Die *Mission Espada* verdient eher literarisches Interesse, weil hier Frater Bartolomé Garcia die Sprache der Coahuiltecans aufgezeichnet hat und das Leben dieser Naturmenschen schilderte: Diese führten ein sehr bescheidenes Leben in Rundhütten auf Strohmatten, jagten mit Pfeil und Bogen und waren stets auf der Flucht vor den aggressiven Apachen. In den Felszeichnungen des westlichen Texas finden sich einige Darstellungen von Indianern und Spaniern, die beide große Sombreros tragen. Vermutlich sind dies Darstellungen von Abgewanderten aus den Missionsstationen der Küste.

Der Maler Friedrich Petri und andere deutsche Erinnerungen in einer spanischen Stadt Nordamerikas

Auch einem deutschsprachigen Aquarellisten, Friedrich Richard Petri, 1824 in Dresden geboren, verdankt Texas bemerkenswerte Porträts und Skizzen seiner frühen, noch halb indianischen Geschichte. In einer seltsamen Duplizität zu Karl Bodmer und dem Prinzen zu Wied-Neuwied, von denen wir im Zusammenhang mit Lewis und Clarke bereits hörten, folgte auch Petri einem fürstlichen Gönner über den Atlantik. Es war Prinz Carl von Solms-Braunfels, der im Namen des Mainzer Adelsvereins die Protektion deutscher Auswanderer in Texas übernommen hatte. Das interessante Vorhaben, wiewohl wirtschaftlich und organisatorisch erfolglos in der Konkurrenz mit hartgesottenen und hochpokernden Texanern, entsprang humanitären Wünschen, aber auch dem zunehmenden Bevölkerungsdruck im pfälzischen und rheinhessischen Gebiet. Gewissermaßen in später Anlehnung an die Prinzipien englischer Lordproprietors und ihre Kolonisationsversuche an der amerikanischen Ostküste, versuchten Prinz Victor von Leiningen und Graf Joseph von Boos-Waldeck zusammen mit dem Prinzen von Solms-Braunfels durch Landkäufe und Verhandlungen vor Ort ihren mittellosen Landsleuten zu helfen. Noch heute liegt nordöstlich von San Antonio das Städtchen New Braunfels mit unverkennbar deutschem Einschlag und erhaltenen Traditionen. Auch Amerika beginnt dieses Erbe langsam und sorgfältig zu sammeln, es nicht mehr abzutun als vom ›American Dream‹ überholt. William Newcomb hat das Leben und die Bilder des Malers Friedrich Richard Petri in den siebziger Jahren der Vergessenheit entrissen und ein bemerkenswertes, einfühlsames Bild jener Zeit gezeichnet, der bedrückenden Verhältnisse in den deutschen Kleinstaaten zwischen dem Wiener Kongreß und der Revolution von 1848, aber auch der Belastungen, denen die ahnungslosen, in Begriffen von Ehrlichkeit und Gottesfurcht aufgewachsenen deutschen Einwanderer ausgesetzt waren. In den Porträts Petris können wir noch in diese Augen blicken, ihre Hoffnungen, ihre Aufrichtigkeit, ihren Familiensinn, ihren Glauben nachvollziehen. Petri hat auch ausgezeichnete Bleistiftporträts der Indianer gefertigt und Newcomb hat über die Petri, Kuechler und Lungkwitz bewundernd gesagt:

»*... they treated the Indians with consideration, compassion and integrity ... they persisted in treating Indians as fellow human beings. It is a good way to treat strangers; it was a notably successful way to deal with Indians, and the Indians responded in kind. Petri's Indian paintings are ample testimony ... The German relationship to the Indians contrasted sharply with that of Texan Americans ... When the victorious, supremely confident Anglo-Americans swept into Texas, they possessed well-developed beliefs and traditions about Indians and how to deal with them ... the Indians that Petri knew and painted – the Delawares, the Lipan Apaches – do not fit the* *outworn stereotype. They are rather persuasive pieces of evidence that add another kind of dimension to the continuing reinterpretation of this nation's past and its peoples.*«

»Sie betrachteten die Indianer mit Achtung, Mitgefühl und Lauterkeit ... sie bestanden darauf, die Indianer als menschliche Mitwesen zu behandeln. Dies ist ein guter Weg, Fremde zu behandeln; es war ein besonders erfolgreicher Weg, mit Indianern umzugehen, und die Indianer erwiderten dies in gleicher Weise. Petris Bilder der Indianer sind dafür reiches Zeugnis ... Das Verhältnis der Deutschen zu den Indianern stand in scharfem Gegensatz zu dem der texanischen Amerikaner ... Als die siegreichen, höchst selbstbewußten Anglo-Amerikaner nach Texas hineinfegten, besaßen sie wohlentwickelte Überzeugungen und Traditionen über die Indianer und wie mit ihnen umzugehen sei ... die Indianer, die Petri kannte und malte – die Delawaren, die Lipan-Apatschen – paßten nicht in dieses abgenutzte Klischee. Sie sind überzeugende Beweise, die der ständigen Neudeutung der Vergangenheit dieser Nation und ihrer Völker neue Nahrung zuführen.«

Es war Mr. Marshall, einer jener legendären texanischen Ölmilliardäre, von denen wir dank verdienstvoller Fernsehserien wissen, daß sie nur mit Familienintrigen und skrupellosem Money-Making beschäftigt sind, der mir Newcombs Buch auf seiner Ranch bei Houston, die anläßlich der Dreihundert-Jahr-Feier deutscher Einwanderung in die USA, das Sternenbanner und die Flaggen von Texas und der Bundesrepublik gehißt hatte, mit der Bemerkung schenkte: »We have to think it over, we owe gratitude ...«

Anhang

Zur Bildauswahl

Mit der für dieses Buch konzipierten Illustration soll versucht werden, mit wenigen, aber gezielt ausgewählten, meist künstlerischen Bilddokumenten eine Authentizität zu erreichen, die Bestand haben kann angesichts der Flut von Bildbänden, in denen meisterhaft aufgenommene und reproduzierte Farbfotos die Einmaligkeit auch der atemberaubendsten großen Landschaften zu flüchtigen Alltagseindrücken reduzieren.

So sollte in den Wiedergaben beispielhafter Landschaftsgemälde, ergänzt von künstlerisch gestalteten Fotografien solcher Motive, die sich bisher adäquater Umsetzung in malerische Medien entzogen haben, die einfühlsame Erfassung des Ursprünglichen in der Landschaft und ihrer Bewohner die Darstellung im Text in kongenialer Weise ergänzen, bereichern und erweitern.

Wenn dieser hohe Anspruch nicht in allen Teilen optimal eingelöst werden kann, so liegt dies vor allem daran, daß die Vereinigten Staaten selbst das Erbe ihrer Landschaftsmalerei noch nicht richtig entdeckt haben, daß vieles dieser reichen künstlerischen Tätigkeit vor allem im 19. Jahrhundert noch in den Magazinen und Depots der Museen schlummert und daß damit naturgemäß die beschränkte Auswahl dessen, was bisher veröffentlicht und bekannt geworden ist, auch den Kenner zu Kompromissen zwingt.

Die Vision des Westens – Maler und Pioniere in einem neuen Land

Das erste Bild, das uns von der Neuen Welt überliefert ist, entstand 1564, stammt von der Hand des französischen Karthographen *Jacques Le Moyne de Morgues,* zeigt Indianer in Florida. Danach folgten dreihundert Jahre Entdeckung in Bildern. Viele Künstler waren gleichzeitig Entdecker: *Mark Catesby* in den Appalachen im frühen 18. Jahrhundert; *George Catlin,* der die Mandan-Indianer von North Dacota in den dreißiger Jahren des 19. Jahrhunderts malte; *Paul Kane,* der den pazifischen Nordwesten in den vierziger Jahren zum Thema wählte. Andere waren an bedeutenden Expeditionen beteiligt, so *Prinz Maximilian von Wied-Neuwied* in Montana mit seinem Maler *Karl Bodmer* 1833, *John Mix Stanley* und *John Russell Barlett,* die an den Erkundungen für die transkontinentalen Eisenbahnen teilnahmen. Andere widmeten sich der Vervielfältigung ihrer Ansichten des Landes, etwa *William Burgis* mit seinen New-York- und Boston-Ansichten, oder *Sachse & Co.* in Baltimore mit Lithographien von Städtebildern und Landschaften. Neben der dokumentarischen Tradition entstand eine andere künstlerische Richtung, mit der sich Maler dem neu entdeckten Land näherten. In den zwanziger Jahren des vergangenen Jahrhunderts wuchs eine amerikanische Malerschule mit *Thomas Cole* heran, der weniger die Darstellung einer Szene wichtig war, sondern die Szene selbst. Man sah die amerikanische Wildnis als eine göttliche Manifestation. Die Luministen der nächsten Generation suchten nach Kunst in der Landschaft, mit riesigen Leinwänden sollte der Betrachter direkt ins Bild geführt werden. Beide Traditionen verschmolzen in der Person des *Thomas Moran,* der eine Expedition zum Yellowstone und in den Grand Canyon begleitete. Zum ersten Jahrhunderttag 1876 der jungen Nation identifizierte man sich mit diesen Bildern vom Westen.

In der zweiten Hälfte des 19. Jahrhunderts werden verschiedene Einflüsse für die amerikanische Malerei wichtig: Studien der Maler in Europa, Rückkehr und Auseinandersetzung mit dem eigenen Land, das Aufkommen der Fotografie, Eisenbahnbau und Industrialisierung. Seit den vierziger Jahren gingen Amerikaner nach Deutschland, vor allem nach Düsseldorf und München. Durch die europäischen Einflüsse, besonders die deutschen, entstand eine eigene, amerikanische Landschaftsmalerei, die den neu entdeckten Westen zum Thema nahm.

Die Rocky-Mountains-Schule

Die Landschaften des Westteils der Vereinigten Staaten unterscheiden sich durch die Dimensionen markant vom Osten: Der Bewohner Neu-Englands, der sich plötzlich vor den Rocky Mountains sieht, ist verwirrt. Seine Maßstäbe geraten durcheinander. Die hohen Gipfel scheinen, obwohl fünfzig Kilometer entfernt, zum Greifen nahe. Im Osten des Landes liegen dagegen auf dieser Distanz bereits einige Hügelketten. Trotz des großen Wachstums des urbanen Amerika kann man noch heute im Westen 150 Meilen zurücklegen, ohne ein Haus, ja sogar ohne ein menschliches Wesen zu sehen.

1848 starb der Maler *Thomas Cole,* das größte Talent der Gründer der Hudson-River-Malerschule. Seine Landschaften des Ostens setzten verbindliche Maßstäbe für die Maler des Westens. Im selben Jahr lockte die Entdeckung großer Goldvorkommen Tausende nach Kalifornien. 1845, nach zehn Jahren Unabhängigkeitskämpfen von Mexiko, wurde Texas als eigener Staat in die Union aufgenommen.

Der Zug nach Westen ging schnell und unaufhaltsam vor sich, die einzige Unterbrechung brachte der Bürgerkrieg. Danach flackerte das Goldfieber in Nevada, Colorado, Idaho, Montana, Wyoming und in den Dakota-Staaten auf. Bis in die achtziger Jahre zogen die Rinderherden frei durch den Westen, eine Weide für alle zog sich zwischen Kalifornien und Kanada hin. Erst die ›Erfindung‹ des Stacheldrahtes machte dem ein Ende.

In ihrer panoramaartigen Übersicht haben die Rocky-Mountain-Landschaften von *Albert Bierstadt* (1830-1902) und *Thomas Moran* (1837-1926) viel mit den Ansichten Südamerikas des *Frederic Edwin Church* aus der Tradition der Hudson-River-Schule gemeinsam. In seinen Andenlandschaften versuchte Church das Drama der Erde, Werden und Vergehen auszudrücken. Bierstadt wurde in Deutschland geboren, kam als Kind nach Amerika und kehrte als Zwanzigjähriger zurück, um in Düsseldorf Malerei zu studieren. Wieder in Amerika nahm er an einer Expedition teil, deren Zweck die Vermessung einer Planwagenroute zum Pazifik war. Während dieser Fahrt fertigte er Skizzen der Rocky Mountains an, die er zu Haus in New York in große Ölgemälde umsetzte. Bierstadts Verbindungen zu Deutschland bilden den Schlüssel zum Verständnis dieser Landschaften. Die Rocky Mountains erscheinen bei ihm wie die europäischen Alpen: Über grünen, weichen Tälern erheben sich schroffe Gebirge, bedeckt mit majestätischen Schneekappen. Um ihre

Gipfel hängen Wolken. Den Bildern fehlen die detailgenauen Darstellungen von Church, dagegen bevorzugt Bierstadt dramatische Lichteffekte.

Der Blick für spektakuläre Ansichten war auch *Thomas Moran*, einem anderen Vertreter der Rocky-Mountains-Schule gegeben. Moran bewunderte Turners Landschaften, er bemühte sich um ähnliche atmosphärische Wirkungen. Die großen Formate der Bilder waren Antworten der Künstler auf die Maßstäbe des Westens. Moran neigte dabei zu bombastischer Rhetorik, ein Mittel, auf das Bierstadt auf Grund seiner Malkultur verzichten konnte.

Obwohl die Landschaften in der Größe und in ihren panoramahaften Ansichten die Werke der Hudson-River-Schule übertrafen, bemühten sich beide Richtungen um theatralische Effekte, um grandiose und dramatische Wirkungen. Die Bilder waren Ausstellungsobjekte, sollten die Betrachter überraschen und beeindrucken; Lob und hohe Verkaufspreise beweisen den Erfolg dieses Vorhabens.

Dokumente aus dem Westen

Im Schatten der Maler, die dem staunenden Publikum dramatische Effekte vermittelten, standen die mehr der Dokumentation und inneren Sicht verpflichteten Künstler. In *Asher B. Durands* Gemälde ›Kindred Spirits‹ (Seite 97) blicken Maler und Dichter ahnungsvoll in weite Fernen. Künstler wie *Karl Bodmer* (1809-1893) konnten uns gerade noch ein Bild von Menschen und Landschaft überliefern, bevor die Weißen aus dem Osten das Gesicht des Landes westlich des Missouri unwiederbringlich veränderten. Bodmer bestieg 1833 in Saint Louis das Dampfschiff ›Yellowstone‹ und fuhr mit dem Prinzen Wied-Neuwied den Missouri hinauf. Der Prinz war Wissenschaftler und folgte den Fußstapfen seines großen Mentors Alexander von Humboldt.

Sie waren bis zum Fort McKenzie in Montana gelangt, als sie Gewehrfeuer bei Anbruch des Morgens aus dem Schlaf riß. Von der Plattform hinter den Palisaden sahen sie Hunderte von indianischen Kriegern über die Prärie stürmen. Anfangs glaubten sie an eine Attacke auf das Fort, merkten aber bald, daß es ein Angriff von Cree und Assiniboins auf Piegan-Indianer, die außerhalb des Forts kampierten, war.

Bodmers Stich von diesem Kampf ist eine der ganz wenigen Darstellungen der Kämpfe zwischen den Plains-Indianern und sicherlich die beste. Die Häuptlinge und Krieger, die kamen, um ihm Modell zu sitzen, malte er in allen Einzelheiten ihrer Kleidung und Bewaffnung. Nachdem er etliche Mandan und Hidatsa in ihren besten Prunkgewändern porträtiert hatte, kam einer wieder und forderte, Bodmer müsse sein Porträt zerstören, da er nicht in seiner besten Kriegstracht erschiene. Diese Beleidigung müsse aus der Welt geschafft werden. Bodmer verließ das Zimmer mit dem Vorwand, das Bild erst suchen zu müssen, fertigte eilig eine Kopie davon an und zerstörte sie vor den Augen des Kriegers. Damit war die Sache aus der Welt.

Bodmers Bilder sind ebenso genau wie qualitätvoll. Er kam aus einer Malerfamilie, hatte eine gute Ausbildung genossen und arbeitete häufig an einem Bild drei oder vier Tage, lange also im Vergleich zu dem ebenso berühmten *George Catlin* (1794-1872), der manchmal sieben Bilder pro Tag fertigte.

Bodmer pflegte sich gründlich für seine Arbeit vorzubereiten. Bevor sie nach Westen aufbrachen, besuchte er mit Maximilian Museen und Buchhandlungen im Osten und studierte die Sammlungen, die Lewis und Clark von ihrer berühmten Expedition zurückgebracht hatten.

Indianer, Siedler und Cowboys

Frederic Remington (1861-1909) malte den Wilden Westen, als er eigentlich schon Geschichte geworden war. In seinen Werken idealisierte er das Leben der Cowboys, Soldaten und Indianer. Dabei ergriff er immer die Partei der Weißen, ganz in Einklang mit dem sozialdarwinistischen Zeitgeist: Indianer waren die Primitiven, Minderwertigen und Mordlustigen, daher haben die Weißen das moralische Recht, ihr Land zu nehmen. Sollten sie sich wehren, wird ihnen der Vernichtungskrieg erklärt. In seinen Indianerdarstellungen bevorzugte er grausame Themen. So auch in ›Sun Dance‹ (Seite 298/299): Marter und Tapferkeit zeigen die Indianer als gewalttätige Naturmenschen. Solche Bilder erschienen auch als lithographierte Illustrationen in den großen Magazinen des Landes. Remington interessierten die Farmer und neuen Städte des Westens wenig. Sein Thema war der Mythos Westen: »Ich male für Jungen zwischen zehn und siebzig«, sagte er einmal. Remington liebte die spontane Handlung, das individuelle Leben, das er der Selbstreflexion und abstrakten Gedanken vorzog; eine Haltung, die sich noch heute tief durch Amerika zieht. Im Gegensatz dazu steht *Friedrich Richard Petri* (1824 in Dresden geboren), der mit Auswanderern in Texas, gefördert vom Mainzer Adelsverein, ein so völlig anderes Bild vom Indianer zeichnet.

Der Westen aus der Nähe betrachtet

Viele Menschen flohen vor der Wirtschaftskrise der dreißiger Jahre quer durch den Kontinent nach Westen, diesmal per Auto. Wieder einmal lagen dort die Träume vom Glück. Einige der Indianerstämme, wie die Navajo und Pueblo im Südwesten der USA, die es geschafft hatten zu überleben, gelangten zu einem neuen Selbstbewußtsein. Dessen Ausdruck war eine Renaissance des Kunsthandwerks, sowie ein zähes Festhalten an alten Glaubensvorstellungen und dem Indian Way of Life. In Santa Fé und Taos (New Mexico) entstand eine Künstlerkolonie, die den alten indianischen und spanischen Südwesten wieder entdeckte. Weiße und indianische Künstler studierten das Leben und die Geschichte, begeisterten sich für die Tänze der jahrhundertealten Hopi-Dörfer, die grandiosen Landschaften und monumentalen Lichtwirkungen. Die neue Spiritualität der siebziger Jahre verlieh dem indianischen Westen eine neue Form der Verklärung. Indianer, Landleben in Einklang mit der Natur waren gefragt. Wissen über die ›Eingeborenen‹ zählte meist wenig, Emotion alles. Diese Welle verschwand jedoch auch aus der Kunst rasch wieder, Künstler wie *Jeffrey Lungé* haben sie nie mitgemacht. Aus seinen Aquarellen (Seite 294-297 und 300) spricht keine Übersteigerung des Westens. In seinen Bildern wachsen Menschen, Land und Licht zu einer luziden Einheit zusammen. Diese Kunst verdiente in Europa mehr Beachtung.

Bilder aus dem Westen bieten uns seit *Hubert Sattlers* Kosmoramen (Seite 332/333) die Medien. Auch die Bildbände mit den zahllosen Variationen der Erosionslandschaften, Wasserfälle und Gipfel geben uns ein Bild vom Westen – aber eben nur einen Aspekt unter vielen. *Roger Franz*

Benutzte und zitierte Literatur

Adelbert von Chamisso: *Reise um die Welt,* Frankfurt 1974
American Light, *The Luminist Movement,* Washington 1980
Baudry de Louzières: *Voyage à la Louisiane et sur le continent de l'Amerique septentrionale,* Paris 1802
Friedrich Dürrenmatt: *Die Physiker,* Zürich 1962
Rudolf Hagelstange: *Der schielende Löwe or How do you like America?* München 1978
Heiner Kipphardt: *In der Sache J. Robert Oppenheimer,* Frankfurt 1965
Wolfgang Koeppen: *Amerikafahrt,* Stuttgart 1959
Günther Kunert: *Der andere Planet,* München 1982
Kunsthalle Bielefeld: *The Hudson and the Rhine,* 1976
D. H. Lawrence: *Mexikanischer Morgen,* Zürich 1985
Lewis and Clarke: *History of the Expedition,* New York 1814 und 1904
National Parks of the West: *Henlo Park,* Ca. 1980
Katia Mann: *Meine ungeschriebenen Memoiren,* Frankfurt 1984
Thomas Mann: *Herr und Hund,* Frankfurt 1985
Karl May: *Winnetou III,* Bamberg 1951
Buddy Mays: *Ancient Cities of the Southwest,* San Francisco 1982
Henry Miller: *big sur und die orangen des hieronymus bosch,* Reinbek 1984
Balduin Möllhausen: *Reisen in die Felsengebirge Nordamerikas,* Leipzig 1861
Samuel Morrison: *The Oxford History of the American People,* New York 1972
William Newcomb Jr.: *German Artist on the Texan Frontier Friedrich Richard Petri,* Austin 1978
J. W. Powell: *The Exploration of the Colorado River,* New York 1961
William D. Thornbury: *Regional Geomorphology of the United States,* New York 1966
Alexis de Tocqueville: *Über die Demokratie in Amerika,* München 1976
C.F. von Weizsäcker: *Der Garten des Menschlichen,* Frankfurt 1983
Maximilian Prinz zu Wied: *Reise ins Innere Nord Amerikas,* o. A. 1841
Carl Zuckmayer: *Als wär's ein Stück von mir,* Stuttgart 1966

Register

kursiv gesetzte Seitenzahlen verweisen auf Detailkarten,
halbfette Seitenzahlen auf Farbtafeln.

Verdankung

Autor und Verlag danken allen Besitzern der wiedergegebenen Gemälde für freundlich erteilte Reproduktionsgenehmigungen sowie folgenden Fotografen und Institutionen für die Überlassung von Druckvorlagen:

Dr. Roger Franz, München (Seiten 32/33, 112/113, 144/145, 160/161, 241, 244, 293, 294, 295, 296/297, 298/299, 300, 412/413, 420/421, 468/469);

National Museum of American Art, Smithsonian Institution, Washington D.C. (Seiten 208/209 und Schutzumschlag);

Prestel-Archiv, München (Seiten 97 und 305);

Salzburger Museum Carolino Augusteum (Seiten 332/333);

Transglobe Agency (Chad Ehlers), Hamburg (Seiten 242/243).

Die Vignetten auf den Seiten 219, 252 und 278 wurden touristischen Werbeschriften der USA entnommen, die Textillustrationen auf den Seiten 199, 343, 347 und 349 dem Werk von John W. Powell: *Exploration of the Colorado River of the West and its tributaries, explored in 1869, 1870, 1871, and 1872 under the direction of the Secretary of the Smithsonian Institution*, Washington 1875.

Die Kartographie der Ausfaltkarte, des Schnittes auf den Seiten 24/25 und der vierzehn Detailkarten besorgte Astrid Fischer, München.